本书受 2014 年度教育部人文社会科学研究一般项目
"海洋航行自由的国际法理论与实践研究"（14YJA820030）资助

The Theory and Practice of
International Law on
the Freedom of Navigation

航行自由的国际法理论与实践研究

袁发强　张磊　王秋雯　郑雷　高俊涛 / 著

图书在版编目(CIP)数据

航行自由的国际法理论与实践研究/袁发强等著. —北京：北京大学出版社，2018.12
ISBN 978-7-301-30100-5

Ⅰ. ①航… Ⅱ. ①袁… Ⅲ. ①国际航运—国际法—研究 Ⅳ. ①D993.5

中国版本图书馆 CIP 数据核字(2018)第 274543 号

书　　　名	航行自由的国际法理论与实践研究
	HANGXING ZIYOU DE GUOJIFA LILUN YU SHIJIAN YANJIU
著作责任者	袁发强　张磊　王秋雯　郑雷　高俊涛　著
责任编辑	朱梅全　孙维玲
标准书号	ISBN 978-7-301-30100-5
出版发行	北京大学出版社
地　　　址	北京市海淀区成府路 205 号　100871
网　　　址	http://www.pup.cn　新浪微博　@北京大学出版社
电子信箱	sdyy_2005@126.com
电　　　话	邮购部 010-62752015　发行部 010-62750672　编辑部 021-62071998
印　刷　者	天津中印联印务有限公司
经　销　者	新华书店
	730 毫米×980 毫米　16 开本　23.25 印张　430 千字
	2018 年 12 月第 1 版　2018 年 12 月第 1 次印刷
定　　　价	69.00 元

未经许可，不得以任何方式复制或抄袭本书之部分或全部内容。
版权所有，侵权必究
举报电话：010-62752024　电子信箱：fd@pup.pku.edu.cn
图书如有印装质量问题，请与出版部联系，电话：010-62756370

前　言

中国对"航行自由"这个名词的关注从某种意义上说是被动的,即当美国以"维护航行自由的国际法"为借口不断挑衅中国南海权益主张的时候,中国国际法理论界才开始重视这个话题。在此之前,国际法学教材只是简单介绍过格劳秀斯的海洋自由理论,并将之视为海洋法的基础。即使是在《联合国海洋法公约》生效多年以后,中国国际法学术界对海洋法的研究也并不系统和深入。当然,这与中国传统上重视陆地、以陆地为中心的思想文化观念不无关系。

21世纪之前,中国的整体经济实力、国内政治关注重心、中国在国际舞台上的力量和传统角色等因素造成学术界的一种从本土向外看的思维模式。这与站在地球仪面前看世界自然是不同的。随着中国实力和信心的增强,这种状况正在改变。相应地,国际法学研究的视野、方法和目的都应作适当调整,以适应角色转变中的中国在国际舞台上发挥恰当的作用。

在传统海洋法中,"航行自由"和"海洋自由"的区分并不严格,甚至常常被混用和相互替代。这表明,在海洋法的历史上,海洋自由主要是指航行自由;同时,航行自由也不仅仅是指船舶的航行活动不受限制,还包含了海洋不能为个体所独占、海洋共享的观念,以及海上贸易、捕鱼等其他海上活动。正是由于这种概念上的模糊,或者说航行的活动范围模糊,才导致国家间的纷争不断出现,从而促进国际法中海洋法律制度的不断进步和发展。因此,了解和研究航行自由,必须从海洋自由的缘起和历史发展中寻找轨迹和规律。只有这样,才能准确把握航行自由制度的内涵和外延。

从历史发展看,对海上航行活动的限制首先是从"自由"的海域范围开始的。塞尔顿的《闭海论》并没有被作为格劳秀斯的《海洋自由论》的对立面而击败,相反,现代国际海洋法律制度是在二者结合的基础之上形成的。领海制度的形成就是一个有力的证明,该制度同时也是对"航行自由"进行法律限制的开端。在领海宽度上,宾刻舒克的"大炮射程说"看起来退出了历史舞台,但该学说背后所隐含的理论基础体现了沿海国家对领土主权和国防安全的担忧。在当今军事技术发达的时代,这种担忧暴露出《联合国海洋法公约》在专属经济区制度上存在的缺陷,即忽略了对专属经济区内军事航行活动的规范和限制。这或许是公约出台的时代局限,但也可能成为将来公约修改完善的焦点。

《联合国海洋法公约》的出台是 20 世纪国际海洋法最重要的一次造法活动,该公约被誉为海洋法的"宪法性文件"。事实的确如此。正是在这个公约中,"航行自由"从"海洋自由"中分离出来,成为一项真正以航行活动为调整对象的国际法律制度。也是在这部国际公约中,正式出现了航行自由与其他海洋自由的矛盾与协调。事实上,经济发展、资源养护和利用开发、环境保护、国家安全等许多因素都会对海上航行活动产生法律限制。该公约围绕这些限制,作出了相应的规定,使得航行自由国际法律制度丰富和饱满起来。

不过,该公约绝非国际海洋法的全部。不仅传统的国际习惯法在该公约没有规定的情况下仍然发挥着重要作用,而且其他国际公约在规范海洋航行活动方面也发挥着越来越重要的作用。因此,航行自由的国际法律制度是一个以《联合国海洋法公约》为基本架构、以其他相关国际公约和国际习惯法为有机组成部分的整体。在这个整体的内部还存在一定的法律冲突和法律空白,需要深入研究,才能准确地运用于实践。

CONTENTS 目 录

第一章　海上航行自由制度的起源与发展　1
第一节　海洋自由逐渐崛起并成为国际习惯法　1
第二节　对海洋自由的限制逐渐扩大和加深　4
第三节　新形势、新问题对航行自由制度的挑战　9

第二章　国际法上"航行"的内涵　15
第一节　"航行"概念的沿革与变化　15
第二节　国际裁判中的界定　19
第三节　模糊的区域　21

第三章　航行自由的国际法限制　27
第一节　航行自由与和平时期的国际法限制　28
第二节　航行自由在武装冲突时的国际法限制　35
第三节　防空识别区与海洋飞越自由　38

第四章　航行自由与海洋主权的关系　63
第一节　航行自由与国家领土主权的关系　63
第二节　航行自由与非领土管辖水域的管理权　73
第三节　海洋领土争端与航行自由　84
第四节　北极航道引起的航行自由问题　96

第五章　航行自由与沿海国国家安全维护　112
　　第一节　国际海峡航行与沿海国安全　112
　　第二节　专属经济区内的航行活动与
　　　　　　沿海国安全　122
　　第三节　领土争议水域的航行与国家安全　126
　　第四节　危险船舶、危险货物运输与
　　　　　　沿海国安全　132

第六章　航行自由与海洋资源开发的冲突与
　　　　协调　137
　　第一节　航线选择与海洋资源开发的影响　138
　　第二节　海洋资源开发对航行自由的影响　140
　　第三节　沿海国海洋资源开发利用与航行
　　　　　　自由　155
　　第四节　协调航行自由与海洋资源开发的
　　　　　　中国立场　162

第七章　航行自由与海洋环境保护的冲突与
　　　　协调　167
　　第一节　国际水域自然环境保护对航行
　　　　　　自由的限制　167
　　第二节　国际、国内立法对船舶油污、废水
　　　　　　排放的限制　172
　　第三节　国际、国内立法对危险品运输的
　　　　　　严格要求　181

第八章　有关航行自由争议的国外案例分析　188
　　第一节　沿海国国家安全维护视角下的
　　　　　　航行自由案例　188

第二节　海洋资源保护视角下的航行自由
　　　　　案例　　　　　　　　　　　　　　204
　　第三节　海洋环境保护视角下的航行自由
　　　　　案例　　　　　　　　　　　　　　213
　　第四节　专属经济区内外国军事活动　　　217

第九章　中国海洋权利维护与航行自由　　　220
　　第一节　中国海洋权利维护的国际环境　　220
　　第二节　海洋权利维护的国内现状　　　　222
　　第三节　积极运用航行自由制度维护海外
　　　　　权利　　　　　　　　　　　　　　225

联合国海洋法公约　　　　　　　　　　　　　230

后　记　　　　　　　　　　　　　　　　　　363

第一章 海上航行自由制度的起源与发展

第一节 海洋自由逐渐崛起并成为国际习惯法

一、《海洋自由论》的问世

无论是在近代国际法还是在现代国际法中,航行自由都是作为海洋自由的主要内容之一而存在的。这既是因为航行自由是国家行使其海洋自由权的根本前提,也是因为航行自由是海洋自由最古老的要义。回顾历史,我们不难发现,在17世纪后的海洋上,航行自由伴随着海洋自由而普遍适用,而海洋自由又凭借航行自由的普遍适用而不断拓展内涵。

随着大航海时代的兴起,最先成为海洋霸主的国家是葡萄牙和西班牙。毫无疑问,这两个国家是航海探险的先驱。随着这两个国家在航海事业上的繁荣,它们都建立起了强大的海洋帝国,但彼此之间的矛盾与竞争也日益深刻和激烈。于是,同为天主教国家的葡萄牙和西班牙请求教皇对两国有关划分势力范围的争端进行仲裁。1493年,当时的教皇亚历山大六世划出了一条著名的"教皇子午线"(Papal Meridian)。[①] 根据教皇的裁决,这条子午线以东属于葡萄牙的势力范围,以西则属于西班牙的势力范围。以此作为依据,葡萄牙人认为自己可以占有和垄断东印度附近的海洋和海上航行权。

从16世纪下半叶开始,荷兰与东印度之间的海洋贸易日益频繁,并在后来成立了著名的荷属东印度公司。然而,荷兰在东印度的势力扩张触犯了葡萄牙的利益。于是,葡萄牙禁止荷兰在东印度航行和贸易,而荷兰则以允许本国船只在海上捕获葡萄牙船只及其货物作为报复。

---

① 教皇子午线是以亚速尔群岛和佛德角群岛以西100里格的子午线为葡萄牙与西班牙殖民势力的分界线。1494年,葡萄牙与西班牙签订《托德西利亚斯条约》(Treaty of Tordesillas),正式承认该分界线,但将其再向西移动270里格。See Robert Jay Wilder, Three-Mile Territorial Sea: Its Origins and Implications for Contemporary Offshore Federalism, *Virginia Journal of International Law*, Vol. 32, No. 3, 1992, p.692.

荷兰认为自己对葡萄牙的报复行为不但是正义的,而且是合法的。因此,在1603年,荷属东印度公司委托荷兰学者雨果·格劳秀斯(Hugo Grotius)为荷兰船只在马六甲海峡捕获葡萄牙船只"卡特琳娜号"(Catharina)的行为进行辩护。格劳秀斯于1605年完成了题为《论捕获法》的论稿,该论稿的第十二章后来以《海洋自由论》为名公开出版。在这篇单独发表的文章中,格劳秀斯主要从自然法的角度来论证海洋应该向所有人自由开放。

归纳而言,格劳秀斯主要从三个方面否定葡萄牙对海洋拥有垄断权:首先,葡萄牙不能因为发现而主张垄断权。格劳秀斯认为,没有人能够未经占有而获得一样东西的权利。东印度一直有自己的国王和政府。葡萄牙人只是与之进行贸易。因此,葡萄牙不能因为发现而实现占有,更无法获得任何权利。[①] 其次,葡萄牙不能因为教皇的赐予而获得垄断权。格劳秀斯认为,教皇不能赐予他自己并不占有的东西,并且更加非正义的是,教皇把东印度单独赐给葡萄牙,而剥夺了其他人所拥有的同样权利。[②] 最后,葡萄牙也不可能通过战争获得东印度的垄断权。格劳秀斯认为,葡萄牙既没有与东印度发生过战争,也没有发动战争的正当理由。因此,葡萄牙不可能通过征服的方式获得东印度。[③] 综合上述三个方面,格劳秀斯认为,葡萄牙不能垄断海洋,更不能提出主权要求。相反,格劳秀斯主张海洋应当为人类共同使用,向所有国家开放。因此,荷兰有权在东印度地区自由地航行和贸易。

二、围绕《海洋自由论》的争论与航行自由的发展

《海洋自由论》在1609年被匿名出版。在这篇文章问世的时候,除了葡萄牙之外,西班牙、英国、威尼斯等国家都声称自己对海洋的大部分地区享有支配权,包括对航行进行限制的权利。然而,当时的现实情况恰好相反,即17世纪初的海洋被笼罩在各种瓜分的主张中。

于是,针对格劳秀斯的《海洋自由论》,各国政府纷纷委托其他学者著书立说,进行激烈的抨击与反驳。1613年,牛津大学教授阿尔贝里科·真蒂利(Alberico Gentili)的《西班牙辩护论》(*Advocationis Hispanica*)出版,为西班牙的主张助威呐喊;同年,苏格兰学者威廉·威尔伍德(William Welwod)的《海洋法概览》(*An Abridgement of All Sea-Lawes*)出版,对格劳秀斯的主张进行驳斥。

---

① See Hugo Grotius, *Freedom of the Seas or the Right Which Belongs to the Dutch to Take Part in the East Indian Trade*, translated by Ralph Van Deman, New York: Oxford University Press, 1916, pp. 11-12.

② Ibid., p. 66.

③ Ibid., pp. 18-19.

1615年,威尔伍德又出版《海洋所有论》(De Dominio Maris),专门为英国的主张辩护;1635年,英国人约翰·塞尔顿(John Selden)出版了《闭海论》,系统地反驳了《海洋自由论》。在种种反对意见中,影响力最大的是闭海论。塞尔顿提出的这个理论同样以自然法作为论证的基础,但得出了与海洋自由论迥然不同的结论。简言之,塞尔顿认为海洋与陆地一样,可以成为私人财产,并可被瓜分占有。因此,海洋不可以为人类共同使用。① 在整个17世纪,海洋自由论与闭海论之间展开了旷日持久的论战。

在两种理论进行论战的同时,荷兰和英国取代了西班牙和葡萄牙成为海洋强国,并开始相互攻伐。在第三次英荷战争结束时,荷兰已经元气大伤。于是,根据1674年2月签订的《威斯敏斯特条约》(Treaty of Westminster),荷兰被迫承认英国舰队拥有从西班牙的菲尼斯特雷角(Cape Finisterre)到挪威海域的绝对控制权。② 到1784年,即第四次英荷战争结束的时候,英国正式和彻底地击败了荷兰。

作为后来居上的海上霸主,英国曾经长期以塞尔顿的理论作为官方态度的基础,试图独占整个海洋。然而,进入18世纪以后,英国转而开始奉行海洋自由论,并努力使其成为国际习惯。由于英国的不遗余力,海洋自由论逐渐获得了广泛的认同,并最终成为现代海洋法的基础。英国之所以会放弃闭海论,转而成为海洋自由论的坚定支持者,一方面,因为海洋对于人类而言过于庞大,尽管海洋强国可以主张自己对海洋拥有主权,但却没有能力实际控制每一寸水域,并防止其不被其他国家使用;另一方面,开放的海洋比封闭的海洋更加有利于海洋强国行使霸权,因为英国商船和军舰可以更加快捷和廉价地穿行于世界各大洲之间,与沿海国通商或对其动武。在这个历史性的转变过程中,贯穿始终的线索是海洋强国从过去追求海洋主权转变为追求海洋霸权。

在荷兰击败葡萄牙,然后英国击败荷兰的过程中,我们可以看到自然法作为海洋自由论的早期基础在该理论后来的发展中逐渐失去了原有的重要性——同样以自然法作为理论原点的海洋自由论与闭海论实际上没有正确与错误之分。这是因为,左右两种理论荣辱沉浮的力量不是抽象的上帝旨意或人类理性,而是国家对自身利益与海洋控制力的现实认识与妥协。因此,在进入18世纪之后,实在法就不可避免地取代自然法,成为海洋自由论的新基础。

由于英国不遗余力地推广和维护海洋自由,因此到20世纪初,海洋自由已

---

① See John Selden, *Mare Clausum of the Dominion or Ownership of the Sea*, translated by Marchamont Nedham, New Jersey: The Lawbook Exchange, Ltd., 2004, preface, pp. 3, 12, 41, 137.

② 参见〔美〕A. T. 马汉:《海权对历史的影响》,安常容、成忠勤译,解放军出版社2006年版,第208页。

经成为普遍适用的国际习惯法,任何试图挑战海洋自由的尝试都再没有获得成功。第二次世界大战(以下简称"二战")之后,尽管美国取代了英国成为新的海洋霸主,但它仍然继续推广和维护海洋自由。于是,包括航行自由在内的海洋自由作为国际习惯法的地位得到了进一步的巩固,并最终写入1982年《联合国海洋法公约》。

然而,有意思的是,海洋自由的发展具有两条看似矛盾的线索——一方面,它作为国际习惯得到不断的确认和巩固;另一方面,海洋自由的适用范围和权利内容却逐渐地被现代国际法所限制。因此,当我们今天再提起海洋自由(包括航行自由)时,它的内涵与外延与格劳秀斯时代已经有很大的差别了。换言之,是有限的海洋自由,但作为一种自由,它本身的法律地位却有增无减。

第二节 对海洋自由的限制逐渐扩大和加深

一、"大炮射程说"与近代领海制度

在第三次英荷争夺海上贸易主导权战争结束后,荷兰著名的法学家科尔内利斯·范·宾刻舒克(Corneilius van Bynkershoek)于1702年发表了《海洋领有论》(Dominion of the Seas)。根据他的观点,陆地上的控制权恰当地终结在武力终结之处。因此,滨海国家的主权可以延伸到武器射程所及的范围。[①] 1782年,意大利学者费迪南德·季里亚尼(Ferdinando Galiani)在宾刻舒克观点的基础上将其所谓"武器射程所及的范围"解释为当时最先进的大炮的射程,即3海里。于是,著名的"大炮射程说"(Cannon Shot Rule)最终成形。后来,大炮射程说逐渐被世界各国(尤其是英国、荷兰、法国和美国)所接受,并最终上升为国际习惯。[②] 于是,近代意义上的领海(沿岸3海里的海域)出现了。换言之,人类开始将海洋区分为领海和公海。

值得注意的是,格劳秀斯最初主张向所有国家开放的是整个海洋。而领海制度的建立无疑是从地理范围上缩减了海洋自由的空间。同时,领海制度的建立说明海洋是可以被部分占有的。这也不同于格劳秀斯最初的主张——在1615年《关于海洋自由论第五章的辩护》(Defensio Capitis Quinti Maris Liberi)

[①] See Cornelius van Bynkershoek, *De Demino Maris Dissertatio on the Sovereignty of the Sea*, translated by Ralph Van Deman Magoffin, New York: Oxford University Press,1923, p.44.

[②] See W. L. Walker, Territorial Waters: The Cannon Shot Rule, *The British Yearbook of International Law*, Vol.22, 1945, p.211.

中,格劳秀斯认为海洋是不能被占有的,因此,它必须向全世界自由开放。① 不过,在1625年出版的《战争与和平法》(De Jure Belli ac Pacis)中,他却转而承认国家可以对沿岸一定宽度内且处于自己有效控制之下的海域主张权利。② 很显然,格劳秀斯在提出海洋自由论之后不久也预见到了沿海国的国家主权对海洋外缘的威胁,并由此对最初的主张进行了修正。所以,从这个意义上讲,宾刻舒克继承了格劳秀斯的思想,并将"有效控制"的范围解释为武器射程。但是,大炮射程说的理论基础已经不再是自然法,而是实在法。

二、沿海国与船旗国在领海与公海交界处的博弈

虽然海洋被划分为领海与公海,但海洋自由仍然在公海内适用。更重要的是,近代的公海自由几乎是绝对的。在领海制度建立后较长的历史时期里,试图挑战这种绝对自由的尝试几乎都会遭到海洋强国的激烈反对。例如,在1893年的白令海海豹仲裁案(Bering Sea Fur-Seals Case)中,美国曾试图向英国挑战公海自由,但以彻底的失败收场。该案案情是,1867年,美国从沙皇俄国手中收购了阿拉斯加及其临近岛屿,其中一个名叫普里比洛夫(Pribiloff)的小岛是该海域太平洋海豹的主要繁殖地点。在1868年至1873年间,美国国会通过了一系列法案,禁止在普里比洛夫岛及其附近海域捕杀太平洋海豹。但是,英国渔船却在普里比洛夫岛周边属于公海的海域上不断截杀前往繁殖地的海豹。1881年,美国宣布其有权在3海里领海线以外采取行动保护前往本国领土的海豹,并开始阻挠英国渔船的捕捞作业。随即,英美两国开始进行双边磋商,英国以公海自由原则为依据反对美国这一做法。在磋商没有任何结果的情况下,两国将争端提交给一个由美国、英国、法国、意大利和瑞典组成的国际仲裁庭。1893年,该国际仲裁庭最终支持了英国的主张。③ 这个案件很好地说明公海自由在近代几乎是绝对的。

美国著名的海洋战略思想家阿尔弗雷德·塞耶·马汉(Alfred Thayer Mahan)在其经典之作《海权论》中也曾经分析过1893年白令海海豹仲裁案。他认为:在该案中,"美国的主张是合理、公正、符合世界总体利益的,但由于英国强大的海军,这些主张难以实现"④。诚然,尽管英国没有使用武力,但保证

---

① See Benjamin Straumann, Natural Rights and Roman Law in Hugo Grotius's Theses LVI, de Iure Praedae and Defensio Capitis Quinti Maris Liberi, *Grotiana*, Vol. 26, No. 1, 2007, pp. 347, 356.
② See Hugo Grotius, *The Rights of War and Peace*, edited and with an Introduction by Richard Tuck, from the Edition by Jean Barbeyrac, Vol. 3, Indianapolis: Liberty Fund, 2005, pp. 13-15.
③ See Cairo A. R. Robb, *International Environmental Law Reports*, London: Cambridge University Press, 1999, pp. 43-88.
④ 〔美〕马汉:《海权论》,萧伟中、梅然译,中国言实出版社1997年版,第299页。

该仲裁裁决得以有效执行的却是当时英国比美国更加强大的武力威慑。沙俄也曾经试图挑战公海自由。沙俄曾在 1821 年 9 月 13 日宣布在美洲北纬 51 度以北的西北海岸和亚洲西伯利亚东部海岸 100 意大利里（Italian mile）以内禁止外国船舶航行，否则将遭到其军舰的逮捕。[①] 英国和美国随即表示强烈抗议。于是，沙俄在 1824 年和 1825 年分别与美国和英国缔结的条约中放弃了上述主张。[②] 很显然，能够让沙俄屈服的并不是人类理性或者上帝旨意，而是英国和美国的舰队实力。

从地理空间来看，领海制度的建立无疑是对海洋自由的重大限制。更重要的是，这意味着海洋自由论不得不承认沿海国主权在近海的存在，因为大炮射程内的海洋终究处于陆权的治下，而非受制于海权。不过，海洋自由在近代公海的范围内仍然几乎是绝对的，并得到海洋强国的保障。于是，由于领海制度的建立，从 18 世纪到 20 世纪初，沿海国与船旗国在领海与公海的交界处达成了大致的均势。与此同时，海洋自由论的基础已经从自然法全面地转为实在法。

进入 20 世纪以后，随着现代海洋法的建立与发展，沿海国的主权开始试图跨越领海的边界，进一步向公海内的航行自由发起挑战。然而，这种挑战并非是要拓展领海的空间范围，而是想从权利的角度限制海洋自由的内容。

三、现代海洋划界制度限缩海洋自由地域范围

在联合国的组织下，从 1973 年 12 月至 1982 年 12 月，第三次海洋法会议在纽约举行。通过马拉松式的谈判，与会各国最终形成了《联合国海洋法公约》。在现代国际法上，《联合国海洋法公约》成为各国博弈与妥协的最重要载体之一。它不但确认了将领海宽度从 3 海里拓展到 12 海里，还正式建立了毗连区、专属经济区等其他海洋划界制度。

根据《联合国海洋法公约》，现代海洋划界制度对航行自由作出了更加复杂的界定，即将航行自由分为两个主要方面：第一，公海航行自由；第二，公海以外其他海域的航行自由。

《联合国海洋法公约》对公海航行自由只提出了三个非常模糊的限制：第一，

[①] 1 意大利里等于 1 海里或者 1.15 英里。在 1821 年，阿拉斯加还属于沙俄的领土。See Andrei V. Grinev, The Plans for Russian Expansion in the New World and the North Pacific in the Eighteenth and Nineteenth Centuries, *European journal of American studies*, Vol. 5, No. 2, 2010, p. 51.

[②] Convention Between the United States of America and His Majesty the Emperor of All the Russias, Relative to Navigating, Fishing, Etc., in the Pacific Ocean (April 17, 1824); Convention Concerning the Limits of Their Respective Possessions on the Northwest Coast of America and the Navigation of the Pacific Ocean (February 28, 1825). See Anatole G. Mazour, The Russian-American and Anglo-Russian Conventions, 1824-1825: An Interpretation, *Pacific Historical Review*, Vol. 14, No. 3, 1945, pp. 307-308.

适当顾及其他国家行使公海自由的利益;第二,适当顾及其他国家与国际海底区域内活动有关的权利;第三,公海只用于和平目的。由于这三个限制条件在实践中都存在比较大的模糊性,因此,相比其他海域,在公海上的航行自由是最宽松的。

由于公海以外其他海域都不同程度地受到国家的管辖,因此其他海域的航行自由也受到不同程度的限制,其中受限最多的海域是领海与群岛水域。由于国家对领海与群岛水域享有的是主权,所以,尽管其他国家的船舶可以享有无害通过的权利,但沿海国或群岛国可以设置既庞杂又严苛的限制条件。相比领海与群岛水域,航行自由在毗连区和专属经济区所受到的限制较少,因为国家在这两种海域内只享有特定方面的管辖权,而不是完整的主权。不过,即便如此,沿海国仍然可以设置各种限制条件或者对自己的管辖权进行扩张性解释。此外,《联合国海洋法公约》还规定了一种特殊的海域,即用于国际航行的海峡。它的特殊性在于,该海域的航行自由与其所在水域的法律地位没有必然联系。尽管《联合国海洋法公约》给予用于国际航行的海峡更多的航行自由,但外国船舶通过用于国际航行的海峡仍然远远不如在公海航行那样自由。

由此可见,现代海洋法在公海的外缘进一步开辟出一系列不同于领海的新海域。在这些新海域里,沿海国与船旗国之间采取分权的做法,从而达成新的均势。换言之,在沿海国主权空间与海洋自由之间出现了过渡地带,这种过渡是以沿海国与船旗国在这个空间里彼此划分权利来实现的。很显然,相比近代的领海与公海之间泾渭分明的空间划分,这种分权的做法迥然不同。

四、沿海国船舶管辖权的扩张削减了航行自由的权利内容

进入 20 世纪后半叶,随着科技的进步,远海的人类活动也可能对沿海国产生重要的影响。于是,在沿海国的推动下,现代海洋法在晚近发展中又对海洋自由作出了更进一步的限制,其中比较典型的领域是污染防治和资源养护。在这新一轮的限制中,既有对专属经济区等新海域分权规则的挑战,也有对公海自由的挑战。

在污染防治方面,如"托列峡谷号"(Torrey Canyon)事件[①]等一系列灾难性

---

① "托列峡谷号"是一艘利比亚的商船,其船主和租赁者均为美国人。1967 年 3 月 18 日,该船在自波斯湾开往英国途中,于英国东南海岸领海以外的锡利岛和地角之间的七礁石处搁浅。该船载有 11.7 万吨原油,外溢的原油对英国和法国的沿岸海域造成了严重的污染。由于海上风暴猛烈,求援计划没有成功,结果该船被海水打成三截。于是,英国政府派出战斗机,把油船炸开,以便将原油烧掉。利比亚调查委员会对事故进行了调查,并确认是由于船长的疏忽造成了事故。See Ved P. Nanda, Torrey Canyon Disaster: Some Legal Aspects, *Denver Law Journal*, Vol. 44, No. 3, 1967, pp. 400-401.

污染事件之后，沿海国对油轮或其他严重污染源的管辖权开始突破领海，进入专属经济区，甚至延伸至公海。根据1969年《国际干预公海油污事故公约》，缔约国可以在公海上采取必要措施，以防止、减少对其海岸造成的严重的损害危险。1973年《防止船舶污染国际公约》及其1978年议定书则涵盖了所有由船舶排放的废弃物，并将适用范围扩大到在海上航行的任何船舶。

在资源养护方面，作为《联合国海洋法公约》的执行性文件，1995年《关于执行1982年12月10日〈联合国海洋法公约〉有关养护和管理跨界鱼类种群和高度洄游鱼类种群的规定的协定》将沿海国组成的区域性渔业组织对专属经济区和公海渔业资源安排的管辖效力扩大适用于"非组织成员和非安排参与方"。①换言之，区域性渔业组织所实施的严格管理将使很多国家的渔船丧失或者基本丧失进入一些海域的机会。更重要的是，该协定还增加了船旗国专属登临权的例外情形，即沿海国可以出于养护公海跨界鱼类和高度洄游鱼类的目的而对特定的他国渔船实施登临。②

由此可见，不论是在专属经济区等新海域，还是在公海，沿海国限制航行自由的重要手段是扩张自己对船舶的管辖权，其合法性的依据是有关污染防治、资源养护等方面的国际条约。而与之相应的，是船旗国的管辖权作出了重大的退让。在这样的进退之间，航行自由在实质上进一步受到了较大的限制。更重要的是，现代的公海自由已经不再是绝对的，而是可以有各种各样的例外情况。

---

① 《关于执行1982年12月10日〈联合国海洋法公约〉有关养护和管理跨界鱼类种群和高度洄游鱼类种群的规定的协定》第8条第4款规定："只有属于区域性渔业组织的成员或安排的参与方的国家，或同意适用这种组织或安排所订立的养护和管理措施的国家，才可以捕捞适用这些措施的渔业资源。"第17条第1款和第2款规定："1. 不属于某个分区域或区域渔业管理组织的成员或者某个分区域或区域渔业管理安排的参与方，且未另外表示同意适用该组织或安排订立的养护和管理措施的国家并不免除根据《联合国海洋法公约》和本协定对跨界鱼类种群和高度洄游鱼类种群的养护和管理给予合作的义务。2. 这种国家不得授权悬挂本国国旗的船只从事捕捞该组织或者安排所订立的养护和管理措施管制的跨界鱼类种群或高度洄游鱼类种群。"参见傅崐成编校：《海洋法相关公约及中英文索引》，厦门大学出版社2005年版，第221、225页。

② 《关于执行1982年12月10日〈联合国海洋法公约〉有关养护和管理跨界鱼类种群和高度洄游鱼类种群的规定的协定》第21条第1款规定："在分区域或区域渔业管理组织或安排所包括的任何公海区，作为这种组织的成员或这种安排的参与方的缔约国可通过经本国正式授权的检查者，根据第2款登临和检查悬挂本协定另一缔约国国旗的渔船，不论另一缔约国是否为该组织的成员或该安排的参与方，以确保该组织或安排为养护和管理跨界鱼类种群和高度洄游鱼类种群所订立的措施获得遵守。"第23条第2款规定："港口国除其他外，可以登临自愿在其港口或岸外码头的渔船，检查证件、渔具和渔获。"参见傅崐成编校：《海洋法相关公约及中英文索引》，厦门大学出版社2005年版，第228、231页。

第三节 新形势、新问题对航行自由制度的挑战

《联合国海洋法公约》通过至今已三十余年,国际形势亦发生了较大变化。一方面,在传统领域,军事技术的发展使得《联合国海洋法公约》旧有的限制已难以发挥预期的作用。另一方面,沿海国对海洋生态环境保护、自然资源保护和经济可持续发展的关注成为新的焦点。经济安全和生态安全上升到国家安全战略的高度,沿海国的生态安全、资源安全与其他国家基于航行自由而关切的经济安全之间出现了利益冲突和对立。[①] 这些因素都进一步挑战了既有的航行自由制度。

一、军事技术的发展

科学技术的发展带动了军事力量的变革。尽管身处和平年代,但各国仍不放松军事技术的发展,力图通过军事力量的加强维护国家利益。自"大炮射程说"始,领海宽度的确立同军事技术的发展就息息相关。《联合国海洋法公约》确立了 12 海里领海制度,因为结合当时的技术状况,12 海里是相对的安全区。但是,随着军事技术的发展,它对航行自由的限制或许不能起到原有的作用。

例如,为避免潜水艇对沿海国发动军事攻击或构成军事安全威胁,《联合国海洋法公约》第 20 条要求,潜水艇和其他潜水器在领海内航行时须在海面上航行并展示旗帜以证明自己"无害"。但是,随着潜射技术的普及和潜射射程的增长,简单地在领海上浮并展示旗帜并不足以证明携带导弹的潜水艇无害,其宣示意义远大于实际意义。即使有关潜水艇在沿海国领海海面上航行,沿海国陆地仍在其潜射导弹的射程范围之内,还是能构成对沿海国的武力威胁,影响沿海国的国家安全,违反不得对其他国家使用武力威胁的国际习惯。虽然《联合国海洋法公约》并未要求军舰在领海内无害通过时应当向沿海国通报或经沿海国批准,但实践中仍有包括中国在内的国家采取此种做法。要求单纯调整有关海域宽度并无可行性,且这种调整会永远落后于技术的发展,并没有实际意义。当前,各国军舰除军事目的外还承担着更多种类的任务,如保护本国商船安全、武装撤侨等,都对航行自由有相应的要求。如何平衡航行国航行自由同沿海国国家安全之间的关系,是亟须国际社会解决的问题。

---

① 参见袁发强:《国家安全视角下的航行自由》,载《法学研究》2015 年第 3 期。

二、海上恐怖主义活动

日渐猖獗的恐怖主义活动已成为国际社会面临的共同问题。海上恐怖主义直接威胁海上航行的安全,威胁各国的经济安全和公民人身安全,严重影响海上运输的发展。为此,国际社会在海上反恐方面开展了一系列国际立法工作,这些规范对既有的航行自由制度产生了一定的影响和限制。

1985年的Achille Lauro案首次引发了国际社会对海上恐怖主义的普遍关注。① 《联合国海洋法公约》设置的普遍性管辖权仅涵盖海盗、非法广播、贩卖奴隶和非法贩运麻醉药品和精神调理物质四类非法行为,海上恐怖主义行为并未被列入其中,《联合国海洋法公约》无法有效规制有关行为。1988年,国际海事组织(International Maritime Organization, IMO)在罗马通过了由奥地利、意大利和埃及为首的国家起草的《制止危及海上航行安全非法行为公约》(Convention on the Suppression of Unlawful Acts Against the Safety of Maritime Navigation,以下简称《SUA公约》),并在2005年修正后通过了其议定书。该议定书已经生效,于2010年7月28日开始执行。《SUA公约》第3条列举了危及海上航行安全非法行为的十几种类型,这些行为既包括传统意义上的海盗行为,也包括海上恐怖主义行为,力图弥补《联合国海洋法公约》在涵盖范围上的不足。《SUA公约》并未确立普遍的管辖权,而是在2005年议定书中建立了新的登临权机制,以应对涉嫌与恐怖行为有牵连的船舶。新的登临权制度在适用上作出了较多的让步,② 但由于其与航行自由和船旗国的管辖权存在着一定的冲突,相

---

① 1985年10月7日,由亚历山卓航行至塞得港的"Achille Lauro号"客轮遭4名来自巴勒斯坦解放阵线(PLF)的男子劫持。他们劫持了全部的船员和乘客为人质,要求以色列释放50名被囚的巴勒斯坦人。第二天下午,由于要求未被满足,他们枪决了一名坐轮椅的犹太裔美国乘客。经过两天的谈判后,劫船者同意弃船并搭乘埃及商务班机飞往突尼斯。10月10日,班机遭到美国海军F-14雄猫式战斗机的拦截,被指示飞往西西里岛,降落在岛上由美国海军、意大利空军共用的锡戈内拉基地。美军打算出动海豹突击队上机抓人,但意大利政府却表示此事的管辖权属于意方。两国政府、军队经过一晚争执后,美军在美国总统里根命令下让步,劫船者最后被意大利警方逮捕,不过美国与意大利当局仍未协调好。虽然遭到了美国的抗议,但是商务飞机上的乘客(外界推测劫船者首领阿布·阿巴斯也在其中)最后还是继续飞往他们的目的地。埃及则要求美国当局为擅自以武力截住飞机的行为道歉。

② 例如,《SUA公约》2005年议定书第8条为登临权提供了三种可能:第一,取得船旗国的临时性同意,这种同意是"逐案"(case by case)进行的;第二,双方签订其他条约,得到对方的授权;第三,登临国在向国际海事组织通报后四小时内没有得到船旗国明确答复的,可以推定得到船旗国的同意。但是,登临权的行使必须遵守一定的程序,登临国必须向国际海事组织通报,并且在通报的内容中应该尽可能包括船舶的名称、登记号、登记港、始发港、目的港和其他任何相关信息;登临国必须有正当理由怀疑被登临的船只正在从事或准备从事本公约第3条范围内的行为,如果没有合理的正当理由而贸然登临,则须赔偿损失;登临国必须慎用武力,非到不得已不得采取暴力措施。See M. D. Fink, The Right of Visit for Warships: Some Challenges in Applying the Law of Maritime Interdiction on the High Seas, *Mil. L. & L. War Review*, Vol. 49, 2010, pp. 7, 46.

比较《联合国海洋法公约》，其影响力尚且有限，其施行效果也有待实践的检验。

三、海盗犯罪

近些年来，索马里海盗在红海地区频繁袭击过往商船，绑架船员勒索财物，严重影响了国际经济通道的航行安全。海盗问题再度进入国际社会视野，促使各国开始考虑采取必要行动保障公海的航行自由和安全。《公海公约》和《联合国海洋法公约》均对海盗犯罪行为进行了界定。对于海盗犯罪，各国在国际法上均享有普遍管辖权，但包括《联合国海洋法公约》在内，都并未设置相应的行使普遍管辖权的机制。《SUA 公约》第 3 条规定的危及海上航行安全行为也囊括了海盗行为，海盗犯罪应适用该公约第 6 条的"或引渡或起诉"原则，但如果海盗藏身国政府无力打击，受制于国家主权保护因素，以往的公约并没有有效的解决办法。① 当前存在的一种做法是，在主权国家同意的情况下，通过安理会决议授权各国军队进入该国领海甚至陆地追捕海盗。例如，在索马里政府发表声明同意外国海军进入其领海打击海盗的情形下，安理会通过 1816 号决议，授权各国海军在索马里海域护航，允许各国海军直接进入索马里领海拿捕海盗。② 另外，安理会又通过 1851 号决议，将这种军事行动的授权扩大到索马里陆地。③ 这种行动的前提是主权国家并不反对外国军舰进入其领土打击海盗，适用条件较为严苛。在同样海盗犯罪盛行的马六甲海峡，周边国家拒绝国际社会直接介入，更多依靠自身力量和周边地区合作打击海盗，但效果不佳，其维护主权的行为同航行国航行安全的要求存在冲突。

四、防核扩散和武器扩散

2002 年 12 月 11 日，美国公布了《反击大规模杀伤性武器国家战略》(National Strategy to Combat Weapons of Mass Destruction)④，将反对大规模杀伤性武器的扩散和使用上升为美国的国家安全战略重点。当时，西班牙根据美国情报拦截了一艘开往也门的船只，该船装载了也门政府向朝鲜购买的飞毛腿导弹。由于该武器交易并未违反国际法，美国最终放行了该船只。当时的国际法

---

① 参见袁发强：《国家安全视角下的航行自由》，载《法学研究》2015 年第 3 期。
② See U. N. Security Council, Resolution 1816 (2008), available at http://www.un.org/en/ga/search/view_doc.asp? symbol=S/RES/1816(2008), last visit on November 17, 2017.
③ See U. N. Security Council, Resolution 1851 (2008), available at http://www.un.org/en/ga/search/view_doc.asp? symbol=S/RES/1851(2008), last visit on November 17, 2017.
④ See U. S. Department of State, National Strategy to Combat Weapons of Mass Destruction, available at https://www.state.gov/documents/organization/60173.pdf, last visit on November 19, 2017.

无法对美国的反对大规模杀伤性武器战略提供足够的支持,而阻止大规模杀伤性武器的扩散又是美国的战略需要,于是美国转而提出了《防扩散安全倡议》(Proliferation Security Initiative,PSI),作为一种集体安全政策,试图寻求国家间合作来阻止大规模杀伤性武器的运输,已有包括美国、俄罗斯、日本、德国、英国、法国在内的几十个国家加入了该倡议。PSI 在预防大规模杀伤性武器的扩散上采用的重要措施是鼓励成员国在海上拦截装载有关武器的船只,并对其进行登临检查。然而,包括《联合国海洋法公约》在内的现有国际规范并未允许各国对运输大规模杀伤性武器的船只进行登临检查,PSI 的这一措施严重挑战了现有的国际习惯和《联合国海洋法公约》建立的航行秩序,与船旗国的管辖权和航行自由存在明显的冲突。① 尽管诸国试图通过缔结国际条约等方式重新平衡海洋航行自由同国家安全之间的关系,但并无迹象表明船旗国会在管辖权上作出进一步让步。②

五、海洋环境保护

《联合国海洋法公约》用整个第十二部分对海洋环境保护进行规范,确立了保护和保全海洋环境是各国共同的国际义务,③同时也为保护海洋环境提供了基本的法律原则和制度。随着经济和科技的发展,航行活动的内涵也在发生变化,对航行自由提出了新的挑战。不论是沿海国立法还是国际立法都针对不同类型水域的航行活动作出了有关环境保护方面的规定,这都可能对航行自由产生一定影响。④

例如,随着核动力运输船舶的出现,一些国家对核动力船舶的安全性表示怀疑,担心核动力船舶会泄漏放射性物质,因而拒绝该类型船舶进入本国一般商业港口,或者限制核动力船舶通过某段航道。⑤ 另外,对于核货物和放射性货物的运输、危险化学品货物的运输,沿海国可能会为保护专属经济区内的海洋生态环境而试图限制船舶航道,要求强制引航,⑥要求提高航行船舶的安全技术标准和

---

① See Michael A. Becker, The Shifting Public Order of the Oceans: Freedom of Navigation and the Interdiction of Ships at Sea, *Harv. Int'l L. J.*, Vol. 46, 2005, pp. 131, 230.

② See M. D. Fink, The Right of Visit for Warships: Some Challenges in Applying the Law of Maritime Interdiction on the High Seas, *Mil. L. & L. War Review*, Vol. 49, 2010, pp. 7, 46.

③ 参见《联合国海洋法公约》第 192 条。

④ 参见袁发强:《国家安全视角下的航行自由》,载《法学研究》2015 年第 3 期。

⑤ See Steven D. Poulin, Is Freedom of Navigation Reaching Critical Mass for Nuclear Cargoes? *Fed. L.*, Vol. 42, 1995, p. 16.

⑥ See Daniel Bodansky, Protecting the Marine Environment from Vessel-Source Pollution: UNCLOS Ⅲ and Beyond, *Ecology L. Quarterly*, Vol. 18, 1991, pp. 719-777.

污染排放标准等。沿海国对核动力船舶和核货物运输船舶的限制的国际法依据主要是国际环境法上的预警原则(Precautionary Principle)。① 但是,《联合国海洋法公约》要求,沿海国在行使管辖权时"应适当顾及其他国家的权利和义务,并以符合本公约规定的方式行事",② 这就会产生《联合国海洋法公约》与国际环境法上正在形成为国际习惯的预警原则之间的冲突,③ 产生沿海国对海洋生态环境保护的利益与其他国家航行利益的冲突。国际海事组织为了协调这种新的利益冲突付出了大量努力,于1993年通过了《装载包装型放射性核燃料、钚与高放射性废弃物的国际航运安全准则》(INF Code),该准则加强了对核动力船舶或运输核物质的船舶安全运行的要求。当然,仍然有部分国家对该准则不满意,认为准则中缺乏强制性规定,没有要求强制救助,因而主张这类船舶的航行不属于"无害通过",沿海国有权进行限制。

基于类似的理由,当运输危险品或原油的船舶遭遇海上风险而可能发生污染物质泄漏时,沿海国可能一反传统的救援或提供避难港口的态度,拒绝同意遇险船舶进入本国近海港口避难。④ 遭遇海难事故时,船舶可以驶往就近海域避难,这在国际习惯法中被视为一项合法的权利,也是航行自由法律制度的一部分。然而,生态环境保护目的使得发生海难事故时,相关国家可能会拒绝遭遇事故而存在原油泄漏或燃油泄漏污染危险的船舶进入本国港口、港湾或专属经济区内避难。⑤ 在不涉及海上人命安全的情况下,一国不愿意以严重牺牲本国沿海和港口的环境安全为代价,准许遇险的油轮进入本国管辖范围。⑥

2010年4月,中国籍船舶"申能1号"在澳大利亚大堡礁海洋公园搁浅,部分燃油泄漏,危害到该海域生物环境安全。大堡礁海域位于澳大利亚的专属经济区内,澳大利亚政府试图通过此次事件提高通过该海域的商船条件,如要求船

---

① 预警原则作为国际环境法上的一项重要原则,在许多国际环境法条约中均有提及,如1973年《伦敦倾倒公约》、1989年《巴塞尔公约》和1992年《里约宣言》,但其是否构成一项国际习惯或是国际环境法上的一项基本原则,学界尚存争议。

② 参见《联合国海洋法公约》第56条第2款。

③ See David B. Dixon, Transnational Shipments of Nuclear Materials by Sea: Do Current Safeguards Provide Coastal States a Right to Deny Innocent Passage, *J. Transnat'l L. & Pol'y*, Vol. 16, 2006.

④ See Lieutenant Lena E. Whitehead, No Port in a Storm—A Review of Recent History and Legal Concepts Resulting in the Extinction of Ports of Refugee, *Naval L. Rev.*, Vol. 58, 2009.

⑤ See Christopher F. Murray, Any Port in a Storm—The Right of Entry for Reasons of Force Majeure or Distress in the Wake of the Erika and the Castor, *Ohio St. L. J.*, Vol. 63, 2002, p.1465.

⑥ 在1999年、2002年相继发生的"艾瑞卡号"(Erika)和"威望号"(Prestige)事件中,公海遇难油轮"艾瑞卡号"和"威望号"都因未被准许进入沿岸水域避难而最终沉没。为此,国际独立油船船东协会(INTERTANKO)与波罗的海国际海事公会(BIMCO)均呼吁达成全球性协议,明确遭难船舶应该被提供安全的避难所。

舶远离生态保护区航行、强制引航等。不过,作为《联合国海洋法公约》成员国,澳大利亚不能单独限制他国传统航线,这会违反公约规定的航行自由原则。因此,澳大利亚只能通过有关国际组织,如国际海事组织,制定统一的国际性立法或者授权沿海国制定不歧视的、统一的船舶技术条件。澳大利亚试图要求通过船舶必须接受强制引航,强制过往船舶报告航行情况,但遭到了国际海事组织的拒绝。澳大利亚为保护大堡礁的生态环境而作出的种种努力,虽然不具有歧视性,但过高的船舶技术标准可能会限制发展中国家船舶的通过,妨碍航行自由。[1]

---

[1] See Julian Roberts, Compulsory Pilotage in International Straits: The Torres Strait PSSA Proposal, *Ocean Dev. & Int'l L.*, Vol. 37, 2006, p.93.

第二章 国际法上"航行"的内涵

对于什么是国际法中的"航行","航行"的主体包括哪些类型的船舶,现有的国际条约都没有一个完整、明晰的定义。在航行自由原则提出之初,其所指涉的"航行"只是一个笼统的概念。随着航海技术的不断进步,航行实践的不断发展,笼统的"航行"概念已经不符合实践的需要。在国际立法中,"航行"的分类越来越细化,内涵也日渐丰富。

第一节 "航行"概念的沿革与变化

"航行"概念的沿革可以分为多个阶段。在航行自由原则诞生之初,人类对海洋的探索和利用还十分有限,"航行"也仅是一个笼统宽泛的概念。随着对海洋的认知不断加深,海域划分开始出现,一系列与海洋有关的国际法规则也开始对航行产生影响。《联合国海洋法公约》的通过进一步完善了航行制度的有关框架,而"航行"的概念亦将随着国际航行实践的发展不断演进。

一、航行自由诞生之初的"航行"

在格劳秀斯之前,国际法上鲜少讨论航行自由,自然也不会对"航行"进行界定。航行自由的观念被普遍认为起源于格劳秀斯1609年出版的《海洋自由论》。《海洋自由论》的出版有着特殊的历史背景,16世纪下半叶,荷兰同东印度之间的贸易愈发频繁,荷兰遂于1602年成立了荷属东印度公司。这种扩张损害了原先的海洋霸主之一——葡萄牙的利益,后者禁止荷兰的船只在东印度航行和贸易。格劳秀斯撰写该文的目的是为荷兰的海上行为寻找合理合法的依据,驳斥葡萄牙等海洋强国的霸权理论,借此否定葡萄牙对海洋的垄断权,从而为荷兰在东印度地区的贸易活动提供合法性论证,捍卫荷兰的船只在东印度地区自由地航行和贸易的权利。《海洋自由论》从自然法的角度出发,指出海洋应该向所有国家自由开放,应当为人类共同使用;阐明各国基于国际法享有与其他国家之间的交往自由和贸易自由;各国的船只享有航海权,能够自由地航行是国家交往自由和贸易自由的前提。因此,格劳秀斯认为,所有人依国际法皆可自由航行,葡萄牙人无权干涉荷兰人航行到东印度的自由。①

《海洋自由论》出版之时,由于同当时多个国家的实践不符,遭到了猛烈的抨击。针对格劳秀斯的观点,各国学者纷纷予以反驳,其中最具影响力的便是塞尔顿的《闭海论》。同样从自然法出发进行论证的塞尔顿,认为海洋与陆地一样,可以成为私人财产,并可以被瓜分和占有。因此,海洋不可以为人类共同使用。② 海洋自由论与闭海论的论战延续了很长时间。应当说,无论是主张海洋自由论的格劳秀斯还是主张闭海论的塞尔顿,争论所指涉的"航行"在当时还只是一个笼统的、粗糙的概念。受限于当时的科技发展水平,学者们并未对航行船舶的种类、航行活动的种类进行细致的区分。

二、领海制度的出现对"航行"的影响

在《海洋自由论》一书中,格劳秀斯主张,只要航行不会伤害除航行者本人以外的其他人,就不应当被禁止。③ 这一观点构成了现代领海无害通过制度的重要基础。尽管格劳秀斯并未主张对航行船舶的种类、航行活动的种类进行划分,但他已经就航行区域的区分作出了一定探索。在《战争与和平法》中,格劳秀斯承认国家可以对其沿岸一定宽度内且处于自己有效控制之下的海域主张权利,④ 这一观点为宾刻舒克所继承,最终发展成为著名的"大炮射程说",海洋就此被区分为领海和公海。在领海制度出现之际,领海内的航行制度开始同公海的航行制度相区分开来。在很长时间内,船舶在公海都享有绝对的航行自由,而在他国领海航行则可能受到相应的限制。

18世纪后期,英国在击败荷兰后成为新的海上霸主。在之后相当长的时间内,英国在海洋问题上均主张塞尔顿的闭海论,试图独占整个海洋。这种情况到了19世纪发生了根本变化。一方面,海洋的面积实在过于庞大,即使是作为海上霸主也不可能控制地球上的每一片海域,主张对有关海域拥有主权并不能阻止其他国家使用有关海域,这种主权的主张并没有意义。另一方面,主张海洋自由论更有利于当时航海技术发达的英国行使其海洋霸权,有利于其商船在各大

---

① 参见〔荷〕格劳秀斯:《论海洋自由或荷兰参与东印度贸易的权利》,马忠法译,张乃根校,第9—13页。

② See John Selden, *Mare Clausum of the Dominion or Ownership of the Sea*, translated by Marchamont Nedham, The Lawbook Exchange, Ltd., 2004, preface, pp. 3, 12, 41, 137.

③ 参见〔荷〕格劳秀斯:《论海洋自由或荷兰参与东印度贸易的权利》,马忠法译,张乃根校,第57页。

④ See Hugo Grotius, *The Rights of War and Peace*, edited and with an Introduction by Richard Tuck, from the Edition by Jean Barbeyrac, Vol. 3, Indianapolis: Liberty Fund, 2005, pp. 13-15.

洲穿梭进行贸易,亦有利于其军舰使用武力,进行殖民掠夺。由此,英国从闭海论转向海洋自由论。

航行自由作为海洋自由的一部分,也在海洋强国进行海外扩张、掠夺的过程中向全世界传播,逐渐成为各国认可的一项国际法制度,并发展成为一项国际习惯。在这一阶段,"航行"仍是一个相对宽泛、粗糙的概念,但在不同水域已经出现了不同的航行制度,丰富了"航行"概念的内涵。

三、国际海战规则对"航行"的影响

格劳秀斯的《海洋自由论》并未对航行的船舶类型进行划分,之后形成的国际习惯法也并未区别军事船舶和普通商用船舶。当时,军事船舶的航行同样不受限制。19世纪中后期,伴随着一系列海上武装冲突,国际成文法逐渐形成,商业航行同军事航行也才逐渐区分开来。

首部影响航行自由的国际成文法是1856年《巴黎会议关于海上若干原则的宣言》(或称《巴黎海战宣言》)。该宣言主要规范的是战时捕获和封锁的有关问题,废除了私掠船制度,同时通过限制交战国军舰拿捕的权利保护中立国的贸易利益。① 虽然并未提到与航行自由有关的事宜,但《巴黎海战宣言》中的条文是普通商业航行免受军事干扰这一原则的雏形,商业航行同军事航行开始出现区别。

1899年和1907年召开的两次海牙和平会议,通过了一系列的国际海战规则。其中,《关于战争开始时敌国商船地位公约》(即《1907年海牙第六公约》)要求交战国应给予停泊在本国港口的敌国商船合理的期限,以便其自由驶离该港口。《关于海战中限制行使捕获权公约》(即《1907年海牙第十一公约》)第1条要求各国除非在绝对必要的情形下不得对中立国的商船予以搜查,第3条规定在沿岸专为捕鱼或从事地方商业活动的无害船只可免受拿捕。据此,普通商业航行免受军事干扰的原则初步确立,普通商业航行同军事航行完全区分开来,二者在享有自由的程度上存在区别,军事航行往往会受到更多的限制。

四、《联合国海洋法公约》对"航行"的细化

对于发达国家而言,航行自由能够保障其海上军事利益和商业利益,而对于发展中国家而言,航行自由亦能满足其与其他国家进行国际经济交流的需要。由此,航行自由为诸多国家所认可,逐渐发展成为一项国际习惯。1958年《公海公约》首次将"公海自由"原则明文写入条约。不过,在《联合国海洋法公约》生效

---

① 该宣言规定,无论是中立国船舶上的敌国货物还是敌国船舶上的中立国货物,都免受拿捕。

之前,航行自由只是作为公海自由原则的一项内容存在于国际法中。《联合国海洋法公约》不仅规定了公海的航行问题,而且全面规范了在具有不同法律地位的各种海域中航行的权利和义务,因此,航行自由在该公约中实现了从原则落实到具体制度的转变。① 这种制度化的规定,也使得该公约下"航行"的概念进一步细致化。

在航行船舶的种类上,《联合国海洋法公约》作出了进一步的区分,并规定了不同的限制措施。例如,该公约第 20 条要求,潜水艇和其他潜水器在领海航行时应浮出水面并展示旗帜;第 23 条要求,外国核动力船舶和载运核物质或其他本质上危险或有毒物质的船舶在领海无害通过时应持有国际协定为这种船舶所规定的证书,并遵守国际协定所规定的特别预防措施。对于商船、用于商业目的的政府船舶与军舰和其他用于非商业目的的政府船舶,该公约分别规定了不同的适用规则。② 此外,该公约第 95、96 条还规定了军舰和专用于政府非商业性服务的船舶在公海上的完全豁免权。应当说,在该公约的框架下,不同种类船舶的航行权利已经有了较完整的划分。

在航行目的的区分上,《联合国海洋法公约》对某些类型航行活动的航行自由作出了限制。例如,该公约第 19 条第 2 款列举了 12 种在领海内进行将被视作损害沿海国的和平、良好秩序或安全的航行活动,包括军事演习、情报收集、捕鱼等,在一国领海内从事这些航行活动的船舶并不享有航行自由。又如,该公约第 40 条规定,包括海洋科学研究和水文测量在内的外国船舶,在过境通行时,非经准许不得进行任何研究或测量活动。这些针对不同航行活动的细化规定也体现了"航行"概念发展过程中的细化趋势。

在航行区域方面,除传统的领海与公海外,《联合国海洋法公约》还进一步建立起毗连区、专属经济区、群岛水域等海域制度,且不同海域的航行制度不尽相同。其中,公海航行所受的限制较为宽松,该公约仅规定了"须适当顾及其他国家行使公海自由的利益""适当顾及本公约所规定的同'区域'内活动有关的权利""用于和平目的"等较为模糊的限制;③ 在领海和群岛水域,其他国家船舶仅享有无害通过的权利,航行可能受到沿海国设置的各种条件的限制;在毗连区和专属经济区,航行所受的限制相对较少,但沿海国仍可以通过扩张自己的管辖权来对航行进行一定的限制;而在用于国际航行的海峡,航行适用"过境通行制"。愈发细致的对水域的划分进一步完善了"航行"的内涵。

---

① 参见袁发强:《航行自由制度与中国的政策选择》,载《国际问题研究》2016 年第 2 期。
② 参见该公约第二部分第三节"领海的无害通过"中的 A 分节、B 分节。
③ 参见该公约第 87、88 条。

应当说,《联合国海洋法公约》建立了一个关于航行自由相对完善的制度体系。除该公约外,1969 年《国际干预公海油污事故公约》、1973 年《防止船舶污染国际公约》、1988 年《制止危及海上航行安全非法行为公约》等国际条约亦分别从环境保护、集体安全等不同方面对船舶航行进行了规范和限制。尽管仍没有公约就"航行"概念的具体内涵进行阐释,但在航行自由的制度框架下,航行活动的分类愈加细化、完整,也有利于有针对性地处理航行自由的有关问题。

第二节 国际裁判中的界定

《联合国海洋法公约》生效之前,航行自由作为海洋自由的一部分,缺乏相应的制度框架,只在部分公约中存在原则性规定(如 1958 年《公海公约》),航行自由的具体问题属于国际习惯的范畴。此时,国际裁判往往发挥着确认有关国际习惯存在、确立其效力边界的作用,在"航行"概念具体化、细致化的过程中扮演着重要角色。纵观涉及航行自由的国际司法实践,虽然已经存在不少具体的国际司法裁判,但并未有某个判决或裁决对"航行"的概念作出具体的阐述。不过,这些裁判仍体现了"航行"这一概念一步步从笼统到细致的变化过程。

一、科孚海峡案

如前所述,领海制度确立后,虽然领海的航行制度开始受到沿海国管辖权的限制,但对于沿海国管辖权如何限制,领海内航行的船舶享有什么样的航行自由,并不明确。作为国际法院成立后的第一案,科孚海峡案被普遍认为确认了领海内外国军舰享有无害通过的权利,包括军舰通过用于国际航行的海峡时亦享有此等权利。[①] 科孚海峡位于阿尔巴尼亚与希腊的边界,其最窄部分位于两国领海中。英国曾在该海峡扫雷并证明其安全。该案中,主张无害通过的英国军舰在经过该海峡时遭到阿尔巴尼亚军队炮击,因阿尔巴尼亚认为外国船舶经过该国领海须获得其许可。为试探阿尔巴尼亚态度,英国派出两艘巡洋舰和两艘驱逐舰组成的舰队驶入科孚海峡,两艘驱逐舰触雷,造成 40 死 42 伤。就此,英国政府要求阿尔巴尼亚承担其船只与人员伤亡的责任。

两国将争端诉至国际法院,阿尔巴尼亚政府认为,英国军舰未经允许即进入该国领海的行为侵犯了其主权。对此意见,国际法院并未予以采纳,并认定英国军舰进入科孚海峡的行为符合有关航行自由的国际习惯,阿尔巴尼亚应当对英

---

① See Stuart Kaye, Freedom of Navigation, Surveillance and Security: Legal Issues Surrounding the Collection of Intelligence from Beyond the Littoral, *Aust. YBIL*, Vol. 24, 2005, p. 93.

国的船只与人员伤亡承担相应的国际责任。国际法院认为,在和平时期,根据普遍认可并符合国际习惯的原则,一国军舰有权未经沿海国事先允许通过位于两段公海之间的、用于国际航行的海峡,只要该通过行为是无害的。沿海国在和平时期无权限制此种无害通过,除非国际条约有相关规定。① 尽管英国承认其航行出于试探阿尔巴尼亚态度的政治目的,其合乎国际法的航行行为仍不应被限制。即使阿尔巴尼亚政府否认英国军舰享有无害通过的权利,英国军舰仍有权合法行使其航行权。② 由此,军舰的无害通过权在国际法上得以确认,进一步明晰了军事航行的内涵。当然,这种确认存在一定的争议。军舰并非一般意义上的船舶,即使在和平时期,军舰驶入一国领海的行为也并不一定符合"无害"的标准,其携带的武器可能构成对沿海国的武力威胁。

二、尼加拉瓜诉美国案

1983年至1984年,美国以维护地区和平为借口在尼加拉瓜开展军事及准军事活动,支持尼加拉瓜反政府游击队进行颠覆政权的活动,并派出中央情报局人员参与在尼加拉瓜濒临大西洋的港口附近水域布雷,布雷范围包括尼加拉瓜的内水和领海,对尼加拉瓜实行军事封锁。此举导致数艘尼加拉瓜船舶触雷,造成巨大的损失,严重影响了尼加拉瓜的贸易和安全。据此,尼加拉瓜向国际法院提出指控,控告美国政府指使美国军人和反政府游击队在尼加拉瓜港口布雷、破坏尼加拉瓜的石油设施和海军基地、侵犯尼加拉瓜的领空主权以及在尼加拉瓜组织和资助反政府集团等军事和准军事行动,请求国际法院判定美国的行动构成非法使用武力和以武力相威胁、干涉尼加拉瓜内政和侵犯尼加拉瓜主权的行为,请求法院责令美国停止上述行为并赔偿损失。尽管美国反对国际法院对此案的管辖,但国际法院并未理会。在国际法院初步判决支持尼加拉瓜的请求后,美国退出此案的诉讼程序。国际法院决定依据《国际法院规约》继续对该案进行缺席审判,并最终判决尼加拉瓜胜诉。该案实体部分主要涉及"不使用武力"等原则,同时,国际法院还认为美国的行为侵犯了航行自由。

《联合国海洋法公约》在解释无害通过中的"通过"时,认为其包含驶往或驶出内水或停靠各种泊船处或港口设施。③ 在尼加拉瓜诉美国案中,国际法院除了提及美国在尼加拉瓜港口布雷、出动飞机袭击港口的行为违反了国际法上的"不使用武力""不干涉内政"原则之外,还认定美国的布雷行为侵犯了有关港口

---

① See The Corfu Channel Case(United Kingdom v. Albania), I. C. J. Reports 1949, p. 28.
② Ibid., p. 30.
③ 参见该公约第18条第1款(b)项。

的航行自由。① 国际法院指出,任何国家基于航行自由可以自由地驶入港口,如果因为某些国家在水域中设置水雷的行为危害了航道安全,沿海国的航行自由和商业自由也将受到侵害。美国的行为不仅侵害了尼加拉瓜的领海主权,也侵害了外国船舶的航行自由。② 诚然,该案的重点可能不仅仅在于对航行自由的侵犯,但不可否认的是,该案明确了《联合国海洋法公约》有关"通过"规定的适用,领海内的航行不仅包括穿过领海但不进入内水或停靠内水以外的泊船处、港口设施的航行,也包括驶入或驶出内水泊船处和港口的航行。

诚然,在国际实践中,直接就航行自由争端诉诸国际裁判的情况并不多见,但航行自由作为一项被普遍认可的国际习惯,仍然在许多国际裁判,尤其是同国际海洋法相关的裁判中被谈及。虽说并未有国际裁判直接就航行的概念进行解读,但这些裁判都涉及航行自由整个框架的某些问题,也都或多或少对"航行"的内涵产生了影响。

第三节 模糊的区域

尽管《联合国海洋法公约》建立了相对完整的航行自由的制度框架,但框架下仍有很多模糊的区域。这些模糊区域或许有时代背景的限制,确已不能解决当前航行自由制度所遇到的问题。表面上来看,"航行"似乎仅指航行活动,实际上,随着科技的进步、航海技术的发展,"航行"逐渐开始承担一些过去不曾承担的任务,以满足新形势下各国在各方面的利益需求。实践中的"航行"早已超越了单纯的航行活动范畴,而承载了更多其他的意义。例如,某些军事航行活动已经不是单纯出于航行国国家安全目的而开展,往往带有对沿海国进行军事侦察的目的。又如,以科学考察、勘探资源为目的进行的航行活动,也不是单纯的航行活动,而是涵盖了科学考察、自然资源勘探开发的意义。在这种情况下,"航行"的内涵远远超过了其字面的含义,有关规则的模糊点和空白点也相应地被放大了,这对《联合国海洋法公约》下既有的航行自由制度提出了许多新的挑战。

一、专属经济区内的军事航行

专属经济区是在《联合国海洋法公约》框架下各国分享权责的一个区域。该公约规定,在专属经济区内,所有国家享有公海上的航行自由。同时,公约还要

---

① See Military and Paramilitary Activities in and Against Nicaragua (Nicaragua v. United States of America), Jurisdiction and Admissibility, Judgment, I. C. J. Reports 1984, p. 36.

② See Military and Paramilitary Activities in and Against Nicaragua (Nicaragua v. United States of America). Merits, Judgment, I. C. J. Reports 1986, p. 101.

求各国在专属经济区内行使其权利和履行其义务时,应适当顾及沿海国的权利和义务。① 但是,这仅是原则性规定。公约本身并未明确规定"适当顾及其他国家权利和义务"的行为方式和具体程序。② 具体到军事活动上,公约明确表示,在沿海国领海内进行的军事操练和演习不符合领海内无害通过的要求,但对于其他水域内的军事活动,公约并未规定此类限制。当然,公约也并未明文规定允许此种活动。可见,专属经济区内的军事活动是否享有自由属于公约未予明确规定的范畴。③《联合国海洋法公约》对这方面内容的模糊态度导致了国际实践中严重的分歧。

一方面,海洋强国认为,无论航行的船舶是否为军事船舶,如果船舶的活动同专属经济区内的资源无关,沿海国无权限制或阻止其他国家的任何船舶在专属经济区内自由航行。只要航行的船舶不非法使用武力,在行使权利时适当照顾沿海国在专属经济区内的权利和其他国家利用海洋的权利,就不违反国际法规则和国际条约赋予的其他义务,沿海国就应当遵守该公约第 56 条的规定,尊重航行国的航行自由。沿海国不得基于该公约第 58 条的规定限制航行国船舶的航行。④ 专属经济区并不"属于"沿海国,沿海国在专属经济区享有的是与经济有关的主权权利和管辖权,所有国家仍可以在一国的专属经济区行使包括航行自由在内的其他基于国际法享有的权利。⑤ 该公约第 58 条将航行自由从公海延伸到专属经济区,并未对航行活动加以其他限制,因此外国军事船舶有权在沿海国的专属经济区内航行,并进行包括军事演习、军事测量在内的军事活动。

另一方面,许多沿海国并不认可航行国在专属经济区的军事活动。包括印度、马来西亚、伊朗、巴西在内的许多沿海国均认为,该公约禁止航行国在未经沿海国事先允许的情况下于沿海国专属经济区开展军事活动。⑥ 事实上,早在缔约之时,巴西的缔约代表就曾基于该国对公约的理解作出声明,认为公约并未授权其他国家在未经沿海国事先允许的情况下,在沿海国专属经济区开展军事活

---

① 参见该公约第 58 条。
② 参见袁发强:《航行自由制度与中国的政策选择》,载《国际问题研究》2016 年第 2 期。
③ See Stuart Kaye, Freedom of Navigation, Surveillance and Security: Legal Issues Surrounding the Collection of Intelligence from Beyond the Littoral, *Aust. YBIL*, Vol. 24, 2005, p. 93.
④ See John C. Meyer, The Impact of the Exclusion Economic Zone on Naval Operations, *Naval L. Rev.*, Vol. 40, 1992, p. 241.
⑤ See Brian Wilson, An Avoidable Maritime Conflict: Disputes Regarding Military Activities in the Exclusive Economic Zone, *J. Mar. L. & Com.*, Vol. 41, 2010, p. 421.
⑥ See George V. Galdorisi, Alan G. Kaufman, Military Activities in the Exclusive Economic Zone: Preventing Uncertainty and Defusing Conflict, *Cal. W. Int'l L. J.*, Vol. 32, 2002, p. 253.

动。① 沿海国这种主张的主要依据是该公约第 88 条,该条规定公海需用于和平目的。而依据该公约第 58 条第 2 款,第 88 条亦同样适用于沿海国的专属经济区。沿海国认为,在专属经济区,仅出于和平目的开展的航行活动才是被允许的,而军事演习、军事测量、军事情报收集等军事活动同和平目的无关。② 实践中,亦有不少国家通过立法的方式捍卫这一观点。如巴西国内立法规定:"任何国家不得在未经巴西政府同意的情形下,在专属经济区内进行军事活动,尤其是涉及使用武器和爆炸物的军事活动。"③ 伊朗亦立法禁止其他国家在其专属经济区进行军事活动、开展军事演习。④ 印度、巴基斯坦、马来西亚等国家也有相应的声明,要求航行国在专属经济区内的军事活动须得到其事先允许。应当说,沿海国和航行国在这一问题上存在着显而易见的分歧。

这种分歧和争议一定程度上反映了国际社会的现实情况。海洋强国拥有先进的军事技术,可以在其领海之外对一国的独立与安全构成威胁,卫星侦察、中远程导弹、远程大炮等军事技术已使传统的领海屏障无法起到保护国家安全的作用,沿海国不得不考虑 12 海里领海之外的国家安全利益。⑤ 军事技术的变化使《联合国海洋法公约》的有关规定并不能解决国际实践中存在的国家安全问题。自 1979 年 3 月起,美国便开始通过其"航行自由计划"(Freedom of Navigation Program, FON Program)挑战其认为"过度地主张海权的国家"。在 1993 年至 2010 年期间,美国海军执行了数百次该计划,挑战了 47 个国家的海权主张。⑥ 尽管中国、印度等国均对美国海军的行为提出了抗议,但美国并未放弃此

---

① See Horace B. Robertson, Jr., Navigation in the Exclusive Economic Zone, *Va. J. Int'l L.*, Vol. 24, 1984, p. 865.

② See Stuart Kaye, Freedom of Navigation, Surveillance and Security: Legal Issues Surrounding the Collection of Intelligence from Beyond the Littoral, *Aust. YBIL*, Vol. 24, 2005, p. 93.

③ Law No. 8.617 of 4 January 1993, On the Territorial Sea, The Contiguous Zone, The Exclusive Economic Zone and the Continental Shelf, cited from George V. Galdorisi, Alan G. Kaufman, Military Activities in the Exclusive Economic Zone: Preventing Uncertainty and Defusing Conflict, *Cal. W. Int'l L.J.*, Vol. 32, 2002, p. 253.

④ See Act on the Marine Areas of the Islamic Republic of Iran in the Persian Gulf and Oman Sea (May 2, 1993), cited from George V. Galdorisi, Alan G. Kaufman, Military Activities in the Exclusive Economic Zone: Preventing Uncertainty and Defusing Conflict, *Cal. W. Int'l L.J.*, Vol. 32, 2002, p. 253.

⑤ 参见袁发强:《航行自由制度与中国的政策选择》,载《国际问题研究》2016 年第 2 期。

⑥ See Joshua L. Root, The Freedom of Navigation Program: Asssessing 35 Years of Effort, *Syracuse J. Int'l L. & Com.*, Vol. 43, 2016, p. 321.

项计划。在国际法层面,美国该项计划的目的并非敦促各沿海国放弃其主张,①而是在于通过其持续不断的挑战行为避免沿海国的这种主张上升为一种国际习惯,②捍卫其海洋强国的航行利益。

《联合国海洋法公约》中有关专属经济区的相关规范是缔约时各国妥协的结果。一方面,它明确了沿海国的各项权利;另一方面,它也赋予了航行国在该领域包括航行自由在内的各种自由。此外,该公约含糊其辞地为航行国和沿海国均设立了"适当照顾"其他国家权利的义务,但并未对"适当照顾"作更多解释,各国也倾向于基于自身的利益对公约文本进行解释。在该公约框架下,若航行国的航行活动影响了沿海国基于专属经济区内自然资源享有的权利,则可能会产生航行国航行自由同沿海国权利之间的冲突。但是,除部分特别规定外,③该公约并未规定这两种权利何者优先,④而是要求冲突各国在公平的基础上参照一切有关情况、考虑所涉利益分别对有关各方和整个国际社会的重要性加以解决。⑤ 同样,在专属经济区内,一国的军事航行活动也是一国的航行自由,公约并未解决这同沿海国权利何者优先的问题,无法有效处理专属经济区内军事航行的有关争议。这或许正是《联合国海洋法公约》获得巨大成功的原因之一:照顾到了各国的关切,从国际法上肯定各项权益。但是,这种做法也留下了模糊空间,造成沿海国国防安全利益与他国航行利益的冲突。⑥ 军事航行在专属经济区内是否享有公海上几乎绝对的航行自由在当前国际实践中是不确定的。

二、专属经济区资源利用开发对航行的影响

《联合国海洋法公约》规定,沿海国对专属经济区内自然资源享有以勘探、开发、管理和养护为目的的主权性权利,各国在专属经济区内亦大量从事海洋油气开采、风力发电、水流发电等活动。沿海国在开发上述项目时,其有关设施可能

---

① 事实上,该项计划并未使大部分沿海国放弃其主张,反倒有部分国家通过国内立法进一步强调了其有关问题的立场。即使有少数国家对国内立法进行修改,放弃了这类主张,如菲律宾,但也很难说其修法是受到"航行自由计划"的影响。See Joshua L. Root, The Freedom of Navigation Program: Asssessing 35 Years of Effort, *Syracuse J. Int'l L. & Com.*, Vol. 43, 2016, p.321

② See Dale Stephens, The Legal Efficacy of Freedom of Navigation Assertions, *Int'l L. Stud. Ser. US Naval War Col.*, Vol.80, 2006, p.235.

③ 如《联合国海洋法公约》第 60 条规定,沿海国在专属经济区内建设的人工岛屿、设施和结构及其周围的安全地带,不得设在对使用国际航行必经的公认海道可能有干扰的地方。

④ See Boleslaw Adam Boczek, Peacetime Military Activities in the Exclusive Economic Zone of Third Countries, *Ocean Dev. & Int'l L.*, Vol.19, 1988, p.445.

⑤ 参见该公约第 59 条。

⑥ 参见袁发强:《国家安全视角下的航行自由》,载《法学研究》2015 年第 3 期。

对现有的航道及其航行安全产生消极影响。① 例如,在海上石油开采区与航道、渔区交叉重叠时,应如何划定石油设施安全区和航道、渔区的界限? 尽管该公约第60条第7款要求,沿海国的人工岛屿、设施和结构及其周围的安全地带不得设在对使用国际航行必经的公认航道构成干扰的地方,但该条规定并未绝对禁止在这些地方建立有关设备、划定安全区,而是只有在可能产生干扰的情况下才会禁止。② 同时,公约并未给出判断"可能干扰航道"的标准。因此,该条规定虽然体现了公约的航行自由的支持与保护,但未免太过含糊,实践中可能会产生争议。

沿海国对其专属经济区内自然资源享有主权性权利,行使这些权利并不需要经过航行国同意,也不需要向国际海事组织报备,但沿海国勘探开发专属经济区内自然资源的活动极可能对航行产生影响,尤其是在国际航道附近的开发行为。如前所述,该公约第58条为沿海国与其他国家均规定了"适当顾及"义务,在依据公约行使其权利和履行其义务时,应适当顾及其他国家的权益,但这种原则性规定很难为沿海国和航行国提供行为上的指导。例如,沿海国如何向国际社会提前通报航道附近的渔业养殖场具体区域? 以何种方式告知国际社会其在某特定航道附近进行自然资源的勘探和开发活动? 这可能造成沿海国对自然资源的开发利用权同航行国航行自由之间的冲突,对专属经济区内的航行造成一定的限制。

三、北极水域的航行

全球气候变暖造成北极圈外围地区的冰雪融化,使北极圈附近区域逐渐具有通航的可行性。对于国际社会诸国,北极航道具有日益增长的战略意义和经济利益;但同时,该地区脆弱的生态环境又使得国际社会在规划该区域有关法律制度时必须慎之又慎,以免造成全球性的灾难影响。③ 当前,北极航道主要分为东北航道(Northeast Passage,俄罗斯称之为"北方海航道",即 Northern Sea Route)、西北航道(Northwest Passage)和北冰洋中心区航道(Arctic Central Area Route),其中东北航道主要位于俄罗斯控制的水域内,东北航道的通航条件相对较为成熟,西北航道主要位于加拿大控制的水域内,而北冰洋中心区航道

---

① 参见袁发强:《国家安全视角下的航行自由》,载《法学研究》2015年第3期。
② See Geir Ulfstein, The Conflict Between Petroleum Production, Navigation and Fisheries in International Law, *Ocean Dev. & Int'l L.*, Vol.19, 1988, p.229.
③ See Robert R. Roth, Sovereignty and Jurisdiction over Arctic Waters, *Alta. L. Rev.*, Vol.28, 1990, p.845.

目前尚不成熟。① 由于俄罗斯、加拿大对北极航道所在水域有"历史性权利"诉求,其他国家在北极水域航行时往往面临沿海国有关法律的管辖,可能对航行国船舶的航行自由产生相应的影响。

以俄罗斯为例,虽然俄罗斯国内立法承认北方海航道的水域包含内水、领海、毗连区和专属经济区等不同水域,但在管理时并不具体区分水域,而是统一进行"内水化"管理。各国船舶需要向俄罗斯北方海航道管理局提前申请,在获得批准后才能航行,否则俄罗斯有权对违反规定的船舶采取强制措施。② 此外,在北方海航道的引航与收费制度上,尽管俄罗斯2013年出台的《北方海航道水域航行规则》改变了1990年《北方海航道海路航行规则》中规定的不合理的引航收费模式,但仍要求破冰引航应由经授权的、悬挂俄罗斯联邦国旗航行的破冰船实施,取道北方海航道的船舶不能使用俄罗斯以外的破冰船为其服务。这些均体现出,在北极航道,船舶航行同在其他传统国际航道上的航行存在着区别。北极航道沿岸诸国对北极航道航行的限制或出于国际安全利益的考量,或出于生态环境保护的考量,但这些因素对当前北极航道的航行制度都产生了切实影响。

---

① 参见吴军、吴雷钊:《中国北极海域权益分析——以国际海洋法为基点的考量》,载《武汉大学学报(哲学社会科学版)》2014年第3期,第53页。
② 参见郑雷:《北极东北航道:沿海国利益与航行自由》,载《国际论坛》2017年第3期。

第三章　航行自由的国际法限制

海洋自由是现代海洋法的基础,而航行自由是海洋自由的首要原则。从20世纪70年代开始,菲律宾、越南等部分东南亚国家开始强占中国在南海地区的岛礁,并由此挑起国际争端。近年来,中国与这些国家在南海问题上的摩擦不断升级。作为当今世界唯一的超级大国,同时也是菲律宾等国家的军事同盟,美国在南海争端上的立场毫无疑问是重要的。然而,美国的态度却耐人寻味——它从没有明确支持过任何国家对南海岛礁或海域的权利要求,但被问及南海争端时,美国始终强调四个字,即"航行自由"。1995年,在中国与菲律宾之间发生"美济礁事件"之后,美国时任国务院代理发言人克莉丝汀·谢利(Christine Shelly)就南沙群岛问题发表了一项正式声明,强调维持南海航行自由是美国的基本利益。[1] 2012年,在中国与菲律宾之间又爆发"黄岩岛对峙事件"之后,美国时任国防部部长莱昂·帕内塔(Leon Panetta)于当年6月出席在新加坡举办的"香格里拉论坛"时,仍然强调保障南海"航行自由"是美国亚太地区战略的重要组成部分。[2] 很显然,美国不愿意在南海问题上"站队",但它也没有完全排除自己介入南海争端的可能性,包括军事介入的可能性。更重要的是,美国一再暗示自己介入的理由是南海地区所谓的"航行自由"遭到破坏。不过,令人遗憾的是,美国既没有对航行自由的概念表明自己的立场和看法,也没有提及航行自由可以受到怎样的限制,而只是一味强调航行自由不容挑战。美国的上述立场似乎是想将海洋自由绝对化。然而,事实并非如此。无论是在平时,还是在战时,航行自由都不是绝对的。换言之,航行自由早已受到国际法的合理限制。

---

[1] See Christine Shelly, Daily Press Briefing, U. S. Department of State, May 10, 1995.
[2] See Remarks by Secretary Panetta at the Shangri-La Dialogue in Singapore (June 2, 2012), a-vailable at http://www.defense.gov/transcripts/transcript.aspx? transcriptid=5049, visited on July 25, 2015.

第一节 航行自由与和平时期的国际法限制

一、对航行自由合理限制的规律揭示

在回顾海洋自由的历史轨迹时,我们应当重视这样一个细节——"海洋自由"是在"国家主权"这个概念诞生后不久被提出来的。1576年,法国学者让·博丹(Jean Bodin)在《共和国六论》(*Les Six Livres de la République*)中首先提出国家主权的概念,并认为主权在君。之后,同为法国人的让·雅克·卢梭(Jean-Jacques Rousseau)在1762年的《社会契约论》(*Du Contrat Social*)中进一步提出了主权在民的思想。然而,不论是主权在君,还是主权在民,都是海洋自由的主要威胁。

美国著名的海洋战略思想家马汉认为:从空间秩序的角度来看,主权国家的概念乃是一个陆地性的概念。它没有抓住另外一个广阔的空间,即海洋。于是,两个对立面就形成了。一个是国家的、封闭的、疆界的空间概念,另一个是自由的、摆脱国家束缚的、海洋的空间观念。[①] 在历史上,很多海洋强国曾经试图将海洋纳入主权国家的体系中来,但是它们都失败了。结果是陆地和海洋建立起了两套完全不同的法律体系。尽管建立起了两套法律体系,但两者之间的碰撞却始终存在。这主要是因为沿海国更多地强调国家主权对海洋的辐射,而船旗国则更多地强调维护海洋自由的重要性。在历史发展的进程中,各个国家都不断在沿海国与船旗国之间寻找自己的主要角色,从而在国家主权与海洋自由之间谋求国家利益的最大化。

尽管海洋自由论在近代成为国际习惯,并成为现代海洋法的基础,但从历史发展的角度来看,国家主权是不断地向海洋纵深推进的。换言之,海洋自由受到国家主权越来越多的限制。

在格劳秀斯提出海洋自由论时,海洋是一个整体,并且向全世界开放。之后,在沿海国的炮口下,完整的海洋被分为领海与公海。再后来,在联合国海洋法会议的谈判桌上,毗连区、专属经济区等新海域又从近代公海中被剥离出来,成为沿海国主权空间与海洋自由之间的"过渡地带"。在晚近的国际法中,沿海国在"过渡地带"和公海上对船舶的管辖权进一步得到扩张,海洋自由又受到进一步限制。对海洋自由的逐步限制不但体现在和平时期,而且也落实在战争时

---

① 参见〔德〕施米特:《国家主权与自由的海洋》,林国基译,载〔荷〕格劳秀斯:《海洋自由论》,宇川译,上海三联书店2005年版,第198、203页。

期。尽管"自由船自由货"原则逐渐成为国际习惯,但国家在战时仍然可以通过封锁和登临检查对他国船舶的航行自由形成有效限制。值得注意的是,在上述发展过程中,海洋自由的理论基础已经从自然法全面转变为实在法。

不过,我们也要承认,国家主权对海洋自由的限制不是迅速推进的,更不是没有节制的。相反,限制海洋自由的进程相当缓慢,沿海国与船旗国在不同的历史时期都会形成一定的均势,进而构建起那个时期的航行制度,并维持相当长的时间。尽管国家主权在向海洋纵深推进,但海洋自由是现代海洋法的基础这一点没有受到根本性的动摇。所以,在可预见的未来,国家主权与海洋自由必须在共存的前提下进行博弈,因为任何一方都无法彻底"制胜"另一方。

基于对上述历史规律的认识,当我们今天谈及海洋自由时,它早已不是格劳秀斯笔下的海洋自由论了。

第一,现代海洋自由的基础不是格劳秀斯所援引的自然法,而是宾刻舒克之后发展起来的实在法。既然是以实在法作为基础,那么航行自由既不能被视为神圣不可侵犯,也不能为其支持者提供抽象的道德优势,而是要根据现实情况作出具体的是非判断。

第二,格劳秀斯提出海洋自由论时,他的主要反对者是塞尔顿。后者提出了闭海论。尽管后来海洋自由论成为国际习惯,但这并不意味着塞尔顿的闭海论是失败的和应当被摒弃的。事实上,格劳秀斯在后来的著作中也开始承认海洋被部分占有的可能性与合理性。更重要的是,当海洋自由论的基础转变为实在法之后,它开始更多地吸收闭海论中的合理成分。在我们今天看到的领海、专属经济区等制度中,有很多地方都折射出塞尔顿的思想。因此,与其说海洋自由论战胜了闭海论,不如说两者实现了融合,并以修正后的海洋自由论的形式获得了国际习惯的地位。

第三,在实在法的视野下,无论是地理空间还是权利内容,对航行自由的限制其实已经持续了上百年。该历史轨迹是值得注意的。更重要的是,根据现实的趋势,这种限制将越来越多,越来越深入。当然,正如前文所述,对航行自由的限制也是有节制的。从这个角度看,我们同样可知:限制航行自由的行为本身并不能成为是非判断的唯一依据,因为航行自由不可能再是绝对的了,我们必须结合限制航行自由的法律依据得出结论。

将上述三点结合起来我们可以发现:航行自由发展到今天,它不再是抽象的、排他性的、绝对的,而应该是具体的、包容的、相对的。具体而言,实在法的基础决定了航行自由必然不是抽象的,而是具体的——近现代海洋法的发展轨迹有力地佐证了这一点;海洋自由能够与时俱进,吸收其他理论的合理成分,决定了航行自由必然不是排他的,而是包容的;国家主权对海洋自由进行的持续的限制决定了航行自由必然不是绝对的,而是相对的。

由此可见,如果有国家对此视而不见,并试图将任何限制航行自由的行为都一概视为非法,那么这种做法就是违背历史规律的。既然航行自由是具体的、包容的、相对的,那么在保障航行自由的同时,国际社会也要尊重沿海国的国家主权。

二、现代海洋法限制航行自由的表现

在和平时期,对航行自由的国际法限制主要来自《联合国海洋法公约》。对于不同的水域,公约作出了不同的制度安排。

首先,在领海,尽管沿海国享有主权,但其他国家却享有无害通过权。值得注意的是,《联合国海洋法公约》并没有对无害通过权的航行主体进行限制。不过,中国在加入《联合国海洋法公约》时对此提出了保留,即外国军用船舶只有在得到中国允许的情况下才能享有无害通过权。这个保留也体现在中国的《领海及毗连区法》第6条,即"外国非军用船舶,享有依法无害通过中华人民共和国领海的权利。外国军用船舶进入中华人民共和国领海,须经中华人民共和国政府批准。"

其次,在毗连区,沿海国享有一定的管辖权。根据《联合国海洋法公约》第33条,沿海国行使管辖权的范围是有关海关、财政、移民和卫生等方面的事务。尽管这四个方面与航行自由本身没有直接的联系,但它们也会间接地影响航行自由。我们不妨以移民问题为例。为了预防非法移民登陆美国本土,美国对外部边界的控制是比较强的,包括对美国沿海毗连区的监视和管控。从某种程度上讲,边界控制是美国移民政策的中心理念之一。[①] 于是,对途经美国沿海毗连区的外国船舶进行检查成为美国海岸警卫队的重要工作之一。在没有被滥用的前提下,这种检查是合法且合理的。然而,尽管如此,它对航行自由的限制和影响也是显而易见的。

再次,在专属经济区,根据《联合国海洋法公约》第56条,沿海国对于三类事项具有管辖权:第一,人工岛屿、设施和结构的建造和使用;第二,海洋科学研究;第三,海洋环境的保护和保全。与此同时,《联合国海洋法公约》第58条也明确规定,其他国家在专属经济区享有航行自由和飞越自由,但"应适当顾及沿海国的权利和义务"。于是,专属经济区内的航行自由问题就至少牵涉三方面的问

---

① See Gordon H. Hanson, Raymond Robertson and Antonio Spilimbergo, Does Border Enforcement Protect U. S. Workers from Illegal Immigration? *The Review of Economics and Statistics*, Vol. 84, No. 1, 2002, p. 73.

题;第一,沿海国行使上述管辖权对其他国家航行自由的间接限制;第二,如果其他国家在行使航行自由时没有"适当顾及"沿海国的权利和义务,那么沿海国是否可以采取限制措施?第三,对于《联合国海洋法公约》没有作出规定的问题,沿海国与其他国家各自享有怎样的权利和义务?从大的方面来看,这主要涉及"剩余权利"的问题;从小的方面来看,目前最为核心的问题是专属经济区的军事活动问题。

对于第一个问题,间接限制肯定是存在的。举例而言,如果外国船舶对沿海国专属经济区的海洋环境造成影响,那么沿海国有权采取措施加以预防或制止。

对于第二个问题,沿海国应当可以采取措施,但这种措施的强制程度与其他国家的不当行为之间应当匹配,即符合国际法中的比例原则。然而,无论是《联合国海洋法公约》还是其他国际条约,都没有对此作出详细的规定。因此,其模糊之处在于两个方面:一方面,如何认定其他国家的"适当顾及"义务已经履行?另一方面,如何认定沿海国的对应措施是否满足比例原则?事实上,在上述条件下,这个问题要么留待国际条约作出补充规定,要么通过争端解决机制来具体进行个案认定。

对于第三个问题,现实中的情况是比较复杂的。首先,《联合国海洋法公约》关于"剩余权利"的模糊性使沿海国和其他国家之间不可避免地会产生分歧。其中,在专属经济区内从事军事活动问题尤其突出。于是,有的国家单方面地就这个问题作出规定。例如,印度在加入《联合国海洋法公约》时提出保留,要求外国的舰船、飞机在印度专属经济区进行的军事活动,必须事先获得印度的同意。然而,从国际条约法的角度看,类似保留对不接受该保留的国家而言是没有约束力的。尽管保留的效力有限,但这并不意味着航行自由不受限制。换言之,对包括军事活动在内的航行自由而言,起码和理所当然的限制是不损害沿海国的和平、良好秩序和安全,即无害,否则沿海国可以采取适当措施予以制约。与此同时,《联合国海洋法公约》第十六部分"一般规定"的第300条和第301条应当得到重视。前者规定:"缔约国应诚意履行根据本公约承担的义务并应以不致构成滥用权利的方式,行使本公约所承认的权利、管辖权和自由。"后者规定:"缔约国在根据本公约行使其权利和履行其义务时,应不对任何国家的领土完整或政治独立进行任何武力威胁或使用武力,或以任何其他与《联合国宪章》所载国际法原则不符的方式进行武力威胁或使用武力。"需要指出的是,这两条规定不仅适用于专属经济区,还适用于其他海域。

最后,在公海,航行自由是最为充分的。《联合国海洋法公约》第87条将航行自由列为"公海自由"之首。然而,公海的航行自由同样不是绝对的。换言之,公海航行自由也应受到合理的限制。除了《联合国海洋法公约》第301条之外,该公约第88条还专门规定:"公海应只用于和平目的。"除此之外,船旗国的航行自由同样应当对于沿海国是无害的。正如前文所述,进入20世纪后半叶以后,随着科技的进步,远海的人类活动也可能对沿海国产生重要的影响。于是,在沿海国的推动下,现代海洋法的晚近发展又对海洋自由作出了更进一步的限制,其中比较典型的领域是污染防治和资源养护。这些规定也对公海航行自由产生了合理限制,1969年《国际干预公海油污事故公约》、1973年《防止船舶污染国际公约》及其1978年议定书都是典型的例子。

三、继续限制的方面

总体来看,对航行自由合理限制的探索与明确需要从情理与法理两方面同时入手。

既然对航行自由进行合理限制是应当得到肯定的,那么如何解读"合理"二字呢?所谓"合理",应当同时包括两个方面——合乎情理与符合法理,而且情理与法理都不可偏废。同样以1893年的白令海海豹仲裁案为例。正如马汉所认为的那样,美国的主张是合乎情理的。然而,由于公海自由在近代几乎是绝对的,所以这种限制不符合法理。于是,英国才能在仲裁中获胜。

众所周知,判断是否符合法理的依据是相关的国际法渊源,主要是国际条约、国际习惯以及一般法律原则,其中国际条约是最主要的依据。那么国际法渊源又从何而来呢?毋庸置疑,来源于国家之间的协调意志或者相互妥协。基于这样的认识,当再次回顾合理限制海洋自由的历史轨迹时,我们会发现:探索和明确"合理"二字的内涵与外延,存在这样的一般路径——首先,沿海国提出合乎情理的、限制海洋自由的要求;其次,在形成均势之后,沿海国与船旗国之间对于这种限制要求达成妥协;最后,基于这样的妥协,形成相应的国际法渊源,主要是相关的国际条约,如《联合国海洋法公约》以及晚近的一系列国际条约。

在此基础上,我们应当进一步看到,健全"适当顾及"制度是当代探索与明确合理限制的主要问题。1982年《联合国海洋法公约》是现代海洋法的基础,它既是维护也是限制航行自由的主要依据。从《联合国海洋法公约》的规定与当代实践来看,目前关于航行自由的争议主要围绕如何解读该公约中"无害通过"与"适当顾及"这两个词。

根据《联合国海洋法公约》第17、45、52条的规定,外国船舶可以无害通过领海、用于国际航行的海峡和群岛水域。不过,沿海国也可以在特定情况下剥夺外国船舶的通过权。《联合国海洋法公约》第19条第2款规定:"如果外国船舶在领海内进行下列任何一种活动,其通过即应视为损害沿海国的和平、良好秩序或安全:(a)对沿海国的主权、领土完整或政治独立进行任何武力威胁或使用武力,或以任何其他违反《联合国宪章》所体现的国际法原则的方式进行武力威胁或使用武力;(b)以任何种类的武器进行任何操练或演习;(c)任何目的在于搜集情报使沿海国的防务或安全受损害的行为;(d)任何目的在于影响沿海国防务或安全的宣传行为;(e)在船上起落或接载任何飞机;(f)在船上发射、降落或接载任何军事装置;(g)违反沿海国海关、财政、移民或卫生的法律和规章,上下任何商品、货币或人员;(h)违反本公约规定的任何故意和严重的污染行为;(i)任何捕鱼活动;(j)进行研究或测量活动;(k)任何目的在于干扰沿海国任何通讯系统或任何其他设施或设备的行为;(l)与通过没有直接关系的任何其他活动。"①

根据《联合国海洋法公约》第 58、87 条,外国船舶在专属经济区和公海内享有航行自由,但要适当顾及其他国家(尤其是沿海国)的权利和义务。其中,《联合国海洋法公约》第 58 条第 3 款规定:"各国在专属经济区内根据本公约行使其权利和履行其义务时,应适当顾及沿海国的权利和义务,并应遵守沿海国按照本公约的规定和其他国际法规则所制定的与本部分不相抵触的法律和规章。"②然而,对于怎样才算"适当顾及",公约没有作出任何解释。

很显然,《联合国海洋法公约》对于"无害通过"的规定比"适当顾及"更加明确和具体——不但在第 17、18、19 条逐一规定了"无害通过权""通过的意义""无害通过的意义",而且在第 19 条第 2 款列举了沿海国在哪些情况下可以剥夺外国船舶的通过权。值得强调的是,第 19 条第 2 款明确禁止任何影响沿海国防务或安全的军事活动。与此同时,国际法院在 1947 年的科孚海峡案中也确认外国军舰不得以无害通过为由在他国领海内从事军事活动。③

有鉴于此,健全适当顾及制度成为当代探索与明确合理限制的主要问题。为了解决这个问题,从 20 世纪后半叶开始至今,国际社会陆续达成了一系列相关的国际条约。例如,在污染防治方面,有 1969 年《国际干预公海油污事故公约》、1973 年《防止船舶污染国际公约》及其 1978 年议定书等。在资源养护方面,有 1993 年《促进公海渔船遵守国际养护和管理措施的协定》、1995 年《关于执行 1982 年 12 月 10 日〈联合国海洋法公约〉有关养护和管理跨界鱼类种群和高度洄游鱼类种群的规定的协定》以及 1995 年《负责任渔业行为守则》等。除了污染防治和资源养护之外,国际社会在其他领域也取得了一定的进展。在这些条约中,国际社会就局部领域或具体事项如何"适当顾及"其他国家(尤其是沿海

---

① 傅崐成编校:《海洋法相关公约及中英文索引》,厦门大学出版社 2005 年版,第 7 页。
② 同上书,第 21 页。
③ See The Corfu Channel Case (United Kingdom v. Albania), I. C. J. Reports 1949, p.28.

国)的权利和义务达成了一定的共识。

毋庸赘言,在已达成国际条约的局部领域内或具体事项上,限制航行自由的合理性得到了相当程度上的明确。之所以能够得以明确,是因为它们符合前文所述的历史规律——这些国际文件所要应对的局部领域或具体事项基本都涉及人类共同的和重大的利益,如海洋油污污染、渔业资源枯竭等。于是,沿海国提出合乎情理的、限制海洋自由的要求,在沿海国与船旗国在达成均势之后,上述国际条约作为妥协的产物出现。因此,相关限制又符合法理。当然,上述国际条约的数量以及所涉及的领域和事项仍然是相当有限的。所以,国际社会仍然有非常大的努力空间。

此外,值得注意的是,这些国际条约中既有在《联合国海洋法公约》框架下达成的,也有在上述框架之外达成的。这说明《联合国海洋法公约》及其执行性文件并不是解释"适当顾及"的唯一载体。

最后,就专属经济区内军事航行达成妥协是健全适当顾及制度的关键。所谓专属经济区内军事航行,是指在和平时期,外国军事船舶在他国专属经济内不以通过为唯一目的,对沿海国防务或安全造成影响的航行活动。在实践中,它主要表现为军事测量、抵近侦察等形式。

在当代,对专属经济区内军事航行进行限制之所以合乎情理,主要是由于人类科技的突飞猛进,专属经济区内军事航行已经能够对沿海国的国防或安全产生前所未有的巨大威胁。这是当年在制定《联合国海洋法公约》时,各国代表所未能预料的。因此,1982年《联合国海洋法公约》对于专属经济区内的军事航行没有作出规定。

同时,这个问题之所以如此突出,主要缘于两个方面:一方面,众所周知,国防或安全涉及国家最根本的利益。所以,在这个问题上的矛盾与斗争也自然最深刻与激烈。另一方面,由于各国之间签订了一系列国际条约,加之国际海事组织等全球性或地区性国际组织的建立,因此,民用船舶的航行制度现已比较成熟与稳定,换言之,具备了进行协调和进化的制度性依托。这也反衬出国际法在军事航行问题上发展的严重滞后性。

在上述背景之下,沿海国以影响本国国防或安全为由,认为可以对专属经济区内军事航行进行限制,而海洋强国却主张军事航行属于《联合国海洋法公约》不加禁止或限制的自由。于是,矛盾和冲突就不可避免,中美之间发生的"无瑕号"事件就是典型的例子。① 我们不得不承认,在这个问题上,《联合国海洋法公约》的"适当顾及"义务是比较模糊的。

那么,如何在军事航行上解释"适当顾及"的义务呢?以下几点值得注意:第一,部分国家可以在《联合国海洋法公约》之外单独形成双边或多边的国际协定。实际上,通过双边或多边谈判来达成共识也正是《联合国海洋法公约》第59条所肯定和鼓励的。更何况,美国并不是《联合国海洋法公约》的缔约国。第二,《联合国海洋法公约》对此没有规定并不意味着军事航行可以不受限制或者沿海国对此不能主张权利。《联合国海洋法公约》第58条第2款要求适当顾及的"沿海国的权利和义务"并不一定局限于《联合国海洋法公约》所规定的内容。换言之,《联合国海洋法公约》以外的国际条约或国际习惯也可以成为限制军事航行的法律依据。正如前文所言,《联合国海洋法公约》及其执行性文件并不是解释"适当顾及"的唯一载体。第三,完全禁止军事航行的想法也是不现实的。一方面,《联合国海洋法公约》建立专属经济区的初衷只是赋予沿海国在相关海域一定的主权权利,而不是要将其开辟为新的领海。更何况,《联合国海洋法公约》第56条在赋予沿海国三个方面主权权利的同时,也要求沿海国在行使这些权利时同样要"适当顾及其他国家的权利和义务"。另一方面,《联合国海洋法公约》第58条对外国船舶的要求毕竟只是"适当顾及",而不是"无害通过"。"适当"二字本身就意味着沿海国与船旗国在该海域的存在不应该是非此即彼的关系。

正如前文所述,航行自由制度发展到今天,应该是具体的、包容的、相对的。我们应当从这一点出发来理解"适当顾及"义务,尤其是在专属经济区内军事航行活动的问题上。在当代,沿海国与船旗国需要就此达成新的妥协,从而形成新的制度,以此实现对航行自由的合理限制,因为从均势到妥协再到制度的演进轨迹正是航行自由从格劳秀斯时代一路走来的历史规律。

第二节 航行自由在武装冲突时的国际法限制

无论是近代的领海制度,还是现代的《联合国海洋法公约》,都是着眼于和平时期的航行自由,并不涉及战争状态时的航行。然而,战时管制是限制航行自由的另一条主要线索。当国家之间发生武装冲突之后,一个国家在海洋上对敌国船舶实施管制是毋庸置疑的,关键是它能否对中立国的船舶也实施管制。很显

---

① 2009年3月,美国海军"无瑕号"军事测量船在中国海南岛附近水域从事军事测量活动时,与中国船只发生严重对峙,并由此导致中美之间激烈的外交摩擦。参见吴晓芳、董玉洁:《西太平洋风云录(1990—2010)》,载《世界知识》2010年第16期。

然,这是影响航行自由的核心问题。

一、"自由船自由货"原则

所谓"自由船自由货"原则,是指交战国在海上不得随意缉拿和没收中立第三国的船舶和货物,即使敌对国的货物装载在中立国的船上,交战国也不能随意缉拿和没收。这项国际习惯是逐渐发展起来的。曾经有一段时间,海上盛行的捕获法是允许交战国在某些条件下拿捕中立国的船只和货物的,当时的理由是阻止与敌国贸易、削弱敌国作战能力。

在这方面,最早出现的国际惯例来源于中世纪地中海国家的海上实践。根据当时汇编成集的《康索拉度海法》(Consolato del Mare),交战国可以拿捕并没收中立国船舶内的敌国货物。英国一贯支持这样的国际惯例。凭借英国的海洋霸权,该国际惯例的影响力不断扩大。然而,1604年,法国与土耳其缔约时采取了"自由船自由货"原则。根据该原则,只要是搭载中立国船舶的货物,其他国家都无权拿捕或没收。①

尽管出现了反对的声音,但在17世纪初期,英国所支持的传统惯例仍然占据上风。特别是在《乌特勒支和约》缔结之后,英国海上势力日渐增强。于是,英国更加肆无忌惮地拿捕并没收中立国船舶内的敌国货物,严重妨碍了中立国船舶的自由航行。因此,俄国、瑞典、丹麦、普鲁士、奥地利和荷兰在1780年结成了"第一次武装中立联盟",通过武力对抗的方式反对英国的上述做法。之后,俄国、瑞典、丹麦、普鲁士等国在1800年又结成了"第二次武装中立联盟"。此外,俄国还与波罗的海诸国在1801年缔结了《武装中立条约》。② 此后,英国逐渐屈服于其他国家的联合主张,"自由船自由货"原则逐渐被普遍采用,成为国际习惯。

二、封锁和临检

"自由船自由货"原则并没有给航行自由带来全面的保障,因为交战国可以通过战时封锁敌对国港口或沿海的方式切断特定海域的所有航线。换言之,无论是交战国船舶,还是中立国船舶,都无法在特定海域航行。于是,"自由船自由货"原则就变得形同虚设。值得注意的是,"自由船自由货"与"战时封锁"同时都

---

① See Lassa Francis Oppenheim, *International Law: A Treatise*, Vol. II of 2, edited by Ronald F. Roxburgh, London: Longmans, Green and Co., 1921, pp.219-220.

② 参见刘达人、袁国钦:《国际法发达史》,中国方正出版社2007年版,第88—91页。

得到了国际法的认可。例如,1856年《巴黎会议关于海上若干原则的宣言》就既采纳"自由船自由货",又承认战时封锁的有效性。之后,1909年《伦敦海战法规宣言》对战时封锁问题作出了更加详细的规定。该宣言"所确认的一系列国际法原则已经被第一次、第二次世界大战和二战后的多次封锁的实施所援引,所以它终于被接受为全面表述有关封锁的现行国际法。"[1]根据《伦敦海战法规宣言》,交战国在履行了宣告和通知等一系列程序之后,就可以对特定海域实施封锁。更重要的是,这种封锁的效力不但适用于敌国船舶,也适用于中立国船舶。[2] 与此同时,我们应该看到,在两次世界大战中,远距离的封锁大量发生,并且被大多数国家所默许。因此,远距离的封锁也已经逐步成为国际惯例。[3] 于是,无论是从封锁的对象,还是从封锁的范围来看,战时封锁无疑是对航行自由的重大限制。在二战之后的局部战争中,我们也能看到战时封锁被频繁地应用。例如,美国在越南战争、英国在马尔维纳斯群岛战争以及多国部队在海湾战争中都曾经在海上实施了大范围和严格的战时封锁。

不过,封锁制度也没有完全扼杀航行自由,因为对于只是途经封锁海域的中立国船舶,交战国不得以违反封锁而实施捕获。《伦敦海战法规宣言》第18条规定:"对中立港口或海岸的通路,封锁军队不得加以拦截。"[4]第19条规定:"任何船只或其货物,不管最终到达的目的地为何处,在其驶往非封锁港口的途中,不得视为违反封锁而加以捕获。"[5]然而,对符合《伦敦海战法规宣言》第18条和第19条的中立国船舶,交战国仍然可以实施临检,即对中立国船舶实施登临和检查。交战国对中立国船舶的临检权在实践中已经得到国际公认。显而易见的是,即使中立国船舶在被临检之后不一定因为违反封锁、禁运等战时规定而被拿捕,但临检本身就足以对航行自由造成重大影响,更何况,交战国在实践中还可能滥用自己的临检权。当然,临检的对象仅限于非公务船舶,而中立国也可以派遣军舰对非公务船舶进行护航。不过,《伦敦海战法规宣言》在肯定护航权的同

---

[1] 朱建业:《国际法中的封锁》,载《法学杂志》1996年第2期。
[2] 《伦敦海战法规宣言》第5条规定:"封锁必须公平地适用于各国的船只。"See London Declaration Concerning the Laws of Maritime War, in James Brown Scott(ed.), *The Declaration of London (February 26, 1909): A Collection of Official Papers and Documents Relating to the International Naval Conference Held in London (December, 1908-February, 1909)*, New York: Oxford University Press, 1919, p.114.
[3] 参见李铁民、史滇生:《海上战争法》,军事谊文出版社1995年版,第114页。
[4] London Declaration Concerning the Laws of Maritime War, in James Brown Scott(ed.), *The Declaration of London (February 26, 1909): A Collection of Official Papers and Documents Relating to the International Naval Conference Held in London (December, 1908-February, 1909)*, New York: Oxford University Press, 1919, p.116.
[5] Ibid.

时,也规定了护航军舰有配合临检的义务。① 但是,如果中立国护航军舰拒绝配合,那么交战国是否可以攻击护航军舰呢?《伦敦海战法规宣言》没有作出规定。根据中立法,"在这样的情况下,交战国军舰没有任何理由对中立国船舶及其护航军舰进行攻击,只能通过外交途径进行交涉,否则就构成武装冲突。"② 然而,在现实中,中立国派出大量军舰对大部分途经封锁海域的本国船舶实施护航的情况是比较少见的。因此,封锁和临检仍然对航行自由构成有效限制。

第三节 防空识别区与海洋飞越自由

与海洋航行自由密切相关的问题是飞越自由。随着现代科学技术的发展,尤其是舰载机技术的日臻成熟,航行自由与飞越自由的关系日益紧密,在很多情况下甚至是一个互为倚重的整体。无论是在中国的东海,还是在南海,航行自由与飞越自由都是一个完整的问题。中国既维护合法的航行与飞越自由,也坚决反对对该自由的滥用,甚至危害中国安全的挑衅行为。因此,我们有必要在航行自由的语境下进一步研究海洋飞越自由。

对飞越自由进行合理限制的重要形式是设立防空识别区,这是国际法上一种比较通行的做法。据此,2013年11月23日,中国政府发表声明,宣布划设东海防空识别区,并发布航空器识别规则公告和识别区示意图。③ 然而,日本和美国对东海防空识别区的划设提出强烈抗议,其主要理由之一是认为东海防空识别区妨碍了各国在领海以外海域上空的飞越自由,即海洋飞越自由。④ 日本还在2014年版的《防卫白皮书》中进一步指责中国东海防空识别区侵害了海洋飞越自由。⑤ 值得注意的是,在学术界,部分国内外学者也认为防空识别区的确妨

---

① 《伦敦海战法规宣言》第61条规定:"凡中立船受本国护航舰队护送者,应免受搜查。关于该船及其货物的性质须经搜查方能得到的全部情况,在交战者军舰司令官的要求下,护航舰队司令官应以书面形式提供。"第62条规定:"交战国军舰司令官如有理由对护航舰队司令官的信用提出怀疑时,应将其怀疑通知对方。在此情况下应由护航舰队司令官单独进行调查。他应将调查结果写成书面报告,将其抄件送交战国军舰司令官。如护航舰队司令官认为,报告中列举的事实足以证明拿捕一艘或数艘船只是正当的,则应撤回对上述船只的保护。" See London Declaration Concerning the Laws of Maritime War, in James Brown Scott (ed.), *The Declaration of London (February 26, 1909): A Collection of Official Papers and Documents Relating to the International Naval Conference Held in London (December, 1908-February, 1909)*, New York: Oxford University Press, 1919, pp.126-127.
② 肖凤城:《中立法》,中国政法大学出版社1999年版,第220页。
③ 参见李宣良、王经国:《中国宣布划设东海防空识别区》,载《人民日报》2013年11月24日第1版。
④ 参见《日美无权对中国划设东海防空识别区说三道四》,载《解放军报》2013年11月26日第1版;张蕾:《美日对中国东海防空识别区反应强烈》,载《中国青年报》2013年11月29日第4版。
⑤ 参见方晓:《日防卫白皮书妄批中国防识区》,载《东方早报》2014年7月18日第A18版。

碍了海洋飞越自由。① 实际上,防空识别区作为一项法律制度已经有近七十年的历史。1950 年,美国划设了世界上第一个防空识别区。随后,很多国家纷纷仿效。因此,无论从现实角度看,还是从理论角度看,在法理上梳理防空识别区与海洋飞越自由之间的关系,并由此得出建设性结论都显得很有必要。

一、防空识别区的概念及其作用

一般而言,所谓防空识别区,是指"为了对空中目标进行敌我识别并测定其位置而划定的防空空域。"②在这个区域内,沿海国会要求外国航空器表明身份、提交飞行计划以及报告所在方位等,并且在外国航空器拒不配合的情况下可采取相应措施。世界上已有美国、加拿大、澳大利亚、德国、意大利、日本、韩国、菲律宾、越南和泰国等 20 多个国家和地区划设了防空识别区。③ 各国防空识别区的范围一般都会超出领海,延伸到专属经济区和公海。

防空识别区主要防范的是对国家安全的威胁。这是因为无论是传统国家安全,还是非传统国家安全,都面临来自空中的威胁。④

就传统国家安全而言,意大利著名军事理论家朱利奥·杜黑(Giulio Douhet)的理论准确地评估了空中威胁的致命性。杜黑在 1921 年出版了《制空权》(*The Command of the Air*)一书。在这本经典著作中,他提出:"考虑到制空权带来的巨大优势,就应当承认制空权对战争结局将有决定性的影响。"⑤更重要的是,"战争将从空中开始。各方都想获得突然性的优势,甚至在宣战之前就将进行大规模的空中行动。空中战争将十分紧张激烈,因为各方都认识到必须在最短的时间内给敌人造成更大的损失,并从空中消灭敌人的航空兵器,使它不能进行任何还击。因此,在冲突爆发时已经做好准备的空中力量将决定空中战争的胜负。"⑥二战和战后的局部战争都验证了上述理论的正确性。

就非传统国家安全而言,2001 年发生的"9·11 恐怖袭击事件"让人们深刻

---

① 参见张卫华:《论专属经济区上空的法律地位和飞越自由》,载《环球法律评论》2015 年第 1 期。See Stefan A. Kaiser, The Legal Status of Air Defence Identification Zones: Tensions over the East China Sea, *Zeitschrift für Luft-und Weltraumrecht* (German Journal of Air and Space Law), Vol. 63, 2014, pp. 542-543.
② 卓名信、厉新光、徐继昌主编:《军事大辞海(上)》,长城出版社 2000 年版,第 1393 页。
③ 参见胡若愚:《"防空识别区"的"前世今生"》,载《新华每日电讯》2013 年 11 月 30 日第 3 版。
④ 传统国家安全是指涉及一个国家领土和主权完整的主要问题,其基本理论是以军事安全为核心,以国家政治安全、国家意识形态为主要内容。传统国家安全以外其他涉及安全的问题统称为非传统国家安全,主要是保证资源供给和维护生存环境,即人的生存权与发展权。参见徐则平:《国家安全理论研究》,贵州大学出版社 2009 年版,第 79、91 页。
⑤ 〔意〕朱利奥·杜黑:《制空权》,曹毅风、华人杰译,解放军出版社 2005 年版,第 200 页。
⑥ 同上书,第 205 页。

认识了空中威胁的新来源。毋庸赘言,在今天,利用民航客机进行恐怖袭击已经成为另外一种重要的空中威胁。实际上,海洋生态环境安全、海上经济通道安全等一系列非传统国家安全都可能面临来自空中的威胁。因此,尽管防空识别区仍然是以保障传统国家安全为主要任务,但它也不得不兼顾非传统国家安全。

为什么国家要在本国领海以外(包括公海)划设防空识别区、防范空中威胁呢?诚然,国家可以将领海(12海里)作为保护本土安全的屏障。不过,就空中威胁而言,这个战略纵深是远远不够的。我们可以通过航空器与船舶的比较来说明这个问题。以一般民用交通工具为例,根据1974年《国际海上人命安全公约》附则第2条(f)项,"客船系指载客超过12人的船舶。"①符合该标准的客船"航速较高,一般为16—20节(KN)。大型高速客船可达24节(KN)左右。"②如果按照24节计算,那么一艘大型高速客船穿越领海大概需要0.5小时,也就是半个小时。③ 与此同时,"目前,大型民航客机的速度稳定在高亚音速范围,即800—1000千米/小时的水平。"④即使以800千米/小时的速度计算,一架大型民航客机飞越领海的时间也只要大约0.02778小时,即1分钟40秒左右。⑤ 更重要的是,航空器不但可以飞越领海,而且可以直接深入内陆,甚至腹地,而船舶却不可能做到这一点。通过这样的比较我们便可以理解,为什么世界各国在制定《联合国海洋法公约》的时候,允许船舶在领海无害通过,但无害通过却不能适用于航空器。事实上,1919年《关于管理空中航行的公约》(以下简称《巴黎公约》)第2条曾经规定外国航空器可以享有无害通过的权利。⑥ 然而,1944年《国际民用航空公约》(以下简称《芝加哥公约》)彻底废除了航空器的无害通过权。很显然,由于航空器具有令人生畏的速度和穿透力,所以在危险来临时,领海可能无法起到真正的防御作用。认为12海里已经在沿海国与其他国家之间实现"最大效率平衡"(the most efficient balance)的观点是不切实际的。⑦ 为了更好地维护国家安全,沿海国必然会在领海以外的海洋上空寻求更大的战略纵深,防空识别区便应运而生。

---

① International Convention for the Safety of Life at Sea, signed at London, on November 1, 1974 (United Nations Treaty Series, Volume-1184-I-18961), Annex, Regulation2(f).
② 沈四林:《航海概论》,大连理工大学出版社2011年版,第26页。
③ 1节(KN)=1海里/小时。现代领海的宽度为12海里。
④ 方从法、罗茜主编:《民用航空概论》,上海交通大学出版社2012年版,第15—16页。
⑤ 各国对于海里的换算略有不同。中国的标准是1海里=1.852千米,美国的标准是1海里=1.85101千米。按照中国的标准,现代领海宽度为22.224千米。
⑥ See Convention Relating to the Regulation of Aerial Navigation, signed at Paris, on October 13, 1919 (League of Nations Treaty Series, Volume 11-297), Article 2.
⑦ See Peter A. Dutton, Caelum Liberum: Air Defense Identification Zones Outside Sovereign Airspace, *American Journal of International Law*, Vol. 103, No. 4, 2009, p. 708.

二、海洋飞越自由的主要国际法渊源

为了梳理防空识别区与海洋飞越自由之间的关系,我们首先要厘清海洋飞越自由的国际法渊源。

1982年《联合国海洋法公约》是海洋飞越自由最主要的法律渊源之一。根据《联合国海洋法公约》第38、53、58、87条,船舶与航空器在用于国际航行的海峡、群岛国的群岛水域、专属经济区和公海上都享有不同程度的航行自由与飞越自由。一般而言,用于国际航行的海峡采取过境通过制,但在例外情况下,也有可能采取无害通过制。与之类似,群岛国的群岛水域既可能采取群岛海道通过制,也可能采取无害通过制。过境通过制和群岛海道通过制都适用于船舶和航空器,但无害通过制却只适用于船舶。换言之,如果用于国际航行的海峡和群岛国的群岛水域采取无害通过制,那么外国航空器将不享有飞越自由。相比之下,航空器在专属经济区和公海上享有更大的飞越自由。根据《联合国海洋法公约》第58条第1款,"在专属经济区内,所有国家,不论沿海国或内陆国,在本公约有关规定的限制下,享有第八十七条所指的航行和飞越的自由"①。该公约第87条第1款规定了六个方面的"公海自由",其中最重要的是航行自由和飞越自由。② 由此可见,公海是可享有航行自由与飞越自由最充分的空间,专属经济区次之,因为尽管专属经济区也适用第87条(公海自由)所指的航行和飞越的自由,但前提是"在本公约有关规定的限制下"。需要指出的是,根据《联合国海洋法公约》第58条第3款和第87条第2款,国家在专属经济区和公海内享有航行自由与飞越自由的同时,也负有"适当顾及"义务,即适当顾及其他国家(包括沿海国)的权利与义务。③

海洋飞越自由不适用于领海。这是因为各国领海一概采取无害通过制,而无害通过制只适用于外国船舶,不适用于外国航空器。那么,为什么领海会采取这样的制度呢?这是因为领海的产生具有特殊性。近代领海源于著名的"大炮射程说"。1702年,荷兰法学家宾刻舒克提出陆地对海洋的控制应当延伸至大炮的最远射程。④ 当时,大炮射程最远为3海里。于是,在该理论得到许多国家的支持之后,近代意义上的领海(沿岸3海里的海域)出现了。1982年《联合国海洋法公约》将现代领海宽度拓展到12海里。因此,领海在一定程度上可以被

---

① United Nations Convention on the Law of the Sea, signed at Montego Bay, on December 10, 1982 (United Nations Treaty Series, Volume-1833-A-31363), Article 58(1).
② Ibid., Article 87(1).
③ Ibid., Article 58(3), Article 87(2).
④ 参见张乃根:《国际法原理》,复旦大学出版社2012年版,第236页。

看作陆地的附属物,因为大炮射程内的海域终究处于陆权的统治下,而非受制于海权。所以,与陆地一样,作为陆地附属物的领海也排斥飞越自由。当然,这里有一个前提,即陆地排斥飞越自由。于是,这就牵涉海洋飞越自由的另外一个主要法律渊源——《芝加哥公约》。

20世纪初,国际社会对于天空的法律地位存在激烈的争论。主张将天空作为主权空间的理论被称为"天空闭锁论"(maer clausum)。主张天空应当向所有国家开放的理论被称为"天空自由论"(caelum liberum)。[①] 在第一次世界大战(以下简称"一战")之前,英国是天空闭锁论的坚定支持者,而德国和法国则大力鼓吹天空自由论。"1913年,德法两国在互换外交照会中主张在一定程度上开放天空,允许外国航空器飞入或飞经。同年,英国议会却通过立法,确定英国对其上空的主权原则。"[②]然而,一战期间,几乎所有欧洲国家都关闭了自己的天空。因此,对国家安全的现实考虑使各国逐渐都认同了天空闭锁论。于是,在一战结束之后的巴黎和会上,国际社会顺利地制定了人类历史上第一个国际航空条约——1919年《巴黎公约》。该公约第1条明确规定:"各缔约国承认每一国家对其领土(territory)之上的空域具有完全的和排他的主权。"[③]在二战即将结束的1944年,国际社会在芝加哥召开了世界航空会议,制定了《芝加哥公约》,取代了《巴黎公约》。尽管如此,《芝加哥公约》第1条还是照抄了《巴黎公约》的第1条,[④]并且该内容在今天已经成为现代国际航空法的基本原则之一。至此,陆地排斥飞越自由已经毫无争议。

值得注意的是,国际社会之所以瓜分了各自领土(领陆与领海)上的天空,使它置于国家主权之下,最重要的原因是出于对国家安全的考虑。[⑤] 然而,海洋(除了领海)上仍然有广阔的天空处于自由的状态。之所以出现这种局面,主要是因为陆地与海洋是两种不同性质的空间。"主权国家的概念乃是一个陆地性的概念。它没有抓住另外一个广阔的空间,即海洋。于是,两个对立面就形成了。一个是国家的、封闭的、疆界的空间概念,另一个是自由的、摆脱国家束缚

---

① See Jacob Matthew Denaro, States' Jurisdiction in Aerospace Under International Law, *Journal of Air Law and Commerce*, Vol. 36, No. 4, 1970, pp. 689-690.
② 赵维田:《国际航空法》,社会科学文献出版社2000年版,第21页。
③ Convention Relating to the Regulation of Aerial Navigation, signed at Paris, on October 13, 1919 (League of Nations Treaty Series, Volume-11-297), Article 1.
④ See Convention on International Civil Aviation, signed at Chicago, on December 7, 1944 (United Nations Treaty Series, Volume-15-Ⅱ-102), Article 1.
⑤ 尽管各国将领空(包括领陆上空和领海上空)置于自己的主权之下,但外国航空器在别国领空并非一概不能穿越,而是要分"定期国际航班中的民用航空器""不定期国际航班中的民用航空器"和"国家航空器"三种情况分别考察。简言之,根据相关国际条约的规定,三种情况下的飞越权各不相同。不过,这些飞越权仍然是各国对国家主权的行使,并非来源于飞越自由。

的、海洋的空间观念。"①于是,陆地上的天空必然会融入国家主权的法律体系,而海洋上的天空就可能游离于国家主权之外。

《芝加哥公约》确认了陆地上空的法律地位,即领空主权原则,但却不涉及领海以外海洋(公海)上空的法律地位。② 事实上,后者的法律地位是由《联合国海洋法公约》加以确认的。然而,由于《联合国海洋法公约》的主要目的是确认海洋上空的法律地位,所以它的重心在于承认各国拥有海洋飞越自由,但对飞越规则却少有问津。换言之,《联合国海洋法公约》主要规定各国航空器可以飞越,较少涉及各国航空器如何飞越。而对于如何飞越的问题,《芝加哥公约》则作出了详细规定——为了保障民用航空器的飞行安全和管理各国航空器之间的飞行秩序,《芝加哥公约》在第12条"空中规则"中规定:"公海上空,有效的规则应为根据本公约制定的规则。"③于是,国际民用航空组织(International Civil Aviation Organization,ICAO)在1948年制定了《芝加哥公约》附件二——《空中规则》,并将该附件所载飞行规则适用于公海上空。

回首海洋飞越自由,我们可以清楚地看到:《联合国海洋法公约》奠定了海洋飞越自由作为国际习惯的法律地位,而《芝加哥公约》则详细规定了民用航空器在海洋上空的飞行规则。④ 前者的目的是明确各国在海洋上空的权利与义务,后者的目的是为了保障海上航空的安全与秩序,从而使各国能够更好地享有飞越自由。因此,《芝加哥公约》和《联合国海洋法公约》共同构成了海洋飞越自由的主要国际法渊源。

三、防空识别区与《联合国海洋法公约》的关系

既然海洋飞越自由的国际法渊源主要是《联合国海洋法公约》和《芝加哥公约》,那么,如果防空识别区与《联合国海洋法公约》和《芝加哥公约》之间存在矛盾,它就构成对海洋飞越自由的妨碍。对于这个问题,我们既要看两个公约是怎

---

① 〔德〕施米特:《国家主权与自由的海洋》,林国基译,载〔荷〕格劳秀斯:《海洋自由论》,宇川译,第204页。
② 《芝加哥公约》是1944年制定,1947年生效。《联合国海洋法公约》是1982年制定,1994年生效。因此,在后者确立专属经济区、群岛水域和用于国际航行的海峡等新型海洋区域之前,《芝加哥公约》所理解的海洋只分为领海与公海。
③ Convention on International Civil Aviation, signed at Chicago, on December 7, 1944 (United Nations Treaty Series, Volume-15-Ⅱ-102), Article 12.
④ 尽管《芝加哥公约》及其附件二分别是1944年、1948年制定的,即早于1982年制定的《联合国海洋法公约》,但《芝加哥公约》并不涉及海洋飞越自由的法律地位问题,而只是在各国领空之外的国际空域维持航空器的飞行秩序。海洋飞越自由是在《联合国海洋法公约》正式生效之后才逐渐明确了其作为国际习惯的法律地位——即使不是1982年《联合国海洋法公约》或1958年《公海公约》的缔约国,也要尊重该自由。

么规定的,也要看防空识别区是如何运行的。就后者而言,值得注意的是,国家划设防空识别区是一回事,在防空识别区里具体采取哪些措施是另外一回事。

纵观世界主要国家的防空识别区,我们可以将沿海国在该空域的行为归纳为四个方面:第一,识别。这既包括要求外国航空器报告各种信息(如飞行计划、所在方位等),也包括通过本国舰艇、飞机或其他设备对外国航空器进行自主识别。第二,警告。当沿海国无法识别航空器的性质或者已经认定存在安全威胁时,既可以通过通信设备进行口头警告,也可以派遣本国战斗机伴飞,以显示军事存在。第三,阻止。如果有必要禁止外国航空器进入某一特定空域时,沿海国可能派出战斗机进行拦截,并对外国航空器采取强制改向或者迫降等措施。第四,制裁。对违反识别规则的外国航空器,沿海国可以根据本国法律追究其刑事、行政和民事责任。在极端危急的情况下,理论上还可以予以击落。①

在明确了防空识别区如何运行之后,我们再来看《联合国海洋法公约》是怎样规定的。首先,在用于国际航行的海峡和群岛国的群岛水域里,海洋飞越自由是一项相对脆弱的权利。正如前文所述,这是因为在这两个特殊的海域里,沿海国既可以允许外国航空器飞越,即采取过境通过制或群岛海道通过制,也可以禁止外国航空器飞越,即采取无害通过制。关于这一点毋庸赘言。其次,专属经济区和毗连区是沿海国可以享有一定主权权利的海域。如果沿海国同时设立专属经济区和毗连区,那么这两个区域是部分重合的。根据《联合国海洋法公约》第56条第1款和第2款,在专属经济区内,沿海国可以行使四个方面的管辖权:第一,管理自然资源;第二,管理人工岛屿;第三,管理海洋科研;第四,管理海洋环境。② 根据《联合国海洋法公约》第33条,在毗连区内,沿海国还可以对涉及海关、财政、移民或卫生的行为进行管辖。③ 据此,如果外国航空器在专属经济区和毗连区内的飞越行为与上述方面有关,那么沿海国就可以对其进行管辖。更重要的是,在专属经济区内,根据《联合国海洋法公约》第58条第3款,沿海国以外的其他国家(非沿海国)应当"适当顾及沿海国的权利和义务"。④ 由于专属经济区的范围覆盖了毗连区,所以上述"适当顾及"的规定实际上在毗连区内同样的适用。最后,不可否认,公海是最自由的海域。不过,我们也应当注意到,《联合国海洋法公约》第88条明确规定:"公海应只用于和平目的。"⑤换言之,任何

---

① 值得说明的是,国际航空法领域的趋势是弱化惩罚性,增强对话交流机制。因此,各国的制裁措施更多是立法层面的,发挥震慑作用,但在实践中一般都会尽量克制。

② See United Nations Convention on the Law of the Sea, signed at Montego Bay, on December 10, 1982 (United Nations Treaty Series, Volume-1833-A-31363), Article 56(1)(2).

③ Ibid., Article 33.

④ Ibid., Article 58(3).

⑤ Ibid., Article 88.

威胁或破坏和平的飞越行为都不可能得到《联合国海洋法公约》的认可与保护。同时，《联合国海洋法公约》第 87 条第 2 款还规定，一国在行使飞越权利的同时，应当适当顾及其他国家的利益。① 由此可见，即使是根据《联合国海洋法公约》本身的规定，无论在哪个海域，海洋飞越自由都不是一项绝对的权利。更何况，《联合国海洋法公约》还明确要求各国在专属经济区和公海上享有飞越自由的同时，应当适当顾及沿海国的权利和义务。

既然海洋飞越自由不是一项绝对的权利，那么它就可以受到一定的合理限制。更重要的是，这种合理限制并不只来源于《联合国海洋法公约》本身的规定。实际上，除了《联合国海洋法公约》，对海洋飞越自由的合理限制还可能来源于其他国际条约或者国际习惯。前者如《联合国宪章》的规定，后者如沿海国在公海上还具有对海盗、贩奴、劫机等国际犯罪的普遍管辖权。② 除了国际条约和国际习惯之外，国际法不禁止的行为也可能对海洋飞越自由进行合理限制，如下文将详细论述的预防性自卫。

在实践中，防空识别区的覆盖范围主要是专属经济区和公海。尽管我们不能认为《联合国海洋法公约》在这两类海域要求各国承担的"适当顾及"义务就是沿海国划设防空识别区的依据，但起码《联合国海洋法公约》也没有明确禁止沿海国这样做。事实上，从《联合国海洋法公约》本身的规定无法判断防空识别区是否会妨碍海洋飞越自由。一方面，正如前文所述，《联合国海洋法公约》主要规定各国航空器可以飞越，但较少涉及各国航空器如何飞越。这既表现在《联合国海洋法公约》没有规定怎样才算妨碍飞越自由，也表现在它同样没有规定怎样是滥用飞越自由。因此，从某种程度上看，《联合国海洋法公约》仅仅是宣示了存在海洋飞越自由而已。换言之，在海洋飞越自由的问题上，它更多的是确权性质的。另一方面，也正如前文所述，对海洋自由飞越的合理限制并不只能来源于《联合国海洋法公约》本身的规定。因此，我们不能因为相关限制在《联合国海洋法公约》中无法找到明确的依据就认为这种限制必然是对飞越自由的妨碍。因此，如果仅仅就防空识别区与《联合国海洋法公约》的关系而言，那么比较谨慎的结论应该是两者不存在明显的矛盾。换言之，《联合国海洋法公约》并不禁止沿海国划设防空识别区。

---

① See United Nations Convention on the Law of the Sea, signed at Montego Bay, on December 10, 1982 (United Nations Treaty Series, Volume-1833-A-31363), Article 87(2).

② 按照国际法，各国对严重危害国际和平与安全以及全人类利益的某些特定的国际犯罪行为可以行使普遍管辖权。这种管辖权不问犯罪行为发生的地点和罪犯的国籍。普遍管辖权针对的国际犯罪主要包括海盗行为、战争犯罪、贩卖奴隶、贩卖和走私毒品、劫持飞机、灭绝种族等。参见李浩培、王贵国主编：《中华法学大辞典（国际法学卷）》，中国检察出版社 1996 年版，第 465 页。

由于《联合国海洋法公约》主要规定各国航空器可以飞越,但较少涉及各国航空器如何飞越,所以在判断防空识别区是否妨碍海洋飞越自由时,《联合国海洋法公约》的重要性就不如《芝加哥公约》。这是因为只有知道各国航空器如何飞越,才有可能判断防空识别区是否会对其造成妨碍,而《芝加哥公约》对如何飞越的问题作出了详细规定。

四、防空识别区与《芝加哥公约》的关系

对于如何飞越问题,《芝加哥公约》附件二——《空中规则》作出了比较详细的规定。与此同时,它也对海洋飞越自由作出了一定的限制。首先,根据《芝加哥公约》附件二第 3.3.1.2 条(d)项和(e)项,为了便于与沿海国军事单位或空中交通服务站进行协调,从而避免可能为识别而发生拦截的必要性,如果空中交通服务机关提出要求,那么任何飞入或飞经指定区域或者围绕指定区域飞行的航班都要在起飞前向其提交飞行计划。同时,任何准备跨越国际边界(international border)的航班都必须在起飞之前提交飞行计划。① 其次,根据《芝加哥公约》附件二第 3.6.3.1 条,除非空中交通服务机关或者空中交通服务站根据相关规定不要求航班进行报告,否则一架操控正常的班机应当在飞经每个强制报告地点时尽快向空中交通服务站报告通过的时间和飞行高度。当空中交通服务站提出要求时,班机还要额外地随时报告位置。当本地空中交通服务站不存在时,班机需要按照空中交通服务机关或其他空中交通服务站所规定的时间间隔向其汇报位置。② 再次,根据《芝加哥公约》附件二第 3.6.5.1 条,一架操控正常的班机应当保持天地之间持续的语音通讯联系,关注适当的通信频率,并且在必要时建立双向对话联系。③ 最后,《芝加哥公约》第 20 条规定:"从事国际空中航行的每一个航空器都应载有适当的国籍标志和登记标志。"④

实际上,《芝加哥公约》所要求的提交飞行计划、报告所在方位、保持无线应答以及展示识别标志也是防空识别区的主要规定。我们不妨以中国和美国的防空识别区的规定为例。目前,美国关于防空识别区的法律依据主要是《联邦法规》(Code of Federal Regulations, CFR)的第九十九部分《空中交通安全管制》(Security Control of Air Traffic)。根据《联邦法规》第 99.11(a)条,如果没有空中

---

① See Annex 2 to the Convention on International Civil Aviation-Rules of the Air, 10th Edition, July, 2005, Article 3.3.1.2 (d) (e).
② Ibid., Article 3.6.3.1.
③ Ibid., Article 3.6.5.1.
④ Convention on International Civil Aviation, signed at Chicago, on December 7, 1944 (United Nations Treaty Series, Volume-15-Ⅱ-102), Article 20.

第三章　航行自由的国际法限制

交通管理人员的许可,那么任何人不得驾驶航空器飞入、滞留或飞经防空识别区,但是已经通过航空设备提交了飞行计划者除外。① 根据《联邦法规》第99.17条,在仪表飞行规则(IFR)下,飞经或位于防空识别区内的航空器飞行员必须根据管制空域与非管制空域的不同要求报告其所在方位。② 根据《联邦法规》第99.9条,如果没有出现第99.1(c)条的情况,那么任何人不得在防空识别区内驾驶航空器,除非该航空器保持双向无线电通信功能。③ 而根据中国《东海防空识别区航空器识别规则公告》第2条,位于东海防空识别区飞行的航空器,必须提供以下识别方式:第一,飞行计划识别;第二,无线电识别;第三,应答机识别;第四,标志识别。④

尽管存在上述相似性,但就具体飞行规则而言,防空识别区的规定与《芝加哥公约》的要求存在重大区别,主要表现在识别手段、管理体系、制裁措施三个方面:

首先,在识别手段上,各国防空识别区往往会提出比《芝加哥公约》更多或更高的要求。例如,美国《联邦法规》第99.19条所规定的防御性目视飞行规则(DVFR)下的方位报告义务就明显加重了民航班机在《芝加哥公约》下的义务。⑤ 又如,美国《联邦法规》第99.7条对"特别安全指令"(Special Security Instructions)的规定也是超出《芝加哥公约》的。⑥ 事实上,这种差别也可以从《芝加哥公约》附件十五《航空信息服务》里找到佐证。在《芝加哥公约》附件十五第1.1条"定义"中,防空识别区(Air Defence Identification Zone,ADIZ)被定义为"一个被特殊指定的确定空域,在该空域内的航空器除了要遵守(本公约)有关空中交通服务(ATS)的规定外,还要同时额外地遵守特别的识别程序和/或(and/or)报告程序。"⑦ 由此可见,《芝加哥公约》也视防空识别区的部分规定为额外义务。同时,该规定也被视为国际法认可防空识别区合法地位的法律依据。

其次,在管理体系上,根据《芝加哥公约》附件十一——《空中交通服务》第2.1.2条,公海上空为无主权地带(即国际空域),其空管服务的提供与安排应当

---

① See Code of Federal Regulations of United States, Title 14-Aeronautics and Space, Part 99-Security Control of Air Traffic, Article 99.11(a).
② Ibid., Article 99.17.
③ Ibid., Article 99.9.
④ 参见《中华人民共和国东海防空识别区航空器识别规则公告》,载《光明日报》2013年11月24日第2版。
⑤ See Code of Federal Regulations of United States, Title 14-Aeronautics and Space, Part 99-Security Control of Air Traffic, Article 99.19.
⑥ Ibid., Article 99.7.
⑦ Annex 15 to the Convention on International Civil Aviation-Aeronautical Information Services, 14th Edition, July, 2013, Article 1.1.

根据"区域空航协定"决定。缔约国承允在相应公海区域提供空管服务义务的,应当根据附件十一安排这样的空管服务。① 鉴于公海上空提供空管的空域由"区域空航协定"作出安排,根据 ICAO 大会第 A63-13 号决议,这样的安排应考虑:"(1) 空管空域的界线应基于技术与操作上的考虑,以确保无论是服务提供者还是服务使用者均实现安全与效率的最大化;(2) 空管空域的分区不应基于技术、操作和效率以外的考虑;……任何对公海上空的空管服务义务的指派均应限于技术和操作上的考虑,以便确保该空域的安全与有序;……(7) ICAO 理事会负责批准'区域空航协定'以及有关国家为公海上空特定空域提供空管服务的指派安排,但这不意味着承认该国在公海上空存在主权。"② 上述规定说明:第一,作为 ICAO 体系的组成部分,公海上空的空管体系(包括空管站设置)是通过"区域空航协定"由 ICAO 和沿海国共同建立的,而不是沿海国单边设立的;第二,ICAO 体系下的"区域空航协定",其目的是保障民航安全,因为它"应限于技术和操作上的考虑",而不是为了国家安全;第三,实践中,在 ICAO 体系下,"区域空航协定"安排的空中报告点与地面空管站一旦确定,很难变更。然而,防空识别区所确定的空中报告点与地面空管站往往多于 ICAO 体系的要求,且易于变更。显然,ICAO 体系在上述三个关键点都与防空识别区存在根本不同。

最后,在制裁措施上,防空识别区不受制于《芝加哥公约》。我们不妨以拦截为例,它是最常用的阻止手段之一。尽管《芝加哥公约》附件二对于因为无法识别而导致的拦截行为进行了比较详细的规定,但这些规定的指导思想是保护民航班机的安全。③ 与之相对的是,虽然一部分国家对拦截行为作出了比较详细的法律规定,但这些规定的指导思想是保护国家安全。因此,在防空识别区内,当民航安全与国家安全发生冲突时,沿海国可能会选择国家安全。例如,美国对于在防空识别区内如何拦截民用航空器的规定载于美国交通运输部下设的联邦航空局发布的《飞航情报汇编》(Aeronautical Information Publication,AIP)。《飞航情报汇编》的 ENR 1.12 篇详细规定了"民用航空器的拦截、国家安全与拦

---

① See Annex 11 to the Convention on International Civil Aviation-Air Traffic Services,13th Edition,July,2001,Article 2.1.2.

② ICAO Assembly Resolution A36-13,Consolidated Statement of Continuing ICAO Policies and Associated Practices Related Specifically to Air Navigation,adopted by the Assembly in its 36th Session,September 2007,Appendix M,Delimitation of Air Traffic Services (ATS) Airspaces.

③ See Annex 2 to the Convention on International Civil Aviation-Rules of the Air,10th Edition,July,2005,Article 3.8(Interception),Section 2 of Appendix 1 (Signals for use in the event of interception),Appendix 2(Interception of civil aircraft) and Attachment A (Interception of civil aircraft).

截程序"。① 但是,在这部分的规定中,除了拦截信号的环节外,美国在其他环节均没有明确表示它会严格遵守《芝加哥公约》附件二对拦截的规定。换言之,美国其实是宣示自己在必要时完全可以背离《芝加哥公约》。我们不妨再以刑事责任为例。美国是明确动用刑事制裁的国家,其刑事制裁规则载于《美国法典》(United States Code, USC)。根据《美国法典》第 49 篇第 46307 条,对于违反防空识别区规则的民用航空器,可对其驾驶员或其他应当负责的人处以罚金、不超过 1 年的监禁或二者并罚。② 然而,《芝加哥公约》显然不可能涉及刑事制裁的问题。

由于存在上述重大区别,所以有学者认为防空识别区违反了《芝加哥公约》附件二的无例外原则③——《芝加哥公约》附件二在其序言部分规定它在公海上应当毫无例外地适用(apply without exception)。④ 这样的观点是值得商榷的。《芝加哥公约》附件二的序言实际上只是要求缔约国不得通过例外方式减损自己在该附件下的法律义务,而不是要"冻结"空中规则或禁止增加、发展空中规则。既然《芝加哥公约》附件二不可能穷尽空中规则中的所有问题,空中规则仍然需要增加和发展,那么对该附件的无例外原则自然不能进行上述极端的理解。更重要的是,无论是《芝加哥公约》的正文部分,还是其附件二,都是针对民航安排而言,而不是要干涉或者剥夺沿海国进行国防安排的权利。《芝加哥公约》的制定目的是为了保障民航运输的安全和有序——《芝加哥公约》在序言中明确规定各国制定本公约的目的是"使国际民用航空按照安全和有秩序的方式发展"⑤。正因为如此,《芝加哥公约》正文和附件二都将自己的调整范围限定在民航安排的范畴。与之不同,设立防空识别区的目的是为了维护沿海国的国家安全。例如,美国《联邦法规》第 99.3 条就明确规定:"防空识别区是指,出于维护国家安全利益的需要,在陆地或水域上的一定空域,对民用航空器进行身份识别、方位

---

① See Aeronautical Information Publication of United States, 22nd Edition (March 7, 2013), Amendment 3 (July 24, 2014), ENR 1.12 (Interception of Civil Aircraft, National Security and Interception Procedures).

② See United States Code, Title 49-Transportation, Chapter 463-Penalties, Article 46307.

③ See Stefan A. Kaiser, The Legal Status of Air Defence Identification Zones: Tensions over the East China Sea, *Zeitschrift für Luft-und Weltraumrecht* (German Journal of Air and Space Law), Vol. 63, 2014, pp. 542-543; Elizabeth Cuadra, Air Defense Identification Zones: Creeping Jurisdiction in the Airspace, *Virginia Journal of International Law*, Vol. 18, No. 3, 1978, p. 499.

④ See Annex 2 to the Convention on International Civil Aviation-Rules of the Air, 10th Edition, July, 2005, foreword.

⑤ Convention on International Civil Aviation, signed at Chicago, on December 7, 1944 (United Nations Treaty Series, Volume-15-Ⅱ-102), Preamble.

确定以及实施控制的一块区域。"① 很显然,民航安全与国家安全之间既有联系,又有区别。这就使防空识别区的规定与《芝加哥公约》的要求既相似,又不同。由此可见,如果沿海国没有减损自己在《芝加哥公约》及其附件下的义务,那么它完全可以根据国家安全的需要作出国防安排。这并不违反《芝加哥公约》,即《芝加哥公约》不予禁止。因此,就防空识别区与《芝加哥公约》的关系而言,两者对海洋飞越自由的限制具有相似性,但《芝加哥公约》不能也没有禁止沿海国根据国家安全的需要作出进一步的国防安排,包括划设防控识别区。

五、防空识别区在国际法上的法律性质

防空识别区与海洋飞越自由的主要国际法渊源——《联合国海洋法公约》和《芝加哥公约》都不存在明显的矛盾。换言之,《联合国海洋法公约》和《芝加哥公约》都没有禁止国家出于维护国家安全的需要划设防空识别区。从法律依据来看,防空识别区主要是各国国内法的产物。那么在国际法上,防空识别区如何定性?

有的学者将防空识别区定性为国际法上自卫权的表现形式之一。② 据此,有的学者进一步认为:沿海国可以根据《联合国宪章》第51条的规定,③ 以行使自卫权为由在防空识别区内对外国航空器进行拦截或采取其他强制措施。④ 不过,也有学者认为:由于国家"只能在受到武力攻击的时候才享有自卫权",所以防空识别区属于"更加宽泛的'自我保护'范畴",因为所谓"自我保护"包括采取预防性措施。⑤ 还有学者认为:尽管国家的自卫权可以拓展到专属经济区或公海上空,但对无意进入其领空的飞机,沿海国无权强制要求其进行报告。⑥ 上述

---

① Code of Federal Regulations of United States, Part 99-Security Control of Air Traffic, Article 99.3.

② 参见张晏瑢:《防空识别区设置的法理依据与实践》,载《比较法研究》2015年第3期。See Alex Calvo, China's Air Defense Identification Zone: Concept, Issues at Stake and Regional Impact, U. S. Naval War College Press Working Papers, December 23, 2013, p.14.

③ 《联合国宪章》第51条规定:"联合国任何会员国受武力攻击时,在安全理事会采取必要办法,以维持国际和平及安全以前,本宪章不得认为禁止行使单独或集体自卫之自然权利。会员国因行使此项自卫权而采取之办法,应立向安全理事会报告,此项办法于任何方面不得影响该会按照本宪章随时采取其所认为必要行动之权责,以维持或恢复国际和平及安全。"

④ 参见黄涧秋:《国际航空法研究》,中国法制出版社2007年版,第39—40页。See Pai Zheng, Justifications and Limits of ADIZs Under Public International Law, Issues in Aviation Law and Policy, Vol. 14, No. 2, 2015, p. 215.

⑤ 参见〔加拿大〕伊万·L.海德:《防空识别区、国际法与邻接空间》,金朝武译,载《中国法学》2001年第6期。

⑥ See Christopher K. Lamont, Conflict in the Skies: The Law of Air Defence Identification Zones, Air and Space Law, Vol. 39, No. 3, 2014, p. 191.

第三章　航行自由的国际法限制

不同意见源于对预防性自卫(Anticipatory Self-Defence)的分歧。这种分歧又来自对《联合国宪章》第 51 条的不同理解。一部分学者认为,《联合国宪章》第 51 条已经排除了预防性自卫。① 另一部分学者认为,《联合国宪章》第 51 条所规定的自卫权包含国家面对迫在眉睫的威胁时进行预防性自卫的权利。② 尽管在理论上存在争议,但在实践中,国家实施预防性自卫的例子却屡见不鲜。

事实上,在没有形成明确的国际条约或国际习惯之前,单纯地争论《联合国宪章》第 51 条是否包含预防性自卫是没有太大现实意义的。我们应该将目光投向国际社会在国家安全领域的现实状况。

从国家关系的角度来看,"国际领域常常被描述为只具有最低限度的秩序,理由是它是无政府的。也就是说,它缺乏主权来实施规则,只能求助于武装力量来解决国家之间的利益冲突。"③换言之,国际领域最低限度的秩序是以国家之间武装力量的优势对比来维持的。自卫权当然也服从这种逻辑。由于《联合国宪章》第 51 条没有明确地将预防性自卫合法化,但也没有明确禁止,那么预防性自卫至少属于在明确符合国际法与明确违反国际法之间的"中间地带"。在这个国际法不禁止的"中间地带"里,最低限度的秩序更加需要以国家之间武装力量的优势对比来维持。

除了国际法不禁止之外,国家是否可以采取预防性自卫还要取决于其他国家的容忍度。众所周知,"国际法不禁止即自由"的原则最早是在著名的"荷花号"案(The Lotus Case)中得到确认的。④ 在该案中,国际常设法院之所以认为土耳其享有管辖权,是因为国际法不禁止。类似的分析与结论不断出现在之后的国际法案例中。然而,我们也应当注意到国际法院在英挪渔业案(Anglo-

---

① See Hans Kelsen, *The Law of the United Nation*, London: The Lawbook Exchange, 1950, p. 914; Joesph Kunz, Individual and Collective Self-defense in Article 51 of the Charter of U. N., *American Journal of International Law*, Vol. 41, No. 4, 1947, pp. 872, 877; Louis Henkin, *How Nations Behave*, New York: Columbia University Press, 1979, p. 141.
② See D. W. Bowett, *Self-Defence in International Law*, London: Manchester University Press, 1958, p. 817.
③ Hedley Bull, *The Anarchical Society: A Study of Order in World Politics*, New York: Columbia University Press, 1977, p. 4.
④ 1926 年,法国船只"荷花号"因为船员疏忽,在公海上与一艘土耳其船只发生碰撞,造成后者人员伤亡。当"荷花号"停靠伊斯坦布尔之后,土耳其逮捕和审判了该船的船长和肇事船员。法国认为土耳其没有权力实施管辖,因为碰撞发生在公海。于是,法国与土耳其将争议提交当时的国际常设法院解决。国际常设法院支持了土耳其,并认为:土耳其实施管辖的权力不是基于受害者的国籍,而是犯罪行为的效果发生在土耳其的船只上。国际法没有禁止作为犯罪行为的效果所波及的船舶的所属国把该行为当作发生在其领土上的行为。因此,从行为效果地原则出发,土耳其对于发生在其船上的犯罪行为实施管辖没有违反国际法。参见李浩培、王贵国主编:《中华法学大辞典(国际法学卷)》,中国检察出版社 1996 年版,第 278 页。

Norwegian Fisheries Case)中的观点。① 在该案中,国际法院虽然同样以国际法不禁止为由支持了挪威的主张,但也明确地指出:海洋划界不能仅仅依据沿海国在国内法中表达的意愿,其划界行为的有效性取决于国际法和其他国家的同意或默认。② 换言之,"国际法不禁止"与"符合国际法"是两个概念。在无法明确地"符合国际法"时,仅仅"国际法不禁止"不能为国家依据国内法的行为提供有效性,因为这种有效性还需要取决于其他国家的同意或默认。因此,从国际法角度看,预防性自卫的有效性不仅仅来源于"荷花号"案所体现的"国际法不禁止即自由",也来源于英挪渔业案所要求的其他国家的同意或默认,即容忍。③

在预防性自卫的问题上,当国际秩序更多地依赖国家的优势对比和容忍度时,规范的作用实际上已经居于次位了。按照这个逻辑,我们不难理解:在国家安全问题上,"现实主义者首要关注的是物质能力,认为规范即使存在,也仅仅是认可潜在的实力关系而已。虽然新自由主义理论家们更多地赋予规范以独立的角色,但他们关注的焦点在于用来解决集体行动问题的明确的契约安排。"④ 不过,应当澄清的是,就预防性自卫而言,即使规范已经居于次位,但它并非完全不能发挥调整的作用。换言之,国际秩序并非只是国家优势对比和容忍度的结果,一般国际法的某些规范仍然可能适用于国家在该问题上的行为。

具体到防空识别区的问题,在防空识别区内,对外国航空器采取识别、警告、阻止和制裁行为是沿海国为维护国家安全而采取的预防性自卫。根据空中威胁的危急程度不同,沿海国可能采取的措施也是不同的。这体现了强制程度的阶梯性。在沿海国的武装力量处于一定优势的情况下,⑤ 如果沿海国行为的强制程度与空中威胁的危急程度越匹配,那么国际社会(尤其是航空器所属国)予以容忍的可能性也越大。在这样的情况下,识别、警告、阻止和制裁行为就可能不被国际社会视为妨碍海洋飞越自由的行为。由此可见,作为预防性自卫,防空识别区的有效性不依赖于对《联合国宪章》第51条的解读。实际上,它的有效性一

---

① 1935年,挪威对围绕该国在北极圈北部的整个海岸的水域主张排他性的捕鱼权。英国反对挪威的上述主张。1949年,英国与挪威将该争端提交国际法院解决。1951年,国际法院判定挪威的做法没有违反国际法,驳回了英国的要求。参见杨宇光主编:《联合国辞典》,黑龙江人民出版社1998年版,第442—443页。

② See Fisheries Case, Judgment of December 18th 1951, I. C. J. Reports 1951, p.152.

③ 从1950年美国设立第一个防空识别区至今,设立防空识别区的行为本身并未遭到大多数国家的反对。

④ 现实主义和自由主义是国际关系的两种主导范式。参见〔美〕保罗·科维特、杰弗里·勒格罗:《规范、认同以及它们的限度:理论回顾》,载〔美〕彼得·卡赞斯坦主编:《国家安全的文化:世界政治中的规范与认同》,北京大学出版社2009年版,第431页。

⑤ 如果沿海国的武装力量无法对防空识别区内的航空器形成有效威慑,那么这种防空识别区在某种程度上只是停留在"纸面上"的。

方面源于国际法不禁止,另一方面源于各国在防空识别区的优势对比和容忍度。与此同时,防空识别区也不是对预防性自卫的滥用。诚然,国家只有在本国船舶、航空器或领土即将遭到压倒性的攻击,并且别无他法时,才能进行先发制人的自卫,即满足所谓"卡罗琳测试"(Caroline Test)。① 不过,这个限制条件与防空识别区不矛盾——不论是否划设防空识别区,沿海国要实施先发制人的打击时,都要遵守"卡罗琳测试"。划设防空识别区的目的不是为先发制人的打击降低"门槛",而是希望通过识别增加预警时间。

综上所述,防空识别区在国际法上的法律性质可以表述为:沿海国在国际法不禁止且各国予以容忍的情况下根据国内法采取的预防性自卫。值得强调的是,防空识别区内的国际秩序更加依赖国家之间武装力量的优势对比来维持。

正如前文所述,国际法不禁止和各国予以容忍是防空识别区不妨碍海洋飞越自由的两个要件。国际法不禁止是一个相对静态的法律事实,因而比较容易把握。不过,各国予以容忍却是一个相对动态的法律事实。换言之,它更容易因为时间、地点或事件的不同而发生变化。

六、防空识别区与其他国家容忍度的关系

为了不对海洋飞越自由造成妨碍,防空识别区应当获得各国的容忍,尤其是世界上主要国家和周边国家的容忍。那么,如何获得这种容忍呢?我们认为应当从防空识别区"怎么防"的角度来认识这个问题。正如前文所述,由于领海的纵深不足以形成有效防范,防空识别区却可以防范较远的空中威胁,因此,沿海国在领海之外划设防空识别区的行为本身能够得到大多数国家的容忍。不过,更重要的是,其他国家的容忍还要取决于沿海国在防空识别区内采取怎样的具体措施。换言之,各国是否容忍不但要看防空识别区"防什么",更要看"怎么防"。对于"怎么防"才能获得其他国家的容忍,可以从手段和限度两个角度来分析。

(一)从手段角度考察防空识别区与其他国家容忍度的关系

正如前文所述,沿海国在防空识别区内可以选择的防范手段一般有四种——识别、警告、阻止、制裁。这四种手段的强制程度是明显不同的。显而易

---

① 1837年12月29日,英属北美殖民地军队越界进入尼亚加拉河美国一侧,焚毁为加拿大独立运动运送物资的美国船只"卡罗琳号"。英美关系因此恶化,并发生一系列冲突。之后,从"卡罗琳号"事件中发展出一项国际习惯,即先发制人的自卫(preemptive self-defense)必须以"即将遭到压倒性的攻击,并且没有其他选择和进行深思熟虑的余地"为前提。See John Bassett Moore, *A Digest of International Law*, Washington:Government Printing Office,1906,pp.706-707;参见杨生茂、张友伦主编:《美国历史百科辞典》,上海辞书出版社2004年版,第75页。

见的是,沿海国手段的强制程度与空中威胁的危急程度之间越匹配,其他国家予以容忍的可能性也越大。

在实践中,识别行为主要分为三个级别:一级识别是"性质识别",即在外国航空器主动报告的基础上,重点区分其是国家航空器还是民用航空器;二级识别是"轨迹识别",即判断外国航空器的飞行轨迹是否存在异常情况,尤其是观察其是否有进入沿海国领空的迹象;三级识别是"紧急识别",即对性质不明或轨迹异常的外国航空器通过地空对话的方式要求其亮明身份或汇报飞行计划。由此可见,识别行为本身几乎不会对海洋飞越自由产生太大的影响,尽管在不同程度上加重了航空器驾驶员的报告义务。在实践中,警告主要有两种形式——口头警告和战斗机伴飞。然而,由于警告本身尚不实际改变外国航空器的飞行轨迹,所以也不能算是严格意义上的限制飞越自由。自从 1950 年美国划设世界上第一个防空识别区以来,经常发生口头警告或者战斗机伴飞。这已是司空见惯。只要不实际改变航空器的飞行轨迹,几乎不会引发其他国家的强烈反应。

由于会实际改变外国航空器的飞行轨迹,所以阻止和制裁行为可能引发较大的争议。在实践中,最常见的阻止行为是对外国航空器的拦截。由于拦截行为是最常见的阻止行为,并且对民航安全构成了重大威胁,因此,《芝加哥公约》对沿海国的拦截行为作出了比较详细的规定。

根据《芝加哥公约》附件二第 3.8.1 条,拦截民用航空器必须根据缔约国颁布的适当规则和行政指令,而该规则和指令又要符合《芝加哥公约》的规定。为此,缔约国在颁布规则时应当适当顾及民用航空器的航行安全,并参照该公约附件二的附录 1 第 2 节(Appendix1, Section2)和附录 2 第 1 节(Appendix2, Section1)的相关规定。《芝加哥公约》附件二在附录 1 第 2 节规定了拦截时的信号使用规则,在附录 2 第 1 节规定了实施拦截的国家所应当遵守的原则。此外,《芝加哥公约》附件二的附件 A(Attachment A)对空中拦截的程序进行了比较详细的规定。[①] 根据《芝加哥公约》附件二的附件 A 第 2.1 条,为了尽可能避免对民用航空器的空中拦截,应当在被拦截飞机与沿海国相关机构之间建立必要的通信。在此基础上,应当根据《芝加哥公约》附件十一与附件十五的有关标准与程序进行沟通,包括对拦截风险进行提示。根据该条的规定,上述附件 A 第 3 条至第 7 条既规定了沿海国对被拦截飞机进行引导与警告的规则,包括展示空空可视信号(air-to-air visual signals),[②] 也规定了被拦截飞机应当服从指令和尽

[①] See Annex 2 to the Convention on International Civil Aviation-Rules of the Air, 10th Edition, July, 2005, Article 3.8.1, Section2 of Appendix1, Section1 of Appendix2, Attachment A.

[②] 《芝加哥公约》附件二在附录 1 第 2 节对信号规则进行了更加详细的规定。

力与沿海国进行沟通。①

值得注意的是,《芝加哥公约》附件二的附录 2 第 1.1 条规定了国家在颁布和发出有关拦截的规则和行政指令时所应当遵循的五个原则：第一，对于民用航空器的拦截应当只能被作为最后的手段(last resort)；第二，如果实施拦截，那么该行为应当仅限于确定航空器身份的目的，但在特殊情况下除外；②第三，对民用航空不允许采取演练性质的拦截；第四，在无限电通信正常的情况下，应通过无线电设备向被拦截的航空器提供导航信息和其他相关信息；第五，在被拦截飞机收到降落在地面机场的指令之后，该机场应当处于适合该型号航空器安全降落的状态。③

制裁措施主要包括追究航空器驾驶员或其他责任人的刑事、行政或民事责任。由于各国法律制度千差万别，具体的制裁措施也存在较大的不同。理论上，制裁措施还包括在极端危急的情况下击落外国航空器。不过，在实践中，击落行为是极其罕见的。值得指出的是，《芝加哥公约》并不完全禁止沿海国对民用航空器采取武力措施。ICAO 于 1984 年 5 月 10 日通过了《关于修正国际民用航空公约的议定书》，即增加《芝加哥公约》第 3 条分条的修正案——在《芝加哥公约》第 3 条后插入一个分条。该分条第 1 款规定："各缔约国承认各国必须克制向飞行中的民用航空器诉诸使用武器，如果进行拦截，必须不危及航空器上的人员生命和航空器安全。这一条款不应被解释为以任何方式修改《联合国宪章》规定的各国的权利和义务。"④该条文使用的是"克制"(refrain from)而不是"禁止"(must not)。这说明沿海国不对民用航空器使用武力并不是绝对的。

由此可见，为了最大限度地获得其他国家的容忍，在手段选择上，沿海国应当尽量使用识别和警告。在确有必要时，也可以采取阻止和制裁行为，其中，对民用航空的拦截应当尽量符合《芝加哥公约》附件二的相关规定。⑤ 同时，沿海

---

① See Annex 2 to the Convention on International Civil Aviation-Rules of the Air, 10th Edition, July, 2005, Attachment A, Article 3 to Article 7.

② 特殊情况包括：有必要迫使航空器返回预定飞机航线、防止其进入国家领空、将其从禁止或限制飞行的区域或者危险区域内驱逐出去或命令其在指定机场降落。

③ See Annex 2 to the Convention on International Civil Aviation-Rules of the Air, 10th Edition, July, 2005, Appendix 2, Article 1.1.

④ ICAO Protocol Relating to an Amendment to the Convention on International Civil Aviation (on Article 3 bis), signed at Montreal, on May 10, 1984.

⑤ 需要澄清的是，沿海国只是"应当尽量符合"而不是"应当符合"《芝加哥公约》附件二的相关规定。正如前文所述，在制裁措施上，防空识别区不受制于《芝加哥公约》。例如，美国《飞航情报汇编》在拦截的绝大多数环节上均没有明确表示它会严格遵守《芝加哥公约》附件二对拦截的规定。因此，即使从措施对等性的角度来看，沿海国也没有必要完全受制于《芝加哥公约》附件二。不过，从最大限度地获取其他国家容忍的角度来看，符合《芝加哥公约》附件二的拦截行动当然能够获得最佳的效果。

国应当尽量克制对民用航空器采取武力措施。

(二)从限度角度考察防空识别区与其他国家容忍度的关系

根据一般国际法,沿海国在防空识别区内采取任何行动,尤其是采取阻止和制裁措施时,应当满足三个方面的限度要求:

第一,必须满足必要原则。沿海国采取行动的必要性既可以来源于国际条约的明确规定,也可以来源于国际习惯,还可以来源于维护国家安全的现实需要。必要原则是国家可以以危急情况(necessity)为由免除国家责任的最重要的依据。从1956年开始,联合国国际法委员会就着手编纂有关国家责任的条约草案。2001年,一份比较完整的《国家对国际不法行为的责任条款草案》(以下简称《国家责任草案》)最终得以通过。它的大部分内容今天都已经成为各国公认的国际习惯,包括关于危急情况的规定。《国家责任草案》第25条规定:"1. 一国不得援引危急情况作为理由解除不遵守该国所负某项国际义务的行为的不法性,除非:(a)该行为是该国保护基本利益、对抗某项严重迫切危险的唯一办法,而且(b)该行为并不严重损害作为所负义务对象的一国或数国的基本利益或整个国际社会的基本利益;2. 绝不得在以下情况下援引危急情况作为解除其行为不法性的理由:(a)有关国际义务排除援引危急情况的可能性;或(b)该国促成了该危急情况。"①在符合上述规定的情况下,沿海国可以以危急情况为由在防空识别区内对外国航空器采取行动。

第二,必须满足比例原则。比例性(proportionality)是国际法上武力使用规则的核心要素之一,它包括诉诸武力的权利和武力程度的正当性。② 后者又被称为"狭义的比例原则"或者"利益均衡原则"。它是指在实现目的的过程中,公权力不免要触及甚至损害法律所要维护的其他权益。因此,要在不同法律利益之间进行衡量,以避免成本与收益之间不成比例。③ 比例原则在国际法领域得到广泛的应用,如国际人道法、国际人权法及条约法等领域。④ 在本章的语境下,比例原则是指,沿海国在防空识别区内采取行动时,对民用航空器造成的人员与财产损失不应当过分大于该行为所要维护的其他利益。上述《芝加哥公约》第3条分条实际上也包含了比例原则的精神,即"如果进行拦截,必须不危及航

---

① Responsibility of States for Internationally Wrongful Acts, on January 28, 2002(United Nations Document, A/RES/56/83), Article 25.

② See Judith Gail Gardam, Proportionality and Force in International Law, *American Journal of International Law*, Vol. 87, No. 3, 1993, p. 391.

③ 参见傅崑成、徐鹏:《海上执法与武力使用——如何适用比例原则》,载《武大国际法评论》2011年第2期。

④ See Judith Gail Gardam, *Necessity, Proportionality and the Use of Force by States*, London: Cambridge University Press, 2004, p. 2.

空器上的人员生命和航空器安全"①。值得指出的是,从时间维度来看,我们只能依据行为人在作出决策时对可能造成的损失及其程度的合理预见来判断其行为是否符合比例原则,而不能脱离决策时可能的预期,纯粹地进行事后评估。

第三,要满足通知义务。所谓通知义务,是指沿海国在防空识别区内采取行动之后,尤其是采取武力措施之后,应当尽快通知ICAO和可能受其影响的周边航空器,从而使该行为对国际民航安全的干扰降到最低。尽管该通知义务的法律依据不是《芝加哥公约》的明文规定,但却包含在《芝加哥公约》的宗旨之中,即"使国际民用航空按照安全和有秩序的方式发展"。ICAO作为执行《芝加哥公约》和负责国际民航安全的首要机构,在《芝加哥公约》规定的众多的缔约国通知义务中,它都是通知对象。例如,根据《芝加哥公约》第9条,缔约国假如在领空内设立禁区或者变更禁区,都要尽快通知ICAO;② 又如,根据《芝加哥公约》第38条,任何国家都应当将本国背离国际标准和程序的规定尽快通知ICAO。③ 对飞行中的民航班机采取警告、阻止和制裁行为的严重程度及其对民航安全和秩序的影响是不言而喻的,因此尽快通知ICAO是理所应当的。同时,周边可能受到影响的航空器也应在第一时间内收到通知,以避免它们可能遭到的无谓损失。

在防空识别区与其他国家容忍度的关系中,有一个非常特殊又具有相对独立性的问题——沿海国如何对待外国国家航空器。上述手段和限度一般适用于外国民用航空器,但不完全适用于外国国家航空器。这是因为国家航空器代表国家主权,因而具有特殊的法律地位。

七、国家航空器在防空识别区内的特殊性

所谓国家航空器,是指"用于军事、海关、警察部门等的航空器。"④这个概念在《芝加哥公约》第3条第2款中得到了肯定。⑤ 国家航空器代表国家主权,因此它在防空识别区内具有特殊性,并因这种特殊性而要求沿海国应当对其采取更加谨慎的措施。

---

① ICAO Protocol Relating to an Amendment to the Convention on International Civil Aviation (on Article 3 bis), signed at Montreal, on May 10, 1984.
② See Convention on International Civil Aviation, signed at Chicago, on December 7, 1944 (United Nations Treaty Series, Volume-15-Ⅱ-102), Article 9.
③ Ibid., Article 38.
④ 李浩培、王贵国主编:《中华法学大辞典(国际法学卷)》,中国检察出版社1996年版,第243页。
⑤ 《芝加哥公约》第3条第2款规定:"用于军事、海关和警察部门的航空器,应认为是国家航空器。"See Convention on International Civil Aviation, signed at Chicago, on December 7, 1944 (United Nations Treaty Series, Volume-15-Ⅱ-102), Article 3.

正如前文所述,无论是在专属经济区,还是在公海上,沿海国依据国际条约或者国际习惯而对外国航空器拥有一定的管辖权。例如,根据《联合国海洋法公约》第 56 条,沿海国在专属经济区内享有关于海洋环境的管辖权;① 又如,根据国际习惯,沿海国在公海上对特定国际犯罪享有普遍管辖权。尽管沿海国享有上述管辖权,但外国国家航空器却享有豁免权。由于外国国家航空器享有豁免权,所以沿海国一般不应对其实施管辖。相关争议应当通过外交途径寻求解决。

值得注意的是,国家航空器享有豁免权的依据并不是国际条约——根据《芝加哥公约》第 3 条第 1 款,它仅适用于民用航空器,不适用于国家航空器。② 《联合国海洋法公约》第 95 条规定的豁免权也仅限于军舰(warship)。③ 准确地讲,国家航空器的豁免权来源于国际习惯,具体来讲,来源于国家主权平等原则——由于国家主权是平等的,所以一个国家对另一个国家不能行使管辖权。既然国家航空器代表国家主权,那么它就自然地免受其他国家的管辖,即享有豁免权。尤其要指出的是,在防空识别区内,军用飞机(military aircraft)享有与军舰同样的法律地位。④ 换言之,把军舰的豁免地位延伸适用于军用飞机的做法已经成为各国普遍接受的国际习惯。⑤ 同时,国家航空器也不能适用《联合国国家及其财产管辖豁免公约》的有限豁免理论,因为该公约第 3 条第 3 款规定:"本公约不妨碍国家根据国际法对国家拥有或运营的航空器或空间物体所享有的豁免。"⑥

然而,需要特别澄清的是,外国国家航空器享有豁免权的前提是沿海国享有管辖权。在有关的案例中,我们都可以看到一个共同和基本的规律,即豁免理论的目的只是避免或限制一个国家将自己的管辖权施加于另一个国家。⑦ 在防空

---

① See United Nations Convention on the Law of the Sea, signed at Montego Bay, on December 10, 1982 (United Nations Treaty Series, Volume-1833-A-31363), Article 56.

② Convention on International Civil Aviation, signed at Chicago, on December 7, 1944 (United Nations Treaty Series, Volume-15-Ⅱ-102), Article 3(1).

③ United Nations Convention on the Law of the Sea, signed at Montego Bay, on December 10, 1982 (United Nations Treaty Series, Volume-1833-A-31363), Article 95.

④ Christopher M. Petras, Serving Two Masters: Military Aircraft Commander Authority and the Strategic Airlift Capability Partnership's Multinational Airlift Fleet, *Journal of Air Law and Commerce*, Vol. 77, No. 1, p. 105.

⑤ See A. E. Gotlieb, Canadian Practice in International Law During 1964 as Reflected in Correspondence and Statements of the Department of External Affairs, *The Canadian Yearbook of International Law*, Vol. 4, 1966, pp. 315-316.

⑥ United Nations Convention on Jurisdictional Immunities of States and Their Property, signed at New York, on December 2, 2004 (United Nations Document, A/RES/59/38), Article 3(3).

⑦ See G. P. Barton, Foreign Armed Forces: Immunity from Supervisory Jurisdiction, *British Year Book of International Law*, Vol. 26, No. 4, 1949, pp. 410-413.

识别区内,除了依据国际条约或者国际习惯享有一定的管辖权外,①沿海国对外国航空器一般不享有任何管辖权,包括对民用航空器和国家航空器。既然在一般情况下,沿海国对外国航空器没有管辖权,那么外国国家航空器也就谈不上豁免权的问题。然而,即使在不涉及管辖权和豁免权的情况下,沿海国一般也不宜对外国国家航空器采取强制措施,这是由国家航空器的特殊身份与国家容忍度决定的。

在一般情况下,尽管沿海国在防空识别区内对外国民用航空器和国家航空器都没有管辖权,但沿海国之所以可以对民用航空器采取措施,一方面是因为国际法不禁止,另一方面是因为民用航空器不是国家主权的象征,该民用航空器所属国可能对此予以容忍。此外,民用航空器自身也往往会表示服从。当然,在实践中,"这种服从可能更多是基于便利的考虑或者是出于一种礼让(comity)的姿态。"②然而,这些条件在国家航空器上却完全相反——在没有明确依据的情况下,对外国国家航空器采取强制措施可能违反《联合国宪章》第2条第1项的规定,构成对别国主权的侵犯。③ 因此,该行为不再是国际法不禁止的行为。④ 与此同时,国家航空器代表国家主权,所以其所属国不会对严重损害国家主权的行为予以容忍。⑤ 更何况,在实践中,国家航空器自身基于上述考虑,一般也不会表示服从。正如前文所述,国际法不禁止和各国予以容忍是防空识别区不妨

---

① 这里所谓的"一定的管辖权"是指沿海国根据国际条约和国际习惯在毗连区、专属经济区和公海上明确享有的管辖权。相关规定参见本节第三部分"防空识别区与《联合国海洋法公约》的关系"。
② Stephen MacKneson, *Freedom of Flight over the High Seas*, Montreal: McGill University, 1959, p. 64.
③ 《联合国宪章》第2条第1项规定:"本组织系基于各会员国主权平等之原则。"
④ 与之相关的问题是非沿海国(军用航空器)是否有权在别国专属经济区内进行军事飞行。这是《联合国海洋法公约》的模糊之处,当初在制定该公约的过程中,由于苏联和美国的干扰,专属经济区主要考虑的是非军事问题,而对于军事问题予以模糊化。由于这本身就是《联合国海洋法公约》刻意回避的问题,所以既不能以《联合国海洋法公约》为依据指责沿海国划设防空识别区,也不能以该公约为依据指责非沿海国在专属经济区的军事飞行。换言之,在军事飞行的问题上,任何通过解读《联合国海洋法公约》而得出的结论几乎都是苍白的。从实践角度来看,与防空识别区类似,专属经济区的军事飞行也不被国际法禁止,且大多数国家也予以容忍。因此,没有太大的必要从军事飞行的角度指责非沿海国违反国际法。相反,在上述背景下,对飞经专属经济区的外国军用航空器采取强制措施却是明显违反国际法的行为。
⑤ 1956年,法国政府宣布在阿尔及利亚周边海域划设防空识别区,范围包括部分公海海域。法国政府要求所有进入该防空识别区的飞机都要报告飞行计划、机组成员等信息,并明确授权法国空军可以对违反上述规定的飞机开火。1961年2月9日,苏联最高苏维埃主席团主席勃列日涅夫的座机途径该防空识别区,但未遵守法国的相关规定。于是,法国空军的三架战斗机据上述授权在公海上空对勃列日涅夫的座机实施拦截,其中一架战斗机竟然发射曳光弹进行警告。但是,勃列日涅夫的座机继续飞行,并最终安全抵达莫斯科。该事件随即遭到苏联方面的强烈抗议。See Elizabeth Cuadra, Air Defense Identification Zones: Creeping Jurisdiction in Air Space, *Virginia Journal of International Law*, Vol. 18, 1977-1978, pp. 494-495.

碍海洋飞越自由的两个要件。于是,从法理上看,倘若沿海国对外国国家航空器采取强制措施,那么就很有可能被视为妨碍海洋飞越自由。值得指出的是,对国家航空器(尤其是军用航空器)而言,阻止和制裁行为还可能被视为武力攻击,从而导致所属国由此采取对抗措施,使局势滑向武装冲突的边缘。

由此可见,在防空识别区内,沿海国对外国国家航空器采取强制措施是不明智的。这里的强制措施主要是阻止和制裁行为。然而,沿海国对外国国家航空器进行识别和警告却是可行的。

正如前文所述,识别既包括要求外国航空器报告各种信息,也包括通过本国舰艇、航空器或其他设备对外国航空器进行自主识别。诚然,外国国家航空器可以拒绝向沿海国报告飞行计划、所在方位等信息,但沿海国仍然可以进行自主识别,并能够达到识别的目的。值得说明的是,假如外国国家航空器向沿海国亮明自己的身份,既不意味着放弃国家豁免,也不意味着损害沿海国主权。因此,在实践中,为了避免不必要的争议,国家航空器在进入别国防空识别区之后最好能够对沿海国的识别要求作出应答。那些在外观、性能等方面容易与民用航空器发生混淆的军用航空器或者干脆就是国家拥有的民用航空器尤其如此。假如国家航空器拒绝通报身份,同时在航空器外观上没有可识别的主权标志,那么沿海国完全有理由将其作为民用航空器对待。

在识别的基础上,如果外国国家航空器的飞行轨迹逼近沿海国领空或者出现其他可能威胁沿海国国家安全的行为,那么沿海国还可以予以警告,包括通过通信设备进行口头警告和派出战斗机伴飞。在国际法上,警告不属于武力攻击。

归纳而言,对外国国家航空器,一般情况下,防空识别区的作用仅限于识别和监视。所谓识别,是指甄别其是否属于国家航空器;所谓监视,是指观察其飞行轨迹是否有异常。实际上,只要能够对国家航空器形成有效的识别和监视,防空识别区的目的就达到了。在无法甄别或轨迹异常的特殊情况下,沿海国还可以进行适当的警告。除非国家安全遭遇严重和现实的威胁,否则,阻止和制裁等强制措施一般是不明智的,很可能被认为是妨碍海洋飞越自由的行为。

八、加强中国东海防空识别区建设的意见

中国东海防空识别区处于刚刚起步阶段,2013年颁布的《东海防空识别区航空器识别规则公告》的基本内容是符合国际惯例的。根据本章的上述结论,在建设东海防空识别区时,中国应当注意以下几点:

第一,适时地健全中国国内立法。从法律依据来看,防空识别区主要是各国国内法的产物。因此,健全国内立法显得更加重要。这既能规范中国在防空识别区内的行为,也能增加外国航空器对行为后果的可预见性。如前文所述,美国是世界上第一个划设防空识别区的国家,也是相关国内立法最健全的国家之一。从美国的经验来看,健全的国内立法是防空识别区得以树立权威和稳定运行的重要保障。因此,中国可以考虑适时地健全国内立法,尤其是在条件成熟时,可以对《东海防空识别区航空器识别规则公告》中的关键问题予以适度明确,如第3条中的"防御性紧急处置措施"。[①] 在健全国内立法的过程中,应当注意的是,防空识别区虽然不以国际法为直接依据,但也不能与国际法出现明显的矛盾,尤其是与海洋飞越自由的主要国际法渊源——《联合国海洋法公约》和《芝加哥公约》。不过,在必要的情况下,根据美国、日本等国在其防空识别区内的立法和行为,中国也可以在立法和行为上保留采取对等措施的权利。

第二,尽可能地获得各国的容忍。防空识别区在国际法上的法律性质是,沿海国在国际法不禁止且各国予以容忍的情况下根据国内法采取的预防性自卫。由于它的有效性不依赖于对《联合国宪章》第51条的解读,所以国际法不禁止和各国予以容忍是防空识别区不妨碍海洋飞越自由的两个要件。由于国际法不禁止是一个相对静态的法律事实,而各国予以容忍是一个相对动态的法律事实,所以我们应当更加重视后者。各国是否容忍不但要看防空识别区"防什么",更要看"怎么防"。正如前文所述,对于"怎么防"才能获得其他国家的容忍,应当从手段和限度两个角度来把握。简言之,中国在对外国民用航空器采取行动时,应当宣示正当的理由(既可以是国际条约和国际习惯明确赋予的管辖权,也可以是维护中国国家安全的需要,包括传统国家安全和非传统国家安全),选择恰当的手段(可采取识别、警告、阻止和制裁措施,但应克制对民用航空器采取武力措施),并把握适当的限度(满足必要原则、比例原则、通知义务)。其中关键的理念是,行为的强制程度与威胁的危急程度越匹配,那么各国予以容忍的可能性也越大。在这样的情况下,识别、警告、阻止和制裁措施就可能不被国际社会视为妨碍海洋飞越自由的行为。

第三,谨慎对待外国国家航空器。由于国家航空器是国家主权的代表,所以在防空识别区内,对外国国家航空器采取阻止和制裁行为一般是不明智的,因为这既违反国际法,也得不到其他国家的容忍。不过,采取识别和警告行为却是可行的。实际上,只要能够对国家航空器形成有效的识别和监视,防空识别区的目的就达到了。当然,在国家安全遭遇严重和现实的威胁时,不采取阻止和制裁等强制措施也不是绝对的。需要指出和强调的是,由于划设防空识别区的目的是

[①] 部分外国学者对"防御性紧急处置措施"的内涵提出质疑,包括如何进行拦截。See Jae Woon Lee, Tension on the Air: The Air Defense Identification Zones on the East China Sea, *East Asia and International Law*, Vol. 7, No. 1, 2014, p. 297; Raul (Pete) Pedrozo, The Bull in the China Shop: Raising Tensions in the Asia-Pacific Region, *International Law Studies*, Vol. 90, 2014, p. 93.

维护国家安全,而不是获取制空权或宣示主权,所以应当将识别外国航空器的身份作为工作的重心,而不能将国内那套管理思维方式照搬到防空识别区的工作上。同时,倘若有外国国家航空器擅闯中国与其他国家存在领土争议的地区,那么中国完全可以告知其该地区为中国领土,并要求其离开,但不能以防空识别区的名义或理由采取该措施。将中国在领空的权力与在防空识别区的权力进行清晰的区分是非常重要的,可以避免国际社会无端的担忧或者指责。[①]

第四,在判断防空识别区是否妨碍海洋飞越自由时,《芝加哥公约》的重要性要高于《联合国海洋法公约》。举例来讲,如果中国防空识别区的拦截规则参考《芝加哥公约》附件二的规定,那么就可以最大限度地获得各国的容忍,从而不被视为妨碍海洋飞越自由。然而,中国目前从防空识别区的角度对《芝加哥公约》的研究尚显不足。

[①] 部分外国学者指责东亚地区的防空识别区存在所谓"领空化"的危险。See Christopher K. Lamont, Conflict in the Skies: The Law of Air Defence Identification Zones, *Air and Space Law*, Vol. 39, No. 3, 2014, p. 201; Kimberly Hsu, Air Defense Identification Zone Intended to Provide China Greater Flexibility to Enforce East China Sea Claims, U. S.-China Economic and Security Review Commission Staff Report, January 14, 2014, pp. 1-2; Stefan A. Kaiser, The Legal Status of Air Defence Identification Zones: Tensions over the East China Sea, *Zeitschrift für Luft-und Weltraumrecht* (German Journal of Air and Space Law), Vol. 63, 2014, p. 543.

第四章 航行自由与海洋主权的关系

第一节 航行自由与国家领土主权的关系

一、海洋法上的国家领土主权

国家领土是指"隶属于国家主权的地球表面的特定部分"①。国家领土是国家行使其最高权威和排他性管辖权的空间,国家不论大小,都必须有确实的领土,不论领土的大小及边界是否完全划定,领土构成了国家存在的重要的物质基础。国家在其领土范围内的最高权威性体现在,任何人或物在进入了国家领土之后,就当然处于国家的最高权威之下,国家的属地管辖权会优先于他国的属人管辖权。领土与主权之间存在着不可分的联系,在帕尔马斯群岛仲裁案中,胡伯法官即指出,"主权与地球表面上的某一部分之间的联系是该部分表面被纳入特定国家领土的必要的法律条件"②。

国家的领土由陆地、海域和空域组成。《联合国海洋法公约》规定,国家根据海域的不同享有不同的主权和其他权利,国家对其管辖的海域并非都享有领土性的权利。属于领土主权的海域包括:内水、领海和群岛水域。③ 其他海域则是"沿岸国有管辖权和权利的其他区域"。

国家对领土的主权体现在国家能对其领土行使最高的排他性的权利,国家的领土主权体现在以下三个方面:

第一,领土所有权。在原始社会,由于还没有国家的观念,自然也没有领土,也不存在对海域的主权意识。在奴隶制社会和封建社会,由于国家和君主是联系在一起的,甚至可以说是"朕即国家",因此领土被视为君主的个人财产。"溥

---

① 〔英〕詹宁斯、瓦茨修订:《奥本海国际法(第一卷第二分册)》,王铁崖等译,中国大百科全书出版社 1998 年版,第 1 页。
② 〔意〕安东尼奥·卡塞斯:《国际法》,蔡从燕等译,法律出版社 2009 年版,第 112 页。
③ 参见〔英〕詹宁斯、瓦茨修订:《奥本海国际法(第一卷第二分册)》,王铁崖等译,第 7—8 页。

天之下,莫非王土;率土之滨,莫非王臣。"① 正是国家领土主权在这些发展阶段的体现。在资本主义社会,除了国有地、河流、国道和森林等有限的"领土资产"之外,其余土地的财产性所有权都属于私人,国家仅保留有限的征收权和征用权。但是,在领土遭到其他国家侵害时,代为保护领土、行使领土主张的仍然是国家。这样,在资本主义国家中出现了领土主权和财产权一定意义上的分离。② 在社会主义国家,国家实行公有制制度,中国《宪法》第9条规定,"矿藏、水流、森林、山岭、草原、荒地、滩涂等自然资源,都属于国家所有,即全民所有;由法律规定属于集体所有的森林和山岭、草原、荒地、滩涂除外"。城市的土地属于国家所有。农村和城市郊区的土地,除由法律规定属于国家所有的以外,属于集体所有;宅基地和自留地、自留山,也属于集体所有。③ 同时,中国也规定海洋属于国家所有,"中华人民共和国领海基线向陆地一侧的水域为中华人民共和国的内水。""中华人民共和国对领海的主权及于领海上空、领海的海床及底土。"④

第二,领土管辖权。领土管辖权是国家领土主权的主要内容和标志。国家对自己领土范围内的人和事拥有排他性的管辖权。这种管辖权是以领土为基础的,相对于以国籍为基础的属人管辖权而言,具有优先性。领土管辖权并不是绝对的,在国际法上有一定的限制。例如,在外交法中,国家元首和政府首脑、外交代表、国际组织的代表、外国军舰以及根据条约驻扎外国的军队,在一国领土内享有管辖豁免权。⑤ 在海洋法中,沿海国的管辖权体现在:

(1) 国家安全管辖权。在沿海国领海内,外国船舶不得从事有害的活动,不得损害沿海国的和平、良好秩序或安全;《联合国海洋法公约》中对有害行为专门作出了规范,列举了12种有害的行为。⑥

(2) 立法管辖权。沿海国可依《联合国海洋法公约》规定和其他国际法规则,对下列各项或任何一项制定关于无害通过领海的法律和规章:航行安全及海上交通管理;保护助航设备和设施以及其他设施或设备;保护电缆和管道;养护海洋生物资源;防止违犯沿海国的渔业法律和规章;保全沿海国的环境,并防止、减少和控制该环境受污染;海洋科学研究和水文测量;防止违犯沿海国的海关、财政、移民或卫生的法律和规章。沿海国的法律和规章除使一般接受的国际规则或标准有效外,不应适用于外国船舶的设计、构造、人员配备或装备,沿海国还

---

① 《诗经·小雅·北山》。
② 参见梁西主编:《国际法(第二版)》,武汉大学出版社2007年版,第107页。
③ 参见《中华人民共和国宪法》第10条。
④ 《中华人民共和国领海及毗连区法》第2、5条。
⑤ 参见梁西主编:《国际法(第二版)》,第108页。
⑥ 参见《联合国海洋法公约》第19条第2款。

应将所有这种法律和规章妥为公布。在船舶碰撞方面,外国船舶适用的是"一般接受的国际规章",而非沿海国的特别立法。①

(3) 沿海国的保护权。沿海国可在其领海内采取必要的措施以防止非无害通过;在船舶驶往内水或停靠内水外的港口设施的情形下,沿海国也有权采取必要的措施,以防止对准许这种船舶驶往内水或停靠内水外的港口的条件的任何破坏;如为保护国家安全包括武器演习在内,沿海国可在对外国船舶之间在形式上或事实上不加歧视的条件下,在其领海的特定区域内暂时停止外国船舶的无害通过。这种停止仅应在正式公布后发生效力。②

(4) 沿海国的收费权。沿海国可以对外国船舶通过时提供相应的航运服务,并收取额外的服务服用。服务费用仅可作为对该船舶提供特定服务的报酬而征收。征收上述费用不应有任何歧视。③

(5) 沿海国对商船的刑事管辖权。沿海国不应在通过领海的外国船舶上行使刑事管辖权,以逮捕与在该船舶通过期间船上所犯任何罪行有关的任何人或进行与该罪行有关的任何调查,但下列情形除外:罪行的后果及于沿海国;罪行属于扰乱当地安宁或领海的良好秩序的性质;经船长、船旗国外交代表或领事官员请求地方当局予以协助;这些措施是取缔违法贩运麻醉药品或精神调理物质所必要的。④

(6) 沿海国对商船的民事管辖权。沿海国不应为了对通过领海的外国船舶上某人行使民事管辖权的目的而停止其航行或改变其航向;沿海国不得为任何民事诉讼的目的而对外国船舶从事执行或加以逮捕,但涉及该船舶本身在通过沿海国水域的航行中或为该航行的目的而承担的义务或因而负担的责任,则不在此限;不妨害沿海国按照其法律为任何民事诉讼的目的而对在领海内停泊或驶离内水后通过领海的外国船舶从事执行或加以逮捕的权利。⑤

此外,根据《联合国海洋法公约》的规定,即使沿海国在其领土上对船舶行使管辖权也不是任意的,不能对船舶的通行造成不必要的妨碍和歧视。在行使民事或刑事管辖权时,船舶上发生的事务只要没有及于岸上,则沿海国对船舶内发生的事务就没有管辖权,这是船舶作为船旗国"浮动领土"的体现。

第三,领土主权不容侵犯。领土主权的完整是国家政治独立的重要标志,是国际事务中需要遵守的最重要的基本准则。侵犯一国的领土主权不仅是对国家

---

① 参见《联合国海洋法公约》第 21 条。
② 参见《联合国海洋法公约》第 25 条。
③ 参见《联合国海洋法公约》第 26 条。
④ 参见《联合国海洋法公约》第 27 条。
⑤ 参见《联合国海洋法公约》第 28 条。

领土所有权的侵犯,而且也是对国家人格的严重侵犯,危害沿海国领土主权是最严重的国际不法行为。在一系列重要国际条约和文件中均肯定了领土主权不容侵犯。《联合国宪章》第 2 条第 4 项规定,"各会员国在其国际关系上不得使用威胁或武力,或以与联合国宗旨不符之任何其他方法,侵害任何会员国或国家之领土完整或政治独立。"《联合国海洋法公约》第 19 条第 2 款(a)项规定,"如果外国船舶在领海内进行下列任何一种活动,其通过即应视为损害沿海国的和平、良好秩序或安全:(a) 对沿海国的主权、领土完整或政治独立进行任何武力威胁或使用武力,或以任何其他违反《联合国宪章》所体现的国际法原则的方式进行武力威胁或使用武力。"当前,中国在南海、东海和黄海都没有完成海洋划界,尤其是在南海,一些国家意欲非法窃取中国在南海的岛礁。例如,在域外势力的操纵下,菲律宾妄图通过单方提起国际仲裁的方式侵害中国在南海的岛礁与海域,中国需要采取相应的维权措施予以坚决回应。

二、内水的航行自由与沿海国主权

内水是指"领海基线向陆一面的水域"①。基线向陆一面的港口、河流、湖泊、内海、封闭性海湾和泊船处等都是内水的范畴。国家采用的领海基线有两种形式:其一是正常基线,其二是直线基线。"测算领海宽度的正常基线是沿海国官方承认的大比例尺海图所标明的沿岸低潮线"②。正常基线主要适用于一般大陆国家。直线基线原则适用于"在海岸线极为曲折的地方,或者如果紧接海岸有一系列岛屿,测算领海宽度的基线的划定可采用连接各适当点"。直线基线原则在适用时存在一定的条件和例外情形。在正常情况下,直线基线的划定不应以低潮高地为起讫点;直线基线的划定不应在任何明显的程度上偏离海岸的一般方向,而且基线内的海域必须充分接近陆地领土,使其受内水制度的支配;同时,一国不得采用直线基线制度,致使另一国的领海同公海或专属经济区隔断。但是,在特殊情况下,当一国在相关地区存在重要经济利益时,可以考虑采用直线基线,同时特定的低潮高地也可以作为直线基线的起讫点。③

由于各国地理形势的不同,在存在入海河口的情形下,"基线应是一条在两岸低潮线上两点之间横越河口的直线"④。

在海湾存在的情况下,由于海湾的开口情形不同,如何划定海湾的封口线则更为复杂。早在 1839 年和 1867 年,法国和英国之间达成的有关渔业的条约中

---

① 《联合国海洋法公约》第 8 条第 1 款。
② 《联合国海洋法公约》第 5 条。
③ 参见《联合国海洋法公约》第 7 条。
④ 《联合国海洋法公约》第 9 条。

规定:在海湾湾口所划的封闭直线长不超过10海里。① 1910年,常设仲裁院在北大西洋沿岸渔业仲裁案中对海湾的基线问题进行了裁决。在该案中,英国主张不考虑湾口宽度如何和海湾面积的大小,只要地理上属于海湾,且在地图上予以标明,则可以在海湾的湾口划定基线。而美国认为,海湾的湾口距离不应超过6海里。最后,仲裁裁决认为,只有在湾口最近点距离不超过10海里的海湾,沿海国才有权禁止外国进入捕鱼。② 1982年《联合国海洋法公约》中对海湾的概念和基线予以了澄清和变更。该公约第10条第2、3款规定,海湾是指"明显的水曲,其凹入程度和曲口宽度的比例,使其有被陆地环抱的水域,而不仅为海岸的弯曲。但水曲除其面积等于或大于横越曲口所划的直线作为直径的半圆形的面积外,不应视为海湾。""为测算的目的,水曲的面积是位于水曲陆岸周围的低潮标和一条连接水曲天然入口两端低潮标的线之间的面积。如果因有岛屿而水曲有一个以上的曲口,该半圆形应划在与横越各曲口的各线总长度相等的一条线上。水曲内的岛屿应视为水曲水域的一部分而包括在内。"对于海湾的基线划定问题,《联合国海洋法公约》第10条第4、5款规定,"如果海湾天然入口两端的低潮标之间的距离不超过二十四海里,则可在这两个低潮标之间划出一条封口线,该线所包围的水域应视为内水。""如果海湾天然入口两端的低潮标之间的距离超过二十四海里,二十四海里的直线基线应划在海湾内,以划入该长度的线所可能划入的最大水域。"不过,上述规定并不适用于所谓"历史性海湾"。

《联合国海洋法公约》虽然提及了"历史性海湾",但却没有给予明确定义。1962年3月9日,联合国秘书处向国际法委员会提交了《包括历史性海湾在内的历史性水域法律制度》的研究报告。③ 该报告归纳了"历史性水域(海湾)"的构成要素,主要包括:主张历史性权利的国家对该海域行使权利;行使这种权利应有连续性;这种权利的行使获得他国的默认。

当海湾属于两个以上的国家时,如何对海湾内的海域进行划界是一个复杂的问题,《联合国海洋法公约》中对此没有规定。对于这种公约上的空白,只能留待当事国之间协商解决。

内水如同国家的陆地领土一样,国家享有完全的管辖权。这意味着,沿海国有权选择将本国的内水港口向外国船只开放,也可以拒绝向外国船只开放;沿海

---

① 参见陈德恭:《现代国际海洋法》,海洋出版社2009年版,第62页。
② See D. P. O'Connell, I. A. Shearer(ed.), *The International Law of the Sea*, Oxford: The Clarendon Press, Vol. 1, 1982, pp. 359-361.
③ Document: A/CN. 4/143, *Juridical Regime of Historic Waters*, Including Historic Bays, 1962, available at http://legal.un.org/ilc/documentation/english/a_cn4_143.pdf, last visit on March 22, 2016.

国有权同意或拒绝外国船只进出内水；沿海国对外国商船有登临权。① 国际法院也承认沿海国对内水及其内水港口有完全的管辖权。沿海国有权禁止外国船舶进入。② 外国船舶在内水中一般没有无害通过权，但是，在部分情况下，外国船舶在按照《联合国海洋法公约》"第七条所规定的方法确定直线基线的效果使原来并未认为是内水的区域被包括在内成为内水，则在此种水域内应有本公约所规定的无害通过权"③。

三、领海的航行自由与沿海国主权

领海是海洋法中最早明确的概念。毗连区、群岛水域、专属经济区等概念的出现都晚于领海。在早期，各国对海洋都缺乏明确的主权意识。古罗马人认为，海洋和空气都是"共有物"，并将此原则编入《查士丁尼法典》，成为罗马法的一部分。罗马法时期还称"海洋对任何人开放"，虽然这仅指对罗马人公开开放。对海洋的瓜分在葡萄牙和西班牙地理大发现之后达到高峰。1493 年 5 月 4 日，教皇亚历山大六世颁布法令，从北极到南极画一条直线，该线以西属西班牙，以东属葡萄牙。④ 17 世纪，随着国际贸易的繁荣，"国际法之父"格劳秀斯提出了海洋自由论，强调各国商船在海洋上自由航行的权利和自由贸易的权利，海洋自由论成为公海制度的理论基础。不过，海洋自由论一经提出，即遭到英国等国的反对。为了强化对不列颠海的主权要求，塞尔顿提出了闭海论予以批驳。由此，闭海论成为领海制度的理论基础。在 1982 年《联合国海洋法公约》达成以前，各国对领海的宽度、领海基线和领海的通过权一直存在争议，各国的领海宽度从 3 海里到 6 海里不等。著名荷兰法学家宾刻舒克甚至提出"大炮射程说"来确定领海的宽度问题。⑤《联合国海洋法公约》的出现解决了领海宽度和基线的问题，但对外国军舰在领海的通过权问题仍存在争议。

《联合国海洋法公约》第 2 条第 1 款规定，领海是指"沿海国的主权及于其陆地领土及其内水以外邻接的一带海域，在群岛国的情形下则及于群岛水域以外邻接的一带海域"。领海的宽度不得超过 12 海里。

---

① See R. R. Churchill, A. V. Lowe, *The Law of the Sea*, 3rd Edition, Juris Publishing, Manchester University Press, 1999, p. 62.

② International Court of Justice, Case Concerning Military and Paramilitary Activities in and against Nicaragua (Nicaragua v. United States of America), Judgment of 26 November 1984, para. 214, available at http://www.icj-cij.org/docket/files/70/6485.pdf, last visit on April 1, 2016.

③《联合国海洋法公约》第 8 条第 2 款。

④ 参见张小奕：《试论航行自由的历史演进》，载《国际法研究》2014 年第 4 期，第 23—24 页。

⑤ See R. R. Churchill, A. V. Lowe, *The Law of the Sea*, 3rd Edition, Juris Publishing, Manchester University Press, 1999, pp. 71-72.

在领海,外国商船享有无害通过权。其中,"通过是指为了下列目的,通过领海的航行:(a)穿过领海但不进入内水或停靠内水以外的泊船处或港口设施;或(b)驶往或驶出内水或停靠这种泊船处或港口设施。通过应继续不停和迅速进行。通过包括停船和下锚在内,但以通常航行所附带发生的或由于不可抗力或遇难所必要的或为救助遇险或遭难的人员、船舶或飞机的目的为限。"①

无害是指"不损害沿海国的和平、良好秩序或安全"。"有害"的行为主要是《联合国海洋法公约》第 19 条第 2 款中所列的 12 种行为。一旦外国船舶实施这 12 种行为,则沿海国有权对外国船舶采取驱除、扣押等其他必要措施。② 沿海国对领海管辖权包括立法性管辖权和执法性管辖权,沿海国可以就《联合国海洋法公约》第 21 条第 1 款范围内的事项制定管理无害通过的法律和规章,但应将这种法律和规章妥为公布。当外国船舶的航行行为对沿海国产生相关刑事、民事法律方面的后果时,沿海国可以对外国船舶行使刑事、民事管辖权。对于领海内的海道,沿海国可以基于航行安全的考虑,要求行使无害通过权的外国船舶使用其为管制船舶通过而指定或规定的海道和分道通航制。分道通航制可以特别适用于"油轮、核动力船舶和载运核物质或材料或其他本质上危险或有毒物质或材料的船只"。沿海国在实行分道通航制时,应考虑到:主管国际组织(主要是国际海事组织)的建议;习惯上用于国际航行的水道;特定船舶和水道的特殊性质;船舶来往的频繁程度。这意味着,沿海国在实行分道通航制时不能任意地单方决定,而应该尊重船旗国必要的航行自由权。沿海国在确定了分道通航制后,应将该海图妥为公布。③

对于领海而言,外国军舰在领海是否有无害通过权在国际法上并未明确。国际上对《联合国海洋法公约》第 17 条关于"无害通过"的规定是否适用于军舰存在不同的解读。实践中,一些国家要求军舰或公务船必须获得许可才能进入。④ 同时,许多国家在签署《联合国海洋法公约》之际,出于维护国家安全的考虑,即作出了保留外国军舰享有无害通过权的声明。一些国家声明强调保留针对军舰通过领海采取维护其安全利益的措施的权利;一些国家声明要求军舰通过其领海应事先通知;还有一些国家声明要求军舰通过其领海应得到事先许可。⑤

---

① 《联合国海洋法公约》第 18 条。
② See R. R. Churchill, A. V. Lowe, *The Law of the Sea*, 3rd Edition, Juris Publishing, Manchester University Press, 1999, p. 82.
③ 参见《联合国海洋法公约》第 22 条。
④ 据统计,1995 年以前限制外国军舰通过其领海的有 43 个国家,参见陈德恭:《现代国际海洋法》,第 71 页。
⑤ 参见赵建文、REN Defa:《论〈联合国海洋法公约〉缔约国关于军舰通过领海问题的解释性声明》,载《中国海洋法学评论》2005 年第 2 期,第 6—10 页。

中国也声明保留外国军舰的"无害通过权",要求外国军舰进入中国领海必须获得中国政府的批准。① 1996年5月15日,中国政府公布了《关于中华人民共和国领海基线的声明》,宣布中国大陆领海的部分基线和西沙群岛的领海基线。在"威尔伯号"事件中,美国"威尔伯号"导弹驱逐舰即违反中国法律和《联合国海洋法公约》中规定的沿海国权益,擅自进入中国西沙岛礁的领海。②

四、群岛水域的航行自由与沿海国主权

岛屿是四面环水并在高潮时高于水面的自然形成的陆地区域。③ 与大陆相比,岛屿的面积要小得多,与礁石和低潮高地相比,岛屿的面积又相对较大。但是,如何判断岛屿与其他较小的海洋地物的区别,《联合国海洋法公约》中的规定并不明确,仅在其第121条第3款规定"不能维持人类居住或其本身的经济生活的岩礁,不应有专属经济区或大陆架。"事实上,岛屿存在各种情形,有的岛屿毗连大陆,有的岛屿位于海洋深处;有的岛屿是孤立的岛屿,有的岛屿位于群岛之中;有的岛屿上居住着较多的人口,而有的岛屿尽管面积较大,但人口密度极为稀薄,如格陵兰岛。④ 不同情形的岛屿可以主张不同性质的海域,进而影响航行制度。

当"一群岛屿,包括若干岛屿的若干部分、相连的水域或其他自然地形,彼此密切相关,以致这种岛屿、水域和其他自然地形在本质上构成一个地理、经济和政治的实体,或在历史上已被视为这种实体"时,即可以称为群岛。⑤ 群岛国是全部由一个或多个群岛构成的国家。群岛国可划定连接群岛最外缘各岛和各干礁的最外缘各点的直线群岛基线,但这种基线应包括主要的岛屿和一个区域。在该区域内,水域面积和包括环礁在内的陆地面积的比例应在1∶1至9∶1之间。这种基线的长度不应超过100海里。但是,围绕任何群岛的基线总数中至多3%可超过该长度,最长以125海里为限。这种基线的划定不应在任何明显的程度上偏离群岛的一般轮廓。群岛基线所包围的水域称为群岛水域,群岛国对群岛水域享有主权。⑥

在《联合国海洋法公约》缔结之前,并没有群岛国和群岛水域这些概念,菲律宾、印度尼西亚和斐济等群岛国家为了扩张自己的海洋权利而提出了这一概念,

---

① 参见《中华人民共和国领海及毗连区法》第6条第2款。
② 参见《就美国军舰擅自进入我西沙领海发表谈话》,载《人民日报》2016年1月31日第4版。
③ 参见《联合国海洋法公约》第121条第1款。
④ 参见张海文主编:《〈联合国海洋法公约〉释义集》,海洋出版社2006年版,第223页。
⑤ 参见《联合国海洋法公约》第46条第2款。
⑥ 参见《联合国海洋法公约》第46、47、49条。

并要求将群岛作为整体主张海洋权利。① 采用群岛水域制度,比单独主张岛屿自身的海洋权利无疑对群岛国较为有利。为了防止因为适用群岛水域制度而侵害外国船舶在公约缔结之前享有的航行自由,公约对外国船舶的群岛海道通过权规定得更为宽松,有利于外国船舶继续主张其航行自由。

群岛基线以内的水域被称为"群岛水域"。在群岛水域适用两种通行规则:(1)群岛海道通过权。它是指专为在公海或专属经济区的一部分和公海或专属经济区的另一部分之间继续不停、迅速和无障碍地过境的目的,行使正常方式的航行和飞越的权利;群岛海道由群岛国制定,这种海道或空中航道应穿过群岛水域和邻接的领海,并应为可用作航行或飞行的正常通道。群岛海道通过权的实质为海峡的过境通行权。②(2)其他类的群岛水域适用"无害通过制度"。③

群岛海道通行权与无害通过制的区别在于:④(1)在群岛海道中设立海道和分道通航制需由 IMO 批准,而在无害通过制下,沿海国可以单方决定;(2)适用无害通过制时,外国船舶须继续不停和迅速航行,通过须为"无害",且由沿海国裁量,而适用群岛海道通行制时,外国船舶仅需继续不停、迅速和无障碍地过境,可以正常方式航行;(3)在无害通过制下,沿海国可在"为保护国家安全所必要"时,停止实施无害通过制,而在群岛海道通行制时,沿海国不能停止外国船舶的通行权;(4)飞机在领海没有无害通过权,而在群岛水域有一定的飞行自由;(5)在适用无害通过制时,潜水艇需浮出水面并展示旗帜,而潜水艇在群岛海道中航行时无须浮出水面并展示旗帜。

五、海峡的航行自由与沿海国主权

海峡是指位于两块陆地之间、两面通海、天然的狭长水道。⑤ 从地理位置区分,海峡可以分为大陆与大陆间、大陆与岛屿间、岛屿与岛屿间的海峡;从外国船舶的自由度区分,海峡可以分为国内海峡和国际海峡。在科孚海峡案中,国际法院对判定国际海峡的标准进行了建构:(1)地理标准,海峡两端连接的是否为公海。⑥(2)功能标准,海峡是否用于国际航行,是否在和平时期有未经沿海国

---

① 参见张海文主编:《〈联合国海洋法公约〉释义集》,第 58—62 页。
② 参见陈德恭:《现代国际海洋法》,第 121 页。
③ 关于过境通行制与无害通过制的差异,参见傅崐成、郑凡:《群岛的整体性与航行自由——关于中国在南海适用群岛制度的思考》,载《上海交通大学学报(哲学社会科学版)》2015 年第 6 期,第 9 页。
④ 参见傅崐成、郑凡:《群岛的整体性与航行自由——关于中国在南海适用群岛制度的思考》,载《上海交通大学学报(哲学社会科学版)》2015 年第 6 期,第 9 页。
⑤ 参见张海文主编:《〈联合国海洋法公约〉释义集》,第 50 页。
⑥ See The Corfu Channel Case(United Kingdom v. Albania), I. C. J. Reports 1949, p.49.

许可的国际航行实践的存在。①

海峡在航运中有着特殊的意义,它能够缩短航程,节约时间,节省燃料。外国船舶在他国海峡航行时适用"过境通行"和"无害通过"两种制度。过境通行是指,专为在公海或专属经济区的一个部分和公海或专属经济区的另一部分之间的海峡继续不停和迅速过境的目的而行使航行和飞越自由。沿海国对于外国船舶的过境通行权不应加以干涉和阻挠,除非外国船舶违反排污、捕鱼、海关、财政、移民或卫生等方面的规定。

无害通过适用于:(1)如果海峡是由海峡沿岸国的一个岛屿和该国大陆形成,而且该岛向海一面有在航行和水文特征方面同样方便的一条穿过公海或专属经济区的航道;(2)在公海或专属经济区的一个部分和外国领海之间的海峡。无害通过与过境通行的区别在于,过境通行是对沿海国权利的限缩,过境通行不仅包括商船,而且包括军舰和飞机,潜水艇可以不浮出水面而在水下潜行。②

到目前为止,国内外学界对于航行自由与国家领土主权的关系并没有系统性研究,从法理上而言,外国船舶的航行自由权与沿海国的国家领土主权之间存在着互相协调、互相尊重的关系:

1. 外国船舶需要尊重沿海国海洋主权和其他海洋权益。首先,航行自由不是无限的自由,尤其是在国家有领土主权的海域,船舶在通行时需要尊重沿海国的领土主权,不能损害沿海国领土主权的完整性,不能从事与正常通行无关的活动。对于具有领土性质的海域,沿海国享有属地管辖权,船舶通过这些水域时需要遵守沿海国颁布的与国际法不相冲突的当地法法律和规章。其次,外国船舶在通过领土性水域时,需要尊重沿海国的安全权益。海洋是通往一国领土的重要门户,外国船舶不得利用海洋对他国的国防安全造成损害,不得利用海洋从事危害沿海国国家安全和国防利益的活动,不得在沿海国的海域从事间谍和情报搜集活动,不得从事在船上发射、降落或接载任何军事装置等"有害"的活动。③ 再次,外国船舶在通行领土性水域时需要尊重沿海国的环境利益。随着船舶通行活动的增加,船舶在通行时对海洋环境造成的污染问题也日益引起国际社会的重视,船舶污染已经成为海洋污染的五大污染源之一。④ 为了控制船舶污染,沿海国有权按照国际通行的环保规则对过往船舶进行规制,过往船舶需要遵守沿海国的环保法规,不得对沿海国的海洋环境造成不当影响,一旦造成环境损害,船东应对沿海国承担环境损害赔偿责任。最后,外国船舶在通行领土性海域

---

① See The Corfu Channel Case(United Kingdom v. Albania), I. C. J. Reports 1949, p. 28.
② 参见梁西主编:《国际法(第二版)》,第143页。
③ 参见《联合国海洋法公约》第19条第2款。
④ 参见张湘兰主编:《海商法论》(修订版),武汉大学出版社2007年版,第217页。

时需要尊重沿海国的经济权益和科研权益。沿海国在其领土性水域有专属性的经济权益和科研考察权,未经允许,外国船舶不得在沿海国的领土性水域从事开采海上石油和捕鱼活动,不得在沿海国的海域从事勘探活动。①

2. 沿海国不能对正常的航行活动造成妨害和歧视。首先,沿海国的领土主权不是无限的。海洋是人类重要的交往通道,是国际贸易运输中最主要的通道。沿海国除了在内水能行使绝对的主权之外,在其他领土性水域中都需要不同程度地为船舶的通行提供一定的便利。其次,沿海国即使有必要对船舶的通行权设置一定的条件,也必须在无歧视的基础上进行,并且应该予以公布,并说明相关的理由。最后,沿海国颁布的限制船舶在领土性水域中通行的法规具有不同的限制条件。在内水,沿海国有权决定是否向外国船舶开放通行;在领海,沿海国有权在防止"有害"行为的基础上,限制外国船舶的通行;而在国际海峡和群岛水域中,沿海国的权力会受到更加严格的限制。

第二节 航行自由与非领土管辖水域的管理权

一、非领土管辖水域的范围

为了适应沿海国海洋权益扩张的需求,《联合国海洋法公约》中还存在着许多非领土管辖水域。沿海国可以在非领土管辖水域中享有某些经济性主权和其他管辖权。例如,沿海国可以在毗连区行使海关、财政、移民或卫生等方面的管辖权;可以对大陆架及其海床和底土的资源行使某些主权性的权利和其他排他性权利;可以在捕鱼区行使捕鱼的权利;可以在专属经济区行使某种排他性权利和主权权利。②

非领土管辖水域的出现既丰富了沿海国的管辖权和扩大了沿海国的管辖空间,又给外国船舶在沿海国非领土管辖水域的航行带来了新的问题。如何平衡沿海国的管辖权和船舶的航行自由权就是摆在海洋法面前的现实问题,而《联合国海洋法公约》中只解决了部分问题,留下了许多空白。

二、毗连区的航行自由与沿海国的管辖权

毗连区是从测算领海宽度的基线量起,不超过24海里的海域。在毗连区内,沿海国可以就海关、财政、移民或卫生这几个方面享有有限的管辖权,以惩治

---

① 参见袁发强:《航行自由制度与中国的政策选择》,载《国际问题研究》2016年第2期,第84—99页。
② 参见〔英〕詹宁斯、瓦茨修订:《奥本海国际法(第一卷第二分册)》,王铁崖等译,第8页。

在其领土或领海内违反上述法律和规章的行为。① 毗连区起源于英国18世纪《徘徊法》(Hovering Acts)的实践。② 关于毗连区内沿海国管辖权的行使规则，《联合国海洋法公约》中没有更进一步的规定。

三、专属经济区的航行自由与沿海国的管辖权

在他国专属经济区内从事"军事测量"及其他军事活动的合法性问题，是《联合国海洋法公约》制定过程中长期悬而未决的问题。自公约制定伊始，广大沿海国(coastal states)和海洋强国(maritime powers)就在他国专属经济区内进行军事活动是否合法进行了长久的博弈。虽然公约已经生效，但由于公约并没有对此进行明确规定，沿海国和海洋强国在此问题上依然冲突不断。近年来，美国等海洋强国无视他国的安全利益，在他国专属经济区内单方从事军事调查活动，遭到了许多沿海国的抗议。特别是2009年3月8日发生的"无瑕号"事件③，更是引发了中美之间激烈的外交冲突。"无瑕号"事件只不过是在他国专属经济区内从事军事活动的一个缩影。中美此前还发生过多起类似事件，如南海撞机事件④和"鲍迪奇号"事件⑤，这些事件引发了在他国专属经济区从事军事活动合法性的思考。中国拥有广阔的专属经济区，维护专属经济区的安全关系到中国的整体安全，为应对和解决类似的争端，依法维护中国正当的安全权益，从理论上澄清外国在专属经济区内从事军事活动是否合法实属必要。

（一）专属经济区内军事活动的法律争议

在《联合国海洋法公约》缔结过程中，由于各国利益诉求的差别，公约在许多问题上并没有作出明确的规定。为了减少分歧，公约在对待此类问题上采取回

---

① 参见《联合国海洋法公约》第34条。
② See R. R. Churchill, A. V. Lowe, *The Law of the Sea*, 3rd Edition, Juris Publishing, Manchester University Press, 1999, p.132.
③ 在这起事件中，美国军事测量船"无瑕号"在中国海南岛南部大约120公里处侦测中国水下军事目标，遭到中国船只的驱离，是为"无瑕号"事件。事发当天，该事件就成为全球各媒体关注的焦点之一，并引发中美双方的争执。参见管建强：《美国无权擅自在中国专属经济区从事"军事测量"——评"中美南海摩擦事件"》，载《法学》2009年第4期。
④ 2001年4月1日上午，美国一架EP-3军用侦察机飞抵中国海南岛近海海域上空进行军事侦察活动，中国方面随即派出两架军用飞机对美机的活动进行跟踪和监视。在飞行中，美侦察机违反安全飞行规则，突然转向，撞上一架中国军用飞机，致使该军用飞机坠毁，中方飞行员王伟牺牲。受损的美机则在未经过许可的情况下，进入中国领空，并降落在海南陵水军用机场。参见周忠海、范晓莉：《美军用侦察机在中国近海空域撞毁我军机严重违反国际法》，载《政法论坛》2001年第3期。
⑤ 2002年9月，美军军舰"鲍迪奇"号闯入中国黄海专属经济区进行海底地形绘图，并用拖曳式声纳实施水下监听作业。中国海军及海监部门进行了多次拦截，并发出信号要求美舰停止作业、离开中国管辖海域。多次警告无效后，一艘正在附近海面上作业的中国渔船将"鲍迪奇"号声纳上的水下听音器撞飞，引起中美双方的争议。参见管建强：《美国无权擅自在中国专属经济区从事"军事测量"——评"中美南海摩擦事件"》，载《法学》2009年第4期。

避的态度,将这些分歧留待日后解决。有学者指出,"海洋法中的剩余权利应是现代海洋法,即《联合国海洋法公约》中没有明确规定或没有明令禁止的那部分权利。"①在他国专属经济区内是否有权从事军事活动是公约中并未明确规定的问题,是剩余权利的一种。为了解决这一问题,首先有必要说明沿海国在专属经济区内的权利范围。

从专属经济区的产生来看,沿海国在专属经济区的权利呈现出不断扩充的趋势。专属经济区的出现源于沿海国对海洋渔业和其他海洋资源日益增长的需求。1945年,《杜鲁门公告》第一次提出了建立领海外捕鱼区的问题,主张在"毗连美国海岸的公海区域"建立养护区,但是该公告并没有创建新的海洋制度。该公告发表后不久,一些国家陆续提出了扩大管辖区域的要求。其中,阿根廷于1946年发布了关于对邻接大陆的海洋和大陆架享有"国家主权"的法令,不过仍承认外国保留航行自由的权利。智利在1947年的一项法令中宣布对大陆架和"邻接海岸的海洋"享有主权,但其范围是以海岸和岛屿量起的200海里以内。在一定意义上,智利是第一个建立200海里专属经济区的国家。② 20世纪50年代以后,沿海国的权利要求终于成了时代的主旋律。1952年,智利、秘鲁和厄瓜多尔联合发布的《圣地亚哥声明》中宣布"对自该海岸带不少于200海里拥有主权和管辖权",但是,外国船舶在这一区域有无害通过的权利。1972年,亚非集团起草并由肯尼亚提出的一份工作文件中明确提出了"专属经济区"的概念。这份文件指出现有的公海制度片面保护发达国家的利益,提出沿海国对专属经济区内生物和非生物资源享有主权。一些加勒比海国家对专属经济区的权利作出了修正。它们提出,在肯定沿海国对专属经济区内资源享有主权的基础上,保留航行自由和铺设管道自由的权利。③而海洋强国将沿海国的权利要求视为对其既得权利的严重威胁,主张沿海国在专属经济区内仅有捕鱼的优先权。但是,时代的趋势终究不可阻挡。随着《联合国海洋法公约》的出台,沿海国对专属经济区资源性的权利要求基本上得到了满足,但是沿海国在其专属经济区内是否有权管辖外国的军事活动,却始终没有定论。

从公约的缔结过程来看,外国是否有权在专属经济区内从事军事活动一直存在争议。以巴西为代表的沿海国主张外国军舰在其专属经济区内从事军事活

---

① 有学者认为,海洋法中此类比较有代表性的剩余权利多达八种,在他国专属经济区内进行军事活动的问题即是一种剩余权利。参见周忠海:《论海洋法中的剩余权利》,载《政法论坛》2004年第5期。
② 参见〔英〕詹宁斯、瓦茨修订:《奥本海国际法(第一卷第二分册)》,王铁崖等译,第203页。
③ See George V. Galdorisi, Alan G. Kaufman, Military Activities in the Exclusive Economic Zone: Preventing Uncertainty and Defusing Conflict, *California Western International Law Journal*, Vol. 32, 2002, pp. 258-267.

动必须事先得到批准。巴西在签署公约时还发表了相应的声明,声称"公约的条文并没有授予其他国家未经提前通知和获得沿海国的同意时,在专属经济区内擅自执行军事任务,尤其是使用武器或爆炸物的行为"[1]。然而,海洋强国以捍卫"海洋自由"为借口,坚决抵制沿海国的主张。意大利在签署公约时同样发表了针锋相对的声明:"沿海国在专属经济区并不享有剩余权利。尤其是沿海国的权利和管辖权不包括(外国)进行军事行动时需要事先通知或许可。"[2]与海洋强国的主张相比,沿海国的主张是合理的。其根据在于:海洋强国在沿海国专属经济区内进行军事活动是对沿海国和平和秩序的潜在威胁,既然沿海国已经在相当程度上取得了对专属经济区的管辖权,当然有权要求外国军舰尊重沿海国的安全利益。这一主张代表了绝大多数爱好和平国家的利益,也是沿海国正当的权利诉求。

遗憾的是,为了早日获得通过,公约以模糊的态度对此进行平衡,并将争议留待日后解决。一方面,公约肯定了沿海国的权利,根据公约第 56 条第 1 款(a)(b)项,"沿海国在专属经济区内有:(a)以勘探和开发、养护和管理海床上覆水域和海床及其底土的自然资源(不论为生物或非生物资源)为目的的主权权利,以及关于在该区内从事经济性开发和勘探,如利用海水、海流和风力生产能等其他活动的主权权利;(b)本公约有关条款规定的对下列事项的管辖权:(1)人工岛屿、设施和结构的建造和使用;(2)海洋科学研究;(3)海洋环境的保护和保全;(c)本公约规定的其他权利和义务。"这些权利以经济和环境类为主,明确保留给沿海国,但是在专属经济区内军事利用的问题上,公约则语焉不详,只是在其第 56 条第 2 款规定了"沿海国在专属经济区内根据本公约行使其权利和履行其义务时,应适当顾及其他国家的权利和义务,并应以符合本公约规定的方式行事。"另一方面,公约对其他国家的权利也作出了规定,在第 58 条第 1 款肯定其他国家"在本公约有关规定的限制下,享有第八十七条所指的航行和飞越的自由,铺设海底电缆和管道的自由,以及与这些自由有关的海洋其他国际合法用途,诸如同船舶和飞机的操作及海底电缆和管道的使用有关的并符合本公约其他规定的那些用途";并在第 58 条第 3 款规定"各国在专属经济区内根据本公约行使其权利和履行其义务时,应适当顾及沿海国的权利和义务,并应遵守沿海国按照本公约的规定和其他国际法规则所制定的与本部分不相抵触的法律和规

---

[1] George V. Galdorisi, Alan G. Kaufman, Military Activities in the Exclusive Economic Zone: Preventing Uncertainty and Defusing Conflict, *California Western International Law Journal*, Vol. 32, 2002, pp. 276-277.

[2] Stephen Rose, Naval Activity in the Exclusive Economic Zone: Troubled Waters Ahead? *Naval Law Review*, Vol. 39, 1990, p. 74.

章。"但是,这些条款在剩余权利的立场上是十分模糊的,如"沿海国该如何顾及其他国家的权利和义务""外国又该如何适当顾及沿海国的权利"等,公约都没有明确,这也使得海洋强国在他国专属经济区内从事军事活动有了可乘之机。总体而言,沿海国在专属经济区的权利呈现扩大化的趋势,专属经济区本身就是从无到有的一项制度,它的出现即代表着沿海国权利的扩张,而且从现有的权利内容看,它已从早期的捕鱼权利扩张到资源、环境等方面,且还在不断充实和发展之中,沿海国的安全利益终究也会在公约中得以反映,这有赖于沿海国不断强化其法律立场,以最终实现其在专属经济区的安全权益。

(二)"无瑕号"在中国专属经济区内是否享有航行自由

1. 美国关于"无瑕号"享有航行自由的论点及其依据

"无瑕号"事件发生后,一些美国学者认为,"无瑕号"在中国的专属经济区内享有完全的航行自由,中国的执法船舶不应干预"无瑕号"自由航行的权利。其理由如下:

(1)美国军舰在专属经济区进行例行航行是历史性的权利。[①] 在专属经济区出现之前,美国在领海以外的海域可以自由地航行,这已然成为国际习惯法。专属经济区应该成为自由之海,否则全球36%的海域将成为沿海国的"内海",这会违背《联合国海洋法公约》订立的初衷,中国对"无瑕号"的拦截已经"严重违反了国际习惯法"。

(2)《联合国海洋法公约》已经授予了美国在外国专属经济区内航行自由的权利。公约第58条规定外国船舶在专属经济区内进行航行时适用公海的航行自由制度,因此美国军舰在中国的专属经济内享有完全的航行自由,无须事先通知中国政府,或需要得到中国的批准。[②]

(3)美国已经和一些国家签订了双边条约。这些条约中肯定了美国有权在他国专属经济区内有军事航行自由。早在冷战时期,美苏就曾签订条约,互相承认在对方专属经济区内航行和飞越的自由,甚至包括可以"进行军事侦察活动"。这些条约的签订进一步证明了外国船舶在专属经济区内享有航行自由是国际习惯法。[③]

---

① See John C. Meyer, The Impact of the Exclusive Economic Zone on Naval Operations, *Naval Law Review*, Vol. 42, 1992, p. 244.
② See Raul (Pete) Pedrozo, Preserving Navigational Rights and Freedoms: The Right to Conduct Military Activities in China's Exclusive Economic Zone, *Chinese Journal of International Law*, Vol. 9, 2010, p. 11.
③ Ibid., pp. 15-16.

（4）沿海国在专属经济区内的权利仅限于经济性和资源性的权利。① 《联合国海洋法公约》在规定沿海国的权利时，只提及沿海国对专属经济区的资源有主权权利，因此，专属经济区与领海应适用不同的管辖制度，外国军舰在专属经济区内享有与在公海上一样的航行自由权利；

（5）根据法不禁止即为允许原则，② 只要海洋法中没有禁止外国在专属经济区内进行军事活动，则美国船舶有权在他国专属经济区内自由航行，不受沿海国的限制。

2. 中国关于"无瑕号"不享有完全的航行自由的论点及其依据

美国学者的主张曲解了《国际海洋法公约》和相关国际法的含义，其所谓的"依据"在国际法上并不成立：

（1）外国军舰在专属经济区内进行航行不是历史性的权利，更没有得到国际习惯法的认可。在专属经济区这个概念出现以前，领海以外即公海。在公海上外国军舰当然具有自由航行的权利，但是，在专属经济区出现之后，其性质与公海截然不同。专属经济区是介于公海和领海之间自成一体的区域，在这一区域中完全套用公海的航行制度并不合适。

（2）虽然《联合国海洋法公约》第58条第1款肯定其他国家"在本公约有关规定的限制下，享有第八十七条所指的航行和飞越的自由"，但是这一自由仅限于通过，而且通过时不得从事违背沿海国安全的活动，中国政府对"无瑕号"的拦截并不是阻碍其行使过境自由，而是阻止其从事有违中国安全利益的军事活动。

（3）美国和其他国家签订的双边条约也不能证明已构成广泛的国际实践，更不能代表国际习惯法的存在。③ 由于在他国专属经济区进行军事活动是剩余权利，美国可以与其他国家达成交易，从而获得在他国专属经济区内进行军事活动的权利，但是与未达成条约的国家则不能进行这样的推论。构成国际习惯法的条件是广泛的实践和心理认同，而美国在他国专属经济区内进行军事活动仅仅得到了部分国家的认可，因此无法推定这已成为国际习惯法。实际上，条约的达成本身也说明美国需要获得相关国家的许可才能在他国专属经济区进行军事

---

① See Jonathan G. Odom, The True "Lies" of the Impeccable Incident: What Really Happened, Who Disregarded International Law, and Why Every Nation (Outside of China) Should Be Concerned, *Michigan State Journal of International Law*, Vol. 18, 2010, p. 442.

② See Raul (Pete) Pedrozo, Preserving Navigational Rights and Freedoms: The Right to Conduct Military Activities in China's Exclusive Economic Zone, *Chinese Journal of International Law*, Vol. 9, 2010, p. 13.

③ See Zhang Haiwen, Is It Safeguarding the Freedom of Navigation or Maritime Hegemony of the United States? —Comments on Raul (Pete) Pedrozo's Article on Military, *Chinese Journal of International Law*, Vol. 9, 2010, pp. 39-41.

活动。

（4）沿海国对专属经济区的权利并不仅限于《联合国海洋法公约》已明确授予的那部分权利，而是处于不断发展和充实之中。既然沿海国对专属经济区的权利正处在发展之中，那么，目前已明确的权利并不能涵盖沿海国在专属经济区上所有的权利。而且，根据公约第 56 条的规定，"沿海国在专属经济区内根据本公约行使其权利和履行其义务时，应适当顾及其他国家的权利和义务，并应以符合本公约规定的方式行事"，这为沿海国行使对外国军舰的管辖权留下了足够的空间。

（5）根据法不禁止即为允许原则，沿海国同样有权对外国非法的军事活动进行限制。公约对沿海国同样进行了授权。沿海国只要证明要求外国在其专属经济区内从事军事活动必须获得批准与国际法并不相悖，就有权要求外国遵从其管辖权。

虽然《联合国海洋法公约》对专属经济区内的剩余权利归属语焉不详，但是模糊性并非意味着海洋法对此完全没有规制。通过解读相关条文，运用条约的解释规则可以得出未来海洋法的发展方向。外国军舰在专属经济区内从事航行和其他活动时应该受到和平利用原则的规制。维护和平及安全是《联合国宪章》的基本宗旨之一，《联合国宪章》在其第 1 条第 1 项规定："维持国际和平及安全；并为此目的：采取有效集体办法，以防止且消除对于和平之威胁，制止侵略行为或其他和平之破坏；并以和平方法且依正义及国际法之原则，调整或解决足以破坏和平之国际争端或情势。"并在第 2 条第 4 项规定："各会员国在其国际关系上不得使用威胁或武力，或以与联合国宗旨不符之任何其他方法，侵害任何会员国或国家之领土完整或政治独立。"因此，和平原则是国际法的基本原则之一，各国都应该保证其在国际交往中不得进行破坏和平的行动，这一原则同样贯穿于海洋法的始终。

《联合国海洋法公约》有许多部分用"和平目的"和"和平用途"的表述，具体体现了和平利用原则。有学者统计，公约中至少有 18 处关于"和平"的规定。其中，直接与专属经济区和海洋科学研究有关的"和平"的规定有 6 处之多，这说明和平利用原则同样适用于海洋法。[①] 而且，根据公约第 58 条第 2 款的规定，外国军舰在专属经济区适用公海航行自由的同时，同样要求准用第 88 条等规定，即各国在航行时应受"和平目的"的约束。考虑到在专属经济区内进行军事活动

[①] 参见宿涛：《试论〈联合国海洋法公约〉的和平规定对专属经济区军事活动的限制和影响——美国军事测量船在中国专属经济区内活动引发的法律思考》，载《厦门大学法律评论》2003 年第 2 期，第 31—246 页。

是对沿海国潜在的威胁,因此,如果其他国家在沿海国专属经济区内开展军事活动,干扰了沿海国行使资源主权权利和专属管辖权,则沿海国当然有权进行干预和禁止。实际上,各国放弃在他国专属经济区内进行军事活动与航行自由的精神并不相悖,海洋作为交通通道的职能首先是在商贸领域,而在这一领域各国都享有航行自由。公约规定外国军舰在专属经济区仅限于享有无害通过权,实际上取消了海洋强国动辄利用其武力进行单方制裁的特权,有利于保持国际社会的和平与安定。根据《维也纳条约法公约》第31条第1款的规定,在条约语义模糊的情况下,"条约应依其用语按其上下文并参照条约之目的及宗旨所具有之通常意义,善意解释之。"专属经济区内的航行自由,并不是完全的公海自由,而是有限制的过境自由。外国军舰仅享有通过的权利,未经沿海国允许不得从事其他军事活动。

中国对"无瑕号"的拦截并不说明中国政府绝对排除外国军舰在专属经济区的航行自由权,而是要求外国军舰和政府船舶在通过专属经济区时,遵守中国的法律和尊重中国的安全利益,不得从事可能威胁中国安全的活动。中国《专属经济区和大陆架法》第11条规定,"任何国家在遵守国际法和中华人民共和国的法律、法规的前提下,在中华人民共和国的专属经济区享有航行、飞越的自由",这是完全符合国际法的。同时,中国要求美国军舰进行军事活动必须事先得到中国的许可的做法是许多国家共同的实践要求。例如,巴西在其国内立法中明确规定,"在专属经济区内,只有在巴西政府许可的条件下,外国政府方可采取军事行动,尤其是使用武器或爆炸物。"[1] 又如,印度政府在宣布批准《联合国海洋法公约》时声明,外国在印度专属经济区和大陆架进行军事活动必须征得印度政府的同意;马尔代夫于1976年通过法律,只承认外国军舰在其专属经济区内享有无害通过权;马来西亚也主张外国未经许可不得在其专属经济区内进行军事演习;朝鲜于1977年宣布其东海岸之外50海里和西海岸专属经济区为军事安全区,任何外国船舶和飞机在安全区内的航行和飞越都必须征得朝鲜政府的同意。[2]

(三) 关于在专属经济区内进行"军事测量"的争议

1. 美国关于"无瑕号"军事测量活动的合法性论点及其依据

"无瑕号"事件还涉及外国军舰是否有权在中国的专属经济区内进行军事测量的问题。一些美国学者声称,"无瑕号"在中国专属经济区内进行军事测量完

---

[1] George V. Galdorisi, Alan G. Kaufman, Military Activities in the Exclusive Economic Zone: Preventing Uncertainty and Defusing Conflict, *California Western International Law Journal*, Vol. 32, 2002, p. 283.

[2] 参见陈威:《论专属经济区的剩余权利》,中国政法大学2007年博士学位论文,第45页。

全符合国际法的要求,其依据包括:

(1)军事"调查"(survey)和"研究"(research)不同,二者服务于不同的目的。① 虽然《联合国海洋法公约》中并没有对海洋研究作出明确定义,但是,一般认为,海洋研究是指"为了增进对海洋环境的了解和海洋知识的进步所进行的数据采集行为。"包括采集海洋地理、海洋地质、化学、生物以及声学数据等。一般的海洋研究成果主要服务于科学目的,其成果多为人类所共享。而"无瑕号"所从事的"水文调查"(hydrographic survey)与一般的海洋研究不同,它是服务于军事目的的、"为了航行安全和制作海图所需的调查行为"。因此,与一般的科学研究目的不同,服务于军事目的的水文调查不属于《联合国海洋法公约》中研究的范畴,所以无须沿海国的事先批准。

(2)"无瑕号"有管辖豁免权。② 由于"无瑕号"是美国政府的船舶,与一般的商船不同,它所从事的活动是代表美国政府的行为。因此,"无瑕号"在专属经济区内进行活动应该适用船旗国管辖,中国政府对"无瑕号"没有管辖权。

(3)美国在其他国家专属经济内进行军事调查活动已经有相关实践,并没有遭到其他国家的抗议。③ 在冷战时期,苏联的飞机就曾在美国的专属经济区内进行军事调查,美国对此并没有进行阻拦。近期,美国和俄罗斯都曾在其他国家专属经济区内进行军事调查的实践,因此中国应该接受这种"惯例"。

(4)中国也在外国专属经济区内从事过军事调查活动。④ 在 2003 年至 2009 年期间,中国在所谓的"日本专属经济区"内进行了多起军事调查活动。中国片面要求美国应事先取得中国的同意,却不向日本申请批准,是在搞双重标准。

2. 中国关于"无瑕号"军事测量活动的非法性论点及其依据

美国学者为"无瑕号"军事测量活动的辩护同样缺乏依据,理由如下:

(1)军事调查和海洋研究之间很难有明确的界限。由于《联合国海洋法公约》中并没有对军事调查和海洋研究进行明确的定义。这种以目的划分的方法是美国学者的一面之词,而且在实践中也很难根据目的的不同对海洋科学活动和军事调查活动进行明确的划分,在难以划分的情况下,应该统一将军事调查划归海洋研究之列,根据《联合国海洋法公约》第 246 条的规定,"无瑕号"只要从事

---

① See Raul (Pete) Pedrozo, Preserving Navigational Rights and Freedoms: The Right to Conduct Military Activities in China's Exclusive Economic Zone, *Chinese Journal of International Law*, Vol. 9, 2010, pp. 22-23.
② Ibid., p. 15.
③ Ibid., pp. 15-16.
④ Ibid., pp. 16-17.

调查活动即应该提前征得中国政府的同意才能进行。

（2）"无瑕号"不享有管辖豁免。美国政府对"无瑕号"的管辖权是属人管辖，而中国政府对其专属经济区的管辖是属地管辖。属地管辖权具有优先性。因此，当"无瑕号"在中国专属经济区内活动时应当遵守中国的法律。当其违反中国法律时，中国的执法船舶有权对其进行拦截，并采取必要的执法措施。

（3）美国政府的实践并不具有代表性。在冷战时期，由于美苏都是海洋强国，因此，互相允许军事测量是双方对等的交易，而现在美国成了唯一的超级大国，将军事测量权保留给海洋强国是对沿海国安全利益的严重损害。实际上，美国对他国从事的军事调查活动也遭到了许多国家的抗议。①因此并不存在所谓的"国际惯例"。

（4）美国学者声称的中国在所谓的"日本专属经济区"内进行军事活动并不属实，由于中日在专属经济区问题上有划界争端，中国在其主张管辖的但尚有争议的专属经济区内进行的调查活动是一种正当的主权宣示行为，与美国在他国专属经济区内所从事的军事活动具有本质的不同。

总体上看，上述正反观点交锋忽视了一个基本点，即沿海国在专属经济区内享有国家安全利益。这种安全利益起源于军事技术的发展。在《联合国海洋法公约》起草和签订的过程中，即 20 世纪 70、80 年代，卫星侦察技术和导弹发射技术都还只是刚起步，因此各国在达成公约案文时还没有意识到海洋军事强国可以在沿海国海外远距离地对沿海国构成安全威胁。20 世纪 90 年代以后，由于美国多次在沿海国专属经济区内外部署海上军事力量，这才使得沿海国意识到国家安全利益不局限于本土。不过，国家主权和安全作为一个国家的核心利益从来都不是只能在本土维护的。

沿海国在专属经济区内享有国家安全利益。在他国进行军事调查活动违背了国际法的一般准则，是对他国安全利益的侵害，1961 年《维也纳外交关系公约》、1949 年《关于国家权利义务宣言草案的决议》、1965 年《关于各国内政不容干涉及其独立与主权之保护宣言》以及其他相关国际条约都反对任何国家从事刺探他国敏感情报的行为。即使是有外交豁免的外交官从事这类活动，也会被立刻驱逐。② 由此可见，在他国从事军事调查的行为在本质上是违背和平共处原则的。在专属经济区内沿海国同样享有国家安全利益，虽然这与在其领土、内水和领海上的国家安全利益有程度上的差异，但本质相同。它们都要求国家之

---

① Raul (Pete) Pedrozo, Preserving Navigational Rights and Freedoms: The Right to Conduct Military Activities in China's Exclusive Economic Zone, *Chinese Journal of International Law*, Vol. 9, 2010, pp. 248-251.

② 参见傅崐成：《海洋法专题研究》，厦门大学出版社 2004 年版，第 322—323 页。

间互相尊重主权和领土完整,并避免因采取敌对措施而引发不必要的争端。沿海国在其专属经济区及其上空的国家安全利益具体表现为:①部署相应海上军事力量,执行海上防御、海上预警、军事训练、海上保安等各类海空军事活动,行使国家自卫权;维持相应海上执法力量,防范并打击海上违法犯罪活动,行使海上执法权;保持相应海洋管理力量,对该海域及其上空的人类海洋活动进行监控和管理,行使其主权权利和专属管辖权。《联合国海洋法公约》已经肯定了沿海国的安全利益,公约不仅要求外国不得妨碍沿海国对专属经济区内权利的行使,而且在其第 19 条规定的无害通过制度中体现了对沿海国安全利益的尊重。公约特别要求外国船舶在通过时"不损害沿海国的和平、良好秩序或安全",并将下列行为视为对沿海国安全利益的威胁:"任何目的在于搜集情报使沿海国的防务或安全受损害的行为";"进行研究或测量活动"。这些都说明,公约也将军事调查行为视为对他国安全利益的威胁,并要求各国尊重沿海国的安全利益。

根据公约和中国相关法律的规定,中国虽不禁止外国在专属经济区内进行海洋科学研究活动,但这种活动必须满足一定的要求:首先,海洋科学研究应该为了和平目的而进行。《联合国海洋法公约》第 240 条(a)项规定:"海洋科学研究应专为和平目的而进行;"第 246 条第 8 款规定:"本条所指的海洋科学研究活动,不应对沿海国行使本公约所规定的主权权利和管辖权所进行的活动有不当的干扰。""和平目的"的限制不仅排除了直接侵略行为的合法性,而且只要是对沿海国的安全利益构成威胁的行为都应该被禁止。由于军事调查活动不在"和平目的"利用之列,中国有权对外国军舰的军事调查行为行使管辖权,并加以制止。其次,进行海洋科学研究应征得中国的同意,并尊重中国的管辖权。公约第 56 条规定,沿海国对海洋科学研究有专属管辖权。这意味着,沿海国可以在国内立法中规定进行海洋科研活动需满足的条件,有权对违法的海洋科研考察活动采取必要的执法措施。中国《专属经济区和大陆架法》第 9 条规定:"任何国际组织、外国的组织或者个人在中华人民共和国的专属经济区和大陆架进行海洋科学研究,必须经中华人民共和国主管机关批准,并遵守中华人民共和国的法律、法规。"由于中国并没有给予外国政府和军事船舶以管辖豁免,"无瑕号"在中国专属经济区内进行的测量活动应当首先通知中国政府主管机关并获得批准。"无瑕号"擅自进行调查活动违背了公约和中国国内法的规定,是非法的海洋科学研究活动。

---

① 参见陈威:《论专属经济区的剩余权利》,中国政法大学 2007 年博士学位论文,第 69—70 页。

第三节 海洋领土争端与航行自由

一、海洋领土争端对航行自由的影响

海洋领土争端,是指两个或更多的国家的海洋领土主张发生重叠而产生的领土争端。① 由于海洋领土争端的存在,使得海洋区域也存在权利未定的状况。海洋领土争端对航行自由的影响存在着三种可能情形:(1)由于当事国都主张相关海域为自己的领土区域,为了强化和宣示自己主张的正当性,当事国可能会采取维护主权的相关措施,进而引发域内外国家因航行自由受到影响而产生冲突。(2)一方当事国在国际法的框架下采取了维护主权的措施,虽然相关国家对此并不认同,但却因为维权措施符合国际法而无法对此提出抗议。域外国家的航行自由不一定因此受到影响。(3)相关当事国对争议海域都没有采取管辖措施,而是暂时搁置争议,造成相关海域在一定情况下处于"真空"或未定状态,域外国家的航行自由也得以不受影响。

当前,中国在南海存在"历史性权利"的主张,这与相关国家的海洋主张存在冲突。过去,中国一直秉持善意,主张"搁置争议,共同开发",实质上不利于宣示中国在南海的主权和海洋权利。在菲律宾非法提起南海仲裁案之后,中国需要积极采取措施,将争端从第三种情形引向第二种情形,以在国际法的框架下维护中国的海洋主权和海洋权利,同时也避免对他国的航行自由造成不利影响。下文将结合南海划界争端,探讨航行自由与海洋领土争端的关系。

二、南海划界争端与航行自由

近年来,美国等国一直恶意炒作"南海航行自由问题",并用军舰挑战中国在南海的管辖权。在中国一再表明保证南海航行自由的情况下,2015年10月27日,美国军舰"拉森号"仍然借"保障航行自由"为由闯入南沙群岛中的渚碧礁邻近海域航行,并质疑中国建设南海岛礁的合法性。② 在"拉森号"事件之后,中美

---

① 参见高健军:《国际海洋划界论——有关等距离/特殊情况规则的研究》,北京大学出版社2005年版,第1页。
② 在该事件中,美国"拉森号"军舰未经中国政府允许,非法进入中国南沙群岛有关岛礁邻近海域。参见《外交部发言人陆慷就美国拉森号军舰进入中国南沙群岛有关岛礁邻近海域答记者问》,http://www.fmprc.gov.cn/web/ziliao_674904/zt_674979/dnzt_674981/qtzt/nhwt_685150/zxxx_685152/t1309393.shtml,2016年4月30日最后访问。

之间进一步爆发了 B-52 轰炸机"误入"中国南海岛礁邻近空域事件①和"威尔伯号"导弹驱逐舰非法闯入中国西沙岛礁领海事件。② 随着南海仲裁案判决结果的出炉,美国更是加紧其"保障航行自由"的挑战活动。2016 年 5 月 10 日,美国"劳伦斯号"驱逐舰又闯入了中国永暑礁附近海域。③

在上述南海自由航行事件爆发后,美国不仅否认损害中国作为沿海国的主权和安全利益,反而指责中国在南海破坏航行自由。美国的论点包括:④中国在南海的"断续线"和"历史性权利"不构成对外国军舰管辖权的依据,中国应该接受国际仲裁的裁决结果,并采用和平的方式解决南海划界争端;中国的岛礁建设对"航行自由原则"构成妨害;美国军舰是在"国际水域"(international waters)进行例行的航行活动,中国的执法船舶无权妨害美国军舰的自由航行权。美国政府的一些高层还表示美国要持续所谓的南海航行自由实践。美国借"南海航行自由"问题介入南海事务,恶意指责中国违反了航行自由原则。不过,从国际法上分析,中国在南海的"航行自由"法律及实践完全符合国际法的标准。

(一)中国对南海的"历史性权利"符合国际法的构成要件

2014 年 12 月 5 日,美国国务院海洋环境科学事务局海洋和极地事务办公室发表《海洋界限——中国在南中国海的主张》的研究报告,在报告中美国对中国南海管辖权依据的质疑主要集中在对"断续线"的性质认定上。美国认为,中国没有明确"断续线"在南海划界中的性质和作用。同时,美国对"断续线"作出三种假定,并认为这三种情形在国际法上都有争议:

第一,将"断续线"假定为"岛屿归属线"。⑤ 在这一情形下,美国认为将"断续线"界定为岛屿归属线符合《联合国海洋法公约》的规定。美国承认"在群岛存

---

① 美国国防部证实,美军两架 B-52 轰炸机于 2015 年 12 月 10 日执行例行飞行任务时,其中一架"无意"飞进了中国在南海华阳礁邻近空域,该事件美方已承认是由于天气原因导致的错误,并非航行自由行动。参见《解放军驱离"误闯"南海中国岛礁美军轰炸机》,http://finance.chinanews.com/mil/2015/12-21/7679440.shtml,2016 年 5 月 1 日最后访问。

② 2016 年 1 月 30 日,美国海军"威尔伯号"导弹驱逐舰违反中国法律,擅自进入我西沙领海。参见《国防部新闻发言人杨宇军就美国军舰擅自进入我西沙领海发表谈话》,http://news.xinhuanet.com/politics/2016-01/30/c_128687243.htm,2016 年 4 月 28 日最后访问。

③ 参见《2016 年 5 月 10 日外交部发言人陆慷主持例行记者会》,http://www.fmprc.gov.cn/web/fyrbt_673021/t1361960.shtml,2016 年 5 月 11 日最后访问。

④ See Kristina Daugirdas, Julian Davis Mortenson, U. S. Navy Continues Freedom of Navigation and Overflight Missions in the South China Sea despite China's "Island-Building" Campaign, *American Journal of International Law*, Vol. 109, 2015, pp. 667-672.

⑤ See Limits in the Seas, No. 143, China: Maritime Claims in the South China Sea, pp. 11-14, available at http://www.state.gov/documents/organization/234936.pdf, last visit on January 1, 2016.

在的情况下将群岛连接划界在国际上并非罕见,这种划界方法既有效又实用。"① 但是,中国按照"岛屿归属线"主张海洋权利时仍有缺陷:首先,中国在南海的部分岛礁主权归属存在争议;② 其次,中国没有阐明南海的某些岛礁是否属于《联合国海洋法公约》第 121 条第 3 款中的岛屿;最后,越南、菲律宾、马来西亚、印度尼西亚和文莱也有权主张从其大陆海岸向南海衍生出海洋区域,这会与中国"岛屿归属线"海域发生重叠。③

第二,将"断续线"假定为"国界线"(national boundary)。④ 美国认为,在中国与邻国海洋划界主张重合的情况下,中国不能单方面划定海洋国界。在各方划界主张重合时,海洋边界应当通过有关国家之间达成协议或通过司法裁决产生;而且,"断续线"缺乏作为国界线的特点,如公开地理坐标表和一个将两国海洋空间分隔开的、连续完整的线。

第三,将"断续线"假定为"历史性主张"(historic claim)线。⑤ 该假定从两个层面分别进行了论述。在第一个层面,美国认为中国事实上没有采用可辨识的方法对断续线内的水域主张"历史性权利"(historic title)或"历史性水域"(historic waters)。在第二个层面,即使按照一般国际法而非海洋法,中国的历史性主张也不符合国际法的标准:"(1)没有公开地、显著地、有效地对南海行使管辖权;(2)没有持续地在南海行使管辖权;(3)中国在南海行使管辖权时没有得到外国政府的承认。"⑥

最后,该报告认为,在假定一的情况下,中国在南海的海洋主张可以得到《联合国海洋法公约》的支持,但是中国只能在对相关岛礁享有主权的前提下,根据公约主张相应水域的权利。在假定二的情况下,国界线主张不能得到公约的支持。在假定三的情况下,中国如果主张"断续线"内的水域为"历史性水域"或享有"历史性所有权",则不能得到公约的支持。同时,按照一般国际法判断,该主张也不符合"历史性水域"的构成要件。美国这份报告在法理、事实和历史证据上都存在重大缺陷,该报告曲解了中国南海"历史性权利"、《联合国海洋法公约》

---

① See Limits in the Seas, No. 143, China: Maritime Claims in the South China Sea, pp. 11-14, available at http://www.state.gov/documents/organization/234936.pdf, last visit on January 1, 2016.

② 美国在这里认为,越南和中国台湾地区同时主张西沙群岛的主权;菲律宾和中国台湾地区同时主张黄岩岛的主权;越南、菲律宾、马来西亚、文莱和中国台湾地区同时主张南沙群岛中部分或全部岛礁的主权。在这里美国犯了严重的政治错误,将中国台湾地区作为单独的一个声索方主张相应的主权,而台湾是中国不可分割的一部分,不能独立提出主权要求。See Limits in the Seas, No. 143, China: Maritime Claims in the South China Sea, p. 13.

③ See Limits in the Seas, No. 143, China: Maritime Claims in the South China Sea, pp. 13-14.

④ Ibid., pp. 14-15.

⑤ Ibid., pp. 15-22.

⑥ Ibid., pp. 21-22.

和国际法的相关制度,现分析如下:

1. 中国对南海的岛礁构成发现、先占和有效控制。有资料显示,中国最早发现了南海的岛礁。东汉官员杨孚在其所著的《异物志》中提到了南海岛礁,并将其称为"涨海崎头"。此后,唐、宋、元、明、清等朝代的政府和民间书籍中都有关于南海岛礁的记载,并将"涨海崎头"这一泛称逐渐演变为以"东沙""西沙""中沙""南沙"群岛分别命名。有资料记载,宋代的地方志中明确记载南海诸岛属琼州(也就是现在的中国海南省)管辖。公元 1279 年,元代著名天文学家郭守敬曾到南海开展测量活动并建立天文观测据点。① 北宋时期,中国已经开始派遣水师,巡防南海岛礁;明清时期,中国将南海岛礁纳入巡防范围。在南海岛礁的出土文物中,都有中国人在此生活的印记。由此可见,中国已通过规范和公布南海岛礁名称、巡视南海岛礁等多个方面公开、有效和持续地宣示了主权。②

2. 中国的南海岛礁是否能取得划界效力不完全取决于《联合国海洋法公约》的规定,需要和"历史性权利"主张合并解读。在《联合国海洋法公约》和相关海洋划界案例中,岛礁能否取得领海、专属经济区和大陆架的法律地位,取决于多种因素。③ 在不考虑"历史性权利"的情况下,岛礁在海洋划界中的效力可分为:全效力、半效力和零效力。④ 南海的一些岛礁完全符合公约中岛礁的定义,如由中国台湾地区控制的太平岛。对于这类岛礁,中国可以主张其为《联合国海洋法公约》下的领海、专属经济区和大陆架。对于不能满足人类居住或经济生活的岛礁,中国目前并未明确对这些岛礁主张相应的专属经济区和大陆架。这些争议需要结合中国的历史性权利,留待与直接当事国协商解决。

3. 美国对断续线是国界线的解读并不成立。中国政府并未明确断续线为国界线。美国认为断续线缺乏疆界线的精确坐标,因此断续线是模糊的,并以此否定断续线具有海上疆界线的功能,这个观点并不成立。首先,中国政府没有明确将断续线定性为国界线,学界对于是否应该将断续线定性为国界线也不统一。⑤ 对于中国政府从未正式主张的国界线说,中国政府无须澄清。其次,断续

---

① 参见《驻英国大使刘晓明在伦敦国际战略研究所的演讲:中国是维护南海和平稳定的中坚力量》,http://www.fmprc.gov.cn/web/dszlsjt_673036/t1365260.shtml,2016 年 5 月 28 日最后访问。
② 参见邢广梅:《中国拥有南海诸岛主权考》,载《比较法研究》2013 年第 6 期,第 1—9 页。
③ 这些因素包括岛屿的面积、位置、自然状况、是否能够满足人类的生活等。参见张海文主编:《〈联合国海洋法公约〉释义集》,海洋出版社 2006 年版,第 219—244 页。
④ 参见罗国强、叶泉:《争议岛屿在海洋划界中的法律效力——兼析钓鱼岛作为争议岛屿的法律效力》,载《当代法学》2011 年第 1 期,第 114—117 页。
⑤ 关于南海断续线的性质,学界主要有四种认识,分别是:历史性水域说、历史性权利说、海上疆域线说、岛屿归属线说。对此,中国学界也没有定论。参见金永明:《中国南海断续线的性质及线内水域的法律地位》,载《中国法学》2012 年第 6 期,第 37 页。袁古洁:《国际海洋划界的理论和实践》,法律出版社 2001 年版,第 220—244 页。

线表现为虚线,是因为断续线既有一定的确定性,也有一定的开放性。南海断续线的确定性体现在,1947 年 12 月,民国政府内政部方域司编绘、国防部测量局代印了"南海诸岛位置图",在南海画出了十一段断续线,线内标注了南海岛礁的名称;1948 年 2 月,民国政府内政部公开发行了《中华民国行政区域图》,其附图即《南海诸岛位置图》,向国际社会宣示了中国政府对南海诸岛的主权和管辖权;在中华人民共和国成立后,中国地图上的南海总体上沿用 1948 年《南海诸岛位置图》上标绘的断续线,虽有适当调整,但总体位置和走向没有实质改变。① 南海断续线的开放性体现在,如果断续线为历史性权利范围线,那么历史性权利是基于中国传统海疆,而传统海疆本来就大多有疆无界。

4. 中国在南海的历史性权利符合国际法的标准。1962 年 3 月 9 日,联合国秘书处向国际法委员会提交了《包括历史性海湾在内的历史性水域法律制度》的研究报告。② 该报告归纳了历史性水域的构成要素,主要包括:主张历史性权利的国家对该海域行使权利;行使这种权利应有连续性;这种权利的行使获得他国的默认。美国套用上述三要素意图否定中国历史性权利的主张,但是美国的论据并不成立:

(1) 如前所述,中国政府通过为岛礁命名、派遣水师巡航、经营相关海岛、出版地图等方式向外界公布了断续线和历史性权利主张。中国的历史性权利主张不同于历史性水域,但这不影响历史性权利的存在。

(2) 中国对南海的历史性权利具有连续性。中国历届政府从未放弃过南海的历史性权利。如同占有理论一样,占有分为直接占有和间接占有。考虑到南海作为连接中国与国际社会交往的重要航道这一现实因素,中国对南海历史性权利没有采取排他的、直接的方式宣示占有,但这不能否定中国在南海所持续采取的其他管辖措施。

(3) 中国对南海的岛礁主权得到包括划界主张重合国家的默认,一些相关争议国家的地图也同样标绘了断续线。1958 年 9 月,越南总理范文同致函中国总理周恩来,代表越南政府表示承认和赞成中国 1958 年发布的《中华人民共和国政府关于领海的声明》。该函称,南海四个群岛属于中国领土。③ 1940 年菲律宾调查统计委员会出版的多卷本《菲律宾调查统计地图集》、1950 年出版的《菲律宾地图》以及 1969 年马尼拉调查委员会、海岸和大地测量局出版的《地图集》

---

① 参见贾宇:《中国在南海的历史性权利》,载《中国法学》2015 年第 3 期,第 193—194 页。
② See Document: A/CN. 4/143, Juridical Regime of Historic Waters Including Historic Bays, 1962, Vol. Ⅱ, available at http://legal.un.org/ilc/documentation/english/a_cn4_143.pdf, last visit on March 22, 2016.
③ 参见韩振华主编:《我国南海诸岛史料汇编》,东方出版社 1998 年版,第 542—544 页。

都未将南沙群岛划入本国版图。① 相关争议国家与中国就南海诸岛及其水域产生争议,是南海油气资源发现后的事情。②

在中菲南海仲裁案之后,中国政府表明了中国"不参与,不接受"强制仲裁的原则立场。中国否定按《联合国海洋法公约》附件七成立的仲裁庭的管辖权,不是因为中国不尊重国际法,而是因为南海划界的性质由当事国直接谈判更符合各方的利益;而且,由当事国直接谈判解决海洋划界争端是公约中规定的"和平方法",③争端解决机制仅是用尽"和平方法"之后的替代手段(选用争端解决机制必须要满足相应的条件,如没有被声明排除)。④ 同时,没有证据表明中国拒绝与菲律宾磋商划界分歧。在实践中,中国与邻国的许多划界争议都是通过和平谈判与协商解决的,如中国与越南通过和平谈判解决了北部湾划界争议。⑤ 实际上,美国一直选择性地遵守自己参与建立的国际法机制,例如,美国曾经拒不执行"尼加拉瓜案"的判决,⑥美国发动伊拉克战争等,都是严重违反国际法的恶性事件。⑦ 美国违反国际法的行为不胜枚举。⑧ 并且,美国不是《联合国海洋法公约》的缔约国,无权要求他国接受强制仲裁。中国也无义务接受"强加的裁决"。由于中国已经对中菲南海仲裁案表达了"不参与,不接受"的立场,因此不论裁决结果如何都不能否定中国在南海的历史性权利。

(二) 美国军舰在南海的"航行自由"争议

1. 美国炒作南海"航行自由"问题的目的

(1) 南海"航行自由计划"是美国"亚太再平衡"战略在南海问题上的反映。

---

① 参见郑志华:《中国南海 U 形线地图的可采性与证明力》,载《外交评论》2013 年第 4 期,第 43—44 页。
② 参见袁古洁:《国际海洋划界的理论和实践》,第 220—244 页。
③ 参见《联合国海洋法公约》第 279、280 条。
④ 参见《联合国海洋法公约》第 281 条。
⑤ 参见《中华人民共和国和越南社会主义共和国关于两国在北部湾领海、专属经济区和大陆架的划界协定》。
⑥ 参见张华:《国际海洋争端解决中的"不应诉"问题》,《太平洋学报》2014 年第 12 期,第 2 页。
⑦ 美国民主党总统竞选人希拉里承认其投票支持发动伊拉克战争是个错误,英国前首相布莱尔同样承认发动伊拉克战争是个错误,但是美国及其参与发动伊拉克战争的盟国至今没有为其违反国际法的行为承担责任。
⑧ 许多西方的国际关系学者都认为美国在遵守国际法和国际承诺方面非常糟糕,美国的单边主义倾向日益危害国际秩序。如美国著名学者基欧汉认为"在检视美国是否遵守其国际承诺的过程中,我发现遵守状况比我预想的更差(在 1776 年至 1989 年这段历史时期)",参见〔美〕罗伯特·基欧汉:《霸权之后:世界政治经济中的合作与纷争(增订版)》,苏长和、信强、何曜译,上海人民出版社 2012 年版,2005 年版前言,XXVIII;英国学者巴里·布赞认为"对于美国政策中新帝国的倾向,最好的对应方法是反对一个表现无赖倾向的唯一超级大国……诸大国需要接受美国的领导,但是拒绝它的帝国计划",参见〔英〕巴里·布赞:《美国和诸大国:21 世纪的世界政治》,刘永涛译,上海人民出版社 2007 年版,第 9 页。

奥巴马执政后，美国逐渐将其战略的重心转向亚太地区。① 随着中国综合国力的快速提高和美国全球经济地位的相对衰落，②美国感受到中国在未来的挑战。尽管中国在不同场合强调无意挑战美国的地位，但是美国依然对此存有戒心。美国在亚太地区加强了军事部署，并计划在 2020 年前将 60% 的海空力量部署在亚太地区。③ 中国虽然与相关国家在南海存在划界分歧，但南海地区没有战乱的风险，美国于是提出南海"航行自由"问题，为其"重返亚太"制造借口，并制造中国与相关国家的紧张关系。

（2）维护海上霸权。自建国时起，美国就将"维护海洋自由"视为至关重要的国家利益，并在必要时用军队维护这项利益。自"航行自由计划"提出以来，美国历届政府都延续了这一"国策"，④并将其视为"至关重要的国家利益"。美国之所以重视"维护海洋自由"，是因为"维护海洋自由是为了应对危机的必要路径。冲突和灾害可能威胁美国和相关地区美国伙伴的利益。因此，美国国防部致力于确保自由和开放的海上通道，以保护所有亚太国家的稳定的经济秩序得以持久，并在需要时保持美国军队的反应能力。"⑤由此可见，美国所理解的"海洋自由"实际上是维护美国海军在全球的兵力投送自由。

（3）拉拢其他国家一起参与南海"航行自由计划"，并为菲律宾的妄诉撑腰。近年来，美国也认识到由其独自执行"航行自由计划"会遭到沿海国的抗议与反对，为了证明其"航行自由计划"在国际法上的合法性并壮大声势，美国开始拉拢其在亚太的盟友或其他国家参与到该计划，⑥以对中国形成国际压力。

（4）挑战中国"过度的海洋主张"。美国国防部 2015 财年发布的航行自由报告提及所谓中国"过度的海洋主张"，这些主张包括"过分的直线基线；专属经济区空域的管辖权；在外国飞机没有进入国内空域意图时穿越防空识别区的限

---

① 关于"亚太再平衡"战略的缘起、动因及执行情况，参见阮宗泽：《美国"亚太再平衡"战略前景论析》，载《世界经济与政治》2014 年第 4 期，第 4—20 页；金灿荣、刘宣佑、黄达：《"美国亚太再平衡战略"对中美关系的影响》，载《东北亚论坛》2013 年第 5 期，第 3—12 页；刘飞涛：《奥巴马的亚太"再平衡"：降速纠偏？》，载《国际问题研究》2013 年第 3 期，第 81—93 页；俞正樑：《美国亚太再平衡战略的失衡》，载《国际关系研究》2013 年第 2 期，第 3—12 页；等等。

② 有学者认为美国高估了中国的崛起速度，同时也高估了美国的衰落程度，这造成了中美双方的误判。参见蒲晓宇：《霸权的印象管理——地位信号、地位困境与美国亚太再平衡战略》，载《世界经济与政治》2014 年第 9 期，第 46 页。

③ See The Asia-Pacific Maritime Security Strategy: Achieving U.S. National Security Objectives in a Changing Environment, p. 22.

④ 参见张景全、潘玉：《美国"航行自由计划"与中美在南海的博弈》，载《国际观察》2016 年第 2 期，第 88 页。

⑤ The Asia-Pacific Maritime Security Strategy: Achieving U.S. National Security Objectives in a Changing Environment, p. 2.

⑥ Ibid., Introduction.

制;当地国法律对外国实体在专属经济区进行调查活动时视为犯罪;外国军舰在通过领海水域行使无害通过权时要求事先获得许可"等。① 与其2014财年的航行自由报告相比,增加了"外国军舰在通过领海水域行使无害通过权时要求事先获得许可"这项主张。② 而美国近期在南海"航行自由计划"的重点区域"恰巧"是中国南海岛礁的临近海域。美国南海"航行自由计划"活动区域的转变值得中国关注,这在一定意义上反映了美国深度介入南海的图谋,也与美国担忧中国南海岛礁建设活动有一定关系。

2. 美国军舰在进出中国南海岛礁领海时应该提前申请并获得许可

领海是指"沿海国的主权及于其陆地领土及其内水以外邻接的一带海域,在群岛国的情形下则及于群岛水域以外邻接的一带海域"③。对于外国军舰在领海是否有无害通过权,国际法上并未明确。许多国家在缔结《联合国海洋法公约》之际,出于维护国家安全的考虑,作出了保留外国军舰享有无害通过权的声明。例如,1996年5月15日,中国政府公布了《关于中华人民共和国领海基线的声明》,宣布了中国大陆领海的部分基线和西沙群岛的领海基线。④ 在"威尔伯号"事件中,美国海军"威尔伯号"导弹驱逐舰即违反中国法律和公约中规定的沿海国权益,擅自进入中国西沙岛礁的领海。⑤ "威尔伯号"违反了"无害"的标准,违反了海洋法、国际法和中国的相关法律体现在:

首先,在事发前,美国多个官员的讲话中已经明确了相关美国军舰进入中国领海的目的就是挑战中国"过度的海洋主张",这已经充分说明了"威尔伯号"的航行目的充满了"恶意"。这种恶意明显违反了公约的"无害"标准,构成了对沿海国主权的侵害。

其次,美国近期反复挑战中国的海洋安全权益。美国军舰已经多次在没有事先通报的情况下,采取携带武器的方式闯入中国岛礁邻近海域,对中国的海洋安全权益构成严重的挑战。

最后,美国违反了国际法中"禁止使用武力或以使用武力相威胁"的原则。

---

① See U. S. Department of Defense (DOD) Freedom of Navigation (FON) Report for Fiscal Year (FY) 2015, available at http://policy.defense.gov/Portals/11/Documents/gsa/cwmd/FON_Report_FY15.pdf, last visit on May 17, 2016.

② See U. S. Department of Defense Freedom of Navigation Repore for Fisical Year 2014, available at http://policy.defense.gov/Portals/11/Documents/gsa/cwmd/20150323％202015％20DoD％20Annual％20FON％20Report.pdf, last visit on May 17, 2016.

③ 《联合国海洋法公约》第2条第1款。

④ 参见《中华人民共和国领海及毗连区法》第6条第2款。

⑤ 参见《就美国军舰擅自进入我西沙领海发表谈话》,载《人民日报》2016年1月31日第4版。

《联合国宪章》首次确定了该原则。① 该原则要求"各会员国在其国际关系上不得使用威胁或武力,或以与联合国宗旨不符之任何其他方法,侵害任何会员国或国家之领土完整或政治独立。"② 在"威尔伯号"事件中,美国作为域外国家,通过用军舰闯入的方式意图否定中国西沙领海基线,构成对中国管辖水域的武力威胁,违背了《联合国宪章》的宗旨。而且,在"威尔伯号"事件中,中国并非为了阻止"威尔伯号"通过南海,而是为了阻止其有害的航行行为。③

3. 美国界定"国际水域"的争议

在美国非法进入中国南海"历史性权利"水域时,例行使用的回应措辞为——美国军舰是在"国际水域"(international waters)从事例行的航行活动。④ 但是,在《联合国海洋法公约》中并没有"国际水域"这一概念。美国对"国际水域"的定义为,"国际水域包括不属于任何国家领土性主权管辖范围的所有海洋区域。所有领海的向海那一边都是国际水域,在此国际社会可以行使像公海一样的航行和飞越自由。国际水域包括毗连区、专属经济区和公海。"⑤ 结合该定义与美国的"航行自由计划",可以看出美国对"国际水域"界定中存在下列问题:

首先,在美国看来,"国际水域"是指类似公海的水域,在"国际水域"中美国可以享有类似公海的航行与飞越自由。美国的"航行自由计划"意味着美国不认同沿海国在相关水域的管辖权,而沿海国是否存在管辖权是由包括《联合国海洋法公约》在内的国际法确定的,而不是由美国决定的;美国不能决定他国管辖权的范围,如果美国有权利决定他国管辖权的范围,则是将美国置于国际法和国际社会之上。

其次,美国把毗连区、专属经济区都界定为"国际水域",否定了沿海国在毗连区和专属经济区的相关管辖权。在《联合国海洋法公约》中,沿海国在毗连区和专属经济区都有一定的管辖权。⑥ 而美国的界定否定了沿海国的管辖权,反映了美国"领海之外即公海"的观念,这与公约的规定并不完全相同,同时也反映

---

① 参见〔意〕安东尼奥·卡塞斯:《国际法》,蔡从燕等译,第75页。
② 《联合国宪章》第2条第4项。
③ 在中国南海岛礁的临近水域之外有其他可供通行的水域,但美国没有选择在这些水域通行。
④ See Kristina Daugirdas, Julian Davis Mortenson, U. S. Navy Continues Freedom of Navigation and Overflight Missions in the South China Sea Despite China's "Island-Building" Campaign, *American Journal of International Law*, July 2015, p. 671.
⑤ Department of the Navy & Department of Homeland Security, The Commander's Handbook on the Law of Naval Operations, NWP 1-14M/MCWP 5-12.1/COMDTPUB P5800.7A, July 2007, pp. 1-9.
⑥ 参见《联合国海洋法公约》第33、56条。

了美国对《联合国海洋法公约》"合则用,不合则弃"的态度。①

最后,美国对"国际水域"的界定反映了美国的霸权逻辑。美国对"国际水域"的界定与其"航行自由计划"具有政策上的一致性,共同服务于维护美国的海洋霸权。美国可以根据本国的全球利益"挑战世界上任何国家的过度的海洋主张"②,这实质上反映了美国将本国利益与好恶置于国际社会和国际法之上的倾向。

4. 中国的南海执法措施具有"专业性"和"合法性"

当沿海国的利益受到外国军舰的威胁时,《联合国海洋法公约》第25条、第56条第2款肯定了沿海国有权采取相应的措施来阻止非无害通过。外国军舰在通过中国南海时需要尊重中国的安全利益,在经过中国领海时需要提前申请并获得许可,在经过中国南海专属经济区时不得从事危害中国国家安全的活动。根据中国《领海及毗连区法》和《专属经济区和大陆架法》的规定,如果外国军舰非无害通过,中国政府有权采取一切必要措施,以防止和制止对领海的非无害通过。③ 如果外国军舰在中国专属经济区从事非法活动,中国有权采取必要措施,依法追究法律责任,并可以行使紧追权。④ 在"拉森号"事件及"威尔伯号"事件中,中国的执法措施完全符合公约的要求,并有充分的国内法依据:首先,中国对美国军舰的非法行为采取了警告和提醒;其次,在美国军舰继续其非法行为时,中国执法船采取了必要的监测和随航措施;最后,在警告无效后,中国执法船也没有采取过激的使用武力的行为,⑤而是采取了相对温和的驱离措施。在相关事件中,中国的执法措施符合《联合国海洋法公约》的精神,做到了"有理、有力、有节、有度",并且具有高度的"专业性";相反,美国以"误入""国际水域"⑥等理由来为其非法行为寻找借口,才是真正的"不专业"。

---

① 中国外交部发言人华春莹在2016年4月29日的例行记者会上表示,"美国不仅迄今没有加入《联合国海洋法公约》,反而在1979年公约签订前抢先推出所谓'航行自由计划',以对抗国际法,在公约框架外主导美式海洋秩序,这是赤裸裸的霸权逻辑、霸权行为。美国对国际法合则用,不合则弃,这已是世人皆知的秘密。"资料来源:http://www.fmprc.gov.cn/web/fyrbt_673021/jzhsl_673025/t1359806.shtml,2016年5月15日最后访问。

② U. S. Department of Defense, Freedom of Navigation Program Fact Sheet, March, 2015, available at http://policy.defense.gov/Portals/11/Documents/gsa/cwmd/DoD%20FON%20Program%20—%20Fact%20Sheet%20(March%202015).pdf, last visit on May 19, 2016.

③ 参见《中华人民共和国领海及毗连区法》第8、14条。

④ 参见《中华人民共和国专属经济区和大陆架法》第12条。

⑤ 关于海洋执法中使用武力的限度,参见高健军:《海上执法过程中的武力使用问题研究——基于国际实践的考察》,载《法商研究》2009年第4期,第23—31页。

⑥ 美国在南海"航行自由"问题上经常强调其在"国际水域"航行,但《联合国海洋法公约》中并没有"国际水域"这一概念,这暴露了美国混淆视听的伎俩。

（三）中国的岛礁建设活动有利于保障航行自由

1. 中国的岛礁建设活动属于"主权自由"范畴

如前所述，中国对南海的岛礁具有无可争辩的主权，中国的岛礁主权具有充分的法律、历史和事实法理依据。主权是指"一个国家独立自主地处理对内对外事务的最高权力，是国家的固有属性。"① 而构成国家主权的要素中必然包含领土，领土是"隶属于国家主权的地球表面的特定部分"，"是国家行使主权活动和行使排他性权力的活动空间"。② 国家在其领土主权范围内有权开展相关的建设活动，这是一国的"主权自由"(freedom of sovereignty)范畴，从现实来看，中国不仅有权在中国南海岛礁范围内开展相应的建设活动，而且具有充分的必要性和紧迫性：

（1）中国在南海岛礁的主权需要宣示。主权在一定意义上是一种排他性的权力，而主权的享有必须要通过一定的形式向国际社会表现出来，为了宣示和强化中国在南海岛礁的主权主张，中国有必要采取相应的宣示主权措施，而相关的岛礁建设活动是宣示主权的手段之一。

（2）应对他国非法侵占的需要。当前，一些国家利用中国在海洋划界争议中秉持的善意，非法侵占中国在南海的岛礁。③ 这些国家意图通过侵占的方式试图形成"有效控制"，并借此否定中国对南海岛礁的主权。为了防止这一局面的发生，中国同样需要通过岛礁建设应对一些国家意图非法侵占中国岛礁的威胁。

（3）行使正当的防卫权。美国在中国岛礁建设的过程中炒作"军事化"的问题，并认为中国在岛礁上部署相关军事设施危害航行自由。美国的论点在国际法上并不成立，在国际法上国家有权在其领土范围内行使防御权。当国家的主权和安全权益受到外国威胁时，国家有"自保权"。④

2. 中国的岛礁建设行为没有改变南海现状

美国对中国岛礁建设的指责还包括，中国近期的岛礁建设行为扩大了中国的海洋权益范围：中国通过扩建岛礁，增加了一些无人居住的岛礁的面积，扩大了中国的海洋空间；扩建的后果是造成他国海洋权益范围的减少，并可能让原本

---

① 梁西主编：《国际法（第二版）》，第65页。
② 参见〔英〕詹宁斯、瓦茨修订：《奥本海国际法（第一卷第二分册）》，王铁崖等译，第1页。
③ 周边国家实际控制岛礁的情况是：越南共攫取南沙群岛岛礁共29个，菲律宾共攫取中业岛、马欢岛等南沙群岛的岛礁8个；其中，中业岛为南沙海域的第二大岛屿，现有驻军和居民百余人，岛上还建有市政厅、学校、诊所、机场跑道等军民两用设施；马来西亚也实际控制了5个南沙岛礁，上面均有驻军，并且将其中的弹丸礁扩建成为著名的旅游度假胜地。参见马博：《审视南海岛礁建设法理性问题中的三个国际法维度》，载《法学评论》2015年第6期，第154页。
④ 参见梁西主编：《国际法（第二版）》，第72页。

没有领海、专属经济区和大陆架的岛礁拥有相应的海域。此外,美国还指责中国的岛礁建设活动破坏了海洋环境。美国对中国的这些指责在国际法上同样不成立,中国的岛礁建设行为没有增加中国的权益主张,也没有侵蚀他国的海洋权益或公海的空间:

(1) 中国的岛礁建设行为在国际法上构成添附。① "添附是指土地由于新的形成而增加的情形"②。根据土地增加的原因不同,添附分为自然添附与人工添附。中国的岛礁建设行为是在相关岛礁的原有基础上采取的相应的吹填和建设行为,中国的岛礁建设不是在公海上建造全新的人工岛,而是在享有主权的岛礁上采取的建设行为。

(2) 虽然添附是对岛礁的扩建行为,但没有扩大中国海洋权益主张。③ 中国对南海岛礁的添附和日本对冲之鸟礁的扩建存在本质的不同。④ 中国的岛礁建设虽然扩大了南海岛礁的面积,但是不会增加中国的海洋面积。中国并未因此主张新的海洋权利,因此也不会侵蚀其他国家的海洋主张和公海的范围,日本借扩建冲之鸟礁主张相关海域权益才是侵吞公海面积的行为。

(3) 中国的岛礁建设活动主要服务于民事活动,部署相应的军事设施也是防御性的。《联合国海洋法公约》要求沿海国在利用海洋时应该用于"和平的目的"⑤,而中国的岛礁建设符合"和平的目的"的要求。中国在建设南海岛礁时主要建设的是灯塔、气象站等民用设施,同时建设少量的仅作为守护南海岛礁主权之用的军事设施。在中国南海没有遭受侵略的情况下,中国不会用这些军事设施攻击他国。相反,美国作为南海的域外国家,却在东南亚国家不断强化军事部署,这才是对相关沿海国安全利益的威胁。

(4) 中国的岛礁建设活动没有对海洋环境造成破坏性影响。中国南沙岛礁

---

① 许多国际法学者认为中国在南海的岛礁建设行为构成添附,参见罗国强:《中国在南海填海造地的合法性问题》,载《南洋问题研究》2015年第3期,第13—16页;俞世峰:《造岛行为的主权合法性判别》,载《法学》2015年第7期,第123—137页。

② 〔英〕詹宁斯、瓦茨修订:《奥本海国际法(第一卷第二分册)》,王铁崖等译,第80页。

③ 中国外交部发言人华春莹于2016年2月23日表示:"对于你提到的个别美国媒体关于中国在南海修建'沙岛长城'以扩大声索的评论,我想重申,中国在南海的主权和相关权利是在长期的历史过程中形成的,并为历代中国政府所长期坚持,有充分的历史和法理依据,我们无意扩大,也不会允许缩小。"资料来源:http://world.chinadaily.com.cn/2016-02/23/content_23610107.htm,2016年4月17日最后访问。

④ 中国台湾屏东的渔船"东圣吉16号"于2016年4月26日在冲之鸟礁东南东方150海里海域被日本海上保安厅公务船登检及扣捕,随即引发中国台湾地区的抗议,中国外交部发言人华春莹于4月29日在例行记者会上表示,中国对日本自行将冲之鸟礁认定为"岛屿"并据此主张专属经济区和大陆架不予承认。资料来源: http://taiwan.huanqiu.com/article/2016-04/8823032.html, http://difang.gmw.cn/newspaper/2016-04/30/content_112138148.htm,2016年4月30日最后访问。

⑤ 《联合国海洋法公约》序言。

的扩建工程完全符合公约中的环保规定,同时没有对邻国造成跨境环境损害。中国在岛礁建设开展之前,已经开展了环境评估工作,着重从岛礁建设规模的适宜性、选址合理性、生态环境影响、渔业资源影响、工程地质、通航可行性等方面系统评估了岛礁建设活动对海洋环境的影响。① 这些措施说明中国在建设岛礁的过程中充分履行了公约规定的义务,没有影响邻国的海洋环境。

(5)中国的岛礁建设活动能够为过往商船提供航运公共服务。在海域地理意义上,南海的海域面积达到350万平方公里,②每年都有数十万艘船舶在南海航行。随着航运量的增长,国际航运业对航运服务的需求也显得尤为紧迫。"马航MH370事件"即暴露出在广袤海域中搜救不及时的问题。为了给过往商船提供搜救、避难、信息等航运服务,中国作为南海的最大沿岸国,既有权力也有责任为国际社会提供公共服务。"中国在驻守岛礁上已经建成的灯塔,以及即将建设的气象观察预报、渔船避风救险应急设施"都可以服务于国际航运业。③ 因此,中国在用实际行动切实维护南海的航行自由与安全。

第四节　北极航道引起的航行自由问题

随着全球气候变暖,北极海冰快速消融,北极过去的"冰封区域"(ice-covered areas)日益具有通航的可行性。④ 一旦北极航道开始规模性通航,将会对世界的政治、贸易、军事格局产生复杂而深远的影响。⑤ 北极航道可以分为东北航道(俄罗斯称之为"北方海航道")、西北航道和北冰洋中心区航道。其中,东北航道主要位于俄罗斯控制的水域内,通航条件相对较为成熟;西北航道主要位于加拿大控制的水域内;而北冰洋中心区航道目前尚不成熟。⑥

---

① 参见丰爱平、王勇智:《南沙岛礁扩建工程未对珊瑚礁生态系统造成影响》,http://politics.people.com.cn/n/2015/0610/c1001-27135017.html,2016年2月29日最后访问。
② 参见高之国、贾兵兵:《论南海九段线的历史、地位和作用》,海洋出版社2014年版,第3页。
③ 参见王毅:《南海非军事化需要域内外国家一道努力》,http://www.fmprc.gov.cn/web/zyxw/t1341214.shtml,2016年4月30日最后访问。
④ 北极理事会2009年发布的北极海运评估报告显示,北极海冰正在加速融化,在最快的情况下,2040年以前北极航道可能在夏季出现无冰日。See Arctic Council:Arctic Marine Shipping Assessment 2009 Report,p.30,available at http://www.arctic.noaa.gov/detect/documents/AMSA_2009_Report_2nd_print.pdf,last visit on October 25,2015.
⑤ 参见贾桂德、石午虹:《对新形势下中国参与北极事务的思考》,载《国际展望》2014年第4期,第6—8页;刘惠荣、李浩梅:《北极航线的价值和意义:"一带一路"战略下的解读》,载《中国海商法研究》2015年第2期,第4—6页。
⑥ 参见吴军、吴雷钊:《中国北极海域权益分析——以国际海洋法为基点的考量》,载《武汉大学学报(哲学社会科学版)》2014年第3期,第53页。

域外国家在使用北极航道的过程中面临着沿海国相关法律的管辖。一方面,俄罗斯和加拿大对北极航道的相关水域有"历史性水域"(相当于内水)的主张,这种主张可能对域外国家的航行自由权产生一定的不利影响;另一方面,在应对域外国家挑战其海洋主张时,北极航道国家维护其海洋主权主张的相关制度和措施也值得中国借鉴。

一、北极航道相关水域的性质与争议

从某种意义上说,航行管理会对航行自由造成一定的限制,而航行管理制度与国家主权之间存在着密切的联系,海洋主权主张则构成航运管辖权的基础。同时,在海洋划界实践中,国家对海域的管理状况可以构成其对该海域的实际控制能力和宣示主权的一个重要因素。在一些海洋划界案例中,相关海洋划界争端当事国曾以其在某片海域有航行管辖权为由主张对该海域享有管辖权。[①] 例如,在缅因湾划界案中,美国即曾主张其长期在缅因湾相关海域中具有航行管理权和公务船巡航实践,因而构成美国对于缅因湾相关海域享有主权的证明。[②] 在北极航道的相关海域中,俄罗斯和加拿大对航道中的相关海域都有"历史性水域"的主张,都提出了相似的理论来支持其主张,但并未得到国际社会的广泛承认。

(一)北极航道相关水域的性质

1. 俄罗斯将东北航道相关水域视为其"内水",并主张东北航道为其国内航道,主要法律依据有三,即历史性水域(Historic Waters)、扇形原则(Sector Principle)和直线基线(Straight Baseline)。俄罗斯对东北航道的"内水化管理"措施是与俄罗斯对北极海域的主权要求联系在一起的,并一直主张北极的相关海峡和海域为其历史性水域。1957年7月20日,苏联即主张大彼得湾(Peter the Great Gulf)是其"历史性海湾"。[③] 1964年7月21日,苏联在通知美国政府的备忘录中宣布,连接拉普捷夫海和东西伯利亚海的德米特里·拉普捷夫海峡

[①] See Yoshifumi Tanaka, *Predictability and Flexibility in the Law of Maritime Delimitation*, Hart Publishing, 2006, p.288.

[②] See International Court of Justice, Reports of Judgments, Case Concerning Delimitation of the Maritime Boundary in the Gulf of Maine Area (Canada/United States of America), 1984, para.233, available at http://www.icj-cij.org/docket/files/67/6369.pdf, last visit on January 15, 2016.

[③] See United States Department of State Bureau of Oceans and International Environmental and Scientific Affairs, Limits in the Seas, No.112, United States Response to Excessive National Maritime Claims, 1992, p.11, available at http://www.state.gov/documents/organization/58381.pdf, last visit on September 15, 2015.

和桑尼科夫海峡(Demitry Laptev and Sannikov Straits)是苏联的历史性水域。[①]不过,苏联的上述主张遭到了美国的反对。美国认为苏联的主张为"过度的海洋主张"(excessive maritime claims),并对苏联"历史性海峡"的主张提出过抗议。[②] 1998 年《俄罗斯联邦内海水、领水和毗连区法》中规定,"内海水的水域包括……历史上属于俄罗斯的海湾、水湾、河口、海洋和海峡,即使其开口大于 24 海里,这份名单由俄联邦拟定并公布在海事通知中。"[③]但是,俄罗斯对于历史性水域的详细清单一直没有公布,而是直接采用直线基线的方法,宣布线内水域为其内水。[④]

俄罗斯主张东北航道海域是其"内水"的另一个依据是直线基线。在苏联时期,1985 年通过的第 4450 号令,即《俄罗斯直线:北极大陆沿岸与岛屿、波罗的海和黑海》规定,对北极陆地沿岸和岛屿实行直线基线划界。[⑤] 苏联解体之后,俄罗斯政府继承了苏联的立场,于 1998 年通过了《俄罗斯联邦内海水、领水和毗连区法》,规定"对于历史上属于俄联邦的海湾、海峡,即使连接湾口(的基线)超过 24 海里,或岛屿与岛屿间的海峡或岛屿与大陆间的海峡(间隔长度)超过 24 海里的,仍然可以采用直线基线。"[⑥]

俄罗斯还曾依据扇形原则来主张对东北航道相关海域和岛屿的主权,扇形原则就是以两极极点为顶点、以两条相关的经线为两个腰、以某条纬线为底所形成的扇形范围归邻接极点的国家所有。1926 年 4 月 15 日,苏联中央执行委员

---

① 参见郭培清、管清蕾:《探析俄罗斯对北方海航道的控制问题》,载《中国海洋大学学报(社会科学版)》2010 年第 2 期,第 7 页。

② See United States Department of State Bureau of Oceans and International Environmental and Scientific Affairs, Limits in the Seas, No. 112, United States Response to Excessive National Maritime Claims, 1992, p. 11, available at http://www.state.gov/documents/organization/58381.pdf, last visit on September 15, 2015.

③ Federal Act on the Internal Maritime Waters, Territorial Sea and Contiguous Zone of the Russian Federation, 1998, Art.1(2): "The internal maritime waters include the waters of: The bays, inlets, firths, estuaries, seas and straits whose mouths are broader than 24 nautical miles, and which have historically belonged to the Russian Federation, a list of which is drawn up by the Government of the Russian Federation and published in Notices to Mariners." Available at http://www.un.org/Depts/los/LEGISLATIONANDTREATIES/PDFFILES/RUS_1998_Act_TS.pdf, last visit on April 1, 2016.

④ 参见郭培清等:《北极航道的国际问题研究》,海洋出版社 2009 年版,第 221 页。

⑤ See Decree 4450 of 15 January 1985 Covered the Continental Coast and Island of the Arctic, Russian Straight Baseline: Arctic Continental Coast and Islands, Baltic Sea, and Black Sea. 转引自王泽林:《北极航道法律地位研究》,上海交通大学出版社 2014 年版,第 232 页。

⑥ Federal Act on the Internal Maritime Waters, Territorial Sea and Contiguous Zone of the Russian Federation, 1998, Art. 4(1): "A system of straight baselines longer than 24 nautical miles joining the natural entrance points of a bay or a strait between islands or between an island and the mainland which have historically belonged to the Russian Federation." Available at http://www.un.org/Depts/los/LEGISLATIONANDTREATIES/PDFFILES/RUS_1998_Act_TS.pdf, last visit on April 1, 2016.

会颁布法令——《关于苏联北冰洋土地和岛屿领土的声明》(On the Proclamation of Land and Islands Located in the Northern Arctic Ocean as Territory of the USSR)。这是苏联第一部边界法。"苏维埃社会主义共和国联盟宣布,在苏联北极海域内西起格林尼治东经 32°04′35″,东到 Vaida 湾东侧的格林尼治西经 168°49′30″,直到北极点的地区内,从该法令颁布之日起,已经发现和尚未发现或将来发现的所有土地和岛屿,均属苏联。"[1]但是,该法明确指出扇形原则仅限于土地和岛屿,不包括海域。在苏联解体后,俄罗斯官方鲜有提及扇形原则。

2. 加拿大对于西北航道的主权要求基本与俄罗斯相同。加拿大同样主张西北航道的相关水域为其"历史性水域",其主张依据几乎与俄罗斯相同。

加拿大对西北航道相关海域主张主权的第一个依据是"历史性水域"理论。按照该理论,加拿大认为其对北极西北航道的相关水域有长期的历史性权利,因而这些水域构成加拿大的内水。加拿大主张"历史性水域"的依据主要有:

首先,有资料记载,1576 年,英国探险家马丁·弗罗比舍(Martin Frobisher)便探索了加拿大北极群岛水域。1880 年,加拿大从英国继承了北极群岛的权益,因此在此之前英国探险者的所有活动都可以视为加拿大政府的收益,构成加拿大宣示主权的依据之一。同时,加拿大政府在 1880 年接收英国在北极群岛的权益后,即开始巡逻和管辖活动,构成有效宣示和管辖的证据。

其次,加拿大的因纽特人在北极西北航道水域有长期的捕鱼和狩猎活动。因纽特人是加拿大的土著部族,因此因纽特人的活动可以视为加拿大政府的活动。加拿大政府有权从因纽特人那里继受主权,并代为保护因纽特人的利益。

最后,加拿大政府有主张历史性海湾的实践。1906 年,加拿大政府即主张哈德森湾周围 45 万平方公里的海域为"历史性海湾"。此后,只有美国提出过一次抗议。在长达约一个世纪的时间里,没有其他国家质疑加拿大的主张。加拿大认为其基本上成功宣示了哈德森湾为历史性海湾。[2] 该实践为加拿大继续主张"历史性水域"提供了一定的支持。

加拿大主张其海洋主权的第二个依据是扇形原则。加拿大国内系统提出扇形原则始于 1907 年。加拿大议员帕斯卡尔·普瓦里耶(Pascal Poirier)提出,"在未来北方土地的分区中,一个国家的今天占有的土地可以一直延伸到北极地区。……国家有权将其发现的土地从被发现的水域的东西两端开始延伸,一直

---

[1] Leonid Timtchenko, The Russian Arctic Sectoral Concept: Past And Present, *Arctic*, Vol. 50, No. 1, 1997, p. 30.

[2] See Donald R. Rothwell, The Canadian-U. S. Northwest Passage Dispute a Reassessment, *Cornell International Law Journal*, Spring, 1993, p. 340.

延伸到北极点。所有的两线到北极之间的土地应该属于领土毗连的国家。"①
1909年,加拿大探险家伯尼尔(J. E. Bernier)在梅尔维尔岛(Melville Island)正式树立了一块纪念碑来宣示加拿大的主权,上面写着"今天建立这个纪念碑是为了纪念加拿大政府获取位于美洲北方西经 60°到西经 141°之间的整个北极群岛。"②

加拿大的第三个依据是直线基线。1985 年 9 月 10 日,加拿大政府公布了连接加拿大北极群岛之间的"直线基线",并将直线基线内的群岛水域都视为加拿大的"内水"。目前,加拿大对北极西北航道水域主权的基础呈现出以"直线基线原则"为主,"历史性水域"和扇形原则为补充的情形。③

(二) 域外国家对北极航道国家海洋主张的挑战

俄罗斯和加拿大在北极航道海域的主权主张在国际社会受到了一些国家的挑战,其中既有直接的海洋划界冲突,也有相关国家以非声索国身份对其海洋主权主张提出质疑。

1. 在北极东北航道海域,俄罗斯与美国之间存在白令海的划界争议。④ 同时,美国对于俄罗斯"历史性水域"的主张曾经明确提出异议。⑤ 在苏联于 1957 年提出大彼得湾为"历史性海湾"之后,美国、日本、英国、法国、加拿大、瑞典、荷兰和德国于同年提出过抗议。1982 年,美国军舰曾经试图在大彼得湾附近航行,遭到苏联的驱逐。美国再次向苏联提出抗议,并认为不论在地理上还是在历史证据上,大彼得湾都不能构成国际法上的"历史性海湾"。⑥

1964 年,美国还曾派出船舶意图收集东西伯利亚海的数据,遭到苏联的阻拦。苏联认为德米特里·拉普捷夫海峡和桑尼科夫海峡历史上即属于苏联,美国则向苏联提出抗议,认为这些海峡是国际海峡,从历史基础和国际法上都不能将这些国际海峡视为"历史性水域"。⑦

---

① Donald R. Rothwell, The Canadian-U. S. Northwest Passage Dispute a Reassessment, *Cornell International Law Journal*, Spring, 1993, p. 337.

② Ibid., p. 338.

③ 加拿大《海洋法》第 5 条第 3 款规定,在基线划定问题上可以根据"历史性权利划定","在第 5 条第 2 款没有规定情形下,加拿大对领海外的区域有历史性权利或其他主权权利时可以在任何领海外的区域划定基线。"资料来源:http://laws-lois.justice.gc.ca/eng/acts/o-2.4/page-1.html#h-5,2016 年 3 月 5 日最后访问。

④ 参见唐国强:《北极问题与中国的政策》,载《国际问题研究》2013 年第 1 期,第 18 页。

⑤ See R. Douglas Brubaker, Straits in the Russian Arctic, *Ocean Development & International Law*, Vol. 32, 2001, p. 265.

⑥ See United States Department of State Bureau of Oceans and International Environmental and Scientific Affairs, Limits in the Seas, No. 112, United States Response to Excessive National Maritime Claims, 1992, pp. 19-20.

⑦ Ibid., p. 20.

2. 在北极西北航道,加拿大与有关声索国的争议有:加拿大与丹麦之间存在汉斯岛主权争议,加拿大与美国关于波弗特海存在划界争议。① 同时,美国和欧洲国家对于加拿大采取的直线基线和"历史性水域"主张一直持有异议。加拿大于1967年在拉布拉多半岛和纽芬兰岛,1969年在新斯科舍、温哥华、夏洛特皇后群岛采用直线基线划界后,美国都提出过抗议。美国在抗议时认为,加拿大采取的行动没有法律基础。这些基线与海洋法中确立的法律原则相悖,美国不认同这些基线的有效性,并保留美国在相关水域的权利。1985年,美国对加拿大在北极群岛采用直线基线划界也提出过抗议。美国认为,如果认同加拿大在北极群岛采用直线基线,则会将西北航道置于加拿大的完全控制之下,并对美国在国际法上享有的航行权造成损害。②

欧共体成员国于1986年同样对加拿大采用直线基线划界提出了抗议。欧共体成员国在抗议中认为,采用直线基线的前提条件是直线基线不能偏离海岸的整体走向,但是西北航道海域并不符合这一条件。同时,加拿大不能借直线基线主张"历史性权利"。欧共体成员国不能在整体上认同加拿大采用直线基线划界,并保留在相关水域所享有的国际法上的权利。③

二、北极航道相关水域的管辖现状

俄罗斯和加拿大对北极航道水域有"历史性水域"的主张。为了贯彻和强化这一主张,需要排他性的管辖实践作为支撑。俄、加两国在北极航道的立法和管理上采取了"内水化"的管理措施,这种措施一定程度上有利于形成俄、加两国排他性的管辖实践,但却不利于域外国家行使航行自由权以及海洋法规定的其他合法用途。

"立法性宣示是指国家行使领土主权的意图通过立法的形式体现出来,通常表现为国家通过制定将特定领土纳入本国版图的立法,或者制定在特定领土上实施行政或司法管辖的立法行动。"④俄、加两国在各自有主权性权利的水域都制定了相关立法来强化其主权主张。此外,俄、加两国还发布了北极政策,宣示了各自在北极的"核心利益"。这些政策中也包括北极水域的航行政策。

1. 俄罗斯针对北极东北航道出台了特定的国家战略和法律。2008年,俄

---

① 参见唐国强:《北极问题与中国的政策》,载《国际问题研究》2013年第1期,第18页。
② See United States Department of State Bureau of Oceans and International Environmental and Scientific Affairs, Limits in the Seas, No. 112, United States Response to Excessive National Maritime Claims, 1992, p. 29.
③ See British High Commission Note No. 90/86 of July 9, 1986.
④ 李毅:《试论国家的领土主权宣示行为及其在国际法上的意义——兼论我国的领土争端涉及的主权宣示问题》,载《东北亚论坛》2015年第1期,第62页。

罗斯总统梅德韦杰夫签署了《2020年前俄罗斯联邦北极地区国家政策原则及远景规划》[①]。该政策系统指出了俄罗斯在北极地区的国家利益和基本目标。在该政策中，俄罗斯提出要将东北航道变为俄联邦在北极地区统一的国家交通运输干线。同时，俄罗斯在北极的国家利益主张还包括：将北极建设为解决国家社会和经济问题的资源基地；保持北极的和平与安定，并推进国际合作；保护北极独特的生态系统。这说明，俄罗斯希望通过北极航道的有序开发为本国的社会经济发展服务。

在立法上，俄罗斯在20世纪90年代即出台了一系列涉及东北航道的法规。这些法规包括：1990年《北方海航道海路航行规则》(Regulations for Navigation on the Seaways of the Northern Sea Route)、1996年《北方海航道航行指南》(Guide to Navigating Through the Northern Sea Route)、1996年《北方海航道破冰船和引航员管理条例》(Regulations for Icebreaker and Pilot Guiding of Vessels Through the Nothern Sea Route)和1996年《设计、建造、供应北方海航道的船舶管理条例》(Requirements for the Design, Equipment, and Supplies of Vessels Navigating the Northern Sea Route)等。2013年，俄罗斯出台了《北方海航道水域航行规则》(Rules of Navigation in the Water Area of the Northern Sea Route，以下简称《规则》)。随着《规则》的出台，20世纪90年代颁布的上述法规都已失效。《规则》的主要内容包括：俄罗斯对东北航道实行许可通行制；设立北方海航道管理局(Northern Sea Route Administration)，专门管理东北航道；北方海航道管理局负责受理东北航道的航行申请和审批等事宜。此外，《规则》还规定了船舶在东北航道所需要遵循的申报、通知及环保等方面的义务和责任。出台《规则》的意义在于，俄罗斯通过在东北航道行使航运和环保方面的管辖权，为俄罗斯巩固和宣示其"历史性水域"的主张提供了有力的支撑。

2. 为了宣示加拿大在西北航道相关海域的主权和核心利益，加拿大发布了《加拿大的北方战略：我们的北极，我们的遗产，我们的未来》，详细阐述了加拿大在北极的国家战略，并将北方地区作为加拿大经济整体发展战略的重要组成部分。加拿大在其北极战略中提出了必须优先实现的四项政策目标：行使北极主权；保护环境；促进社会和经济发展；促进和改善北极治理。其中，最重要的一项

[①] Basics of the State Policy of the Russian Federation in the Arctic for the Period till 2020 and for a Further Perspective, available at http://www.arctic-lio.com/docs/nsr/legislation/Policy_of_the_RF_in_the_Arctic.pdf, last visit on December 15, 2015.

就是维护加拿大在北极地区的主权要求。①

加拿大制定了许多直接涉及北极西北航道的法律,包括:《海洋法》(Oceans Act)、《北极水域污染防治法》(Arctic Waters Pollution Prevention Act)、《航运法》(Shipping Act)、《北极航运污染防治规则》(Arctic Shipping Pollution Prevention Regulations)、《北极水域污染防治规则》(Arctic Waters Pollution Prevention Regulations)、《航行安全条例》(Navigation Safety Regulations)、《航运安全控制区法令》(Shipping Safety Control Zones Order)及《加拿大北方船舶交通服务区管理规定》(Northern Canada Vessel Traffic Services Zone Regulations),等等。通过这些法律,加拿大构建了相对完善的西北航道法律体系。这些法律的特点在于,加拿大对西北航道的管理和控制较为严格,加拿大同样是按照"内水化"的思路来管理西北航道。例如,在《航运安全控制区法令》中,加拿大将北极水域划分为16个不同的航行安全控制区,限制船舶的通行。② 此后,加拿大于2010年修改了《加拿大北方船舶交通服务区管理规定》,扩展了加拿大西北航道管辖水域的面积,并设立了"加拿大北方船舶交通服务区"。③ 该管理规定,达到一定吨位的船舶在进入交通服务区内时必须向加拿大海岸警卫队进行报告。加拿大出台这些法律的目的与其海洋主权要求同样有着密切的联系,加拿大通过"内水化"的管理措施逐步形成排他性的管辖实践,同时,此举也有利于保障加拿大在西北航道的国家安全和环境生态系统。

三、北极航道管理措施面临的争议与挑战

(一)内水化管理措施的争议

加拿大和俄罗斯主张北极航道相关水域为"历史性水域",认为其法律性质几乎等同于内水。北极航道一旦被界定为内水,外国船舶的航行自由将被严格限制。

俄罗斯对东北航道是按照内水进行管理的。这种内水化的管理措施首先体现在俄罗斯对于东北航道的界定上。俄罗斯的相关法律一直没有对东北航道中的内水、领海、专属经济区、海峡甚至公海部分加以区分管理,而是采取一种类似"内水化"的管理措施,以强化其对北极海域的主权要求。例如,1990年《北方海

---

① See Government of Canada, Canada's Northern Strategy: Our North, Our Heritage, Our Future: Canada's Northern Strategy, available at http://www.northernstrategy.gc.ca/index-eng.asp, last visit on April 2, 2016.

② See Shipping Safety Control Zone Order, available at http://laws-lois.justice.gc.ca/PDF/C.R.C.,_c._356.pdf, last visit on April 2, 2016.

③ See Northern Canada Vessel Traffic Services Zone Regulations, Art. 2, available at http://laws-lois.justice.gc.ca/eng/regulations/SOR-2010-127/FullText.html, last visit on April 1, 2016.

航道海路航行规则》对北方海航道进行了界定:"北方海航道——位于苏联内海、领海(领水)或者毗连苏联北方沿海的专属经济区内的基本海运线。它包括适宜船舶破冰航行的航段,西端是新地岛海峡的西部入口和沿子午线向北航行绕过新地岛北端的热拉尼亚角,东到白令海峡北纬 66°与西经 168°58′37″处。"①在这片海域中,所有的外国军舰和公务船在航行前必须向俄罗斯提前申请并获得批准。同时,外国军舰和公务船即使获得批准,也必须接受俄罗斯强制引航。2013 年《关于北方海航道水域商业航运政府规章的俄罗斯联邦特别法修正案》第 3 条对北方海航道的水域进行了修改。修改后的定义为:"毗连俄罗斯北方海岸的水域,包括内海水、领海、毗连区和专属经济区。东起俄罗斯与美国的海上边界以及杰日尼奥夫角到白令海峡间的纬线,西至新地群岛热拉尼亚角的经线,以及新地群岛东部的海岸线和马托奇金海峡、喀拉海峡与尤戈尔海峡的西部边界。"②从上述俄罗斯的相关法律法规来看,一方面,俄罗斯承认北方海航道的水域包含着内水、领海、专属经济区、海峡等不同水域;另一方面,在实际管理措施上采用不区分水域的管理模式,由北方海航道管理局统一受理、批准船舶在北方海航道的航行申请。③ 这种严格管理还体现在,船舶即使在东北航道的海峡、专属经济区内航行,也需要向俄罗斯的北方海航道管理局提前申请,并在获得批准后才能航行,否则俄罗斯有权对违反规定的船舶采取强制措施。

在西北航道,加拿大主要以环境安全为由,设立了 16 个"航行安全控制区"④,要求外国军舰在进入其包括专属经济区在内的海域时有强制报告义务。2010 年,加拿大颁布实施了《加拿大北方船舶交通服务区管理规定》⑤,设立了加拿大北方船舶交通服务区,要求达到一定吨位的船舶必须向加拿大海岸警卫队进行报告。所有船舶在进入加拿大北极水域交通服务区之前、之中以及在离开该服务区之时,都有持续报告义务。

---

① See Regulations for Navigation on the Seaways of the Northern Sea Route, 1990, Art. 1. 2, available at http://www.arctic-lio.com/docs/nsr/legislation/Rules_of_navigation_on_the_seaways_of_the_Northern_Sea_Route.pdf, last visit on January 15, 2016.

② The Federal Law of Shipping on the Water Area of the Northern Sea Route, the federal Law of July 28, 2012, N 132-FZ, "On Amendments to Certain Legislative Acts of the Russian Federation Concerning State Regulation of Merchant Shipping on the Water Area of the Northern Sea Route", available at http://www.nsra.ru/en/zakon-o_smp/, last visit on December 15, 2015.

③ 参见密晨曦:《新形势下中国在东北航道治理中的角色思考》,载《太平洋学报》2015 年第 8 期,第 72 页。

④ Shipping Safety Control Zones Order, available at http://laws-lois.justice.gc.ca/eng/regulations/C.R.C.%2Cc._356/page-1.html; http://laws-lois.justice.gc.ca/eng/regulations/C.R.C.%2Cc._356/page-1.html, last visit on March 1, 2016.

⑤ Northern Canada Vessel Traffic Services Zone Regulations, Art. 2, available at http://laws-lois.justice.gc.ca/eng/regulations/SOR-2010-127/FullText.html, last visit on April 1, 2016.

加拿大北方船舶交通服务区的区域范围涵盖：①（1）航行安全控制区的所有区域；（2）不在航行安全控制区的昂加瓦湾、哈德森湾和克格马里特湾水域；（3）詹姆斯湾水域；（4）从昂加瓦湾到古朱华克的科克索克河的水域；（5）从昂加瓦湾到塔斯克加的菲欧乐丝湾的水域；（6）不在航行安全控制区的切斯特菲尔德湾和贝克湖水域；（7）从詹姆斯湾到穆索尼的穆斯河的水域。从适用范围中可以看出，加拿大北方船舶交通服务区的范围包括航行安全控制区的水域，以及加拿大有主权要求的"历史性海湾"。这些区域涵盖了加拿大海岸起200海里的所有专属经济区，但在加拿大和格陵兰岛的临近海域处，由于间隔长度不足，加拿大不能在此主张200海里的管辖区域。②

该规定主要适用于大型船舶，主要船舶类型包括：③（1）总吨位在300吨及以上的船舶；（2）当有船舶拖带时，被拖带的船舶加上拖船或顶推的船舶总吨位达到500吨或500吨以上；（3）船舶装载污染物或危险品。这些船舶的类型没有区分商船和军舰。这意味着，当军舰达到一定的吨位时，同样有报告义务。

（二）外国船舶在北极海峡航行的争议

在北极航道地区存在着许多岛礁，在加拿大大陆附近也存在着大量岛屿，其周边较大的岛礁数量高达18187个左右；④同时，在俄罗斯东北航道海域也存在着大量的岛礁。但是，俄罗斯和加拿大并非"群岛国"⑤，从岛礁分布位置来看，北极航道的岛礁与大陆间的距离较近，北极航道的争议主要是相关岛礁与大陆间的水域是否构成用于国际航行的海峡的问题。

目前，俄罗斯和加拿大都不承认其管辖海域内存在用于国际航行的海峡，并且要求外国军舰在经过其海峡间的水域时必须提前获得许可。这实际上既不是无害通过制，也不是过境通行制，而是内水的通行制度。在科孚海峡案中，国际法院对判定用于国际航行的海峡的标准进行了建构：（1）地理标准，海峡两端连接的是否为公海；⑥（2）功能标准，海峡是否用于国际航行，是否在和平时期有未

---

① Northern Canada Vessel Traffic Services Zone Regulations，Art. 2，available at http://laws-lois.justice.gc.ca/eng/regulations/SOR-2010-127/FullText.html，last visit on April 1，2016.

② See James Kraska，The Northern Canada Vessel Traffic Services Zone Regulations（NORDREG）and the Law of the Sea，*The International Journal of Marine and Coastal Law*，Vol. 30，2015，p.229.

③ See Northern Canada Vessel Traffic Services Zone Regulations，Art. 3.

④ See Donat Pharand，*Canada's Arctic Waters in International Law*，London：Cambridge University Press，1988，p.160.

⑤ "群岛国"是指全部由一个或多个群岛构成的国家，并可包括其他岛屿。参见《联合国海洋法公约》第46条（a）项。

⑥ See International Court of Justice，The Corfu Channel Case，Judgment of April 9th，1949，p.49.

经沿海国许可的国际航行实践的存在。① 目前,对用于国际航行的海峡的构成中这两个标准之间的关系尚有争议。这种争议表现在这两个标准间是否存在主从关系,以及在判定用于国际航行的海峡时是否这两个标准都要满足。从地理标准来看,北极西北航道和东北航道都满足地理标准的要求,即在东北航道和西北航道的两端都连接着公海。② 不过,在功能标准上都有争议。从通过量来看,西北航道至今没有规模性通航,东北航道的通过量较西北航道大,但在2013年也仅有71艘船舶通过东北航道。③ 其中,外国船舶使用北极航道的情形更少。但是,未来随着全球气候的变暖,不排除外国使用东北航道的可能性。随着外国船舶使用北极航道量的增长,判定北极航道为国际航道的功能标准也会逐渐得以满足,其中的关键问题即是以哪个时间节点进行考量。如果这个时间选取的是未来的某个点,则不排除北极航道演进为用于国际航行的海峡。如果以内水的航行制度适用于北极海峡水域,显然会给他国行使航行自由权带来不利影响。

(三)外国对北极航道管辖权的挑战事件

俄罗斯要求外国军舰和公务船在使用东北航道之前必须向北方海航道管理局提前申请,④并获得许可,否则俄罗斯海防机构有权采取强制措施。1962—1967年,美国海岸警卫队的"北风号"和美国海军的"伯顿号"曾意图从俄罗斯东北航道的水域通过并开展勘测活动,但是苏联对此表示抗议和拒绝,要求美国必须提前30天申请并获得许可。慑于苏联强大的军事实力,美国军舰和公务船最终改道,没有与苏联进行正面对抗。⑤ 1989年,苏联和美国曾联合发表《关于领海无害通过国际法规则的共同解释》的声明。在声明中,美苏两国宣布,"所有船舶,包括军舰,不论其货物、军械或推进方式如何,均根据国际法享有无害通过领海的权利,无须事先通知或批准。"但是,双方对于无害通过的条件有很多限制,"如果一艘军舰从事的行为违反了相关法规或在从事非无害行为拒绝纠正时,正如1982年《联合国海洋法公约》第30条规定的那样,沿海国家可以要求其离开领海。在这种情况下,军舰应立即离开。"⑥此外,该声明是否适用于东北航道也

---

① See International Court of Justice, The Corfu Channel Case, Judgment of April 9th, 1949, p. 28.
② 参见王泽林:《北极航道的法律地位研究》,第131、138页。
③ See Cargo Transit via Russian Arctic Northern Sea Route at New Record High in 2013, available at http://www.hellenicshippingnews.com/99de48f5-9d0b-47c4-a2fb-edd11839a08e/, last visit on April 1, 2016.
④ See Rules of Navigation in the Water Area of the Northern Sea Route, Art. 3.
⑤ 参见郭培清等:《北极航道的国际问题研究》,第194—200页。
⑥ Union of Soviet Socialist Republics-United States Joint Statement with Attached Uniform Interpretation of Rules of International Law Governing Innocent Passage, Art. 1, 7, available at http://www.imli.org/legal_docs/documents.htm, last visit on April 29, 2016.

存在疑问。苏联解体后,俄罗斯在2013年《北方海航道水域航行规则》中规定,"在北方海航道水域对船舶实行许可证制度"。这意味着,外国军舰和公务船在通行东北航道之前,依然需要提前获得俄罗斯的许可。

在加拿大西北航道的"历史性水域"中,加拿大对于外国军舰的通过航行基本上是按照内水进行管理的。外国军舰和公务船如果要使用西北航道,必须事先向加拿大政府报告,并获得加拿大政府的许可。但是,加拿大的这一主张被美国挑战了至少两次。第一次挑战是1985年的"极地海号"事件。1985年5月,美国非正式地通知加拿大政府,美国海岸警卫队的破冰船"极地海号"要穿越西北航道,同时美国政府也邀请加拿大海岸警卫队的执法人员以"个人身份"参与航行。美国政府在官方电报中说道:"这次航行将是航行自由权的例行行为,不需要提前通知。美国政府理解加拿大政府不持相同立场。"[①]同年6月,加拿大政府答复:西北航道是加拿大政府的内水,但是加拿大政府愿意为此次航行提供便利。美国政府须保证其船型符合加拿大《北极水域污染防治法》的建造要求。[②] 随后,美国政府再次声明,"虽然美国政府非常乐意邀请加拿大政府参与此次航行,但是这并不表明美国政府认为此次航行有义务需要得到加拿大政府提前批准,也不需要提前通知加拿大政府。"[③]随后双方政府都承认彼此分歧的存在,但同时认为此次航行不构成任何挑战对方主张的依据。最终,"极地海号"在加拿大政府两名海岸警卫队成员的随船陪同下,完成了预定航程。不过,"极地海号"事件在加拿大民间引起了强烈反响,加拿大媒体批评政府软弱无能,指责美国无视盟友的利益,同时担心苏联可能利用西北航道危害加拿大的国防安全。此后,苏联驻加拿大大使发表声明称,"苏联政府支持加拿大的立场,西北航道属于加拿大内水,如同苏联相信东北航道是属于苏联的内水一样。"[④]这说明,美国政府在实施"航行自由计划"时与其盟友存在矛盾,苏联政府与加拿大政府在主张"历史性水域"航行管辖权时的利益具有一致性。

在"极地海号"事件之后,加拿大政府和美国政府于1988年达成了《美加北极合作协议》。该协议规定了美国的破冰船在通过加拿大北极水域时应该提前

---

① United States Department of State Bureau of Oceans and International Environmental and Scientific Affairs, Limits in the Seas, No. 112, United States Response to Excessive National Maritime Claims, 1992, p. 73.

② See Michael Byers, Suzanne Lalonde, Who Controls the Northwest Passage? *Vanderbilt Journal of Transnational Law*, Vol. 42, 2009, p. 1158.

③ United States Department of State Bureau of Oceans and International Environmental and Scientific Affairs, Limits in the Seas, No. 112, United States Response to Excessive National Maritime Claims, 1992, pp. 73-74.

④ 郭培清等:《北极航道的国际问题研究》,第90—91页。

通知加拿大政府。但是,该协议有很大的局限性,适用的船舶类型仅是破冰船,不包括军舰和潜艇;该协议没有规定美国船舶适用的通行权类型;该协议没有规定美国的军舰必须获得许可才能通过;同时,该协议也没有解决美国和加拿大政府关于各自海洋主权认识的分歧。①

此外,美国潜艇还曾多次潜入加拿大西北航道水域。2005年,美国核潜艇"孟菲斯号"(USS Memphis(SSN-691))在没有通知加拿大政府的情况下秘密通过西北航道,引发了加、美两国的冲突。② 加拿大认为,美国潜艇的秘密通过挑战了加拿大的国家安全和主权要求,是对加拿大政府的挑衅。在美国大使大卫·威尔金斯再次质疑加拿大对西北航道的内水主张时,加拿大总理哈珀回应道:"美国要捍卫它的主权,加拿大政府也要捍卫加拿大的主权。我们的执政权力是加拿大人民赋予的,而不是美国大使赋予的。"③此后,美国的潜艇又多次在没有获得加拿大许可情况下秘密通过西北航道。加拿大政府除了提出抗议之外,也没有更好的解决办法。

(四)外国船舶通行时的环保标准争议

在北极航道水域,俄罗斯和加拿大都制定了严格的航运环保标准。在船舶废弃物排放等方面比国际通行更加严格,近乎"零排放"。④ 并且,为了防止过往船舶在北极发生海难事故,俄罗斯和加拿大对过往船舶的建造要求也极为严格。两国还要求船舶配备相关的证书和提供强制保险,以防止船舶在北极航道发生海难后所带来的巨额清理费用。⑤

俄罗斯和加拿大对北极航道的环境监管措施的国际法依据源于《联合国海洋法公约》第234条。第234条也被称为"冰封区域条款"(还被称为"加拿大条款")。⑥ 该条来源于加拿大的倡议。该条规定,在冰封区域,由于特别严寒的气候和一年中大部分时候冰封的情形对航行造成障碍或特别危险,而且海洋环境污染可能对生态平衡造成重大的损害或无可挽救的扰乱,冰封区域的沿海国有

---

① 参见郭培清等:《北极航道的国际问题研究》,第101页。
② John MacFarlane, A List of the Underwater Transits of the Canadian Northwest Passage 1958 to 2009, available at http://www.nauticapedia.ca/Articles/NWP_Transits_Underwater.php, last visit on April 1, 2016.
③ 叶静:《加拿大北极争端的历史、现状与前景》,载《武汉大学学报(人文科学版)》2013年第2期,第118—119页。
④ See Arctic Waters Pollution Prevention Act, Art. 4, 18, 23. Rules of Navigation in the Water Area of the Northern Sea Route, Art. 61, 65.
⑤ See Arctic Shipping Pollution Prevention Regulations, Art. 12-14. Rules of Navigation in the Water Area of the Northern Sea Route, Art. 60-65.
⑥ See Ryan O'Leary, Protecting the Arctic Marine Environment: The Limits of Article 234 and the Need for Multilateral Approaches, *Journal of Environmental Law and Practice*, August, 2012, p. 296.

权制定比国际通行准则更严格的法规和执行非歧视性的法律、规章,以防止、减少和控制船只在专属经济区范围内冰封区域对海洋的污染,但是这种法律、规章应适当顾及航行和以现有最可靠的科学证据为基础对海洋环境的保护与保全。这一条实际上承认了北极沿海国家为保护环境有权在专属经济区制定更加严格的国内立法。但是,该条在实践中的争议在于,俄罗斯、加拿大是否借"环保"之名,行"控制北极航道"之实,并对北极航道的过往船只造成不必要的妨碍。这需要国际社会与俄、加两国进行沟通和协商,以保证其环保规定的公正性和科学性。同时,俄、加两国在实行更严格的航行环保规定时,有义务向国际社会公布其采取这些环保标准的理由,并说明其背后的科学依据和环保价值。①

四、中国在北极航行自由问题上的立场与建议

(一)尊重俄、加两国正当的安全诉求

海洋安全是国家安全的重要组成部分。② 地球表面大部分是海洋,海洋是进入许多国家的"门户"和"通道",保障海洋安全在一国的国家安全战略中具有重要的意义。在《联合国海洋法公约》中,沿海国在内水、领海、毗连区、专属经济区、大陆架都有着相应的安全利益。这需要其他国家军舰、公务船在经过相应的管辖水域时予以尊重。在北极航道的利用中,应该看到,在没有解决军舰航行对沿海国安全利益的潜在威胁的情况下,沿海国的利益应得到尊重。同时,鉴于近年爆发的"拉森号"事件等,中国也有维护海洋安全的需求。在维护沿海国安全诉求上,中国与俄、加两国在北极航道的立场有一致之处,中国可以与俄、加两国在这一问题上互相支持。

(二)妥善应对俄、加两国对北极航道的主权要求

如前所述,俄、加两国对北极航道严格管控的背景中包含着对北极航道水域主权的需要,这种借航行管理措施证明"历史性权利"的做法,可能会妨碍他国船舶正常的航行活动。中国对北极航道的相关海域没有直接的主权要求。从中国的外交立场来看,中国长期奉行"不干涉内政"的原则。作为域外国家,虽然中国对北极航道没有直接的主权要求,但俄、加两国对北极航道的主权要求应根据《联合国海洋法公约》的机制进行评判,中国对俄、加两国的立场不宜持明确立

---

① 参见郑雷:《北极东北航道:沿海国利益与航行自由》,载《国际论坛》2017 年第 3 期,第 9—10 页。
② 习近平总书记在论述国家安全观时强调要保障包含海洋在内的领土安全。《中华人民共和国国家安全法》第 17 条规定:"国家加强边防、海防和空防建设,采取一切必要的防卫和管控措施,保卫领陆、内水、领海和领空安全,维护国家领土主权和海洋权益。"另外也有学者指出,海洋安全是国家安全的重要组成部分。参见吴慧、张丹:《当前我国海洋安全形势及建议》,载《国际关系学院学报》2010 年第 5 期,第 48 页;袁发强:《国家安全视角下的航行自由》,载《法学研究》2015 年第 3 期,第 199—202 页。

场。需要注意的是,俄、加两国在对北极航道主张其"历史性权利"时,同样应该尊重外国船舶的航行权。俄、加两国应考虑适当放松对外国船舶的管制,以便利外国船舶正常地使用北极航道。

(三)在"一带一路"倡议下加强与俄罗斯在东北航道开发的合作

由于地缘政治的原因,中国使用西北航道的可能性低于使用东北航道的可能性。而且,加拿大对于利用西北航道发展经济并不热衷,这可能对域外国家使用西北航道造成阻碍。

在东北航道使用中,沿海国与船旗国利益的共同点是商船的通行和商业开发活动。随着商船经过东北航道,沿海国能通过收取服务费用获得不菲的收益,而各国船舶通过使用东北航道能够实现时间成本和燃油成本的降低。但是,东北航道的商业开发现状并不乐观。北极理事会2009年发布的北极航道评估报告显示,北极航道的航运基础设施和配套服务严重不足,许多海域的港口设施建设不能与未来的航运增长相适应,而且在东北航道上的一些海域中甚至无法提供通信和搜救等配套服务。[①] 受制于全球能源市场价格下跌和西方国家的经济制裁,俄罗斯的经济呈现下滑趋势,独自建设东北航道的基础设施有些力不从心,因此俄罗斯有引进外资共同开发东北航道的客观需要。

俄罗斯日益重视东北航道带来的经济效益。在《2020年前俄罗斯联邦北极地区国家政策原则及远景规划》中,俄罗斯提出要将北方海航道变为俄联邦在北极地区统一的国家交通运输干线。但是,该目标的实现需要俄罗斯进一步完善东北航道的基础设施建设,并提供更好的服务与其他国际航道进行竞争;同时对其商船管理规定进行进一步的"市场化"和"宽松化"改革,以吸引船东使用东北航道,促进东北航道的航运潜力充分发挥。

在这一背景下,恰逢中国提出了"一带一路"倡议,可以与俄方建设东北航道意愿相对接。[②] 中俄两国元首在会晤时曾提出双方发展战略的对接问题。东北航道是连接中欧的新"海上丝绸之路",[③]中俄双方在基础设施尤其是交通设施的建设方面存在着利益共同点,有着共同开发东北航道的意愿和基础。同时,一些国家已经和俄罗斯开展了合作,其中韩国、日本、新加坡等国尤为积极。韩国已与俄罗斯就共同开发俄北极地区和北方海航道达成一致;日本也积极搜集东

---

① See Arctic Council: Arctic Marine Shipping Assessment 2009 Report, pp. 5-6, available at http://www.arctic.noaa.gov/detect/documents/AMSA_2009_Report_2nd_print.pdf, last visit on December 13, 2015.

② 参见杜尚泽、陈效卫:《习近平会见俄罗斯总统普京》,载《人民日报》2014年2月7日第1版。

③ 参见李靖宇、张晨瑶:《中俄两国合作开拓21世纪东方向海上丝绸之路的战略构想》,载《东北亚论坛》2015年第3期,第75—83页。

北航道的相关资料,并制定、修改相关的防卫政策,以保障从北冰洋至东北亚的航道安全。① 中国应该以此为鉴,加快与俄罗斯在东北航道的谈判力度,争取深化中俄在东北航道的合作,参与东北航道基础建设的升级,同时保障中国商船在东北航道的航行自由权。

(四) 以《极地规则》的制定为契机协调北极航道的环保制度和船舶安全标准

在北极航道航行的船舶面临着比常规海洋航行更大的风险。这些风险包括气候恶劣(气温较低)、海面有浮冰、北极航道基础设施不完善、水文资料匮乏、航行操作难度更大等,对在北极航道航行的船舶造成了极大的安全隐患,同时也易引发环境灾害。目前,《联合国海洋法公约》第 234 条针对北极的特殊情况规定了沿海国可以制定比现有环保规则更加严格的法规,而俄、加两国关于船舶在北极航道航行的防污标准明显高于《防止船舶污染国际公约》(MARPOL)中的规定,②这造成船旗国质疑北极航道环保制度的妥当性和科学性。

为了解决这一冲突,国际海事组织于 2009 年启动制定《极地规则》(Polar Code)。该规则涉及北极航行船舶的建造、安全设备的配置、航行要求、环保要求等各个方面。《极地规则》由Ⅰ(安全规则)、Ⅱ(环保措施)两部分构成,③于 2017 年 1 月 1 日起正式生效。其中的两个附件则先于该规则生效。④《极地规则》对北极航道同样具有拘束力。这要求俄、加两国参照《极地规则》的要求调整其涉及极地船舶的环保立法,而不能再以北极航道环境特殊为由,坚持其与《极地规则》相冲突的船舶环保立法。可以预见,随着《极地规则》的生效,俄、加两国将会在北极航道环保和航行安全问题上采取更加符合国际规范的政策。

---

① 参见贾桂德、石午虹:《对新形势下中国参与北极事务的思考》,载《国际展望》2014 年第 4 期,第 19 页。
② 参见白佳玉:《我国科考船北极航行的国际法问题研究》,载《政法论坛》2014 年第 5 期,第 96 页。
③ 参见钟晨康:《极地规则进展》,载《中国远洋船务》2014 年第 4 期,第 64 页。
④ 这些附件作为《海上人命安全公约》和 MARPOL 的修正案分别于 2014 年 1 月和 2015 年 5 月生效,参见 Shipping in Polar Waters, Adoption of an International Code of Safety for Ships Operating in Polar Waters (Polar Code), available at http://www.imo.org/en/MediaCentre/HotTopics/polar/Pages/default.aspx, 2015 年 12 月 15 日最后访问。

第五章 航行自由与沿海国国家安全维护

第一节 国际海峡航行与沿海国安全

在1975年的第三次联合国海洋法会议上,国际海峡(international straits)的法律地位以及其适用的过境通行制度被正式确定下来。根据《联合国海洋法公约》第37条的规定,适用过境通行制的用于国际航行的海峡是指,在公海或专属经济区的一个部分和公海或专属经济区的另一个部分之间的用于国际航行的海峡。国际海峡过境通行制度的产生有多种相互联系的原因,且与海洋法的发展密不可分。领海范围的扩大、对无害通过和公海自由航行的区分以及各类地理、政治、经济因素,共同造就了过境通行制度。[①]

一、国际海峡航行制度的产生

海峡在航行上具有重要的地位。尤其是那些处于主要海洋航线上的构成世界主要水道的国际海峡,在政治、经济、军事方面都具有十分重要的意义。[②] 随着海洋法理论的发展和各国军事力量的进步,越来越多的国家宣称12海里的领海宽度。国际海峡的法律地位及通行制度遇到了新的问题。如果各国领海宽度统一定位于12海里,世界上将有116个海峡由于宽度不足24海里而完全处于沿海国的领海范围之内。果如此,基于这种领海内航行制度,航行自由将会受到极大限制。因此,哪些海峡需要适用不同的制度,制度的内容为何,如何协调海峡制度与航行自由之间的关系,就成了海洋法亟须解决的问题。而从《联合国海洋法公约》的谈判历程可以看出,国际海峡的通行制度事关多方利益,并且意义非凡。

1971年3月,美国在联合国海洋法会议中介绍了领海和海峡条款。其中,

[①] See William L. Schachte, Jr., J. Peter A. Bernhardt, International Straits and Navigational Freedoms, *Virginia Journal of International Law*, Vol. 33, 1993, p. 527.

[②] 参见李红云:《国际海峡的通行制度》,载《海洋与海岸带开发》1991年第1期。

12 海里领海的主张获得了广泛支持,而自由通过和飞越国际海峡的权利虽然获得英国等主要海洋国家的支持,但反对的声音不绝于耳。反对自由通过的国家要么认为无害通过是充分的,要么主张重新定义"无害"(innocent)这一术语。① 此后,关于海峡通行制度的争论一直处于僵持状态,并未取得实质性进展。直到 1974 年 6 月至 8 月的第三次联合国海洋法会议第二期会议,美国"继续强调美国海峡提案的关键因素——水面舰艇、水下和浮出水面的潜艇以及军用飞机无须向沿海国通报或获得其批准,不受阻止地通过和飞越国际海峡,同时淡化'自由通过'一词的使用"②。为了反对美国和苏联的主张,八个主要海峡沿岸国共同提出《海峡八国提案》,主张用于国际航行的海峡作为海峡沿岸国领海的不可分的一部分,必须适用领海的无害通航制度,反对在领海的无害通过制度之外设立新的国际海峡通航制度。③ 同时,在该期会议上,英国提出,连接公海两部分的海峡实行过境通行(Transit Passage)制度——"船舶和飞机行使过境通行权利应不受阻止或阻碍",而连接公海一部分和某国领海等三类国际海峡实行无害通过制度。该提案得到了美国和许多国家的支持,因为该提案调和了国际社会利益和海峡国家的担忧。④ 最后,支持美国的立场、赞成不受阻止地通过国际海峡的国家多于赞成无害通过的国家。⑤

在 1975 年的第三次联合国海洋法会议第三期会议上,不受阻止地通过国际海峡的观点获得了普遍的支持。会议最后分发了作为以后谈判基础的非正式单一谈判文本(The Informal Single Negotiating Text)。该文本由英国和斐济联合主持的非正式小组制作,其中的海峡条款规定了过境通行制度和不得停止的无害通过(Non-Suspendable Innocent Passage)制度在不同类型国际海峡的适用。

1980 年的第三次联合国海洋法会议第九期会议制定了《联合国海洋法公

---

① See Memorandum Prepared by the Chairman of the Inter-Agency Task Force on the Law of the Sea, available at http://history.state.gov/historicaldocuments/frus1969-76ve01/d412, last visit on December 20, 2017.

② See Airgram A-7576 From the Department of State to All Diplomatic Posts, available at https://history.state.gov/historicaldocuments/frus1969-76ve03/d6, last visit on December 20, 2017.

③ 参见龚迎春:《马六甲海峡使用国合作义务问题的形成背景及现状分析》,载《外交评论(外交学院学报)》2006 年第 1 期,第 89 页。

④ See Third United Nations Conference on the Law of the Sea, 1973-1982, volume Ⅱ, Summary Records of the Third Committee, Second Session: 11th meeting A/CONF. 62/C. 3/SR. 11, available at http://legal.un.org/diplomaticconferences/1973_los/dtSearch/Search_Forms/dtSearch.html, last visit on December 20, 2017.

⑤ See Foreign Relations of the United States, 1969-1976, Volume E-3, Documents on Global Issues, 1973-1976, available at https://history.state.gov/historicaldocuments/frus1969-76ve03/dl6, last visit on December 20, 2017.

约》草案。其中海峡部分规定,过境通行制是指"专为在公海或专属经济区的一个部分和公海或专属经济区的另一个部分之间的海峡继续不停和迅速过境的目的而行使航行和飞越自由"。至此,国际海峡的过境通行制终于尘埃落定。

从上述过程中可以看出,国际海峡过境通行制度的重要性来自其独特的国际政治、军事和经济地位。也正因如此,该制度的形成才如此困难,其最终的产生实际上是各国博弈的结果。以美国为首的海洋强国希望在国际海峡的通行上获得更多的自由,而主要的海峡沿岸国却希望能限制他国的航行,以维护本国的军事安全、经济安全等国家利益。最终,各方相互妥协,既在一定程度上满足了世界各国在国际海峡的航行需要,也顾及了海峡沿岸国的诉求。

二、过境通行制的内容

(一)海峡的分类

根据《联合国海洋法公约》的规定,过境通行制只适用于那些特定的用于国际航行的海峡,因此,要了解过境通行制的具体内容和可能产生的问题,首先需要明确该制度的适用范围。

不同的国际海峡根据其特征可以分为六类,包括:

(1)"一般的"国际海峡:指公约第 37 条规定的,"在公海或专属经济区的一个部分和公海或专属经济区的另一部分之间的用于国际航行的海峡。"

(2)公约第 36 条规定的海峡:"如果穿过某一用于国际航行的海峡有在航行和水文特征方面同样方便的一条穿过公海或穿过专属经济区的航道",则过境通行制不适用于该海峡。因此,此种海峡实际上是指不妨碍国际航行自由的海峡。

(3)公约第 38 条第 1 款规定的海峡(或称 Messina exception strait):"如果海峡是由海峡沿岸国的一个岛屿和该国大陆形成,而且该岛向海一面有在航行和水文特征方面同样方便的一条穿过公海,或穿过专属经济区的航道,过境通行就不应适用。"沟通第勒尼安海和爱奥尼亚海,位于意大利城市墨西拿东侧的墨西拿海峡,就是一个典型的例子。由于该海峡的西面还有可以航行的航道,因此,该海峡不适用过境通行制,而应当适用领海的无害通过制度。

(4)公约第 45 条第 1 款第 2 项规定的海峡(或称 dead-end strait exception):如果一个国际海峡连通的是公海或专属经济区的一个部分和外国的领海,则不适用过境通行制,而应当适用无害通过制度。

(5)处于群岛水域的国际海峡:根据公约第 52 条的规定,除群岛国在群岛水域划定的内水以及群岛海道之外,群岛水域均适用无害通过制度。从公约不加区别的规定可以看出,如果一个国际海峡位于群岛水域中,则应适用无害通过制度而非过境通行制。

(6) 公约第 35 条第 3 项规定的海峡:①如果关于某些海峡的法律制度已全部或部分地规定在长期存在、现行有效的专门关于这种海峡的国际条约中,则对于国际海峡的过境通行制度不影响关于上述海峡的法律制度。

综合上述内容可以看出,《联合国海洋法公约》侧重于保障公海或专属经济区之间的国际海峡中的航行自由,而对更多涉及海峡沿岸国安全利益的国际海峡,如连接公海或专属经济区和外国领海的国际海峡,则不适用过境通行制度。可见,公约在保障各国在国际海峡的航行自由的同时,也保护海峡沿岸国的安全利益。只要还存在其他选择,就不会使特定的国际海峡适用过境通行制。同时,也需注意,利益的博弈使得航行自由在国际海峡航行领域中永远都是有限制的,只有在"一般的"国际海峡中,航行自由才能够享有相对宽松的空间。

(二) 过境通行的权利与义务

1. 过境通行权

根据《联合国海洋法公约》第 38 条第 2 款的规定,所有的船舶和飞机均享有过境通行的权利,且过境通行不应受阻碍。所谓过境通行,是指专为在公海或专属经济区的一个部分和公海或专属经济区的另一部分之间的海峡继续不停和迅速过境的目的而行使航行和飞越自由。

2. 船舶和飞机在过境通行时的义务

船舶和飞机在行使过境通行权时需遵守一些共同的义务:(1) 毫不迟延地通过或飞越海峡;(2) 不对海峡沿岸国的主权、领土完整或政治独立进行任何武力威胁或使用武力,或以任何其他违反《联合国宪章》所体现的国际法原则的方式进行武力威胁或使用武力;(3) 除因不可抗力或遇难而有必要外,不从事其继续不停和迅速过境的通畅方式所附带发生的活动以外的任何活动。②

同时,船舶在过境通行时须遵守一般接受的关于海上安全的国际规章、程序和惯例,包括《国际海上避碰规则》以及关于防止、减少和控制来自船舶的污染的国际规章、程序和惯例;③并尊重适用的海道和分道通航制④以及海峡沿岸国依照《联合国海洋法公约》第 42 条制定的法律和规章。⑤而飞机在过境通行时还应"遵守国际民用航空组织制定的适用于民用飞机的《航空规则》;国有飞机通常

---

① See William L. Schachte, Jr., J. Peter A. Bernhardt, International Straits and Navigational Freedoms, *Virginia Journal of International Law*, Vol. 33, 1993, pp. 527.
② 参见《联合国海洋法公约》第 39 条第 1 款。
③ 参见《联合国海洋法公约》第 39 条第 2 款。
④ 参见《联合国海洋法公约》第 42 条第 7 款。
⑤ 参见《联合国海洋法公约》第 42 条第 4 款。

还应遵守这种安全措施,并在操作时随时适当顾及航行安全。"①此外,飞机还需随时监听国际上指定的空中交通管制主管机构所分配的无线电频率或有关的国际呼救无线电频率。

3. 研究和测量活动

外国船舶,包括海洋科学研究和水文测量的船舶在内,在过境通行时,非经海峡沿岸国事前准许,不得进行任何研究或测量活动。②

4. 海道和分道通航制

海峡沿岸国可以在必要的时候为海峡航行指定海道和规定分道通航制,以促进船舶的安全通过;在情况需要时,在进行妥当公布后,海峡沿岸国可以用其他海道或分道通航制替换其原先指定或规定的内容。这种海道和分道通航制应符合一般接受的国际规章,且在确定或改变海道和分道通航制前,海峡沿岸国应将提议提交主管国际组织,以期得到采纳。

对于某一海峡,如所提议的海道或分道通航制穿过该海峡两个或两个以上沿岸国的水域,则有关各国应同主管国际组织协商,合作拟订提议。海峡沿岸国应在海图上清楚地标出其所指定或规定的一切海道和分道通航制,并将该海图妥为公布。③

5. 海峡沿岸国的规制权

海峡沿岸国可对以下各项或任何一项制定关于通过海峡的过境通行的法律和规定:(1) 航行安全和海上交通管理;(2) 使有关在海峡内排放油类、油污废物和其他有毒物质的适用的国际规章有效,以防止、减少和控制污染;(3) 对于渔船,防止捕鱼,包括渔具的装载;(4) 违反海峡沿岸国海关、财政、移民或卫生的法律和规章,上下任何商品、货币或人员。然而,这种法律和规章不应在形式上或者事实上在外国船舶间有所歧视,或在其适用上有否定、妨碍或损害过境通行权的实际后果。海峡沿岸国在制定了相关法律和规章后,应当将其妥为公布。④

6. 海峡沿岸国的义务

海峡沿岸国不应妨碍过境通行的自由,并应将其所知的海峡内或海峡上空对航行或飞越有危险的任何情况妥为公布,并不应停止任何过境通行。⑤

从《联合国海洋法公约》的上述规定中可以看出,他国船舶和飞机在通过采

---

① 《联合国海洋法公约》第39条第3款(a)项。
② 参见《联合国海洋法公约》第40条。
③ 参见《联合国海洋法公约》第41条。
④ 参见《联合国海洋法公约》第42条。
⑤ 参见《联合国海洋法公约》第43条。

用过境通行制的国际海峡时,虽有一定的航行自由,但仍须遵守一系列由国际法和海峡沿岸国国内法确定的规则。同时,海峡沿岸国也需要采取如将海峡或航道的实时信息妥为公布等措施,保障他国船舶的安全通过,也即保障他国船舶的航行自由。

三、国际海峡通行的相关事件

(一)马六甲海峡的相关事件

在1958第一次联合国海洋法会议和1960年的第二次联合国海洋法会议期间,各国就领海的宽度问题虽未能达成一致,但是越来越多的国家通过国内法或外交声明宣布本国的领海为12海里。马六甲海峡(Malacca Strait)三个沿岸国中的印度尼西亚(以下简称"印尼")和马来西亚也分别于1957年和1969年宣布本国领海宽度为12海里。① 这使得原为公海的马六甲海峡的部分航道成为海峡沿岸国的领海,部分海峡水域不再适用公海的航行和飞越自由,而是开始适用领海的无害通过制度。

印尼和马来西亚的国内立法措施遭到了美国和日本的反对。由于从中东进口石油以及其他物资运输对马六甲海峡航道的依赖,日本于1968年成立了有着政府背景的财团法人——马六甲海峡协会(Malacca Strait Council)。该协会的宗旨是为确保在马六甲海峡航行的船舶安全而从事航海设施的建设和维护。它的主要事业包括:进行水路测量、修建航海设施、推进与相关国家的合作关系、分析整理马六甲海峡的情报和资料等。②

1970年6月,美国国际开发厅(USAID)提出一份报告,提议成立强化马六甲海峡航行设施的国际协作机构。1970年9月,日本以运输省为中心的相关政府部门向海峡三国提出了一份《关于强化马六甲·新加坡海峡国际航路的条约草案》。不过,这种试图使马六甲海峡管理国际化的动向引起了海峡沿岸国特别是马来西亚和印尼的高度警戒和反对。此后,经过一系列实践,随着《联合国海洋法公约》的制定,马六甲海峡正式国际化,成为适用过境通行制的用于国际航行的海峡。③

2004年4月4日,美国海军太平洋司令托马斯·法戈上将表示,美国军方

---

① 参见《1971年11月16日马、新、印尼宣布共管马六甲海峡和新加坡海峡》,http://www.people.com.cn/GB/historic/1116/5256.html,2017年12月20日最后访问。

② See K. Saishoji, Japan's Contribution to Safe Navigation in the Straits of Malacca and Singapore, *Singapore Journal of International & Comparative Law*, Vol. 2, 1998, p. 511.

③ 参见龚迎春:《马六甲海峡使用国合作义务问题的形成背景及现状分析》,载《外交评论(外交学院学报)》2006年第1期,第89页。

正在研究一项针对马六甲海峡的"地区海上安全方案"（Regional Maritime Security Initiative，RMSI），其中提到要部署特种部队和船只"事实有效的封锁"，而这一行动的目的在于打击马六甲海峡水域的海盗。① 为了防止美、日等国以海峡三国的实力不足以打击海盗和恐怖分子为由从而介入马六甲海峡的防务，2005年9月起，马六甲海峡沿岸国邀请泰国共同举行"空中之眼"巡逻行动。② 2005年12月15日，印尼国防部部长尤沃诺表示，美国、中国、日本和其他强国在不久后也许可以提供设备和技术，协助消除在马六甲海峡的安全威胁，"其他国家可以在技术问题上协助我们，不过它们的海军没有受邀而来"。马来西亚国防部部长纳吉也表示，欢迎外国在尊重海峡国家主权的条件下向马来西亚、印尼、新加坡提供"天空之眼"巡逻计划所需要的巡逻设备和监测技术。纳吉同时强调，相信外国已明白尊重海峡国家主权以及维护马六甲海峡安全乃是海峡国家主要责任的事实，而此两大原则必须受到捍卫。③

（二）巴拿马海峡的相关事件

巴拿马运河（Panama Canal）是穿越位于拉丁美洲的巴拿马海峡（Panama Strait）的主要航道，连接大西洋与太平洋，总长82公里，是一条享誉世界的国际运河。有关巴拿马海峡的相关事件的焦点也往往集中于巴拿马运河上。1881年，曾成功开通苏伊士运河的法国运河公司首先获得巴拿马运河的开凿权，但由于当时恶劣的自然条件，此项工程于1889年被迫中断。1903年，美国和刚刚成立的巴拿马政府签订了《海-比诺-瓦拉里条约》（Hay-Bunau-Varilla Treaty）。根据该条约，美国享有在巴拿马开凿运河和"永久使用占领及控制"运河和运河区的权利。④ 此外，根据该条约，美国还有权在任何时候为了运河或铁路及辅助工程的安全而使用武装力量。

巴拿马独立后，它和美国关于巴拿马运河的矛盾不断升级，暴力事件不断发生。1936年，双方经多次谈判，最终签署了《赫尔-阿尔法罗条约》（Hull-Alfaro Treaty），对1903年签订的条约进行了修订。在《赫尔-阿尔法罗条约》中，美国

---

① 参见《马六甲暗流涌动，三国海军举行联合巡逻演习》，https://news.qq.com/a/20040726/000279.htm，2017年8月20日最后访问。
② 参见《新加坡加入马六甲海峡"空中之眼"联合巡逻活动》，http://military.people.com.cn/GB/1077/3680380.html，2017年8月20日最后访问。
③ 参见《印尼防长：中美日可用设备与技术协防马六甲海峡》，http://world.people.com.cn/GB/1029/42354/3948769.html，2017年8月20日最后访问。
④ 参见《1913年10月10日，巴拿马运河开通》，http://www.people.com.cn/GB/historic/1010/4979.html，2017年8月20日最后访问。

放弃了其对巴拿马的保护性角色和对巴拿马领土的权利。① 二战结束后,美国和巴拿马又进行了一系列谈判,直到 1955 年双方正式签署《美利坚合众国和巴拿马共和国间相互理解与合作条约》(Convention Between the United States and the Public of Panama for Mutual Understanding and Cooperation)。该条约使得巴拿马收回了更多关于巴拿马运河的权利。例如,巴拿马获得了对于大部分运河、铁路或辅助工程方面所雇用的一切人员的收入征税的权利。②

在此后的二十年间,美国和巴拿马经历了多次暴乱、冲突和谈判,却始终没有就巴拿马运河问题得出最终的解决方案。尼克松—福特时期的巴拿马运河的谈判仍以失败告终,美国还是不愿意放弃其就巴拿马运河享有的权利。

1977 年,美国总统卡特上台后即要求政策审查委员会对美国在巴拿马运河问题上的利益和目的进行审查,并尽快和巴拿马展开谈判以达成新的条约。③ 同年,美国和巴拿马在华盛顿签署了新的《巴拿马运河条约》(又称 Torrijos-Cater Treaties,即《托里霍斯-卡特条约》)和《巴拿马运河中立和运营条约》(Treaty Concerning the Permanent Neutrality and Operation of the Panama Canal)。新《巴拿马运河条约》主要包括以下几点内容:(1) 废除 1903 年签订的条约以及对其修订的两个条约,运河区的管辖权归属于巴拿马;④(2) 条约存续期间内,两国共同承担保护巴拿马运河的责任,其中美国承担主要责任;⑤(3) 条约期满后,美国将撤出全部军队;(4) 双方联合建立负责运河日常经营的"巴拿马运河委员会",由双方人员共同担任委员会成员;⑥(5) 巴拿马将从运河的经营中获得公平合理的收入。

1999 年 12 月 14 日,巴拿马运河主权交接仪式在巴拿马城附近的米拉弗洛雷斯船闸处举行,巴拿马总统和美国前总统卡特分别代表两国政府签署了关于运河主权和管辖权交接的换文。⑦ 至此,这条连接南北美洲大陆、沟通太平洋和大西洋的"黄金水道"成为名副其实的"巴拿马运河"。

---

① See Hull-Alfaro Treaty, available at https://www.encyclopedia.com/humanities/encyclopedias-almanacs-transcripts-and-maps/hull-alfaro-treaty-1936, last visit on August 20, 2017.
② 参见《美利坚合众国和巴拿马共和国间相互理解与合作条约》第 2 条。
③ See Presidential Review Memorandum, January 21, 1977, FRUS, 1977-1980, Volume XXIX, Panama, Document 2, p.4.
④ See 1(a) & 1(b), Article I, Abrogation of Prior Treaties and Establishment of a New Relationship, Torrijos-Cater Treaties.
⑤ See 2, Article I, Abrogation of Prior Treaties and Establishment of a New Relationship, Torrijos-Cater Treaties.
⑥ See Article Ⅲ, Canal Operation and Management, Torrijos-Cater Treaties.
⑦ 参见《1999 年 12 月 14 日,巴拿马运河主权交接仪式举行》,http://news.163.com/05/1214/09/24U1O0M900011EBF.html,2017 年 8 月 20 日最后访问。

(三)科孚海峡的相关事件

1944年10月和1945年1、2月,英国海军曾经在科孚海峡(Corfu Channel)北部扫雷。该海峡构成阿尔巴尼亚与希腊之间的边界线,其最窄部分完全在两国的领海中。扫雷活动没有发现水雷,该海峡被宣布是安全的。1946年5月14日,两艘航行通过科孚海峡的英国巡洋舰遭到来自阿尔巴尼亚海岸的炮火轰击。英国政府立即向阿尔巴尼亚政府提出抗议,声称其船只享有海峡的无害通过权。阿尔巴尼亚政府明确回复,外国船只通过其领海必须事先通知并取得阿尔巴尼亚政府的许可。为了试探阿尔巴尼亚政府的态度,1946年10月22日,一支由两艘巡洋舰和两艘驱逐舰组成的英国舰队由南向北驶入属于阿尔巴尼亚领海的科孚海峡北部;其中两艘驱逐舰触水雷爆炸,造成死40人、伤42人的重大损失。事件发生后,英国政府通知阿尔巴尼亚政府,表示准备再次到有关水域扫雷,遭到阿尔巴尼亚政府的强烈反对。1946年11月12、13日,英国单方面强行到属于阿尔巴尼亚的领海的海峡内扫雷,发现22枚德国制式水雷。

英国将事件提交到联合国安理会,控告阿尔巴尼亚在盟国海军当局已经进行过扫雷工作之后,又铺设水雷或允许第三国铺设水雷,要求阿尔巴尼亚对其船只和人员的伤亡承担责任。安理会以阿尔巴尼亚接受会员国在相同场合义务为条件,邀请当时还不是联合国会员国的阿尔巴尼亚参加对该事件的讨论,阿尔巴尼亚政府接受了邀请。1947年4月9日,安理会通过决议,建议有关国家应立即根据《国际法院规约》的规定将争端提交国际法院解决。

在该案的审理中,阿尔巴尼亚提出,英国军舰未经其事先许可通过其领海是对其主权的侵犯。国际法院对此进行审理后认为,根据公认的且符合国际惯例的原则,一国有权在和平时期,在不经过沿岸国事先许可的情况下,派军舰通过位于公海两部分之间的用于国际航行的海峡,只要这种通行是无害的;除非条约另有规定,沿岸国不得禁止这种通行。① 针对阿尔巴尼亚提出的科孚海峡不属于存在通行权的国际交通要道,仅为当地国家交通使用,不是两个公海之间的唯一航道等论点,国际法院指出,这些标准是无关紧要的,具有决定性意义的是该海峡连接公海的两部分的地理位置;而且该地区的航行相当频繁,并不限于当地国家使用。国际法院判定,科孚海峡应视为属于可无害通过、在平时不得被沿岸国禁止的国际航道。国际法院驳回了阿尔巴尼亚政府提出的英国舰队的通过不是无害通过的指控。国际法院认为,虽然英舰的通过是要试探阿纳尔巴尼亚政府的态度,即旨在肯定一项被不合理否定的权利,但只要它以符合国际法以及无

---

① See Judgment of the International Court of Justice of 9 April 1949 in the Corfu Channel Case (United Kingdom of Great Britain and Northern Ireland v. Albania), I. C. J. Reports 1949, p. 28.

害通过原则的方式进行,其合法性就是无可非议的。由此,国际法院以 14 票对 2 票判定,英国军舰 1946 年 10 月 22 日通过海峡的行为没有侵犯阿尔巴尼亚的主权。

国际海峡因其独特的地理位置,往往被赋予"黄金水道""战略要道""能源通道"等意义。因此,海洋强国往往希望其在国际海峡的航行不受沿岸国控制,并能够通过自身的海上军事实力实际控制海峡内的航行活动;而海峡沿岸国也同样希望能够控制国际海峡的航行活动,阻止海洋军事强国利用航行自由派遣军事力量抵近沿岸国,威胁沿岸国的主权和安全,以维护自身的国家安全,并从中获取利益。同时,其他国家一方面不希望海洋强国获得对国际海峡的控制,另一方面也不希望海峡沿岸国完全掌控国际海峡中的航行,适用过于严格的航行制度,从而妨碍其他国家的航行自由。关于国际海峡的制度争议因各国博弈而起,也因各国博弈而得以确定。

然而,《联合国海洋法公约》中的国际海峡过境通行制并不能完全解决国际海峡航行中的所有问题:

第一,军舰的航行自由及其航行应遵守的规则。他国军舰的出现往往会给沿海国和海峡沿岸国带来恐惧和压力,带来对自身国家安全的担忧。根据《联合国海洋法公约》第 38 条的规定,所有的船舶和飞机均享有过境通行的权利,且过境通行不应受阻碍。从此规定的文义可以看出,军舰并没有被排除在享有过境通行权的船舶之外。然而,军舰也没有获得《联合国海洋法公约》的明确授权。按照国际法院在科孚海峡案中的裁判逻辑,只要一个国际海峡连通的两部分为公海,而《联合国海洋法公约》中又没有明确禁止,就应当赋予军舰与其他船舶平等的航行自由,即允许军舰享有国际海峡的过境通行权。然而,需注意的是,《联合国海洋法公约》同时规定,海峡沿岸国可以在关于通过海峡的航行安全和海上交通管理等方面制定法律和规章。① 因此,海峡沿岸国似乎可以制定关于外国军舰通过海峡须遵守的规则,如提前通报、以特定速度通过等。但是,在有些国家眼中,此种规定可能构成对军舰航行自由也即平等的过境通行权的侵犯,因为《联合国海洋法公约》同时强调,"这种法律和规章不能在形式上或者事实上在外国船舶间有所歧视,或在其适用上有否定、妨碍或损害过境通行权的实际后果"。当然,上述海峡沿岸国的规定是否会产生否定、妨碍或损害过境通行权的实际后果,实际上难以判断。

第二,国际海峡的管理模式。海峡沿岸国当然有权管理国际海峡的通行活动,然而,有时他国为了在国际海峡中获得更多的航行权利,也可能会参与到国

---

① 参见《联合国海洋法公约》第 42 条。

际海峡的管理事务中。以日本和美国参加马六甲海峡的管理为例,日本建立了国内组织为马六甲海峡的管理提供服务,美国则主要以海上安全为借口、以军事参与的方式试图加入马六甲海峡的管理工作。鉴于国际法中并没有对国际海峡的日常管理工作的运行模式作出规定,海峡沿岸国自然可以自主或共同决定国际海峡的管理方式以及参与方,当然也可能面临其他国家强行参与的局面。此时,海峡沿岸国的国家安全可能会受到威胁,但又没有可供维护自身利益、排除他国参与的法律依据。

综合上述分析可见,目前国际社会仍有与国际海峡相关的未解决的争议。同时,这些争议主要涉及海峡沿岸国的国家安全以及他国船舶的航行自由。未来,海洋法仍需尽力解决国际海峡中存在的上述问题,为平衡海峡沿岸国以及其他国家的利益作出进一步的努力。

第二节 专属经济区内的航行活动与沿海国安全

专属经济区作为"领海以外并邻接领海的一个区域"[①],对于沿海国的国家安全具有仅次于内水和领海的地位,且沿海国在专属经济区内享有"以勘探和开发、养护和管理海床上覆水域和海床及其底土的自然资源(不论为生物或非生物资源)为目的的主权权利,以及在该区内从事经济性开发和勘探,如利用海水、海流和风力生产能等其他活动的主权权利"[②]。结合习近平总书记提出的国家安全观,[③]专属经济区内的航行活动不仅可能涉及军事安全,还有可能涉及生态安全和资源安全等问题。

一、专属经济区的现行制度

随着专属经济区制度的确立,严格意义上的公海范围大幅度缩小,专属经济区中的航行自由和其他事项的协调也成为国际社会关注的重点。沿海国和其他国家与专属经济区有关的权利义务主要由两个部分组成的制度进行规制:第一部分即《联合国海洋法公约》中的相关规定,第二部分即沿海国所制定的关于专属经济区与《联合国海洋法公约》不相抵触的法律和规章。其中,最为重要的当

---

① 参见《联合国海洋法公约》第55条。
② 参见《联合国海洋法公约》第56条。
③ 在习近平总书记的国家安全观中,国家安全包括:政治安全、国土安全、军事安全、经济安全、文化安全、社会安全、科技安全、信息安全、生态安全、资源安全、核安全等。参见《习近平:坚持总体国家安全观,走中国特色国家安全道路》,http://news.xinhuanet.com/politics/2014-04/15/c_1110253910.htm,2017年12月21日最后访问。

属第一部分。

根据《联合国海洋法公约》第 58 条第 1 款的规定,在专属经济区内,所有国家在《联合国海洋法公约》的限制下,享有该公约第 87 条所指的航行和飞越的自由、铺设海底电缆和管道的自由以及与这些自由有关的海洋其他国际合法用途。因此,专属经济区适用与公海相同的航行制度,即无害通过制。然而,与此同时,沿海国享有一系列权利。除本节开头提到的沿海国权利外,沿海国还享有对人工岛屿、设施和结构的建造和使用,海洋科学研究以及海洋环境的保护和保全事项的管辖权。在行使上述权利时,沿海国应适当顾及其他国家的权利和义务,并应以符合《联合国海洋法公约》的方式行事。为使沿海国能够适当行使其权利,《联合国海洋法公约》同时规定,沿海国有权采取登临、检查、逮捕措施,并有权进采取司法程序对在专属经济区内违反渔业法律和规章的行为进行监禁外的处罚。除对上述内容作出规定外,《联合国海洋法公约》还对专属经济区生物资源养护、生物资源利用、高度洄游鱼种、海洋哺乳动物、溯河产卵种群、降河产卵鱼种、内陆国和地理不利国的权利等内容进行了规定。关于专属经济区内海床和底土的开发,则参照《联合国海洋法公约》第六部分的规定进行。

二、专属经济区内的航行活动与国家军事安全

专属经济区的航行活动与国家军事安全的连接点在于专属经济区中的军事航行。围绕这一问题,各国存在严重的分歧。一方面,海洋强国认为,军事船舶的航行包括在航行自由之中,传统国际习惯法并没有禁止军事船舶在公海上的活动的内容与范围,而且《联合国海洋法公约》将"公海航行自由"延伸到了专属经济区,且无具体条文限制有关活动,因此,他国军事船舶在沿海国专属经济区内航行、开展军事演习、收集军事情报和军事测量等都是合法的,[①]而沿海国阻止此类行为的措施是不合法的。这一观点主要是从航行自由制度的发展历史、《联合国海洋法公约》的起草过程、航行自由制度在公约中的结构位置,以及与领海内无害通过权的立法限制的比较等方面进行论证,在阐述公约规定的字面含义上具有一定的客观性,但忽视了沿海国关切自身国防军事安全的正当性与合法性。[②] 另一方面,沿海国基于国家主权和军事安全的考虑,根据《联合国海洋法公约》第 88 条,认为外国军事船舶在专属经济区内的活动不得违反和平目的,而军事演习、情报收集和军事测量等行为均与和平利用海洋无关,因此,应当事

---

① See John C. Meyer, The Impact of the Exclusive Economic Zone on Naval Operations, *Naval Law Review*, Vol. 40, 1992, p. 241; Stephen Rose, Naval Activity in the Exclusive Economic Zone: Troubled Waters Ahead? *Naval Law Review*, Vol. 39, 1990, pp. 68-72.

② 参见袁发强:《国家安全视角下的航行自由》,载《法学研究》2015 年第 3 期,第 199—200 页。

前取得沿海国的同意。①

这种分歧和争论反映了当前国际社会的政治现实:海洋强国拥有先进的军事技术,可以在领海之外对一国的独立与安全构成威胁,卫星侦查、中远程导弹、远程大炮等军事技术已经使传统的领海屏障无法起到保护国家安全的作用,沿海国不得不考虑12海里领海之外的国家军事安全利益。《联合国海洋法公约》将公海航行自由延伸到专属经济区的规定无法解决现实的矛盾和冲突。以2014年为例,美国打着"维护航行自由"的旗号挑战了中国、印度、厄瓜多尔等18个国家和地区,进行军事测量和侦察活动。② 中国、印度等国就此提出了抗议。事实上,由于《联合国海洋法公约》承认沿海国享有的各项合法利益,同时也确认了其他国家航行自由的权利,但并未给出明确的平衡点,各方常常向利己的一面解读《联合国海洋法公约》。不过,这或许正是《联合国海洋法公约》获得巨大成功的原因之一:照顾到了各国的关切,从国际法上肯定各项权益。但是,这种做法也留下了模糊空间,导致沿海国国防安全利益与他国航行利益的冲突。③

三、专属经济区内的航行活动与国家生态安全

基于沿海国在专属经济区的权利,沿海国可能会为保护专属经济区内的海洋生态环境而试图限制船舶航道、要求强制引航、④要求提高航行船舶的安全技术标准和污染排放标准⑤等。如澳大利亚为了保护大堡礁的生态环境而作出的种种努力,虽然不具有歧视性,但过高的船舶技术标准可能会限制发展中国家船舶的通过,导致其他国家对航行自由的担忧,引起了国际海事组织的关注。⑥ 航行自由与海洋环境保护之间的冲突越来越成为国际社会关注的问题,其中专属经济区内的航行活动与环境保护之间的冲突则最受关注。

---

① See Zedalis, Military Uses of Ocean Space and the Developing International Law of the Sea: An Analysis in the Context of Peacetime ASW, *San Diego Law Review*, Vol. 16, No. 3, 1975, p. 625; Stuart Kaye, Freedom of Navigation, Surveillance and Security: Legal Issues Surrounding the Collection of Intelligence from Beyond the Littoral, *Australian Yearbook of International Law*, Vol. 24, No. 93, 2005, pp. 100-102.

② See U. S. Department of Defense, Freedom of Navigation: FY 2014 Operational Assertions, March 23, 2015, available at http://policy.defense.gov/OUSDPOffices/FON.aspx, last visit on July 10, 2017.

③ 参见袁发强:《国家安全视角下的航行自由》,载《法学研究》2015年第3期,第199—200页。

④ See Daniel Bodansky, Protecting the Marine Environment from Vessel-Source Pollution: UNCLOS Ⅲ and Beyond, *Ecology Law Quarterly*, Vol. 18, No. 4, 1991, p. 738.

⑤ Chelsea Purvis, Coastal State Jurisdiction under UNCLOS: The Shen Neng 1 Grounding on the Great Barrier Reef, *Yale Journal of International Law*, Vol. 36, No. 1, 2011, p. 207.

⑥ See Julian Roberts, Compulsory Pilotage in International Straits: The Torres Strait PSSA Proposal, *Ocean Development and International Law*, Vol. 37, No. 1, 2006, p. 93.

遭遇海难事故时,船舶可以驶往就近海域避难,这在国际习惯法中被视为一项合法的权利。然而,一方面,生态环境保护的需要使得在发生海难事故时,相关国家可能会拒绝因遭遇事故而存在原油或燃油污染的船舶进入本国港口、港湾或专属经济区内避难。① 避难权与环境保护之间存在冲突。例如,1999 年和 2002 年,公海遇难游轮"艾瑞卡号"②和"威望号"③都因未被准许进入沿岸水域避难而最终沉没,导致国际独立油船船东协会(INTERTANKO)与波罗的海国际海事公会(BIMCO)均呼吁达成全球性协议,明确遇难船舶应该被提供安全的避难所。④ 另一方面,沿海国则认为,在不涉及海上人命安全的情况下,一国不可能以严重牺牲本国沿海和港口环境为代价准许遇难油轮进入本国管辖范围。

此外,一些国家出于对核动力船舶安全性的怀疑,拒绝该类型船舶进入本国一般商业港口,或者限制核动力船舶通过某段航道。⑤ 船舶所有国则依据航行自由,主张在沿海国领海内的无害通过权。根据《联合国海洋法公约》第 22、23 条的规定,沿海国可以要求外国油轮、核动力船舶、运输原油和核材料的船舶在通过沿海国海域时,只能在规定的航道中航行。然而,在专属经济区中,《联合国海洋法公约》并没有赋予沿海国拒绝和阻止上述类型船舶通过的权利,而是要求沿海国在行使管辖权时"应适当顾及其他国家的权利和义务,并以符合本公约规定的方式行事"⑥。这样就会产生沿海国海洋生态环境保护的利益与其他国家航行利益的冲突。

四、专属经济区内的航行活动与资源安全

虽然《联合国海洋法公约》规定沿海国对专属经济区内的自然资源开发拥有

---

① See Christopher F. Murray, Any Port in a Storm? The Right of Entry for Reasons of Force Majeure or Distress in the Wake of the Erika and the Castor, *Ohio State Law Journal*, Vol. 63, No. 5, 2002, p. 1467.
② 袁发强:《国家安全视角下的航行自由》,载《法学研究》2015 年第 3 期,第 199—200 页。Zedalis, Military Uses of Ocean Space and the Developing International Law of the Sea: An Analysis in the Context of Peacetime ASW, *San Diego Law Review*, Vol. 16, No. 3, 1975, p. 625; Stuart Kaye, Freedom of Navigation, Surveillance and Security: Legal Issues Surrounding the Collection of Intelligence from Beyond the Littoral, *Australian Yearbook of International Law*, Vol. 24, No. 93, 2005, pp. 100-102.
③ U.S. Department of Defense, Freedom of Navigation: FY 2014 Operational Assertions, available at http://policy.defense.gov/OUSDPOffices/FON.aspx, last visit on July 16, 2017.
④ 参见袁发强:《航行自由制度与中国的政策选择》,载《国际问题研究》2016 年第 2 期,第 89 页。
⑤ 参见袁发强:《国家安全视角下的航行自由》,载《法学研究》2015 年第 3 期,第 199—200 页。Daniel Bodansky, Protecting the Marine Environment from Vessel-Source Pollution: UNCLOS Ⅲ and Beyond, *Ecology Law Quarterly*, Vol. 18, No. 4, 1991, p. 738.
⑥ 《联合国海洋法公约》第 56 条第 2 款。

主权性权利，①但是当沿海国在专属经济区内开发风力发电、海底石油资源或设置渔业圈养设施时，有关设施设备可能对现有航道及其安全产生消极影响。例如，当渔业养殖场区域与航道交叉重叠时，应当通过什么措施避免航行安全事故发生？又如，在海上石油开采区与航道和渔区交叉重叠时，应如何划定石油设施安全区和航道、渔区的界限？②

虽然《联合国海洋法公约》要求沿海国在行使权利时，应"适当顾及其他国家的权利和义务，并以符合本公约规定的方式行事"③，但这只是原则性规定。《联合国海洋法公约》本身并未具体规定"适当顾及其他国家权利和义务"的行为方式和具体程序。例如，沿海国如何向国际社会提前通报航道附近的渔业养殖场具体区域？沿海国在采取上述方式开发专属经济区的自然资源时本不需要事先取得外国同意，也不需要向国际海事组织报备。此外，虽然《联合国海洋法公约》第60条第7款规定，沿海国在专属及经济区内建设的人工岛屿、设施和结构及其周围的安全地带，不得设在对使用国际航行必经的公认海道可能有干扰的地方，但对于是否能够影响一般的海道则没有规定，更没有规定何谓"对使用国际航行必经的公认海道可能有干扰"。因此，沿海国的资源开发利用与他国船舶的航行自由权在现实中存在冲突的可能性。④

第三节 领土争议水域的航行与国家安全

对于专属经济区内航行自由的争议，实际上只是较多地涉及权利的划分和制度的设计问题，但是，领土争议水域航行自由问题所涉及的却是国家主权。领土争议水域虽非国际法上的法律概念，却因争议而客观存在。关于领土争议水域的争议可能有两种形式：第一种，即各国之间关于相关水域的争议；第二种，即某一国家对相关水域主张领土权利，而其他国家则反对这种主张。第一种争议形式首先涉及争议方之间的冲突，即当相关水域的主权归属不明时，争议方的航行自由应当如何实现、受到何种限制；其次，其他国家在该水域的航行自由如何实现，也是这一问题关注的重点。第二种争议形式中的主要问题则是主张权利的国家的管理措施与其他国家航行自由的冲突。

---

① 参见《联合国海洋法公约》第56条第1款。
② See Geir Ulfstein, The Conflict Between Petroleum Production, Navigation and Fisheries in International Law, *Ocean Development and International Law*, Vol. 19, 1988, pp. 229-232.
③ 《联合国海洋法公约》第56条第2款。
④ 参见袁发强：《航行自由制度与中国的政策选择》，载《国际问题研究》2016年第2期，第89页。

一、领土争议水域争议方的航行活动与国家安全

由于领土争议水域的权利归属不明,争议方首先会对相关的领土产生争议,并由此引出对包括航行活动、资源开发、渔业活动等事项的争议。其中,航行活动的争议是争议方关于领土争议水域的一项主要争议,下文以关于南海水域的争议为例进行说明。

2013年1月22日,菲律宾就中国南海问题单方面向国际海洋法法庭申请仲裁,其仲裁申请的主要内容中就包括航行自由事项。例如,菲律宾认为,中国通过干扰菲律宾在黄岩岛的传统渔业活动非法地阻止了菲律宾渔民寻求生计;中国危险地操作执法船只,给在黄岩岛附近航行的菲律宾船只造成了严重的碰撞危险;中国干扰了菲律宾在仁爱礁海域及其附近海域的航行权利。[1] 这些主张表明,领土争议水域的航行,尤其是军事航行和渔业航行,是相关水域争议的主要内容。

中、菲两国对于南海争议的处理方式主要包括:建设南海上的各大岛礁,在岛礁上部署军事设施、军队,并通过军舰、海政船等船舶进行执法和维护岛礁及其领海范围内的安全,对进入争议方实际控制水域范围内进行捕鱼的他国渔民进行驱逐或抓捕等。例如,越南渔民前往西沙群岛非法侵渔,并采用炸鱼、电鱼、毒鱼的方式进行作业,即被中国方面抓捕、扣船。[2] 类似的争议不仅发生在中越之间,其他国家之间也发生过类似的争议,处理方式往往也相似。例如,2017年5月21日,一艘印尼海上巡逻船与一艘越南海上巡逻船在南海海域爆发冲突,印尼海上巡逻船拦截了5艘悬挂越南国旗的渔船,后一艘越南海岸警卫船只出现,越南扣留了1名印尼渔业官员,而印尼则扣留了11名越南船员。[3]

领土争议本身往往与海洋法的规定无关。海洋法也不可能解决与各国领土主权相关的事项,类似争议往往与各国的军事实力、国家实力不可分割。然而,《联合国海洋法公约》可以就其他与主权无关的事项进行规定。例如,争议方在争议水域中应当采取适当的方式进行渔业活动,而不应当采取如上文所述的毒鱼、电鱼等不利于渔业资源保护的作业方式;争议方在争议水域内的资源开发、设施建设等行为至少应当采取适当方式及时通知其他争议方,以防止在争议未

---

[1] The Tribunal Renders Award on Jurisdiction and Admissibility, Arbitration Between the Republic of the Philippines and the People'S Republic of China, The Hague, 29 October 2015.

[2] 参见《越南渔民在中国领海炸鱼 每人将被罚7万元》, https://finance.qq.com/a/20120327/006995.htm, 2017年8月20日最后访问。

[3] 参见《越南与印尼在南海爆发冲突,撞沉船舰并互相扣押人员》, http://mil.news.sina.com.cn/world/2017-05-24/doc-ifyfkqwe0857070.shtml, 2017年8月20日最后访问。

得到解决的情况下,又对其他争议方的航行自由造成损害等。

二、领土争议水域第三方的航行活动与沿海国国家安全

领土争议水域争议方的航行自由需要保障,同时,也应当尽量保证非争议方的第三方的航行自由不受到过多阻碍。然而,第三方也不应当以航行自由为名,借助争议水域存在争议的事实,不遵守无害通过应当遵守的规则;更不应当以航行自由为名,参与到争议方的冲突当中。与此相关的典型事件如与北极东北航道相关的争议,以及美国以航行自由为名义在中国南海开展的一系列活动。

(一) 北极东北航道的航行活动与俄罗斯的国家安全

北极东北航道,又称"北方海航道",是连接大西洋和太平洋的海上捷径,也是联系欧、亚大陆最短的海上航线,被称为未来连接亚欧的"黄金水道"。① 东北航道"西起摩尔曼斯克,经北冰洋南部区的巴伦支海、喀拉海、拉普捷夫海、东西伯利亚海、楚科奇海至太平洋白令海到符拉迪沃斯托克。"随着全球气候变暖,东北航道商业上的可行性日益彰显。②

东北航道大部分处于俄罗斯管辖的海域内,俄罗斯对东北航道实行较为严格的管理制度,并呈现出"内水化"管理的特点。这与俄罗斯对北极海域的主权要求不可分割。从1960年的《苏联国家边疆法》(Statute on the State Boundary of the USSR)③到1998年的《俄罗斯联邦内海水、领水和毗连区法》,都主张北极的相关海峡和海域为其历史性水域。

对于东北航道,俄罗斯实行航行许可制度。首先,俄罗斯《北方海航道水域航行规则》第14条规定:船舶从西部驶入北方海航道水域的航程中,在抵达东经33°("西部边界")之前的72小时,或从东部驶入,在抵达北纬66°和(或)西经169°("东部边界")之前的72小时,或者从海港刚刚离开之时(若离开海港到"西部边界"或"东部边界"的时间不超过72小时),船长应向北方海航道管理局报告船舶预期抵达"西部边界"或"东部边界"的时间,并提供关于船舶的相关信息。其次,该规则第42条规定,船舶在北方海航道航行的过程中船长负有持续报告义务,而且这些义务包括在专属经济区水域的报告义务。④ 最后,俄罗斯还对东北航道实行引航和收费制度,对外国船舶实行强制引航,并要求"破冰引航由经

---

① 参见郑雷:《北极东北航道:沿海国利益与航行自由》,载《国际论坛》2017年第3期,第7页。
② See Arctic Council: Arctic Marine Shipping Assessment 2009 Report.
③ 参见郭培清、管清蕾:《探析俄罗斯对北方海航道的控制问题》,载《中国海洋大学学报(社会科学版)》2010年第2期,第7页。
④ 参见郑雷:《北极东北航道:沿海国利益与航行自由》,载《国际论坛》2017年第3期,第8页。

授权的、悬挂俄罗斯联邦国旗航行的破冰船实施"①,奠定了俄罗斯破冰船服务的垄断地位。除了上述管理措施之外,为实现对北极地区更好的环境保护,对在东北航道航行的船舶,俄罗斯制定了明显高于《防止船舶污染国际公约》标准的防污标准。②

俄罗斯采取上述管理措施的原因在于对国家军事安全以及环境安全的考虑。然而,严格的管理措施必然会使得其他国家的航行自由受到阻碍,更何况,俄罗斯实施此类管理措施的水域中还有一部分实际上是领土争议水域。

(二)美国在南海岛礁附近水域的航行活动与中国的国家安全

就其地理位置而言,南海有着其极为重要的地位。对美国来说,南海水域对其经济运行起着不可估量的作用。每年约有价值 5 万亿美元的货物要经过这一水域,其中 1 万多亿美元是往来于美国的贸易。③ 同时,南海水域周边国家也是美国重要的投资和贸易场所,美国的石油公司几乎与南海争议各方都签有石油开采协议,在南海的无障碍进出是保障美国经济利益的重要环节。④ 此外,美国作为一个海洋强国,也有维持其海洋霸主地位、获取海洋利益的意图。因此,美国一直持续参与南海争端,并时常以航行自由的名义派遣军舰前往南海水域,在南海水域实施"航行自由计划",进行军事宣示等。

美国"航行自由计划"的核心目的在于,通过消除其他国家过度的海洋主张来增强美国军事力量的全球可移动性。在该计划中,过度的海洋主张包括:(1)未被美国承认的对历史性海湾或历史性水域的主张。(2)对非依据《联合国海洋法公约》所反映的国际习惯法而划定的领海基线的主张。(3)虽未主张超过 12 海里的领海,但是:所主张的领海范围覆盖了用于国际航行的海峡且拒绝采用《联合国海洋法公约》确定的"过境通行制";要求包括军舰在内的所有船舶在无害通过前事先通知或者获得批准,或者对军用船舶适用歧视性的要求;在推进方式、武器装备或者货物运送方面对无害通过提出不符合国际法的要求。(4)主张超过 12 海里的领海范围。(5)其他对 12 海里领海以外的海域提出的与公海自由相关的非资源性管辖权。(6)违背《联合国海洋法公约》所反映的国际习惯法,不允许群岛海道通过的主张,以及其他不符合《联合国海洋法公约》所

---

① 密晨曦:《新形势下中国在东北航道治理中的角色思考》,载《太平洋学报》2015 年第 8 期,第 72 页。

② 参见钟晨康:《极地规则进展》,载《中国远洋船务》2014 年第 4 期,第 64 页。

③ See M. Taylor Fravel, The United States in the South China Sea Disputes, Paper for the 6th Berlin Conference on Asian Security, June 18-19, 2012.

④ 参见张景全、潘玉:《美国"航行自由计划"与中美在南海的博弈》,载《国际观察》2016 年第 2 期,第 95 页。

反映的国际习惯法的群岛主张。①

在领海制度上,中国要求外国军用船舶在进入中国领海前,需经中国政府批准。② 而在美国看来,这显然触碰了"航行自由计划"中所强调的内容,违背了美国的海洋政策。同时,南海岛礁附近海域作为领土争议水域的事实,为美国参与南海争议提供了更强的动力。到目前为止,中美之间已经发生了多起海上摩擦和事故。例如,2013 年 12 月,美国巡洋舰"考彭斯号"在辽宁舰附近海域进行侦查,并闯入辽宁舰内圈防御区,最终被中国坦克登陆舰驱逐;2015 年 10 月,美国"拉森号"军舰又进入南沙群岛渚碧礁 12 海里范围内航行,行使所谓的"航行自由"的权利;2016 年 1 月,美国"威尔伯号"驱逐舰闯入属于西沙群岛的中建岛 12 海里区域内,美国国防部称此次行动旨在"挑战限制美国和其他国家航行自由和权利的过度的海洋主张"③。

从法律角度而言,美国并不享有对南海水域的主权性权利,但从上述行为来看,美国却一直以维护航行自由为名参与南海的相关争议,并用军事行为不断表明其立场,反对中国对南海水域的权利主张,并因此对中国的国家安全产生威胁。

这一现状的产生不仅与南海水域对美国的经济和军事上的重要意义有关,还与目前国际海洋法中关于领土争议水域的规定不明有关。虽然《联合国海洋法公约》中规定了无害通过制,国际法院也肯定了军舰在领海中享有无害通过的权利,但是,这些规定只能在航行水域的主权没有争议的时候才会较好地发挥作用,因为享有主权的国家可以对相关的航行活动进行一定的管理。然而,在相关水域权属存在争议的情况下,显然需要更具针对性的规定,以实现在保证第三方国际航行自由的同时,不造成关于相关水域的争议复杂化。对此,《联合国海洋法公约》中留有空白,以至于第三方国家能够以航行自由为理由对争议进行干涉。

应该说,领土争议水域的存在给各方的航行自由带来了挑战。从目前的国际现实来看,激进和强硬的态度不仅不能解决领土争议问题,反而会使得与争议相关的问题变得更加复杂。航行自由的保障需要争议方和其他国家的配合和共同努力。

---

① See Freedom of Navigation Program, National Security Directive 49, the White House, October 12, 1990.
② 参见《领海及毗连区法》第 6 条第 2 款。
③ Lucas Tomlinson, US Warship Sails near South China Sea Island Claimed by China, January 30, 2016, available at http://www.foxnews.com/politics/2016/01/30/us-destroyer-conducts-freedom-navigation-atrol-near-south-china-sea-island.html, last visit on August 10, 2017.

以南海争议为例,各争议方不应因为争议的存在而对其他国家或其水域、人员采取恶劣措施或破坏相关水域的环境和资源,而应当以和平方式进行活动,才可能得到其他争议方的尊重。同时,争议方也应当积极履行与领土争议水域性质相应的义务。例如,尽管是在争议水域中,争议方仍然应该采取适当措施告知其他国家本国进行的可能影响航行自由的活动,不应因此而对其他国家产生损害。在南海争议水域,中国就承诺积极提供国际公共产品,通过各项基础设施建设,努力向国际社会提供包括导航助航、搜寻救助、海况和气象预报等方面的服务,以保障和促进南海海上航行通道的安全。①

当争议所涉国家对领土争议水域享有几乎绝对的控制权时,应当尊重领土争议水域本身的性质,尽量减少对其他国家船舶航行自由的限制。在上述俄罗斯的例子中,原本适用于北方航道的收费制度为强制收费,后来改为"商定收费"。可见,俄罗斯也在逐步改变其采取的严格措施。此外,为缓解俄、加两国采取的高标准的环境要求与国际标准的冲突,国际组织于2009年启动制定《极地规则》,该规则涉及北极航行船舶的构造、安全设备的配置、航行要求、环保要求等各个方面,由Ⅰ(安全规则)和Ⅱ(环保措施)两部分构成,②已于2017年正式生效,并对东北航道同样具有拘束力。

在上述南海争议的例子中,美国借助航行自由这一理由不断参与南海相关争议,使相关争议复杂化,并不断挑战其他国家最为敏感的军事安全。实际上,为保证航行自由,除争议方外的其他国家应当尊重争议方之间的争议处理,保持中立和克制的立场。中国也已经积极表示,中国一贯致力于维护各国根据国际法所享有的航行和飞越自由,维护海上通道的安全;南海拥有众多重要的航行通道,有关航道也是中国对外贸易和能源进口的主要通道之一,保障南海航行和飞越自由,维护南海海上通道的安全对中国十分重要。长期以来,中国致力于和东盟国家共同保障南海航道的畅通和安全,并作出重大贡献。各国在南海依据国际法享有的航行和飞越自由不存在任何问题。③

综上,领土争议水域产生的对航行自由的阻碍一方面来源于争议本身带来的冲突,另一方面也是因为《联合国海洋法公约》在这方面的空白。在未来对《联合国海洋法公约》的完善中,应当考虑领土争议水域的需要,为各国在该水域的航行等活动划定底线,建立更有利于和平处理争议和保护航行自由的制度。

---

① 参见《中国坚持通过谈判解决中国与菲律宾在南海的有关的争议》白皮书。
② 参见钟晨康:《极地规则进展》,载《中国远洋船务》2014年第4期,第64页。
③ 参见《中国坚持通过谈判解决中国与菲律宾在南海的有关的争议》白皮书。

第四节 危险船舶、危险货物运输与沿海国安全

船舶的类型多种多样,船舶所运载的货物种类也十分广泛。在这些船舶中,一些船舶可能本身即具有发生危险的可能性,如核动力船舶可能产生核辐射和核污染。另一些船舶可能因为发生意外而具有危险性,如发生爆炸可能沉没的船舶等。这些船舶因具有一定的危险性,可能被其航行水域的沿海国施加一定的限制,以防止危险的发生。例如,为了防止水域被污染,沿海国可能拒绝发生爆炸具有沉没危险性的船舶进入其港口避难。同时,一些货物因具有一定危险性,运载这些货物的船舶也被要求遵从相关规定,以防止危险货物对船舶途经水域的沿海国产生危害。危险船舶和危险货物运输往往需要遵从两种规则:第一种,与这两类行为相关的国际法律规则;第二种,因各沿海国对专属经济区、领海和内水等水域中各类事项的立法权而产生的相关国内法律法规。

一、危险货物运输与沿海国安全

(一)《联合国海洋法公约》

根据《联合国海洋法公约》的规定,船舶在专属经济区内享有与在公海中航行同样的航行自由,而在领海则适用无害通过制。

然而,《联合国海洋法公约》同时为这些航行自由施加了限制。根据公约第22条第1、2款的规定,"沿海国考虑到航行安全认为必要时,可要求行使无害通过其领海权利的外国船舶使用其为管制船舶通过而指定或规定的海道和分道通航制。特别是沿海国可要求油轮、核动力船舶和载运核物质或材料或其他本质上危险或有毒物质或材料的船舶只在上述海道通过。"同时,公约第23条规定,"外国核动力船舶和载运核物质或其他本质上危险或有毒物质的船舶,在行使无害通过领海的权利时,应持有国际协定为这种船舶所规定的证书并遵守国际协定所规定的特别预防措施。"

此外,《联合国海洋法公约》第56条赋予了沿海国在专属经济区内对海洋环境的保护和保全事项的管辖权。因此,沿海国可能以运输危险货物的船舶对专属经济区内的环境造成影响为由,在专属经济区内进行相关立法,规制运输危险货物的船舶,而这种立法可能在一定程度上限制该种船舶的航行自由。

可见,《联合国海洋法公约》在承认运输危险货物的船舶有其航行自由权利的同时,赋予了沿海国指定航道和进行立法的权利,并对这些船舶施加了国际法上的义务。

(二) 1974年《国际海上人命安全公约》

与危险货物运输有关的国际法规则首先被规定在1974年《国际海上人命安全公约》(International Convention for the Safety of Life at Sea，SOLAS)中,该公约是取代1960年《国际海上人命安全公约》的最新版公约。其制定目的在于通过建立一个共同、统一的标准和规则来促进海上的人命安全。①

其中,对危险货物运输的规定位于SOLAS的第七章。这部分首先规定了规则的适用范围,明确相关规定适用于运载危险货物的一切船舶。其次,为补充该公约的规定,各国可以对货物的包装和装载进行细化的规定。② 最后,还对危险货物分类、包装、标记、装载要求等进行了规定。③

(三)《国际海运危险货物规则》

为使SOLAS中的规定能够更加明确、更具可执行性,国际海事组织(International Maritime Organization，IMO)制定了《国际海运危险货物规则》(International Maritime Dangerous Goods Code，IMDG Code)。对海上运输危险货物加以管理,是为了合理地防止发生人身事故和对船舶及其载运货物的损害;对海上运输海洋污染物进行管理,以防止其危害海洋环境。IMDG Code的目的是提高危险货物运输的安全性,同时又促进此类货物不受限制地自由运输和防止其污染海洋环境。④

IMDG Code适用于所有载运其所列危险物的船舶,并不论船舶的船型与大小。⑤ 该规则规定的危险货物主要包括:爆炸品、气体、易燃液体、易燃固体、易自燃物质、遇水放出易燃气体的物质、氧化物质和有机过氧化物、有毒物质和感染性物质、放射性材料、腐蚀品、杂类危险物质和物品以及环境有害物、海洋污染物等。⑥ 为保障上述危险物品在运输中的安全,IMDG Code主要针对危险货物的包装和罐柜、托运程序、中型散装容器、大宗包装、可移动罐柜、多单元气体容器和公路罐车的构造和实验以及运输作业的相关内容进行了规定。⑦

此外,为了使这一规则能够反映海运运营方面的最高成就,IMDG Code会考虑技术上的发展,同时考虑到化学品分类以及联合国专家委员会制定的关于托运人/发货人的相关规定的变化,以两年为周期进行更新。

---

① 参见1974年《国际海上人命安全公约》。
② 参见1974年《国际海上人命安全公约》第七章第1条。
③ 参见1974年《国际海上人命安全公约》第七章。
④ 参见《国际海运危险货物规则》序言第1条。
⑤ 参见《国际海运危险货物规则》第1.1.1.3条。
⑥ 参见《国际海运危险货物规则》目录。
⑦ 同上。

二、危险船舶的航行与沿海国安全

在危险船舶的航行自由问题中,较为主要的两个问题是核动力船舶的航行自由和遇难船舶的航行自由。

(一)核动力船舶航行与沿海国安全

如上文所述,《联合国海洋法公约》第23条对运输危险货物的船舶和核动力船舶在领海内的航行提出了"持有国际协定为这种船舶所规定的证书并遵守国际协定所规定的特别预防措施"的要求,并允许沿海国对核动力船舶指定航道通行。同时,各沿海国还可能行使其在专属经济区内的管辖权,对核动力船舶进行限制。

除此之外,SOLAS在其第八章中对核动力船舶作出了相关规定,对除作战用核动力船舶外的其他所有核动力船舶均有约束力。[1]

具体而言,SOLAS对核动力船舶上核反应堆的适当安装进行了规定,要求核反应堆的安装必须考虑正常以及特殊情况下的航行。[2] 同时,SOLAS还要求管理部门应当采取措施以确保核动力船舶不对海洋、港口、船员、乘客和公共环境、航道和水源产生任何不合理的辐射或其他核危害物。[3] 另外,对于核动力船舶,还需要进行安全评估,[4]并获得许可证照(Nuclaer Passenger Ship Safety Certificate or Nuclear Cargo Ship Safety Certificate)。[5] 对于需要进入一国港口或在港口停泊的核动力船舶,缔约国政府有权在其进入港口之前采取特殊控制措施(special control),以确保相关船舶持有应有的证照,且未产生不合理的辐射和核危害物。[6]

(二)遇难船舶避难准入问题

2012年7月14日,德国籍船舶"弗拉米尼亚号"在从美国港口查尔斯顿到比利时安特卫普途中发生火灾并引发爆炸。事故发生地点在距离最近的陆地约1000海里的大西洋中部。英国海岸警卫队收到事故信号后向所有航行于该区域内的船舶进行了通报,多艘过往船舶对遇难船舶船员提供了救助。在施救过程中,该船舶也不断向近岸移动,以期进入沿岸水域避难、进行货物驳运并得到维修,但直至8月13日,没有任何一个欧洲国家允许该船舶进入其沿岸水域避

---

[1] 参见1974年《国际海上人命安全公约》第八章第1条。
[2] 参见1974年《国际海上人命安全公约》第八章第5条。
[3] 参见1974年《国际海上人命安全公约》第八章第6条。
[4] 参见1974年《国际海上人命安全公约》第八章第7条。
[5] 参见1974年《国际海上人命安全公约》第八章第10条。
[6] 参见1974年《国际海上人命安全公约》第八章第11条。

难。直至 8 月 20 日,在专家进入该船舶并确认完全安全之后,该船舶才被允许进入德国水域。①

各国拒绝"弗拉米尼亚号"进入其沿岸水域避难可能出于多方面的考虑。一方面,在没有确定遇难船舶安全的情况下允许其进入本国沿岸水域,若遇难船舶突然沉没或发生二次危险,有可能危及本国沿岸水域的船舶和人命;另一方面,若该船舶在本国沿岸水域沉没或发生二次危险,其所载燃油可能给相关水域造成严重的油污污染。这一问题的本质在于遇难船舶的航行自由与沿海国环境、资源安全等利益的冲突。

在现行国际法中,关于遇难船舶是否有权进入沿海国水域(包括专属经济区和领海)避难这一问题,难以得出明确、肯定的结论。

在国际法层面上,专属经济区内实行的制度只能在一定程度上为遇难船舶准入提供法律支持。《联合国海洋法公约》第 58 条规定,在专属经济区内,所有国家,不论为沿海国或内陆国,在《联合国海洋法公约》的限制下,享有适用于公海的航行和飞越自由。因此,遇难船舶原则上能够自由进入沿海国的专属经济区。然而,根据《联合国海洋法公约》第 56 条的规定,沿海国在专属经济区内享有对海洋环境的保护和保全事项的管辖权。因此,沿海国可能对遇难船舶进入专属经济区进行立法。例如,中国《海洋环境保护法》第 71 条第 1 款规定:"船舶发生海难事故,造成或者可能造成海洋环境重大污染损害的,国家海事行政主管部门有权强制采取避免或者减少污染损害的措施。"根据这一规定,中国海事行政主管部门显然有权禁止可能造成危险的遇难船舶进入中国专属经济区。

关于遇难船舶是否能够进入领海避难这一问题,答案更具有不确定性。首先,领海比专属经济区更靠近沿海国,遇难船舶想要进入领海避难,则必须通过专属经济区,如上文所述,此时可能会受到阻碍。其次,领海的无害通过权能否为遇难船舶准入提供法律支持存在争议。《联合国海洋法公约》虽然规定了所有国家的船舶均享有无害通过领海的权利,②但同时也规定了 12 项不属于无害通过的情形。③ 其中第 12 项规定,与通过没有直接关系的任何其他活动并不能被视为无害通过。同时,遇难船舶寻求在领海范围内避难,还可能不符合对"通过"的继续不停和迅速进行的要求;④而如果穿过领海,进入内水范围的港口进行避难,则可能需要遵守严格的沿海国国内法要求。最后,即便遇难船舶避难能够适

---

① 参见刘长霞:《遇难船舶避难准入法律问题研究》,载《中南大学学报(社会科学版)》2014 年第 1 期,第 108 页。
② 参见《联合国海洋法公约》第 17 条。
③ 参见《联合国海洋法公约》第 19 条。
④ 参见《联合国海洋法公约》第 18 条。

用领海的无害通过制,也有可能因沿海国国内法的规定而无法实现避难。例如,上文提到的中国《海洋环境保护法》第 71 条第 1 款的规定即同样适用于中国的领海和内水。

因此,综合来看,遇难船舶能否进入沿海国相关水域避难,在国际法上并不存在明显的障碍,但也不存在肯定的回答。并且,各国国内法往往不允许可能造成危险的遇难船舶进入相关水域避难。

为促进各国关于遇难船舶准入的规定和实践,IMO 于 2003 年通过了《关于需要援助船舶避难地指南决议》(Guidelines on Places of Refuge for Ships in Need of Assistance,以下简称《指南》)。该《指南》指出,虽然沿岸国可能为避免潜在的环境威胁而拒绝遇难船舶进入沿岸水域进行避难,①但实际上,遇难船舶被迫停在公海上的时间越长,就越有可能对海洋造成严重的损害。② 因此,《指南》希望能够尽量平衡允许遇难船舶在避难地避难和可能给沿岸国造成的损害,③并希望沿岸国建立避难地评估制度(Assessment of Places of Refuge),④参照其所提供的要素综合评估遇难船舶的情况,⑤同时设立专家分析⑥和决策制度⑦,以帮助遇难船舶在沿岸国相关水域进行避难。

然而,《指南》对 IMO 的成员国并无约束力。目前,国际法上也没有成功的协调沿岸国权力和遇难船舶航行自由的条约。为保护海洋环境,保障遇难船舶的航行自由,各国应当考虑参照《指南》的规定,建立科学的制度,以平衡本国利益与海洋保护的需要。

---

① See 1.5, Introduction, Guidelines on Places of Refuge for Ships in Need of Assistance.
② See 1.6, Introduction, Guidelines on Places of Refuge for Ships in Need of Assistance.
③ See 1.7, Introduction, Guidelines on Places of Refuge for Ships in Need of Assistance.
④ See Assessment of Places of Refuge, Guidelines for Actions Expected of Coastal States, Guidelines on Places of Refuge for Ships in Need of Assistance.
⑤ See Analysis Factors, Event-Specific Assessment, Guidelines for Actions Expected of Coastal States, Guidelines on Places of Refuge for Ships in Need of Assistance.
⑥ See Expert Factors, Event-Specific Assessment, Guidelines for Actions Expected of Coastal States, Guidelines on Places of Refuge for Ships in Need of Assistance.
⑦ See Decision-Making Process for the Use of a Place of Refuge, Guidelines for Actions Expected of Coastal States, Guidelines on Places of Refuge for Ships in Need of Assistance.

第六章　航行自由与海洋资源开发的冲突与协调

海洋资源曾被认为是用之不竭的。一个国家对海洋的利用并不减损其他国家的利益,因此海洋曾被普遍视为"全球公域",海域管理和海洋资源养护被视为"公共物品";大国维护国际航道畅通无阻、提供海洋治理的公共物品被认为对于塑造稳定的海洋秩序具有重要作用,因此航行自由与海洋治理也成为国际关系研究中霸权稳定理论的经典例证。然而,技术发展提升了人类开发海洋资源的能力,随之出现的资源匮乏问题引起了主权国家特别是沿海国对海洋资源利益的关切。沿海国管制权向海洋的延伸使国际海洋政治开始更加关注如何圈占和防止他国圈占海洋。海洋治理更是成为发展中国家寻求国际利益分配正义的重要议题。海洋秩序也越来越与海上霸权所塑造的稳定脱钩。① 1982年《联合国海洋法公约》以海洋区域划分为基础建构海洋治理的"宪法性框架",在确立领海无害通过、国际海峡过境通行、公海航行自由权利的同时赋予沿海国家在领海和专属经济区的管制权与资源开发权,旨在通过航行自由与国家管制的平衡协调沿海国与其他国家的利益冲突。然而,各国对航行自由的理解与解释不同,沿海国渔业捕捞、浅海钻探、生物资源勘探、深海资源开发等行为难免与其他国家商业、军用船舶的航行产生冲突,成为引发国际海洋争端的潜在因素。②

航行自由与海洋资源开发的冲突在中美海洋战略中尤其凸显。中国历来重视海洋资源的开发利用,并将其视为建设海洋强国的重要内容。然而,美国一直以军事力量为基础在全球海域推行其"航行自由计划",③将其他国家参与海洋治理的合法活动称为"过度的海洋主张"(excessive maritime claims),并视之为对美国海洋霸权的挑战。④ 中国在沿海敏感海域的权利主张和海洋资源开

---

① See Robert O. Keohane, Joseph S. Nye, *Power and Interdependence*, 4th Edition, Boston: Longman, 2012, p.75.
② 参见袁发强:《国家安全视角下的航行自由》,载《法学研究》2015年第3期,第203—206页。
③ 参见曲升:《美国"航行自由计划"初探》,载《美国研究》2013年第1期,第102页。
④ See J. Ashley Roach, Robert W. Smith, *Excessive Maritime Claims*, 3rd Edition, Leiden, Boston: Martinus Nijhoff Publishers, 2012, pp.386-391.

发活动难免与美国的"航行自由"产生冲突。这一国际法治背景给正在崛起的中国提出了挑战：作为传统的沿海国与港口国，中国应如何看待沿海国主权和管辖权扩张基础上的资源开发活动给航行自由带来的潜在侵蚀？如何在沿海国主权、海洋国航行权利、海洋资源开发与环境保护之间寻求平衡，探索航行自由与海洋资源开发相协调的和谐包容的海洋治理体系？随着"一带一路"倡议的逐步实施，又应如何微妙平衡航行自由与沿海资源开发权利以适应中国崛起的海洋治理立场？

下文意在回应前述问题，从沿海国主权扩张、沿海国和港口国管辖权扩张、国际海洋治理体系分权化三个层面论述航行自由与海洋资源开发制度之间的冲突现象及其产生原因，检视协调航行自由与海洋资源开发的传统权利路径及其缺陷，提出通过构建航行自由与海洋资源开发的权利约束机制协调沿海国主权扩张所引致的冲突，通过强化责任机制协调沿海国和港口国管辖权扩张所引致的冲突，以及通过拓展国际组织的联系协调国际海洋治理体系分权化所引致的冲突，并探索中国如何在航行自由与海洋资源开发相协调的国际海洋治理中凸显话语权、发挥领导力。

第一节 航线选择与海洋资源开发的影响

船舶在航行时，航线的选择可能会与海洋资源开发发生冲突，甚至影响海洋资源开发。

首先，船舶航行在设计航线时往往需要考虑危险物因素，而海洋资源开发所利用的物理平台、机械与工具恰好可能属于航线设计与选择时必须考虑的危险物。大洋深处海水较深，船舶面临的危险物较少，而沿岸危险物较多，对船舶航行存在较大的安全威胁。因此，船舶在拟定航线时应离开危险物并且保留足够的安全距离。随着海洋资源开发进程的不断加快，海上钻井平台、采油平台和施工平台等离岸海上平台的建设逐步兴起，对大型海上结构物的拖航需求也在不断增加。船舶在选择航线时必须充分考虑避开这些大型海上结构物，确保船舶航行安全。更为重要的是，当海洋资源开发所使用的工具、设施造成海洋污染时，船舶将被迫考虑使用其他替代航线航行。例如，2010 年 4 月 20 日，属于英国石油公司的"深水地平线"钻井平台突然在美国路易斯安那州威尼斯东南约 82 公里的海域处爆炸，造成 11 人失踪，并导致墨西哥湾地区被大面积浮油覆盖，生态环境遭到威胁，海洋油污还导致其他船舶在很长时间内无法正常进入港口。

其次，有关当局公布的禁航、禁锚、禁渔区域等限制性区域也是影响航线设计的诸因素之一。

最后,船舶航线需要尽可能避免穿过渔区、海上油田区、拥挤水域,以及沿海国基于保护海洋资源目的所划定的禁航区或避航区:

第一,在船舶航行与沿海渔业资源捕捞方面,虽然《联合国海洋法公约》规定外国船舶在沿海国领海和专属经济区内有无害通过的权利,这种无害通过的权利也当然适用于沿海国近水渔业。然而,渔业资源密集的渔区实际上会对船舶航行产生影响。沿海捕捞业迅速膨胀会使沿海可航水域的通航船舶越来越密集,商船习惯航线与渔船作业路径频繁交汇,易造成商船与渔船相碰事故,会给船舶安全带来隐患。因此,船舶在选择航线时,应参考相应航路指南,尽可能避开渔区、船舶密集区等区域。

第二,在船舶航行与海洋石油资源开发方面,海上油田区设施中的钻井架位置会发生变更,因此船舶航行时必须注意查阅航海通告并收听航行警告,以防止发生碰撞。在航线设计中,往往要求船舶对上述设施保持1.5海里以上的距离,还要特别避免穿越石油开采设施群。

第三,在船舶航行与避航区方面,沿海国以及国际海事组织所设立的避航区也是船舶航线设计时必须考虑的因素。海上避航区(Area to Be Avoided, ATBA),是指一国主管当局以实现海上航行安全和保护海洋生态环境为目的,通过船舶定线措施在管辖海域或公海设置的禁止或限制特定船舶航行的区域。根据1974年《国际海上人命安全公约》的规定,国际海事组织(IMO)是唯一有权在国际层面确立避航区、规划航线的国际组织。IMO于2015年颁布的《船舶定线》(Ship's Routing)明确了船舶航行所必须遵守的规则,避免船舶在海上航行时面临危险。IMO还通过了强制性的《极地水域船舶航行国际准则》,并于2017年1月1日生效。这一准则强调了船舶在两极地区航行面临的危险性因素,包括冰、地理位置偏远以及严酷而迅速变化的天气条件等;在相关船舶的设计、建造、设备、航行、培训、搜救和环境保护等方面,准则也提出了明确的目标和要求。此外,针对特定地区的特定海洋资源保护,IMO也制定了特殊的航线要求。例如,美国旧金山、长滩、洛杉矶以及圣巴巴拉市所在的西部海域是蓝鲸、座头鲸和长须鲸传统聚食点和洄游路线的必经之地。鲸鱼本身行动较为缓慢,在上述海域容易与过往船只相撞而造成伤亡。为了保护鲸鱼,IMO曾宣布调整部分终点为加利福尼亚州的大洋航运线路,为航线周边海域的鲸鱼让路,以减小其伤亡的可能性。除IMO颁布的规则外,有关国家为了避免海洋环境污染或保护海洋生物资源也会自行在沿海区域内指定一些避航区,这些区域也是船舶在设计航线时必须绕行的区域。

实际上,航线的选择与海洋资源开发的影响是双向的。一方面,船舶航行会对沿海国甚至公海的海洋资源、海洋环境造成负面影响,为了防止污染沿海国海洋环境、破坏沿海国海洋资源,航行的船舶有义务在设计航线时尽可能避开危险区域;另一方面,沿海国的海洋石油资源开发设施、近海渔业捕捞行为都可能对船舶航行产生负面影响,以及限制船舶的航行自由,为了确保航行中船舶的无害通过权得到实现,沿海国有义务保证其近海资源开发行为不得对传统航线构成阻碍。例如,随着全球变暖,靠近俄罗斯和加拿大领海附近的北极海域正在成为一条"北方航线",具有现实的航行价值。通过北极航道进行亚洲和欧洲之间、亚洲和北美洲之间的商业运输,不仅可以缩短几千海里的路程,更可以节省燃油。不过,受地理条件限制,可航水域过于靠近北极附近国家的领土,在部分地区甚至需要通过领海。加拿大和俄罗斯都以环境保护的名义出台了有关北极地区航行的一些限制性条件。虽然《联合国海洋法公约》要求沿海国的环境保护措施不得歧视,但这些限制性条件中所隐含的技术性要求实质上可能会妨碍北极航线的商业航行。① 因此,如何协调航线选择与海洋资源开发的冲突,也是航行自由制度的国际法律框架下所面临的重要问题。

第二节 海洋资源开发对航行自由的影响

一、沿海国主权扩张视角下的冲突

如何平衡沿海国对于海域的排他性占有和管制与海洋的自由进出,是国际海洋法律体系的核心。著名国际法学者奥康奈尔(D. P. O'Connell)指出,"主权国家的海洋管制和航行自由之间的冲突是决定海洋法历史演进的核心主题。在几百年的海洋法历史中,国家主权和航行自由的冲突随着国际社会政治结构和经济发展而演进。"②海洋用途的变化则是促使沿海国向海洋扩张主权的重要动因。随着人类对于海洋认知的发展和海洋开采能力的技术进步,海洋用途从单纯的航行通道延伸至承载着巨大财富的资源宝藏,海洋利益也从此兼具航行利益与资源利益,沿海国要求向海洋扩张主权以保障资源的独占性和海洋强国要求维持航行自由的利益诉求就一直存在冲突。因此,海洋资源开发与航行自由的冲突实际上根植于海洋用途变迁所引起的国际利益再分配与国家间的政治博弈。

---

① 参见袁发强:《航行自由制度与中国的政策选择》,载《国际问题研究》2016年第2期,第98页。
② D. P. O'Connell, I. A. Shearer(ed.), *The International Law of the Sea*, Oxford: The Clarendon Press, Vol.1, 1982, p.1.

(一)航行利益与海上强权塑造下的海洋自由论

15世纪末,西班牙和葡萄牙两大海洋帝国试图以教皇子午线为界分割海洋,垄断海洋航行权。这种海洋的封闭状态与16世纪荷兰日益增长的海洋贸易之间产生了冲突。为了论证荷兰有权在东印度地区自由航行和贸易,荷兰学者格劳秀斯出版了著名的《海洋自由论》,从三个层面驳斥葡萄牙的海洋航行权垄断:首先,海洋无边无际,是无法被占有的物品,因此不能通过先占变成任何国家的财产。那些由自然构成、虽然暂时为特定人服务但仍足以为其他人共用的物品,均应永久保持它自然初创时的状态。其次,海洋和航海权不具有私人财产权的属性,也就不能成为因教皇赐予而归属于某些人的私人财产。最后,海洋和航海权也不因时效而成为归于葡萄牙人的私有财产。时效是市民法的问题,不适用于国与国之间的争议,市民法在与自然法或万民法冲突时常退居次位,而且市民法本身也禁止凭先占或时效取得不能被占有的物品。① 综合上述三个方面,格劳秀斯论证了海洋的共有物属性,否定了海洋垄断权,得出任何国家均可在海上自由航行和贸易的结论。② 在整个17世纪,格劳秀斯的海洋自由论与英国学者塞尔顿的闭海论③进行了持久的学术论战。18世纪中期,英国最终在四次英荷大战后取得了海上霸主地位。开放的海洋有利于英国商船穿行于各大洲之间从事殖民地贸易,也有利于英国军舰畅通无阻地航行于大海之上为贸易保驾护航,因此英国从闭海论的支持者转为海洋自由论的践行者,凭借其海上强权推动海洋自由论成为国际习惯。④

从17世纪现代国际体系形成到20世纪早期,海洋自由论主宰着国际海洋机制,沿海国家只对极小范围的沿海区域提出支配权、用于渔业捕捞。国际社会将"绝对的航行自由"作为海洋治理的核心机制予以遵守,这一现象可以从海洋资源利用、海洋利益分配、国际政治权力三个层面来解释。

在海洋资源利用层面,这一时期人类仅有能力开采非常有限的近海渔业资源,而且囿于捕捞技术的局限,海洋渔业并不存在资源枯竭的问题,海洋主要是被作为商业海运通道和海战场所加以利用的,因此沿海国对于扩大捕鱼区域、限

---

① 参见〔荷〕格劳秀斯:《论海洋自由或荷兰参与东印度贸易的权利》,马忠法译,张乃根校,第24—58页。
② See Hugo Grotius, *The Freedom of the Seas or the Right Belongs to the Dutch to Take Part in the East Indian Trade* (Ralph Van Deman Magoffin trans.), New York: Oxford University Press, 1916, p. 7.
③ See John Selden, *Mare Clausum of the Dominion or Ownership of the Sea* (Marchmont Nedham trans.), New Jersey: Lawbook Exchange, 2004, pp. 3-137.
④ 参见张磊:《论国家主权对航行自由的合理限制:以"海洋自由论"的历史演进为视角》,载《法商研究》2015年第5期,第176—177页。

制航行自由兴趣不大。甚至有学者认为,这一时期的海洋自由并非一项独立的法律原则,而是从属于贸易权和交通权。①

在海洋利益分配层面,海洋资源开发与航行自由并不冲突,因为沿海国的渔业资源利益并未因航海国家的海洋航行或者工业国家的捕捞行为而受损,而自由的海上通道也便利了国际贸易,从而使工业发展国家受益。

在国际政治权力层面,航行自由获得了海洋强国特别是英国的支持,很少有国家具有与英国等海洋强国相抗衡的政治和军事实力。海洋强国的政治实力阻止了沿海国向海洋扩张主权的诉求。② 可以说,沿海国有限的海洋资源开发能力使海洋的功用局限在通航,同时海洋强国的政治和军事实力也抑制了沿海国向海洋扩张主权的行为。海洋资源利用条件、海洋利益分配与国际政治实力分布之间的平衡确保了海洋自由论成为这一时期国际海洋机制的核心。

(二)海洋资源利益促使沿海国向海洋扩张国家主权

20世纪30年代以来,科学技术进步提高了人们开发海洋资源的能力,也因此改变了传统的海洋利用途径。不但越来越多的渔民开始从事远洋渔业捕捞,近海石油开采也成为沿海国家极力维护的重要利益。远洋渔业资源和近海石油资源利益促使沿海国向海洋扩张主权,打破了传统以海洋自由论为核心的国际海洋机制。③ 首先主张沿海国向海洋扩张专有支配权的是当时海洋强国之一的美国。1945年,美国总统杜鲁门在《关于美国对大陆架底土和海床自然资源的政策宣言》中称:处于公海下却邻接美国海岸的大陆架底土和海床的自然资源属于美国,受美国管辖和控制。以大陆架"自然延伸"为标准的沿海国主权扩张无疑对传统的海洋自由论构成挑战。④ 美国提出的大陆架原则激发了沿海国向海洋扩张主权的欲望。⑤ 除墨西哥、智利、秘鲁等拉丁美洲国家纷纷提出大陆架主张外,还有很多沿海国呼吁扩大沿海渔区和领海范围,印度尼西亚等群岛国更提出"群岛原则"(Archipelagic Doctrine),主张将连接最外缘岛屿的直线作为群岛

---

① See Ruth Lapidoth, Freedom of Navigation: Its Legal History and Its Normative Basis, *Journal of Maritime Law and Commerce*, Vol. 6, 1975, p. 271.
② See Mark W. Zacher, James G. McConnell, Down to the Sea with Stakes: The Evolving Law of the Sea and the Future of the Deep Seabed Regime, *Ocean Development and International Law*, Vol. 21, 1990, p. 78.
③ See R. R. Churchill, A. V. Lowe, *The Law of the Sea*, 3rd Edition, New York: Juris Publishing, 1999, p. 2.
④ See Ann L. Hollick, *U. S. Foreign Policy and the Law of the Sea*, New Jersey: Princeton University Press, 1981, pp. 18-61.
⑤ 参见〔美〕路易斯·亨金:《国际法:政治与价值》,张乃根等译,中国政法大学出版社2005年版,第120页。

基线从而扩大内水和领海范围。①

海洋资源利益驱动着沿海国向海洋扩张主权,侵蚀着航行自由的地理范围,与航运发达国家维护航行自由的主张产生冲突。② 然而,在沿海国主权扩张与航行自由的冲突中,沿海国反而占据了国际政治优势,得以打破以航行自由论为核心的国际海洋机制,为现代海洋治理架构奠定基础。国际关系理论的研究者试图从历史的维度,通过分析航运发达国家内部的利益分化、意识形态的考虑、第三世界政治力量的崛起来论述航行自由从绝对原则降为准原则的原因。

首先,航运发达国家在近海渔业、远洋渔业、沿海资源开发与航行自由问题上存在不同的国家利益,导致航运发达国家内部的利益分化。例如,美国和加拿大等近海渔业资源丰富的国家担心其沿海渔业资源持续遭受来自日本、英国、苏联等远洋渔业国家的过度捕捞。因此,近海渔业资源保护需要的海域封闭与远洋渔业捕捞需要的航行自由之间的矛盾导致航运发达国家内部的分歧。③ 同时,发达国家担心其他国家设立近海渔区、开采海底石油、勘探开发大陆架资源等行为将阻碍航行自由,就连首先提出大陆架主张的美国也因其他沿海国的权利声索而试图在资源利益与航行自由间寻求政策折中。④

其次,尽管拉丁美洲国家纷纷提出大陆架和沿海渔区主张,但是美欧等海洋强国出于对抗共产主义意识形态的考虑,并不希望对拉丁美洲国家的沿海主权扩张施加政治压力而失去政治同盟。

最后,随着第三世界的崛起,沿海发展中国家开始使用巡航船驱赶在其近海航行的发达国家的船舶,也会扣押在近海从事捕捞作业的他国渔船,逐渐具备了

---

① See Lewis M. Alexander, The Ocean Enclosure Movement: Inventory and Prospect, *San Diego Law Review*, Vol. 20, 1983, pp. 572-573. 在1951年英挪渔业案中,国际法院认可了挪威海岸线的特殊性对于确定基线并进而确定领海范围具有重要影响,认可了挪威以连接各岛屿、岩礁外缘的直线确定基线的主张。See The Anglo-Norwegian Fisheries Case (United Kingdom v. Norway), International Court of Justice Reports, 1951, p. 131.

② See John R. Brock, Threats to Freedom of Navigation: With Special Reference to Unilateral Coastal State Claims as well as Certain High Seas Actions, *Judge Advocate General Journal*, Vol. 24, 1969-1970, p. 75.

③ 例如,在1868年至1873年期间,美国国会通过了一系列法案,禁止在阿拉斯加及其临近岛屿捕杀海豹,但由于英国渔船不断在该海域附近猎杀海豹,美国在1881年宣布其有权在3海里领海线外采取行动、阻挠英国渔船的捕捞作业,最终致使英国以违反公海自由原则为由提起国际仲裁。这就是著名的"白令海海豹仲裁案"。国际仲裁庭最终驳回了美国认为它有权对公海上的英国船舶执行目的在于养护濒于危境的海豹品种的规则的主张。参见〔英〕詹宁斯、瓦茨修订:《奥本海国际法(第一卷第二分册)》,王铁崖等译,第182页。

④ See Mark W. Zacher, James G. McConnell, Down to the Sea with Stakes: The Evolving Law of the Sea and the Future of the Deep Seabed Regime, *Ocean Development and International Law*, Vol. 21, 1990, p. 80.

与海洋强国抗衡的政治力量。① 更重要的是,正如克拉斯纳(Stephen D. Krasner)所指出的,第三世界的崛起促使沿海与内陆发展中国家形成共同体,提高了沿海发展中国家在国际海洋治理中的表决权数量优势,使沿海国在其资源利益与海洋强国航行利益的冲突中得以拥有主动权。②

(三)沿海国主权扩张与航行自由的平衡:现代海洋治理的区域划分

资源利益驱动的沿海国主权扩张与航行自由的矛盾使国际社会意识到,以习惯为基础的国际制度已经不足以解决冲突。海洋治理迫切需要建构国际法律制度来消弭混乱和纷争,③并最终在历经三次联合国海洋法会议后达成了1982年《联合国海洋法公约》,通过海洋治理的区域划分来平衡沿海国主权扩张与航行自由的利益诉求。在这一区域划分体系中,以领海基线为基础,海洋被划分为领海、毗连区、专属经济区和公海。沿海国主权逐区递减,航行自由则逐区增强,但无论区域的主权强弱,航行权始终获得保障。

一方面,公约通过扩张沿海国资源开发的地理范围来保障沿海国资源开发利益,具体表现在四个方面:(1)把领海宽度从3海里扩展至12海里,沿海国领海主权及于领海海床和底土,享有开发领海内海洋资源的专属权利;(2)公约创设了200海里专属经济区,赋予沿海国在专属经济区内勘探、开发、利用水域、海床及其底土的自然资源的"主权权利";(3)如果自然延伸的大陆架超过200海里,沿海国对200海里外的大陆架也享有勘探开发自然资源的"主权权利";(4)沿海国在上述范围以外的公海上虽不享有主权或主权权利,但是包括沿海国在内的所有国家的国民均有权在公海从事渔业捕捞。④

另一方面,公约并未因扩张沿海国资源开发的地域范围而减损其他国家的航行权,航行自由反而因公约得到强化。具体而言,虽然公约把领海范围扩展至12海里,但同时规定外国船舶在领海享有无害通过权、在国际海峡享有过境通行权,通过法律将国家主权海域的航行自由固定成国际社会必须恪守的法则。最为重要的是,公约通过创建"过渡地带"——专属经济区的方式巧妙解决了沿海国主权向公海扩展而侵蚀航行自由的问题。专属经济区的创设使资源利益与航行利益在这一区域实现了分享,沿海国得以享有这一区域的资源开发权利,同

---

① See Mark W. Zacher, James G. McConnell, Down to the Sea with Stakes: The Evolving Law of the Sea and the Future of the Deep Seabed Regime, *Ocean Development and International Law*, Vol. 21, 1990, p. 81.

② See Stephen D. Krasner, *Structural Conflict: The Third World Against Global Liberalism*, Berkeley, Los Angeles, London: University of California Press, 1985, pp. 236-237.

③ See Michael A. Becker, The Shifting Public Order of the Oceans: Freedom of Navigation and the Interdiction of Ships at Sea, *Harvard International Law Journal*, Vol. 46, 2005, p. 171.

④ 参见《联合国海洋法公约》第2、56、77、116条。

时航行国的公海航行自由权利在这一区域也得以完整保留。因此,航行自由贯穿于《联合国海洋法公约》所确立的现代海洋治理法律体系的各个海洋区域。

(四)海洋区域划分并未根本解决航行自由与海洋资源开发的冲突

《联合国海洋法公约》建构在海洋区域划分基础上的体系,实际上是通过扩大沿海国管理控制的海域范围来换取航行自由在全部海域的实现,体现了沿海国资源利益与他国航行利益之间的平衡与妥协。[①] 然而,公约规定的模糊性以及20世纪中后期出现的海洋治理新问题使公约在资源开发与航行自由之间构筑的平衡面临挑战。

首先,现有法律规范的模糊性再度引起海洋资源开发与航行自由之间的冲突。例如,虽然《联合国海洋法公约》赋予船舶在沿海国领海无害通过的权利,但对于如何解释"无害"的具体含义,如违反沿海国资源养护和开发的国内法是否构成对沿海国和平、良好秩序的损害,沿海国在何种条件下可以因有害通过限制航行自由等诸多问题,都存在不同法学理论观点和国际实践,以致资源开发与航行自由之间冲突不断。又如,对于沿海国能否以海洋资源养护和开发为由限制航行自由问题,虽然有学者主张沿海国有权实施分道通航、强制引航、限制航速、限定抛锚地点等措施来防止航行船舶损害海洋资源,[②]但是国际法上对此却并无明确标准。再如,对于船舶污染行为是否因破坏沿海国海洋资源而构成有害通过问题,《联合国海洋法公约》第19条可以被理解为只有故意造成污染的船舶才构成有害通过。而这一条文的狭义解释广受学界批评,被指责将在故意造成污染的船舶和具有重大过失的船舶之间产生差别待遇,也不符合国际实践。[③] 更有学者认为,污染一旦产生即构成对沿海国资源利益的严重侵害,沿海国应当有权保护其利益,而不是去探究船舶污染是否由主观故意造成。[④] 此外,在载有重大危险物质船舶的规制问题上,韩国、马耳他等国均要求船舶事先通知沿海国,而埃及、也门、马来西亚等国则要求事先通知且获得批准后船舶方可驶入沿海国领海。沿海国预先审批无疑会限制船舶的航行自由。[⑤] 可见,《联合国海洋

[①] See George P. Smith, The Politics of Lawmaking: Problems in International Maritime Regulation: Innocent Passage v. Free Transit, *University of Pittsburgh Law Review*, Vol. 37, 1976, p. 489.

[②] See Fabio Spadi, Navigation in Marine Protected Areas: National and International Law, *Ocean Development and International Law*, Vol. 31, 2000, pp. 288-289.

[③] See Jan Schneider, Something Old, Something New: Some Thoughts on Grotius and the Marine Environment, *Virginia Journal of International Law*, Vol. 18, 1977, p. 158.

[④] See Brian Smith, Innocent Passage as a Rule of Decision: Navigation v. Environmental Protection, *Columbia Journal of Transnational Law*, Vol. 21, 1982, p. 86.

[⑤] See William K. Agyebeng, Theory in Search of Practice: The Right of Innocent Passage in the Territorial Sea, *Cornell International Law Journal*, Vol. 39, 2006, pp. 394-395.

法公约》由于在具体问题上缺少明确规定,仍然无法消除海洋资源开发与航行自由在实践中的冲突。

其次,基于安全、环保和资源养护的考虑,目前沿海国对通行船舶监管的日益加强,也会与航行自由形成冲突。例如,为了对通过其海域的船舶实施有效监控,沿海国会要求驶入领海的船舶必须携带特殊设备装置来实时监控航行情况,以便在船舶发生碰撞、漏油、污染物质扩散等事故时迅速采取行动。不过,由于此类船舶监控装置严重侵扰船舶的航行自由,因此在国际法上的合法性存在疑问。有学者认为,《联合国海洋法公约》并不限制沿海国实施此类监控行为,但也有学者认为,沿海国无权在船舶拒绝配备监控装置的情况下终止其航行自由。①此外,还出现了沿海国通过放宽预防性措施的前提条件以便更有效保护海洋资源,从而侵蚀航行自由的现象。尽管传统观点多坚持只有存在"既成事实的有害通过"(Factual Non-Innocence)时,沿海国才有权限制船舶航行自由,但现今也有人提出"可预见的有害通过"(Perceived Non-Innocence)标准,主张沿海国可以对合理怀疑为有害通过的船舶采取预防性措施限制其航行自由,以防止船舶对海洋资源造成潜在破坏。②沿海国管制措施的扩张态势无疑会逐步限缩船舶航行的自由程度。

最后,晚近沿海国基于海洋资源养护与开发的目的建立资源养护区、设置安全地带、划定特别敏感海域、建立公海保护区的新实践也与航行自由存在冲突。由于船舶航行加剧了海洋生态系统退化的风险。船舶漏油、船舶向海洋倾倒废物、核动力船舶的生态危害、非正规油舱清洗所造成的原油污染以及船舶排放压载物所导致的外来物种入侵,都在严重干扰海洋物种、危害海洋资源。为了保护海洋资源,沿海国开始在专属经济区内建立资源养护区、设置"安全地带"(Safety Zones)、划定"特别敏感海域"(Particularly Sensitive Sea Areas)、建立兼跨专属经济区与公海的"公海保护区"(Marine Protected Areas)等,③在这些海域中适用专用航道、强制引航、限制通过相关水域的船舶类型、要求可能危害海洋资源与生态的船舶分航道通行等特别措施,以保护和保全该海域及其生物资源。④

---

① See John A. Knauss, Lewis M. Alexander, The Ability and Right of Coastal States to Monitor Ship Movement: A Note, *Ocean Development and International Law*, Vol. 31, 2000, p. 379.

② See William K. Agyebeng, Theory in Search of Practice: The Right of Innocent Passage in the Territorial Sea, *Cornell International Law Journal*, Vol. 39, 2006, p. 382.

③ 全球范围内主要建有三个公海保护区,分别是 2012 年法国、意大利和摩纳哥建立的地中海派拉戈斯海洋保护区,2010 年南极生物资源养护委员会通过决议建立的南奥克尼群岛海洋保护区,以及 2011 年建立的大西洋公海海洋保护区网络。

④ See Julian Roberts, Protecting Sensitive Marine Environments: The Role and Application of Ships' Routeing Measures, *International Journal of Marine and Coastal Law*, Vol. 20, 2005, p. 135.

例如,基于澳大利亚的申请,IMO将大堡礁周围水域认定为"特别敏感海域",为所有在这些水域行使无害通过权的船舶设立强制引航程序。① 沿海国以海洋资源养护为目的划定特殊区域的做法等于在专属经济区内阻碍公海航行自由的适用,无疑会对航行自由产生不利影响,容易招致航行国家的反对。②

综上所述,海洋治理国际机制随着海洋资源利益的诉求而演进,反映着主权国家围绕航行利益与资源利益的博弈与互动。同时,由于海洋兼具航行通道和资源宝库价值,沿海国要求向海洋扩张主权和海洋强国要求维持航行自由的利益诉求之间也一直存在着冲突。虽然《联合国海洋法公约》试图通过海洋治理的区域划分来平衡沿海国主权扩张与航行自由,但公约规定的模糊性无法从根本上解决国际实践中海洋资源开发与航行自由的冲突。晚近沿海国管制措施的扩张化、设立特殊资源保护区的做法也在实践层面加剧了海洋强国航行自由与沿海国主权扩张的冲突。

二、沿海国与港口国管辖权扩张视角下的冲突

船旗国对船舶具有专属管辖权是国际海洋法中的重要原则,能够确保航行自由。然而,晚近"船旗国中心主义"正基于安全、环保、资源养护、资源开发、船舶管理等原因而呈现偏移趋势,出现了船旗国专属管辖权的让渡和例外。③ 海洋资源开发与环境保护所引致的沿海国和港口国管辖权扩张即是其中的重要例外。沿海国和港口国管辖权扩张从船舶扣押、油污追责、港口准入、以承认管辖权为前提的船舶通行等方面约束船舶行为,对船舶的航行自由产生限制性影响。因此,如何协调因资源保护而引起的沿海国和港口国管辖权扩张与航行自由的冲突,是国际法学理论需要解决的重要问题。④

(一)船旗国管辖便利了航行自由却会损害沿海国资源利益

船旗国管辖权一直在国际海事管辖权体系中居于核心地位。传统国际法以"拟制领土理论"为基础,将船舶拟制为国家领土之一部分。无论船舶事实上是

---

① See Michael White, Sensitive Marine Environments and the Regulation of Shipping: The Great Barrier Reef Experience, *Asia Pacific Journal of Environmental Law*, Vol. 4, 1999, p. 219.
② See Jon M. Van Dyke, Sherry P. Broder, Particularly Sensitive Sea Areas: Protecting the Marine Environment in the Territorial Seas and Exclusive Economic Zones, *Denver Journal of International Law and Policy*, Vol. 40, 2012, p. 475.
③ 参见张湘兰、郑雷:《论"船旗国中心主义"在国际海事管辖权中的偏移》,载《法学评论》2010年第6期,第69页。
④ 参见管松:《航行权与海洋环境管辖权冲突的协调机制研究——兼论建立南海协调机制的构想》,载《国际关系与国际法学刊》2013年第3卷,第78页。

否位于领土之内,以领土为依据的属地管辖原则都可以扩展至船舶这一拟制领土。① 早在国际海洋法对船旗国管辖权作出明确规定之前,英美等海洋强国就通过本国判例法制度确立了船旗国对于本国在公海航行船舶的专属管辖权。在1887年"威尔顿哈斯"案(Wildenhus' Case)中,美国联邦最高法院怀特大法官从国际礼让理论出发,得出船旗国对船舶拥有专属管辖权的结论,并限定了该管辖权的条件。他指出,"文明国家之间的国际礼让意味着所有在船舶上发生的事件均应由船舶所属国家管辖,前提是事件仅对船舶及其内部人员造成影响,并且不损害港口的安宁和秩序以及沿海国家的和平和尊严。"② 船旗国管辖权可以确保其他国家不会因船舶上发生的司法事件而干预船舶航行自由。不过,二战后,方便旗制度(Flag of Convenience)的盛行使船旗国监管本身遭到弱化,甚至导致某些船舶享有不受限制的航行自由。

船旗国管辖和方便旗制度虽然便利了航行自由,却可能在海洋资源养护、环境保护、生态维护方面损害沿海国利益。方便旗国往往采用较低的船舶登记与管理标准,可能导致船舶存在适航性和安全性方面的隐患,容易发生船舶碰撞和漏油事故,污染海洋环境。而且,当船舶污染发生在非船旗国海域时,船旗国很可能因为距离遥远而无力处理海洋上的船舶污染事故,也可能出于对"公地悲剧"的漠视而不愿为船舶污染事故承担责任。此外,方便旗制度使船舶可以规避其原来所属国家有关渔业资源保护的国内立法和国际条约中设定的保护标准,使"非法、未报告、无管制"捕鱼(Illegal, Unreported and Unregulated Fishing, IUU Fishing)问题更加恶化。联合国粮食及农业组织(以下简称"联合国粮农组织")的研究显示,方便旗制度不但加剧了全球范围内的过度捕捞问题,还助长了在巡航不发达的非洲海域的偷捕行为,给当地的鱼群保护、本地就业、食品供给等带来困扰。③

(二) 沿海国管辖权扩张对航行自由的限制

方便旗制度的滥用严重损害了沿海国资源利益。为了弥补船旗国管辖在海洋资源养护、环境保护、生态维护方面的疏漏,沿海国和港口国管辖权出现了日益扩大的趋势。在保护海洋资源方面,《联合国海洋法公约》赋予沿海国在专属经济区内颁布养护和管理海洋生物资源法律的立法权。而且,为了执行法律,沿

---

① 参见焦晓娇:《海上安全与贸易自由:港口国监控制度与海运服务贸易的冲突与协调》,载《法学杂志》2013年第6期,第133页。
② Wildenhus' Case, 120 United States Reports (1887), p. 12.
③ See Jessica K. Ferrell, Controlling Flags of Convenience: One Measure to Stop Overfishing of Collapsing Fish Stocks, *Environmental Law*, Vol. 35, 2005, p. 323.

海国拥有登临检查船舶、扣押船舶、逮捕船员以及提起司法程序的执法权。① 在防止油污方面，公约规定沿海国对其领海和专属经济区内造成污染的船舶拥有管辖权。② 从财产权视角来看，沿海国对领海内的资源拥有主权，对专属经济区的资源拥有开发利用的主权性权利，赋予沿海国管辖权可以有效弥补船旗国在管制上的能力不足和意志力欠乏，符合经济学上的产权与规制理论，可以避免因船旗国管制不足而造成"公地悲剧"。③ 然而，以海洋油污防治和资源养护为基础的沿海国管辖权扩张无疑会对航行自由构成限制，并衍生出国际法实践中的新问题。

首先，船舶扣押是沿海国行使管辖权、保护海洋资源的有效手段，但任意扣押船舶则会阻碍航行自由。因此，《联合国海洋法公约》特别规定，在船舶提供了适当保证和担保后，沿海国应当迅速释放船舶。④ 船舶释放的规定被视为平衡航行自由与沿海国管辖权扩张、平衡船旗国管辖权与沿海国管辖权的重要机制。⑤ 然而，公约所指担保是否仅限于财务担保、沿海国国内法设定财务担保以外的船舶释放条件是否与公约抵触等，却不甚明确。这导致船舶扣押与迅速释放问题在国际实践中争议较大。

国际海洋法法庭在"伏尔加号"（Volga）案中就曾面临这一问题。在该案中，俄罗斯籍渔船"伏尔加号"因未经合法授权而在澳大利亚专属经济区非法捕鱼，被澳大利亚皇家海军扣押。案件争议焦点在于，澳大利亚要求提供财务担保、披露实际船舶所有人、配备船舶可监视系统才能释放船舶的国内法是否违反公约。国际海洋法法庭最终判决公约第73条所指适当担保仅限于以财务条件为基础的担保，不得作宽泛性解释。⑥ 该判决引起了沿海渔业国家的强烈不满，

---

① 参见《联合国海洋法公约》第73条。
② 参见《联合国海洋法公约》第220条。
③ 参见苏长和：《全球公共问题与国际合作：一种制度的分析》，上海人民出版社2009年版，第209页。
④ 参见《联合国海洋法公约》第73、292条。
⑤ See Heiki Lindpere, Prompt Release of Detained Foreign Vessels and Crews in Matters of Marine Environment Protection, *International Journal of Legal Information*, Vol. 33, 2005, p.241; Rainer Lagoni, The Prompt Release of Vessels and Crews before the International Tribunal for the Law of the Sea: A Preparatory Report, *International Journal of Marine and Coastal Law*, Vol.11, 1996, p.147.
⑥ See Judgment of the International Tribunal for the Law of the Sea of 23 December 2002 in the Volga Case (Russian Federation v. Australia), Prompt Release, 2002, para.77. 在"伏尔加号"案中持反对意见的法官指出，在判定"适当担保"问题上，沿海国基于在《联合国海洋法公约》及其签署的其他公约下保护海洋生物资源的义务而采取的特别措施应当作为船舶释放担保的相关性因素予以考虑。See Dissenting opinion of Judge Anderson in the Judgment of the International Tribunal for the Law of the Sea of 23 December 2002 in the Volga Case (Russian Federation v. Australia), Prompt Release, 2002, para.2.

它们批评狭义解释将限制沿海国在渔业资源养护和环境保护上的努力。① 有学者因此认为,国际海洋法法庭的判决在平衡船旗国和沿海国权利时体现出对船旗国的偏袒。②

其次,随着 2010 年英国石油公司的钻井平台在墨西哥湾发生爆炸并造成大规模原油泄漏,海洋石油开采所使用的深水移动钻井平台也在国际法理论和实践中引发了船旗国与沿海国管辖权的争议。如果将深水移动钻井平台的属性认定为船舶,那么在沿海国专属经济区开采石油的钻井平台就需要适用公海航行自由的规定,主要由船旗国管辖;如果将其认定为半固定设施,那么沿海国就拥有管辖权。钻井平台在专属经济区的活动必须经由沿海国同意并受其管制。深水移动钻井平台的定性引致了国际海事管辖权划分的争论,在国际法理论上存在四种观点:一是将深水移动钻井平台认定为船舶;二是将其认定为人工岛;三是主张对深水移动钻井平台创设独立的法律体系;③四是采用实际工作标准,主张当钻井平台被固定在海床并进行开采作业时将其认定为"海床装置"(seabed installations),在其他非开采作业情况下则将其认定为船舶。④ 然而,上述理论都忽视了沿海国在钻井平台事故发生时的资源利益与环境利益,如果考虑沿海国在油污防治层面的管辖权,无论钻井平台定性如何,都不宜以航行自由为理由否定沿海国提起司法程序的管辖权。

此外,沿海国以承认管辖权为前提的船舶通行,也会对航行自由构成限制。例如,美国国会颁布了《海洋热能转换研究、开发与示范法案》,用于规制在美国领海建设、经营海洋热能转换设施。该法案规定,外国船舶不得停靠海洋热能转换设施,除非船旗国已承认当该船舶位于相关设施周围设立的安全区内时美国对该船舶具有管辖权。⑤

(三) 港口准入权行使对航行自由的限制

在国际海事管辖权划分体系中,港口国管辖在传统上处于较为边缘的地位,

---

① 参见邓韦克、陈荔彤:《国际海洋法法庭维加案(Volga Case)判决(俄罗斯联邦对澳洲)——迅速释放程序及其对渔业法令执法的挑战》,载《台湾国际法季刊》2004 年第 4 期,第 219 页。
② See Donald R. Rothwell, Tim Stephens, Illegal Southern Ocean Fishing and Prompt Release: Balancing Coastal and Flag State Rights and Interests, *International and Comparative Law Quarterly*, Vol. 53, 2004, p. 183.
③ See Hossein Esmaeil, *The Legal Regime of Offshore Oil Rigs in International Law*, Aldershot, Burlington: Dartmouth Publishing, 2001, p. 20.
④ See Rebecca K. Richard, Deepwater Mobile Oil Rigs in the Exclusive Economic Zone and the Uncertainty of Coastal State Jurisdiction, *Journal of International Business and Law*, Vol. 10, 2011, pp. 404-405.
⑤ See United States Ocean Thermal Energy Conversion Research, Development, and Demonstration Act, Section 9118 (d) (3).

第六章　航行自由与海洋资源开发的冲突与协调

仅是沿海国管辖的辅助和补充。然而近年来,"港口国基于其特殊地理位置而在国际习惯法以及国际海洋法律制度中享有一种有别于沿海国的特殊法律地位。其中,港口国的港口准入权以及港口准入条件设定权不仅可以成为沿海国船舶管辖的补充,在一定条件下,甚至可以作为扩张沿海国管辖权的重要手段。"①沿海国通过行使港口准入权限制航行自由表现在拒绝准入和抬高准入标准两方面:

第一,虽然遭遇海难事故的船舶可以驶往就近港口避难是国际习惯法中的合法权利,也是航行自由制度的一部分,②但是在船舶遭遇海上风险而发生油污泄漏时,特别是运输原油和高度危险物质的船舶在发生海难事故时,港口国很可能会拒绝存在海域污染风险的船舶驶入本国港口避难。例如,在"艾瑞卡号"和"卡斯托号"(Castor)船舶海难事故中,欧洲沿海国就基于环保和政治考虑而拒绝遭遇海难的船舶进入港口。③ 在此情况下,港口准入权的行使就会限制航行自由,也会产生港口国国际救助义务与其域内环境保护、资源养护义务的内在冲突。

第二,一些沿海国将符合本国利益的船舶安全标准、船舶污染标准设定为船舶被获准进入港口的基本条件。由于这些标准往往高于一般国际标准和要求,导致一些原本符合国际标准的外国船舶因为特定港口准入的苛刻性要求而难以入港。港口准入权标准的设定不但决定着外国船舶能否进入港口,在很多时候,由于沿海国将准入权标准扩张适用于港口外更广阔部分的海域,甚至可能成为专属经济区内的船舶航行标准,从而进一步限制了外国船舶的航行自由。

港口准入权的行使引起了主要航运国家的质疑,它们认为,离开港口的自由进出权利,航行自由将失去意义,港口准入权的滥用将实质性侵蚀航行自由。④然而,港口自由进入实际上并未成为国际习惯法,如果完全坚持航行自由而允许船舶自由进入港口,将实质性减损沿海国和港口国的管制权力并可能损害其资

---

① 胡斌:《论"港口准入权"滥用对船舶管辖法律制度的冲击》,载《中国海商法研究》2014年第4期,第93页。
② 参见袁发强:《航行自由制度与中国的政策选择》,载《国际问题研究》2016年第2期,第90页。
③ See Christopher F. Murray, Any Port in a Storm? The Right of Entry for Reasons of Force Majeure or Distress in the Wake of the Erika and the Castor, *Ohio State Law Journal*, Vol. 63, 2002, p. 1465.
④ See Louise de La Fayette, Access to Ports in International Law, *International Journal of Marine and Coastal Law*, Vol. 11, 1996, p. 18. Bevan Marten, *Port State Jurisdiction and the Regulation of International Merchant Shipping*, Heidelberg: Springer, 2014, p. 32.

源与环境利益。① 因此,随着港口准入标准的严格化以及油污船舶被拒绝准入港口的发生,港口准入权的行使越来越多地与航行自由产生矛盾。

综上所述,沿海国维护资源和环境利益与其他国家航行自由利益的冲突在国际海事管辖权体系中表现得尤为明显,体现为航行自由所需要的船旗国管辖与维护资源利益所需要的沿海国和港口国管辖权扩张之间的冲突。《联合国海洋法公约》所确立的现代海洋法体系基于海上安全、环境保护、资源养护、污染防治等考虑扩大了沿海国管辖权,使传统的"船旗国中心主义"呈现偏移趋势。同时,由于公约的模糊性,导致国际法实践中一些沿海国和港口国通过主张"剩余管辖权"(Residual Jurisdiction)扩张管制权,进一步限缩船旗国管辖权。

三、国际海洋治理体系分权化所引致的航行自由与海洋资源开发的冲突

国际海洋治理体系分权化同时体现为国际监管机构分散化带来的"横向分权"和国际性监管与区域性监管分层化带来的"纵向分权"。国际海洋治理体系的分权化及其衍生出的国际海洋治理法律框架的碎片化,也是航行自由与海洋资源开发之间存在冲突的潜在原因。

国际海洋治理体系的横向分权表现在以海洋议题为区隔的国际造法与执法体系。《联合国海洋法公约》旨在构建海洋的"宪法性框架"(Constitutional Framework),从而为海洋治理确立法律秩序。② 公约的"宪法"性质决定了其所设置的规则与建构的标准在很多情况下是概括性的,需要通过更为细化的法律机制将其明确化与具体化,成为能够有效实施的规范。然而,公约规则与标准的具体化实际上是将国际海洋法规范的制定权与实施权委托给国际机构和国际组织来完成的。因此,在现有国际海洋治理的法律体系中,不同国际机构与国际组织履行着不同的监管职责。国际海事组织作为联合国专门机构,一直负责提高船舶航行效率、保障海上安全、防止船舶污染;联合国粮农组织则致力于渔业资源保护,特别是对非法、未报告和无管制捕捞行为的规制;联合国环境规划署则通过开展"区域海洋环境计划"参与到国际海洋治理法律体系的构建中;国际捕鲸委员会则是专门对国际捕鲸行为进行管制的国际机构。此外,公约还创立了解决海洋争端的国际海洋法法庭,使其与原本承担着一部分海洋争端解决司法任务的国际法院、各类仲裁庭并存,导致更为分散的海洋争端解决机制。相关监

---

① See A. V. Lowe, The Right of Entry into Maritime Ports in International Law, *San Diego Law Review*, Vol. 14, 1977, p. 598.

② See Lakshman D. Guruswamy, Should UNCLOS or GATT/WTO Decide Trade and Environment Disputes? *Minnesota Journal of Global Trade*, Vol. 7, 1998, p. 291.

管职能被分散在按照航行安全、污染防治、资源开发、环境保护等不同议题划分的众多国际组织与机构中,这是国际海洋治理体系分权化的首要体现。这种国际监管机构的分散化使国际海洋治理的议题与议题之间呈现割裂化,甚至可能存在彼此冲突的情况。

国际海洋治理体系的纵向分权表现在国际体系与区域化体系并存的海洋治理架构。法国学者较早注意到国际海洋治理体系的纵向分层,指出从20世纪70年代开始,海洋治理的区域化路径正在兴起,从地中海、波罗的海、加勒比海、太平洋、东亚海域到南极,"区域性海洋"不断涌现,在传统的国家治理和新兴的全球治理框架之间形成了新的海洋治理层级。[①] 这其中有一些较具代表性的区域化体系。例如,法国、意大利和摩纳哥共同建立了涵盖部分公海海域的地中海派拉戈斯(Pelagos)海洋保护区,旨在保护该区域内的海洋哺乳动物,以实现区域内海洋科学、技术、法律资源的协调与配合;南极生物资源保护委员会在南极公海地区设立南奥克尼群岛南大陆架海洋保护区,保护南极海域的海洋生物多样性,维护南极海洋生物资源的种群数量。区域化海洋治理体系不但能够就本区域海洋治理中的特殊问题采取有针对性的行动,还可以制定严格于国际标准的制度,提高本区域的海洋保护力度。问题在于,在海洋治理的纵向多元化分层中,区域性机构和组织的区域内造法造成了海洋治理体系的进一步区隔化,甚至导致航行中船舶在整个航程中因所处地域不同要受制于不同的海洋保护标准与航行规则。

国际海洋治理体系的分权化及其衍生的国际海洋治理法律框架的分散性引致了航行自由与海洋资源开发之间的冲突:

其一,在国际海洋横向治理体系的架构中,航行效率与航行安全均由国际海事组织负责,而渔业资源的开发与保护则属于联合国粮农组织的职责范围。联合国粮农组织试图通过抑制方便旗制度来规制非法、未报告及无管制捕捞行为,而遏制方便旗制度、完善船舶登记的"真实联系"(Genuine Link)标准则需要国际海事委员会制定具体规则并对船旗国监管施以强制性要求。在此情况下,以航行利益为基点的国际组织和以渔业资源养护为基点的国际组织之间就可能产生冲突,而国际组织规制权的冲突实际上根植于其成员国的国内利益冲突。国际关系研究中的代理理论(Principal-Agent Theory)从作为委托人的国家向作

---

① 参见〔法〕朱利安·罗谢特、吕西安·沙巴松:《海洋保护的区域路径:区域海洋的经验》,载〔法〕皮埃尔·雅克等编:《海洋的新边界》,潘革平译,社会科学文献出版社2012年版,第87页。

为受托人的国际组织授权的视角论述了国际组织规制权的权力来源。① 不过，由于国家内部对于海洋领域议题并不存在固定不变的等级之分，多元化的利益群体之间本身就存在现实利益冲突。② 因此，在国家向国际组织授予规制权时，国内的利益冲突就不可避免地被带入国际海洋治理议题。

  其二，在国际海洋纵向治理体系的架构中，区域海洋管制的职能与权力分离也使航行自由与海洋资源开发、生态养护难以协调。虽然某一区域的沿海国家之间可以针对本区域资源养护与开发制定区域性规则，但是区域性规则往往仅适用于区域协定的缔约国之间，在缺少国际海事组织授权的情况下无力单方面禁止非缔约国在该海域的航行权。例如，为了保护博尼法乔海峡附近的海洋资源，法国和意大利宣布禁止悬挂法、意国旗从事危险物质运输的船舶通过该海峡。然而，博尼法乔海峡是国际通行海峡，法、意两国的区域性规则不能延伸适用于途经该海峡的其他国家的船舶。③ 可见，很多时候，海洋治理的区域性规则唯有通过国际海事组织的授权才能真正起到资源养护的作用。这会使区域组织维护本地资源利益与国际海事组织维护航行利益、促进国际贸易的宗旨产生冲突，并在纵向维度上加剧了国际海洋管制体系的分化。除了国际行政管制体系的冲突外，国际司法机构的管辖权与法律适用的重叠也凸显了海洋纵向治理可能带来的司法困境。例如，在英国和爱尔兰之间的 MOX Plant 案中，国际海洋法法庭与欧洲法院的管辖权之争、《联合国海洋法公约》、欧盟法和《东北大西洋海洋环境保护公约》的法律适用之争等，都充分体现出国际海洋治理体系的碎片化。④

---

  ① See Tim Büthe, The Globalization of Health and Safety Standards: Delegation of Regulatory Authority in the SPS Agreement of the 1994 Agreement Establishing the World Trade Organization, *Law and Contemporary Problems*, Vol. 71, 2008, p. 220.
  ② 例如，有学者在分析在美国的海洋政策时指出其国内航行利益和海洋资源开发利益存在冲突，美国海军对自由行动的期望并不总是优先于开发海洋资源的经济利益或对污染的生态的关注，海军、大石油公司和渔业捕捞团体之间的争论导致美国政府难以维持海洋议题上的等级划分。See H. Gary Knight, Special Domestic Interests and United States Oceans Policy, in *International Relations and the Future of Oceans Space* (Robert G. Wirsing ed.), Columbia: University of South Carolina Press, 1974, pp. 10-43.
  ③ 参见〔法〕朱利安·罗谢特、吕西安·沙巴松：《海洋保护的区域路径：区域海洋的经验》，载〔法〕皮埃尔·雅克等：《海洋的新边界》，潘革平译，第 91—92 页。
  ④ 参见杨永红：《分散的权力：从 MOX Plant 案析国际法庭管辖权之冲突》，载《法学家》2009 年第 3 期，第 107—114 页。See also M. Bruce Volbeda, The MOX Plant Case: The Question of Supplemental Jurisdiction for International Environmental Claims Under UNCLOS, *Texas International Law Journal*, Vol. 42, 2006, pp. 211-240.

第三节 沿海国海洋资源开发利用与航行自由

一、航线选择与沿海国海洋资源开发的协调

《联合国海洋法公约》在保护无害通过权、过境通行权和群岛海道通行权的同时,赋予沿海国制定和执行有关航线措施的权利,并特别指出应通过航线划定制度减少航行事故对海洋环境尤其是沿海国有关利益的威胁。[1] 此外,国际海事组织(IMO)作为唯一负责制定和建议国际航线措施的国际组织也积极立法,制定了1974年《国际海上人命安全公约》《极地水域船舶航行国际准则》《国际海上避碰规则》《关于在近海勘探区域建立安全地带的决议》以及《关于防止侵犯近海设施或结构周围安全地带的措施的决议》等多项国际性法律规范文件。尽管IMO强调制定航线措施的首要职责在沿海国,但是沿海国若在领海之外制定和修改航线措施则应与IMO协商。虽然这种协商是非义务性的,但是IMO在海上航行安全领域具有绝对影响力,沿海国自由裁量的空间十分有限。[2] 因此,协调航线选择与海洋资源开发的冲突,需要以国际法为基础,根据《联合国海洋法公约》和IMO有关航线选择的指南性文件与技术性规则,在安全地带制度、避航区域制度、分道通航制度三方面探求其他国家船舶航行自由与沿海国海洋资源开发利用的平衡。

第一,安全地带制度能够成为平衡沿海国海洋资源开发与其他国家航行自由、航线选择的有效机制。《联合国海洋法公约》第60条规定,沿海国在专属经济区内有权利建造人工岛屿和海洋资源保护的海洋设施和结构,而且沿海国可于必要时在这种人工岛屿、设施和结构的周围设置合理的安全地带。安全地带设立后,沿海国可以在该地带采取适当措施以确保航行以及石油设施和结构的安全。一切船舶都必须尊重这些安全地带,并应遵守关于在石油设施和安全带附近航行的国际标准。除此之外,IMO也通过了《关于在近海勘探区域建立安全地带的决议》和《关于防止侵犯近海设施或结构周围安全地带的措施的决议》,要求船舶遵守谨慎航行的标准,并建议沿海国采取更合理的程序和安全措施。[3] 虽然公约并没有明确禁止船舶在安全地带的通行,但是沿海国有权采取包括禁

---

[1] 参见管松:《航行权与海洋环境管辖权冲突的协调机制研究——兼论建立南海协调机制的构想》,载《国际关系与国际法学刊》2013年第3卷,第92页。
[2] 同上。
[3] 参见张敏、王新辉:《南海海事安全国际合作的困境与出路》,载《中国海商法研究》2016年第1期,第118页。

航措施在内的适当措施。可以说,安全地带的设置构成了对海洋航行自由的限制,其他国家船舶在选择航线时也必须充分考虑沿海国的海洋资源开发设施以及周围的安全地带。同时,公约所确立的约束是双向的。公约允许沿海国基于海洋资源保护的目的设置安全地带,但其前提是安全地带不得设在对使用国际航行必经的公认海道可能有干扰的地方,从而确保了其他国家在惯常通行的航线上的通行权。

第二,船舶航行会对海洋资源产生破坏性影响。对抗该类海洋环境威胁的措施主要是避航区、限速区和禁止抛锚区等航行管理措施。其中,海上避航区是指一国主管当局以实现海上航行安全和保护海洋生态环境为目的,通过船舶定线制措施在管辖海域或公海设置的,禁止或限制特定船舶航行的区域。海上避航区的设置,对保障海上通航安全、保护海洋生态环境具有重要意义。IMO 制定的 1974 年《国际海上人命安全公约》对避航区作了相应的规定,并为各国在其管辖的海域内所适用。该公约第 10 条第 1 款规定,公约缔约国可使用或采纳 IMO 制定的指南和标准,建议所有船舶,也可强制某些类型的船舶或载运某些货物的船舶,使用船舶航线划定系统。而且,根据该公约,IMO 是唯一有权在国际层面确立避航区、规划航线的国际组织,因此,沿海国往往需要通过 IMO 设立避航区来达到保护沿海资源环境的目的。由于避航区在大多数情况下仅通过对特定类型的船舶进行航行限制来维护海上安全与秩序、保护海洋资源,往往不改变其所在海域的法律地位,不会对航行自由构成大规模阻碍,更不涉及沿海国家的领土纠纷,政治敏感度较低,[①]因此不失为解决航线选择与海洋资源开发冲突的适宜切入点。

第三,分道通航制度也是能够有效平衡航线选择与海洋资源开发之间冲突的机制。《联合国海洋法公约》赋予沿海国在领海、毗连区和用于国际航行的海峡要求分道通航的权利。公约规定,考虑到航行安全,沿海国认为必要时,可要求无害通过其领海的外国船舶使用其为管制船舶通过而指定或规定的海道和分道通航制,特别是沿海国可要求油轮、核动力船舶和载运核物质、材料或其他本质上危险以及有毒物质、材料的船舶只在上述海道通过。过境通行的船舶必须尊重该分道通航制。《联合国海洋法公约》所确立的分道通航制虽然使船舶不能自由选择航线、限制了航行自由,但是其目的实际上在于确保航行安全、保护海洋资源和环境。[②] 如果能够通过 IMO 制定有效的实施机制确保沿海国不得借

---

① 参见李志文、马金星:《在南海"断续线"水域内设置避航区的法律问题探讨》,载《社会科学战线》2014 年第 9 期,第 206 页。

② 参见马得懿:《海洋航行自由的体系化解析》,载《世界经济与政治》2015 年第 7 期,第 146 页。

分道通航制实质性地排除船舶所享有的航行自由,那么在必要海域通过实行"分道通航制临时调整"的措施,就可以有效协调海洋资源开发与海洋航行自由之间的冲突。

二、航行自由与沿海国海洋资源开发的协调

(一)协调航行自由与海洋资源开发的传统权利路径及其缺陷

采用权利路径协调海洋治理中的国家利益分歧,是国际海事立法的普遍做法。《联合国海洋法公约》即采用了这种权利路径来协调航行自由与海洋资源开发的冲突:一方面赋予沿海国更宽的领海来扩张沿海国主权,创设专属经济区来保障沿海国资源开发的主权性权利;另一方面又通过无害通过、国际海峡通行、专属经济区适用公海航行自由的规则设计来保障其他国家航行自由的权利。航海国、沿海国、内陆国的权利均从现有法律框架得到维护,是《联合国海洋法公约》能够取得国际共识的关键。然而,权利路径的缺陷在于,为了协调权利冲突所使用的模糊性规定可能引发"司法能动主义",且权利路径仍然无法避免权利的"优位性"之争。

为了防止权利之间产生冲突,《联合国海洋法公约》实际上尽可能使用了一些模糊化的文本来平衡权利、缓解冲突。例如,公约将沿海国在专属经济区的权利规定为"主权性权利",但"主权性权利"的内涵如何则缺少明确界定。又如,公约要求其他国家在沿海国专属经济区内航行时"适当顾及沿海国的权利和义务",但对于何谓"适当",要顾及沿海国的哪些权利,亦不明确。① 有学者早已注意到国际条约文本规定模糊的现象,将其称为国际法中的"建设性模糊"(constructive ambiguity),并指出,虽然模糊性文本可以掩盖当事方对条约文本存在的分歧,有利于促进国家对国际关系中复杂而有争议的问题达成共识,但"建设性模糊"不可避免地将法官引向一定程度的司法能动主义,而在国际争端解决中法官所遵循的是克制主义司法原则,司法能动主义往往是为人诟病的。②

除了"建设性模糊",权利路径下还会产生权利"优位性"之争的问题,即当航行自由与海洋资源开发的权利冲突无可避免的时候,是优先维护航行利益还是优先考虑海洋环境利益与资源开发利益。然而,诚如国际关系理论中新自由制度主义的奠基者基欧汉(Robert O. Keohane)和奈(Joseph S. Nye)对于国际海洋机制的研究所显示的,海洋议题早已不存在梯级式的等级划分,③通过议题的

---

① 参见袁发强:《国家安全视角下的航行自由》,载《法学研究》2015年第3期,第198页。
② 参见韩逸畴:《国际法中的建设性模糊研究》,载《法商研究》2015年第6期,第171页。
③ See Robert O. Keohane, Joseph S. Nye, *Power and Interdependence*, 4th Edition, Boston: Longman, 2012, p. 90.

重要性判定权利的优先性几乎失去可能。因此,采用赋予各当事方权利的方式来协调冲突最终仍然会产生权利优位性之争引起的冲突。不受约束的过度权利反而易引发权利滥用,并因过度行使权利导致侵害其他相关方的权利。可以说,权利之间的冲突是权利路径与生俱来的问题。

(二)权利约束机制与责任机制构建下航行自由与海洋资源开发的协调

著名国际法学家劳特派特(Hersch Lauterpacht)曾指出,"海洋自由原则不能被视为一种无法适应情势变迁的僵硬教条,仅着眼于这一原则成为国际法之一部分时的实践可能性。当海洋自由首次成为国际法之一部分时,开采海洋底土资源的想法对于立法者而言甚至过于不切实际,以至于无须考虑。"[1]当资源开发、生态维护、环境保护开始成为国际海洋治理的现实和重要议题时,海洋自由必须从绝对自由转为相对自由,海洋自由权利的内涵与边界也必须根据国际海洋治理议题的多元化而演进。在这种权利边界演进过程中,权利边界模糊化会引起实践中的国家纠纷,权力路径也会衍生出基于权利优位性的国家博弈。传统的权利路径已经无法有效平衡航行自由与海洋资源开发。要构建航行自由与海洋资源开发的有效协调机制,需要在探索二者权利边界的基础上对权利进行适当限制,从而保障权利的审慎行使、防止权利滥用。对权利进行适当限制、确立不当行使权利时的赔偿责任也是构建"包容性海洋秩序"(inclusive ocean public order)的应有之义。[2]

1. 通过构建权利约束机制协调沿海国主权扩张所引致的冲突

协调沿海国主权扩张视角下航行自由与海洋资源开发的冲突,需要在以资源开发为立足点诠释航行自由权利的条件与限制的同时,以航行自由为立足点反思资源开发权利的边界。

以资源开发为立足点探索航行自由的权利边界,符合沿海国主权扩张与管辖权扩张的国际习惯法演进趋势,也符合现代国际海洋治理体系的现有规定。《联合国海洋法公约》规定沿海国对领海内资源开发拥有主权,对专属经济区内的资源勘探开发拥有主权性权利,沿海国资源开发的主权与主权性权利决定着其他国家不能以绝对航行自由为由无视沿海国基于资源主权与主权性权利而制定的国内法规则。有学者基于国际法中的环境保护原则论证了其他国家航行自由的权利需要因沿海国资源养护而受到限制的理论依据,认为要使国际法上的海洋环境保护原则获得真正落实,航行自由就必须受到适当限制,从而避免航行

---

[1] Hersch Lauterpacht, Sovereignty over Submarine Areas, *British Yearbook of International Law*, Vol. 27, 1950, p. 399.

[2] 参见郑志华:《中国崛起与海洋秩序的建构——包容性海洋秩序论纲》,载《上海行政学院学报》2015年第3期,第96页。

自由成为专断性权利并引发海洋治理的无秩序状态。① 与海洋资源养护与开发相协调的航行自由权利需要满足至少以下两个条件:第一,《联合国海洋法公约》有关领海无害通过"不损害沿海国的和平、良好秩序或安全",专属经济区通过必须"适当顾及"沿海国在相关区域内的活动的规定。因此,其他国家的航行权应当尊重和顾及沿海国的资源开发活动,并遵守沿海国资源开发活动的有关法律规定。第二,《联合国海洋法公约》授权 IMO 设定海洋保护区并对保护区内的航行自由进行限制。虽然 IMO 规则的效力仅及于缔约国,但已获得国际上大部分国家的遵守。因此,其他国家在行使航行权时,对于经 IMO 授权的沿海国在特别保护区内实施资源养护的特殊要求,也应当予以遵守。

沿海国的资源开发权利同样要因其他国家的航行自由而受到适当约束。这意味着沿海国因资源开发与养护而限制航行自由必须满足实体和程序上的正当性。

首先,唯有当船舶对海洋资源构成严重污染时,沿海国才有权对航行自由进行限制。存在争议的问题是,何种程度才构成此处的"严重污染行为"?由于《联合国海洋法公约》缺少明确解释,也缺少国际公认的污染程度界定标准,因此沿海国有权适用国内规则来认定严重污染行为。考虑到污染行为可能给海洋环境保护和资源养护造成巨大损害,应当允许沿海国对严重污染行为进行适当宽泛性的解释,无须以污染行为的实际发生为标准,而是只要沿海国有"明确的客观证据"(clear objective evidence)证明有可能发生严重损害海洋环境的污染行为就有权限制航行自由。②

其次,沿海国限制航行自由必须符合《联合国海洋法公约》规定的程序性要求,只有在已查明船舶不适航从而有损害海洋环境的威胁时,才可阻止航行、扣押船舶。同时,扣押船舶必须及时通知船旗国,并在提供担保后迅速释放船舶。③

此外,沿海国资源开发权利约束机制的构建还涉及沿海国海洋特别保护区的设立条件限制。公约允许沿海国在海洋特别保护区域内单方面采取如分道通航、强制性禁止下锚、非特殊事由应绕行区域、强制引航等保护措施,都可能严重干扰航行自由。同时,各国对于海洋特别保护区、公海保护区等设立的标准仍分

---

① See L. V. Speranskaya, Maritime Environmental Protection and Freedom of Navigation in International Law, *Ocean Yearbook*, Vol. 6, 1986, p. 199.
② See Elaine B. Weinstein, Impact of Regulation of Transport of Hazardous Waste on Freedom of Navigation, *International Journal of Marine and Coastal Law*, Vol. 9, 1994, p. 145.
③ See Haijiang Yang, *Jurisdiction of the Coastal State over Foreign Merchant Ships in Internal Waters and the Territorial Sea*, Berlin, Heidelberg: Springer, 2006, pp. 244-246.

歧较大。① 因此,保护区的设立可以参考适用 IMO"特别敏感海域"设立指南中所规定区域特殊性标准、航行致损脆弱性标准以及国际海事组织授权的保护措施标准。②

2. 通过强化司法责任机制协调沿海国和港口国管辖权扩张所引致的冲突

一方面,传统海洋法实际上是以自由和权利为基准建构制度体系的。航行自由制度保障了船舶无障碍通行于大海之上的自由与权利,体现着对于船旗国专属管辖的尊重。然而,如果说海运市场强大的经济效益主要得益于其在组织与制度上至今仍享有自由,那么在海洋污染日益严重、海洋资源正在枯竭的现今,我们尤其需要反思航运业应当如何承担责任。航运经济效益、航行自由权利需要辅以相应的责任机制来防止"公地悲剧"。复杂的船舶所有权与管理权结构安排可以将船舶所有人与经营者分开,将原本应当由船舶所有人承担的责任进行剥离,从而稀释责任;同时,也存在船旗国以如船级社等私人组织监控替代国家监管,造成监管责任疏漏的现象。沿海国和港口国在污染防治、资源养护层面的管辖权扩张意在弥补方便旗滥用下的船旗国监管不足。唯有强化船旗国监管责任,完善船舶所有人问责机制,才能从源头上协调冲突,并消除沿海国和港口国管辖权扩张与船旗国监管之间的冲突。有学者提出,国际法委员会 2001 年通过的《国家对国际不法行为的责任条款草案》赋予作为《联合国海洋法公约》缔约国的沿海国家在海域受到船舶污染情况下向监管失职的船旗国主张赔偿责任的权利。③

另一方面,为了维护航行自由,沿海国和港口国也需要对因不当管制而损害航行自由的行为承担责任。④ 从港口国在船舶安全、污染防范上的管辖权取代船旗国专属管辖,到各种双边协定下确立的共同登临检查制度,再到沿海国在海洋环境保护以及跨界和高度洄游鱼类种群资源养护方面所起的重要作用,现代国际海洋治理体系已经通过逐步扩大沿海国和港口国的管制权来平衡国际海事

---

① 参见司马新民:《国际立法的新发展之网络空间、经贸与投资、气候变化》,https://mp.weixin.qq.com/s?__biz=MzAxOTM4OTYwNQ%3D%3D&idx=1&mid=401493159&scene=21&sn=78fa2f5acb6c8d54c9ddf2778e749d11,2016 年 3 月 2 日最后访问。

② See International Maritime Organization, Revised Guidelines for the Identification and Designation of Particularly Sensitive Sea Areas, Resolution A. 982(24), adopted on 1 December 2005.

③ See Robert C. Beckman, *Responsibility of Flag States for Pollution of the Marine Environment: The Relevance of the UNCLOS Dispute Settlement Regime*, in *Freedom of Navigation and Globalization* (Myron H. Nordquist, et al. (eds.)), Leiden: Brill Nijhoff, 2015, p. 257.

④ See Philipp Wendel, *State Responsibility for Interferences with the Freedom of Navigation in Public International Law*, Berlin, Heidelberg: Springer, 2007, p. 52.

监管的权力体系。① 尽管如此,沿海国和港口国管制权的行使还应当受到其他国家航行权利不受干扰原则(Non-Interference Principle)的适当限制。这种限制也意味着沿海国应承担不当行使管制权的责任,正如《联合国海洋法公约》特别规定了不正当行使限制航行自由的登临权、紧追权时的赔偿责任一样。国家责任存在的基础源于国际法中的国家拟人化理论,国家被赋予国际法上的法律人格,享有权利、承担义务,在违反国际秩序时负有损害修补、恢复秩序之责任。国家责任也被视为促使沿海国审慎行使权利、防止滥用登临权、紧追权、检查权来妨碍航行自由的制度机制。②

3. 通过拓展国际组织的联系协调国际海洋治理体系分权化所引致的冲突

《联合国海洋法公约》原本意在改变海洋治理分权化的局面,为海洋治理构建宪法性框架,以便利国际交通、促进海洋资源的公平有效利用,并保护和保全海洋环境。从立法技术上看,公约通过界定不同海域的法律地位来明确资源开发问题,或者是通过界定国家可以行使的管辖权和主权性权利的范围来界定海洋资源开发问题。③ 然而,这种海洋区域划分的架构却未能解决国际海洋治理的分权化,甚至因为设立了一些职能交叉的结构而使问题更加严重,也在一定程度上导致航行自由与海洋资源开发制度形成割裂乃至冲突。有学者提出构建海洋治理最高权力管理机构的设想,以解决国际海洋治理组织割裂化和制度碎片化的问题。这一机构不但负责制定国际海洋法律体系的规范性文件,还负责这些法律规范的适用与实施。④ 然而,在现有条件下构建海洋最高权力管理机构的可能性极小,因此,拓展国际海事、渔业、海洋资源开发组织之间的联系才是确保国际海洋治理政策融贯性的现实之选。拓展国际组织的联系可以创造议题关联(issue linkage),重塑主权国家的谈判实力,改变国际谈判的强弱势力量,进而推动国际海洋治理关系的民主化。目前,联合国已经成立了 UN-Oceans,即联合国系统内海洋和沿海问题的机构间合作机制,用以强化联合国内部各个涉及海洋事务组织的合作与协调。未来,拓展国际涉海组织的联系与协调需要特别强化海洋治理的区域性整合,以及区域与区域之间的联结,从而在横向与纵向两个维度同时改变国际海洋治理体系的分权化及其衍生的国际海洋治理法律框架

---

① See Michael A. Becker, The Shifting Public Order of the Oceans: Freedom of Navigation and the Interdiction of Ships at Sea, *Harvard International Law Journal*, Vol. 46, 2005, p. 220.

② See Erik Jaap Molenaar, Multilateral Hot Pursuit and Illegal Fishing in the Southern Ocean: The Pursuits of the Viarsa I and the South Tomi, *International Journal of Marine and Coastal Law*, Vol. 19, 2004, p. 36.

③ 参见马得懿:《海洋航行自由的体系化解析》,载《世界经济与政治》2015 年第 7 期,第 138 页。

④ 参见〔法〕迪雷·特拉迪:《海洋治理:过于分散的管理框架》,载〔法〕皮埃尔·雅克等编:《海洋的新边界》,潘革平译,第 85 页。

的分散性。

第四节　协调航行自由与海洋资源开发的中国立场

中国南海一直面临着来自美国"航行自由计划"的挑战,国内学者从"九段线"性质界定、南海水域性质界定、沿海国历史性权利等视角提出传统海疆线说、历史性水域说、历史性权利说、剩余权利说等理论来论证限制南海航行自由的合理性。[①] 美国学者则将这些视为"过度的海洋主张"。中美关于航行自由的交锋可谓一守一攻。然而,中国从未因南海资源开发、环境保护、科学勘探的行为妨碍过南海的航行自由,将来肯定也不会。随着"一带一路"倡议的开展,越来越多的海外利益需要保护,维护海上航道的畅通实际上也是中国的国家利益所在。兼具沿海国、港口国、航行国等多重角色意味着中国需要在维护本土沿海安全、资源、环保利益与对外航行利益之间探求平衡,在保守型制度设计与外向型制度设计之间寻求平衡,推动包容性海洋秩序的构建。为达成这一目的,中国需要完善相关的国内法作为推动国际法治的支撑,也要积极参与海洋治理来矫正海洋公共物品军事性提供的霸权主义,还要在国际合作中以发展中国家的立场凸显话语权、发挥领导力。

一、完善国内法以支撑"共享、共建"的海洋秩序

从协调航行自由与海洋资源开发的视角来看,要推动"共建、共享"海洋秩序的构建,中国首先需要完善航行自由与海洋资源开发的国内法机制,形成内外一致的立场作为制度支撑。通过完善国内法中对航行自由的限制,使其符合《联合国海洋法公约》授权沿海国制定与领海无害通过相关的法律法规的规定,也可以对抗美国试图以自身标准取代国际法标准的海洋主张。航行自由的体系化模式是对航行自由限制与资源开发限制的融合。[②] 因此,航行自由的国内法制度可以明确规定基于资源开发活动需要合理限制航行自由的情形、条件以及具体限制措施,规定运输危险物质船舶通行的报告与批准制度,也可以基于海洋资源养护对外国军事船舶的航行进行合理限制。其依据在于:第一,正如国际海洋政策学者瓦伦西亚(Mark J. Valencia)所言,派遣军舰驶入另一国领海来"表明自由

[①] 参见周忠海等:《国际法学述评》,法律出版社2001年版,第292页;赵建文:《联合国海洋法公约与中国在南海的既得权利》,载《法学研究》2003年第2期,第159页;贾宇:《中国在南海的历史性权利》,载《中国法学》2015年第3期,第179页;高之国、贾兵兵:《论南海九段线的历史、地位和作用》,海洋出版社2014年版,第43—44页。

[②] 参见马得懿:《海洋航行自由的体系化解析》,载《世界经济与政治》2015年第7期,第126页。

航行权"可以被理解为违反《联合国海洋法公约》中有关动用武力威胁的规定;[①]第二,军事船舶上有可能携带严重危害海洋资源的杀伤性武器,对海洋资源和海洋生态的危险程度更高,因此,沿海国有理由采取适当限制措施来保障本国资源开发的合理利益诉求;第三,葡萄牙、泰国等国家的实践都与中国相似,即对外国军事船舶在专属经济区的活动进行适当限制,因此军事船舶绝对的航行自由从未构成国际通行规则或国际习惯法。[②]

海权依托于雄厚的海洋经济实力,要维护和拓展海权就必须加强海洋资源的开发利用。因此,除了完善航行自由的国内法机制,中国还需要强化海洋资源开发与管理法律制度,在此过程中应防止和消除资源开发对航行自由可能产生的限制性影响,使航行自由与海洋资源开发两种制度有效协调。

首先,需要对现有的散见于《渔业法》《物权法》和《海洋环境保护法》等不同法律法规中有关资源开发的制度加以整合,防止海洋资源开发因国内法的碎片化而出现交叉管辖乃至制度冲突。

其次,在涉及海洋资源开发的法律制度中还特别需要明确海洋资源开发活动的地域范围、具体开发措施以及国家的监管措施,防止资源开发活动侵害航行自由以及违反国际法。

再次,对于国家管辖权之外的海洋生物资源保护与开发,中国于2016年颁布了《深海海底区域资源勘探开发法》,规范深海海底区域资源勘探开发活动,解决了国家管辖权之外深海海底资源的开发问题。然而,对于新兴的海洋基因资源(marine genetic resources)勘探开发问题却仍然没有具体的法律规定与开发措施。由于国际规则的缺失,国际海底区域海洋遗传与基因资源的法律地位未得到明确,虽然以中国为代表的发展中国家倡导国家管辖权之外的海洋基因资源是属于全人类的共同遗产,应当适用《联合国海洋法公约》第十一部分的"区域"制度,但美国、日本、加拿大等科技发达国家却坚持公海勘探开发自由,[③]导致海洋基因资源开发活动处于先到先得的无序状态。要取得无秩序状态下的海洋基因资源开发优势,中国必须采取深海海床矿物资源与生物资源并重的方针,加紧颁行海底区域生物基因资源勘探开发的有关立法。[④]

[①] See Mark J. Valencia, China and the Freedom of Navigation, *The Diplomat*, March 23, 2016.
[②] See James W. Houck, Nicole M. Anderson, The United States, China, and Freedom of Navigation in the South China Sea, *Washington University Global Studies Law Review*, Vol. 13, 2014, p. 450.
[③] See Rosemary Rayfuse, Robin Warner, Securing a Sustainable Future for the Oceans Beyond National Jurisdiction: The Legal Basis foran Integrated Cross-Sectoral Regime for High Seas Governance for the 21st Century, *International Journal of Marine and Coastal Law*, Vol. 23, 2008, p. 405.
[④] 参见江家栋:《国际海底区域遗传资源管理法律问题》,载《中国海洋法学评论》2007年第2期,第74页。

最后，中国学者提出在南海适用特别敏感海域制度来养护海洋资源，①但由于特别敏感海域的设立可能严重限制航行自由，因此特别需要加强海洋保护区与航行自由协调化的研究，确定保护区设立的具体条件和标准，从而为特别敏感海域制度在南海的适用提供法理基础。

二、积极承担起治理海洋公域与提供海洋公共物品的大国责任

追溯海洋公域的思想缘起可以发现，海洋的归属权与管辖权问题首先引发了国际学者对于"全球公域"问题的理论思考。有关海洋先占与海洋自由的论辩使海洋作为全球公域进入学者的理论视野，成为全球主义理论、全球分配正义理论和全球治理理论的重要研究对象。②在早期的研究中，海洋主要被视为公用高速公路，海域和海洋资源的管理和利用被视为公共物品，公共物品的供给则依赖于供给者以强大军事实力为后盾的海上力量。虽然现在以《联合国海洋法公约》为基础的海洋法律体系以国际法制度确保海洋航道的畅通，但由于公约对争议海域的航行问题缺少明确规定，美国试图将国内标准上升为国际标准，凭借军事实力在争议海域推行其霸权主义性质的"航行自由计划"。③美国的"航行自由计划"实际上是"军事权力至上"（Military Supremacy）观念的反映，不但没有将海洋航道的维护与海洋环境保护、资源养护进行有效协调，④而且远超出维护海上航道畅通、提供海洋公共物品的合理限度。

对于中国而言，除了应对美国在中国海域的军事航行，更要积极承担起海洋公域治理与提供海洋公共物品的大国责任，矫正海洋公共物品的军事性提供所导致的霸权主义。中国在参与海洋公域治理、提供海洋公共物品中的大国角色定位至少在三个方面不同于美国：

第一，以《联合国海洋法公约》缔约国的身份参与海洋治理的全球体系，不同于美国作为非公约缔约国的单边行动。

第二，提供海洋公共物品时不妄图将国家标准上升为国际标准，而是坚持国际关系民主化的基本立场。

第三，不以武力为基础来提供海洋公共物品，也不会以有意在他国海域制造摩擦的方式治理海洋、构建海洋秩序。中国通过在南海海域建立灯塔等非军事

---

① 参见白佳玉等：《论特别敏感海域制度在南中国海环境保护中的适用》，载《中国海商法研究》2015年第4期，第45页。
② 参见韩雪晴、王义桅：《全球公域：思想渊源、概念谱系与学术反思》，载《中国社会科学》2014年第6期，第193页。
③ 参见曲升：《美国"航行自由计划"初探》，载《美国研究》2013年第1期，第102页。
④ See Elaine B. Weinstein, Impact of Regulation of Transport of Hazardous Waste on Freedom of Navigation, *International Journal of Marine and Coastal Law*, Vol. 9, 1994, p. 160.

方式,正在承担起海洋管理、提供海洋公共物品的职责。①

三、坚持"共益性"国际合作并发挥领导力

作为全球公域的海洋的治理有赖于资源共管、制度共建、利益共享、责任共担的"共益性"国际合作,需要各国走出"国家中心"的功利主义,推动国际社会共同协调海洋秩序的构建。沿海大国与航行大国的双重身份意味着中国需要将航行自由与海洋资源开发有机协调,以区域合作为基础,通过共享信息、创造信任、深化合作、拓展网络来强化区域内海洋治理的趋同,逐步在海洋治理的国际平台上以发展中国家立场凸显话语权、发挥领导力。

首先,中国此前一直以沿海国身份参与国际海洋法体系的建构,但随着"一带一路"倡议的开展、中国海外投资的增加以及维护海洋航道畅通的需要,中国逐渐开始承载航行国身份。沿海国与航行国的双重身份意味着中国需要同时维护近海航行与远洋航行安全、近海资源与远洋资源利益,并在此基础上重塑国家利益;②此外,也要求中国坚持航行自由与海洋资源开发制度的有机协调,不应过分强调资源开发而限制航行自由的权利并最终阻碍自身的外向型国际战略布局,也不应过分偏重航行自由而停滞对于近海与远洋资源的开发利用进而损及自身资源利益。

其次,在航行自由与海洋资源开发的协调中,中国需要在区域合作的基础上强化区域内海洋治理的趋同。有关渔业资源养护区域性合作的研究表明,不同鱼群物种在生态和食物链关系上的依赖性以及"生态系统方法"(Ecosystem Approach)的兴起意味着国家间合作更有利于解决海洋资源养护与开发中的复杂问题。③ 诺贝尔经济学奖获得者奥斯特罗姆(Elinor Ostrom)强调,在公共事务治理中,信任通常是有效合作从事集体行动的基础。④ 然而,在海洋国际公域治理的合作中,各国间往往欠缺信任。双边或区域性合作协定可以通过制度设计减少国家单次逐利的动机,从而创造出一种有利于重复博弈的机制环境来强化区域内国家在海洋治理中的信任,进而加强合作。虽然在南海敏感区域中国与周边国家的资源共同开发受到一定挑战,导致一些中国学者认为共同开发不

---

① 资料来源:http://www.fmprc.gov.cn/web/fyrbt_673021/t1307550.shtml,2015 年 10 月 20 日最后访问。
② 参见王逸舟:《国家利益再思考》,载《中国社会科学》2002 年第 2 期,第 161 页。
③ See Erik Jaap Molenaar, The Concept of Real Interest and Other Aspects of Co-operation through Regional Fisheries Management Mechanisms, *International Journal of Marine and Coastal Law*, Vol. 15, 2000, p. 478.
④ See Elinor Ostrom, T. K. Ahn, *Foundations of Social Capital*, Cheltenham: Edward Elgar, 2003, p. 5.

应成为解决海洋争议的优先选择,①但是南海共同开发的停滞不应当成为否定区域合作的理由。因为区域合作的方式并不仅限于共同开发,有效磋商、共享信息、联合打击海盗、联合防止海洋污染、共同养护跨境渔业资源等均是有价值的区域合作途径。这些方式都有利于减少中国与周边国家在海洋治理中的分歧,并有助于在区域性合作中逐步寻求协调航行自由与海洋资源开发的共识与途径。

最后,中国应当在国际海洋法体系建构与完善的过程中立足于发展中国家立场,凸显话语权,推动国际海洋法治趋向完善、合理与公正。党的十八届四中全会指出,中国要积极参与国际规则制定,推动依法处理涉外经济、社会事务,增强中国在国际法律事务中的话语权和影响力。中国国际法学者的研究也表明,中国对于国际法治方向与进程的表达是在国际关系中彰显中国观念和立场的重要部分,②中国需要积极参与国际法律规则的制定,从而增强在国际上的法治话语权和影响力。③

---

① 参见罗国强:《理解南海共同开发与航行自由问题的新思路》,载《当代亚太》2012年第3期,第70页。
② 参见何志鹏:《国际法治的中国表达》,载《中国社会科学》2015年第10期,第159页。
③ 参见曾令良:《国际法治与中国法治建设》,载《中国社会科学》2015年第10期,第146页。

第七章　航行自由与海洋环境保护的冲突与协调

航行自由系海洋法的重要原则之一。荷兰法学家格劳秀斯在其名著《论海洋自由或荷兰参与东印度贸易的权利》一书中从自然法的角度提出了"海洋自由"概念,认为任何人都可自由贸易和航行,以此为荷兰自由航行于东印度海进行理论背书,目的是反抗葡萄牙独占海洋的禁令。① 此处提出的海洋自由,实际上主要指的是海上航行自由,现被公认为航行自由概念的起源。随着时代的发展,海洋环境保护法逐渐兴起并形成体系,航行自由原则与海洋环境保护法之间的冲突与协调亦成为绕不开的新问题。

第一节　国际水域自然环境保护对航行自由的限制

所谓国际水域,是指其组成部分位于两个或更多的国家的领土之上或管辖权之下的水域,包括海洋、大海洋生态系统、封闭或半封闭的海口、河口以及具有跨国界流域或共同边界的河流、湖泊、地下水系统和湿地等。② 可见,国际水域具有跨国界的特征,其航行和利用可能涉及多个国家或世界各国,其自然环境受到伤害的可能性也更大,而一些国际水域的自然环境十分敏感、脆弱,因此,需要各国制定规则共同进行保护。为对国际水域的自然环境进行保护,有时难以避免地会对航行自由进行限制。

一、《联合国海洋法公约》与国际水域环境保护

《联合国海洋法公约》规定的内容可以说是各国最为普遍接受的海洋法方面的国际法规则。《联合国海洋法公约》在重点关注各类海域中生物资源养护的同

---

① 参见〔荷〕格劳秀斯:《论海洋自由或荷兰参与东印度贸易的权利》,马忠法译,张乃根校,第9—13页。

② 参见黄锡生:《论国际水域利用和保护的原则及对我国的启示——兼论新〈水法〉立法原则的完善》,载《科技与法律》2004年第1期,第96页。

时,还在其海洋环境保护和保全部分专门规定了海洋环境保护的一般规定、全球性和区域性合作以及技术援助等内容。

根据《联合国海洋法公约》的规定,各国有保护和保全海洋环境的义务。① 在适当情形下,各国应个别或联合地采取一切符合本公约的必要措施,防止、减少和控制任何来源的海洋环境污染,并确保在其管辖或控制下的活动的进行不致使其他国家及其环境遭受污染的损害。②

《联合国海洋法公约》鼓励区域性的合作,希望各国在为保护和保全海洋环境而拟订和制订符合本公约的国际规则、标准和建议的办法及程序时,在全球性或区域性的基础上,直接通过主管国际组织进行合作,同时考虑到区域的特点。③ 此外,公约还希望各国建立对即将发生的损害或实际损害的通知制度、对污染的应急计划以及研究方面的情报和资料的交换制度。④

可见,《联合国海洋法公约》只是原则性地规定了各国在保护和保全海洋环境方面的义务,缺乏详细的实施和运行规则,而是将更多的决定权交给了各个国家,希望通过区域性合作的方式来解决国际水域的环境保护问题。然而,需要注意的是,《联合国海洋法公约》仅授权各国在公约赋予的权利限度内行使其立法和执法权,虽然可能会对航行自由造成一定的限制,但各国不应当采取不合理的限制措施。

二、区域性海洋环境保护公约

为保护与多个沿海国相关的区域性海域,各沿海国可能会签订条约,以明确各自为保护该海域而享有的权利和应承担的义务,并最终实现保护国际水域自然环境的目的。

(一)地中海环境保护与航行自由

地中海海域是对欧洲非常重要的海域,同时也是一个重要的国际水域。为保护地中海海洋环境的经济、社会、健康和文化价值,欧洲委员会于1977年制定了《保护地中海免受污染公约》(Convention for the Protection of the Mediterranean Sea Against Pollution),并于此后制定了一系列相关的议定书。该公约对船舶和航空器倾倒污染(pollution caused by dumping from ships and air-

---

① 参见《联合国海洋法公约》第192条。
② 参见《联合国海洋法公约》第194条。
③ 参见《联合国海洋法公约》第197条。
④ 参见《联合国海洋法公约》第198—200条。

craft)、①船舶污染(pollution from ships)、②陆源性污染(pollution from land-based sources)③等进行了限制和规定,并设立了监控制度(monitoring)、④责任和赔偿制度(liability and compensation)、⑤科学和技术合作制度(scientific and technological cooperation)⑥等来保障公约的实施。

为保障公约的实施和保护地中海海域的环境,《保护地中海免受污染公约》还规定成员国应当单独或共同采取适当的行动,以防止、减少对地中海海域的污染。⑦ 因此,当缔约国发现船舶或航空器可能对地中海海域造成污染时,就有权采取措施来防止这种污染,而不论船舶或者航空器是否已经实际造成污染。虽然该公约明确表示其中的任何内容不应妨碍《联合国海洋法公约》关于海洋立法和发展的内容,但是,当各缔约国采取预防措施时,难免会使船舶的航行自由受到限制。

(二) 波罗的海环境保护与航行自由

波罗的海位于欧洲北部。整个海面处于瑞典、俄罗斯、丹麦、德国、波兰、芬兰、爱沙尼亚、拉脱维亚和立陶宛九个国家之间,是世界最大的半咸水水域。为对波罗的海海域的自然环境进行保护,《波罗的海区域海洋环境保护公约》(Convention on the Protecting of the Marine Environment of the Baltic Sea Area)于1974年在赫尔辛基签署。该公约在污染物方面的规定与上述《保护地中海免受污染公约》相似,并在其附件中对废水、油污等进行了更为详细的规定。在各缔约国可采取措施的前提方面,该公约同样规定,当违反公约规定的行为已经出现或被怀疑已经出现在波罗的海时,各缔约国就可以采取行动。⑧ 值得一提的是,该公约规定,任何在波罗的海航行并载有超过50人的船舶都必须持有主管当局颁发的"防止废水污染证明"(Sewage Pollution Prevention Certificate)⑨。

可见,为保护波罗的海海域的自然环境,该公约赋予了缔约国采取一定措施的权利,并允许缔约国将颁发证明作为防止污染的措施之一。然而,此类措施无

---

① 参见《保护地中海免受污染公约》第5条。
② 参见《保护地中海免受污染公约》第6条。
③ 参见《保护地中海免受污染公约》第8条。
④ 参见《保护地中海免受污染公约》第10条。
⑤ 参见《保护地中海免受污染公约》第12条。
⑥ 参见《保护地中海免受污染公约》第11条。
⑦ 参见《保护地中海免受污染公约》第4条。
⑧ See Annex IV, Prevention of Pollution from Ships, Convention on the Protecting of the Marine Environment of the Baltic Sea Area.
⑨ Regulation 7, Annex IV, Prevention of Pollution from Ships, Convention on the Protecting of the Marine Environment of the Baltic Sea Area.

疑会加重船舶在波罗的海航行时所需负担的义务和成本,在一定程度上限制了船舶在该国际水域的航行自由。

(三)南太平洋环境保护与航行自由

南太平洋是指太平洋南部地区,大约是在赤道以南到南纬60°的海域。该海域海岛密布,海产和旅游资源丰富。在南太平洋海域自然环境保护方面,《南太平洋区域自然资源和环境保护公约》(Convention for the Protection of the Natural Resources and Environment of the South Pacific Region)发挥着作用。该公约规定了与《保护地中海免受污染公约》类似的保障公约实施的制度,如监控制度等。此外,该公约不仅关注传统的污染物,还强调对有毒废弃物①和核物质污染②的预防,并希望能够防止对海岸的侵蚀。③ 为保障公约的实施,缔约国不仅享有单独或合作采取各种适当措施防止和减少污染的权利,还有为公约目的而进行立法的权利。

除上述列举并进行一定说明的三部外,区域性环境保护公约还有1983年《泛加勒比海区域海洋环境发展与保护公约》(Convention for the Protection and Development of the Marine Environment of the Wilder Caribbean Region)、1982年《红海和亚丁湾环境维护区域公约》(The Regional Convention for Conservation of the Red Sea and Gulf of Aden Environment)、1985年《东非区域海洋及海岸环境保护、管理及发展公约》(Convention for the Protection, Management and Development of the Marine and Coastal Environment of the Eastern African Region)等一系列公约。

尽管各个公约涉及的污染和具体的环境保护目标可能不同,但其共同点在于,设立一定的合作制度保障公约的实施,赋予各国单独或共同采取措施预防污染的权利。然而,在对海洋环境进行保护的同时,如上文所述,各公约对被怀疑可能造成污染的船舶可以采取措施的立场,以及如"防止废水污染证明"等措施,无疑会对相关水域船舶的航行自由施加一定的限制。

三、极地水域环境保护与航行自由

随着全球气候不断变暖,极地航道逐渐进入人们的视野,极地航行和商业活动也不断增多,制定完善的极地航行安全标准和防污标准成了亟待解决的问题。

(一)极地水域相关规则发展历史

在与极地水域相关的规则中,较早被普遍使用的规则之一是《芬兰-瑞典冰

---

① 参见《南太平洋区域自然资源和环境保护公约》第11条。
② 参见《南太平洋区域自然资源和环境保护公约》第12条。
③ 参见《南太平洋区域自然资源和环境保护公约》第13条。

级规范》(Finnish Maritime Administration Regulations on the Structural Design and Engine Output Required of Ships for Navigation in Ice, Finnish-Swedish Ice Class Rules)。该规范主要是对船舶结构设计和引擎的要求,主要目的在于确保极地航行船舶的安全。2002年IMO颁布的《北极冰覆盖水域内船舶航行指南》成为具有普遍性效力的航行规则建议范本,被用以评估和加强船舶在北极水域航行的装备指导,并对船舶的级别作出了一定的界定。2009年,IMO又通过《极地水域内船舶航行指南》,对船舶建造、设备、操作、环境保护和损害控制都制定了详细的技术规定和标准。2011年,国际船级社协会出台了《极地级别的技术要求》,其中包括对极地级船舶的描述、应用、结构要求和机械要求。[①] 2017年1月1日,由IMO制定并通过的《极地规则》正式生效,较为完整地规定了对船舶技术条件的要求,并详细规定了防污要求。

可见,世界范围内对极地航行的最初关注点仅为船舶本身的航行安全,此时对航行自由最直接的限制仅停留在船舶本身是否有能力在极地水域航行。然而,随着环境保护意识的不断提升,国际社会逐渐开始关注极地水域的环境问题,并因此对船舶本身的环保措施提出了要求。

(二)《极地规则》

《极地规则》的中文全称为《国际极地水域操作船舶规则》,是IMO海上环境保护委员会为防止和控制船舶造成海洋污染而制定的与极地水域相关的规则。这一规则的诞生源于IMO意识到,由于对极地水域操作船舶的海洋环境保护的附加要求已经超出了《防止船舶污染国际公约》和其他有约束力的相关IMO文件的现有要求,因此有必要为这些船舶规定一个强制性框架。[②] 该规则具有强制性,且中国也是IMO的成员国,因此,该规则的出台和生效对中国日后在极地水域的航行也十分重要。

《极地规则》由引言、第Ⅰ部分和第Ⅱ部分组成,其中与环境保护相关的是第Ⅱ部分,该部分又分为Ⅱ-A和Ⅱ-B两个部分,分别是防污染的强制性规定和防污染方面的建议。[③]《极地规则》涉及的污染主要包括:油类污染、散装有毒液体物质污染、船舶生活污水污染和船舶垃圾污染。其中,在防止油类污染部分,《极地规则》对船舶的总燃油装载容量、燃油舱与船体外壳的距离都作了具体的要求。[④] 对于装载散装有毒液体物质的船舶,在运载有毒液体物质时,应当事先经

[①] 参见赵隆:《从航道问题看北极多边治理范式——以多元行为体的"选择性妥协"进程实践为例》,http://www.siis.org.cn/Research/Info/3958,2017年5月20日最后访问。
[②] 参见《极地规则》序言。
[③] 参见《极地规则》前言第4条。
[④] 参见《极地规则》第Ⅱ-A部分,第一章第1.2.1条。

主管机关核准,并将结果在国际防止散装运输有毒液体物质污染证书或确定极地水域营运的适装证书中注明。① 若船舶需要长时间在一定海域内运营,则只能使用由主管机关核准的经认可的生活污水处理装置排放生活污水。② 此外,在排放船舶垃圾时,需将食品废弃物经过粉碎或研磨并应通过不大于 25mm 的粗筛。③

从上述规定中可以看出,目前的《极地规则》不仅对船舶级别等方面提出要求,还对为防止船舶污染而应具有的船舶结构和设施进行了规定。在此种规定下,不符合防污要求的船舶即便在级别等条件上符合要求,也可能因不符合防污要求而无法在极地水域航行,其航行自由自然会受到限制。

第二节 国际、国内立法对船舶油污、废水排放的限制

在可能对海洋环境造成损害的物质中,除了前文提及的核物质和危险物品外,船舶油污和船舶排放的废水也是重要的海洋环境污染物。为防止此类污染物对海洋环境产生过多损害,国际、国内立法都对相关污染物排放进行了规范,以限制该种污染物的排放。

一、国际立法对船舶油污、废水排放的限制

如上所述,在海洋环境保护方面,区域性合作起着不可忽视的作用。在许多区域性海洋环境保护公约中,都有对船舶油污、废水排放方面的限制,如上文提及的《波罗的海区域海洋环境保护公约》。鉴于上文已经对《联合国海洋法公约》和区域性的海洋环境保护公约及相关内容进行了介绍,这一部分重点介绍被普遍接受的对船舶油污、废水排放限制的国际立法。

在防止船舶造成污染方面,最为重要的国际立法为 IMO 海上环境保护委员会于 1973 年制定,并于 1978 年和 1997 年修改的《防止船舶污染国际公约》(International Convention for the Prevention of Pollution from Ships,以下简称《防污公约》)。该公约包含六个附件,其中与船舶油污和废水排放有关的为:《防止油污规则》(附件 1,以下简称《油污规则》)(MARPOL Annex I: Regulations for the Prevention of Pollution by Oil)以及《防止船舶生活污水污染规则》(附件 4,以下简称《污水规则》)(MARPOL Annex IV: Regulations for the Prevention of

---

① 参见《极地规则》第 Ⅱ-A 部分,第二章第 2.1.3 条。
② 参见《极地规则》第 Ⅱ-A 部分,第四章第 4.2.3 条。
③ 参见《极地规则》第 Ⅱ-A 部分,第五章第 5.2.1 条。

第七章 航行自由与海洋环境保护的冲突与协调

Pollution by Sewage from Ships)。

（一）《油污规则》

船舶的航行需要燃油，油类的排放和泄漏会给海洋环境造成极大的损害，因此，需要对船舶的油类和含油混合物的排放进行限制，并在各个方面提出相应的要求。油船作为同时运载和使用燃油的船舶，危险性更大，受到的限制和要求也更多。《油污规则》就是为防止和限制船舶的油类和含油混合物排放而制定的规则。

该规则所规制的油类范围十分广泛，包括原油(crude oil)、燃油(fuel oil)、油泥(oil sludge)、油渣(oil refuse)和炼制品(refined products)在内的任何形式的石油。① 为限制船舶排放油污，《油污规则》首先对船舶的检验提出了一系列的要求，包括：在船舶投入运营以前或在首次签发《国际防止油污证书》(International Oil Pollution Prevention Certificate)之前进行的对船舶结构、设备、系统、附件、布置和材料的初次检验，在不超过 5 年的期间内进行的换证检验，在签发证书后的 2—3 年进行的中间检验，每个周年日前后进行的年度检验，以及船舶在进行修理或者重大换新后进行的附加检验。② 在进行上述检验后，未经主管机关许可，不得对经过检验的内容作任何变动，除非直接替换这种设备和附件。③ 对于 150 总吨及以上的油船和 400 总吨及以上的其他船舶，如果需要驶往其他国家所管辖的港口或近海装卸站，均应当持有经签发的《国际防止油污证书》。④

同时，《油污规则》详细规定了所有船舶的机器处所(machinery spaces)应符合的条件。在结构部分，主要规定了油泥舱(tanks for oil sludge)和标准排放机头(standard discharge connection)的要求；⑤ 在设备部分，要求船舶具备符合一定条件的滤油设备(oil filtering equipment)。⑥ 对于油船这一特定类型的船舶，《油污规则》对其货物区域应符合的要求进行了专章规定。举例而言，在结构方面，凡载重量为 2 万吨及以上的油船均应设置专用压载舱(segregated ballast

---

① See Article 1, Regulation 1, Chapter 1-General, Regulations for the Prevention of Pollution by Oil.

② See Article 6, Regulation 6, Chapter 2-Surveys and Certification, Regulations for the Prevention of Pollution by Oil.

③ Ibid.

④ See Article 7, Regulation 6, Chapter 2-Surveys and Certification, Regulations for the Prevention of Pollution by Oil.

⑤ See Part A, Construction, Chapter 3-Requirements for Machinery Spaces of all Ships, Regulations for the Prevention of Pollution by Oil.

⑥ See Part B, Equipment, Chapter 3-Requirements for Machinery Spaces of all Ships, Regulations for the Prevention of Pollution by Oil.

tanks)，并符合相应的容量、压载水、清洗等方面的要求。① 另外，特定载重量的油船还应具备符合要求的双壳体(double hull)和双层底(double bottom)。

上述检验要求和硬件设施条件虽然较为详细和严格，但《油污规则》并不完全禁止船舶排放油类，实际上，完全的禁止也并不现实。该规则划分了特定类型的水域，根据船舶的不同吨位数，在排放油类方面作出相应的规定。对于400总吨及以上的船舶，原则上禁止排放油类或含油混合物入海，除非船舶的排放符合以下条件：(1) 船舶正在航行中；(2) 含油混合物已经特定要求的滤油设备加工处理；(3) 未经稀释的排出物含油量不得超过15ppm；(4) 含油混合物并非来自油船货泵舱舱底；(5) 如是油船，含油混合物未混有货油残余物。对于小于400总吨的船舶，则不要求其排放的含油混合物经特定要求的滤油设备加工处理，而仅要求船舶所涉的由主管机关进行设计认可的设备正在运转，以保证未经稀释的排出物含油量不超过15ppm即可。② 在特殊区域(special area)内的排放，则被要求使用更为精细的滤油设备。所谓"特殊区域"，系指这样的海域，在该海域中，由于其海洋学、生态学的情况以及运输的特殊性质等方面公认的技术原因，需要采取特殊的强制办法以防止油类物质污染海洋。这些特殊区域主要包括地中海区域、波罗的海区域、亚丁湾区域、红海区域等海域。③ 此外，在南极区域海域，任何油类或油性混合物的排放均被完全禁止。

虽然对各类船舶和油船的硬件设施有着严格的要求，但意外情况仍然可能发生。因此，《油污规则》第五章对防止意外油类污染作出了规定。根据该章规定，船舶须遵从主管机关制定的油污应急计划(oil pollution emergency plan)。该计划应建立在IMO的指南以及其他官方文件之上，并应至少包含以下内容：(1) 船长或其他负责人员汇报油污时间的程序；(2) 与油污事件相关的权力主体或个人的名单；(3) 对船上人员为减少或控制油污所应采取的行动的细节性描述；(4) 为与船旗国和相关权力主体合作采取防污行动所应遵守的程序。④

---

① See Article 18, Part A, Construction, Chapter 4-Requirements for the Cargo Area of Oil Tanks, Regulations for the Prevention of Pollution by Oil.

② See Regulation 15, Part C, Control of Operational Discharge of Oil, Chapter 4-Requirements for the Cargo Area of Oil Tanks, Regulations for the Prevention of Pollution by Oil.

③ See Article 11, Regulation 1, Chapter 1-General, Regulations for the Prevention of Pollution by Oil.

④ See Regulation 37, Chapter 5-Prevention of Pollution Arising from an Oil Pollution Incident, Regulations for the Prevention of Pollution by Oil.

(二)《污水规则》

船舶的航行需配备充足和适当的人员,在航行过程中必然会产生生活污水,而载有乘客的游轮或运载活物的船舶则可能产生更多的生活污水。生活污水对海洋环境的污染不可小觑,因此,也有必要对船舶生活污水的排放进行一定的限制。

根据该规则,生活污水包括:(1)任何类型的厕所、小便池的排出物和其他废弃物;(2)医务室(药房、病房等)的面盆、洗澡盆和这些处所排水孔排出物;(3)装有活的动物的处所的排出物;(4)混有上述排出物的其他废水。① 此外,该规则也适用于从事国际航行的400总吨及以上的船舶以及小于400总吨但经核定许可载运15人以上的船舶。②

生活污水原则上被禁止排放入海,但在一些情况下存在例外。在下列两种情况下,船舶可以排放生活污水:(1)从船上排放生活污水,系为保障船舶及船上人员安全或救护海上人命所必需;(2)由于船舶或其设备受损而排放生活污水,如果在发生损坏以前和以后已采取了一些合理的预防措施来防止排放或使排放减至最低限度。③ 不过,船舶排放生活污水应遵从一定的限制:(1)船舶在距最近陆地3海里外,使用主管机关按照规则要求的生活污水系统批准的系统,排放业经粉碎和消毒的生活污水,或在距最近陆地12海里以外排放未经粉碎和消毒的生活污水,且不得将集污舱中储存的生活污水顷刻排光,而应在船舶以不小于4节的船速在航行途中时以中等速率排放;(2)船舶所设经批准的生活污水处理装置正在运转,该装置已由主管机关验证、符合规则所述的操作要求,该设备的试验结果已写入该船的《国际防止生活污水污染证书》(International Sewage Pollution Prevention Certificate),并且排出的废液在其周围的水中不应产生可见的漂浮固体,也不应使水变色。④

与《油污规则》相同,《污水规则》也要求船舶接受检查,但此种要求相比于《油污规则》而言较为宽松,仅要求船舶接受初次检验、换证检验和附加检验。⑤

---

① See Article 1, Regulation 1, Chapter 1-General, Regulations for the Prevention of Pollution by Sewage from Ships.

② See Article 2, Regulation 1, Chapter 1-General, Regulations for the Prevention of Pollution by Sewage from Ships.

③ See Article 3, Regulation 1, Chapter 1-General, Regulations for the Prevention of Pollution by Sewage from Ships.

④ See Regulation 11, Chapter 3-Equipment and Control of Discharge, Regulations for the Prevention of Pollution by Sewage from Ships.

⑤ See Regulation 4, Chapter 2-Surveys and Certification, Regulations for the Prevention of Pollution by Sewage from Ships.

在初次检验和换证检验后,主管机关才会签发《国际防止生活污水污染证书》。需注意的是,主管机关对证书负有全部责任。①

《污水规则》同样对船舶相关设备应符合的要求进行了规定,包括合适的生活污水处理装置(sewage treatment plant)、生活污水粉碎及消毒系统(sewage comminuting and disinfecting system)和集污舱(holding tank)。②

此外,《污水规则》特别规定了港口国(Port State)的控制权。当船舶停泊在缔约国港口或者近岸设施时,如果缔约国有明确的依据相信船舶的船长或船员并不熟悉与防止生活污水污染相关的必要的船上程序,那么,考虑到《污水规则》的相关要求,可以由其权力主体的官员登船进行检查。③ 在上述检查过程中,船长或船员应当采取措施确保船舶不开始航行,直到相关的情况达到《污水规则》的要求。④

二、国内立法对船舶油污、废水排放的限制

船舶所排放的油类物质以及废水可能给沿海国的相关水域造成损害,因此,沿海国有防止此种损害的必要,并可以采取适当的措施。沿海国采取措施的权力不仅来自在本国相关水域的主权或者主权性权利,还与《联合国海洋法公约》中的权利义务相符合。这一部分将首先重点介绍《联合国海洋法公约》中对沿海国、港口国和船旗国的权利义务划分,然后再介绍中国立法关于船舶油污、废水排放的限制。

(一)沿海国、港口国和船旗国的权利义务划分

为防止、减少和控制可能对海洋环境造成污染的污染物,《联合国海洋法公约》中规定了沿海国和船旗国的权利义务。⑤

---

① See Regulation 5, Chapter 2-Surveys and Certification, Regulations for the Prevention of Pollution by Sewage from Ships.
② See Regulation 9, Chapter 3-Equipment and Control of Discharge, Regulations for the Prevention of Pollution by Sewage from Ships.
③ See Article 1, Regulation 13, Chapter 5-Port State Control, Regulations for the Prevention of Pollution by Sewage from Ships.
④ See Article 2, Regulation 13, Chapter 5-Port State Control, Regulations for the Prevention of Pollution by Sewage from Ships.
⑤ 下文表格内容来源于刘勇:《国际海洋环境保护法律体系简论》,华东政法学院2006年硕士学位论文,第26—28页。

沿海国的权利义务	船旗国的权利义务
一般性规定 ——迅速通知船旗国,并提送报告(第231条) ——采取便利司法程序的措施(第223条) ——只由政府官员采取措施(第224条) ——不应危及航行安全(第225条) ——不得对外国船舶采取有差别歧视待遇(第227条) ——对非法执行措施负有赔偿责任(第231、304条) ——若有适当安全保障,应释放所羁留扣押的外国船舶(第220条第7款、第226条第1款b项)	一般性规定 ——务必要求船舶遵从国际法相关规定(第217条) ——必须被通知,并被送交官方报告(第218—220、231条) ——必须行使处罚性的管辖权,并进行调查(第217条第4—8款)
情报 ——若有证据表明航行于其领海或专属经济区的船舶有违法可能,应要求其提供有关情报(第220条第3款) 实际检查(证书检查)(其余检查应依第226条第1款a项进行): ——对在领海内航行的船舶实行实际检查(第220条第2款) ——在一国专属经济区或领海内航行的船只,在专属经济区内犯有第3款所指的违反行为且拒不提供情况,或所提供的情报与明显的实际情况显然不符,沿海国有权进行实际检查(第220条第5款)	情报 ——必须采取措施要求船舶遵从提供情报的要求(第220条第4款)
港口国之调查 ——对自愿入港之外国船舶在公海有排放之违反行为,港口国可提出调查请求(第218条第3款)	港口国之调查 ——调查记录应转交船旗国(第218条第4款)
司法程序 ——对自愿入港之外国船舶 (a)依公约规定,对在领海及专属经济区之违反事宜进行司法程序(第220条第1款) (b)对在公海上有排放违法行为,且有证据时,可进行司法程序(第218条第1款),或依请求进行司法诉讼(第218条第2款) ——对在领海航行之外国船舶,且有证据时,得进行司法诉讼程序(第220条第2款) ——对在领海或专属经济区航行之外国船舶且对此专属经济区造成严重损害或构成威胁时,可提起司法诉讼(第220条第6款)	司法程序 ——司法程序之暂停(228条) 如果违反行为发生在领海外,且船旗国正进行司法诉讼程序,那司法诉讼应暂停,除非在专属经济区造成严重损害 ——港口国之司法程序经沿海国请求可予暂停(第21条第4款),也受第228条有关司法程序的暂停与限制的规定约束 ——船旗国有参与司法诉讼程序的权利(第223条)

(续表)

沿海国的权利义务	船旗国的权利义务
拘留 ——外国船舶航行于领海,有充分证据时可予以拘留 ——对在领海或专属经济区航行之外国船舶,且对专属经济区造成严重损害或构成威胁时,可拘留此船舶(第220第6款) ——违反行为影响船舶适航性时可禁止该船航行(第219条,第226条第1款)	拘留 ——释放船舶(第226条第1款b-c项,第220条第7款,第292条) ——迅速通知(第226条第1款c项,第231条)
处罚 ——仅可处以罚款(第230条),但在领海内故意污染且造成严重损害者例外(第230条)	海上灾难 ——沿海国有权采取措施,避免海难引起的污染

此外,港口国也可以在掌握充分证据的前提下对自愿入港的船舶发动司法程序。①

船舶位置	违反地点	适用法律	违反理由或事实	措施
自愿入港(第220条第1款)	领海 专属经济区	依据沿海国之法律规章(第21条第2款f项;第211条4—7款,第234条)依据可适用之国际法	任何的违反事实	司法程序
领海(第220条第2款)	领海		在不损及无害通过权的前提下,有明确理由相信有违反事实 充分证据显示有违反事实	——实际检查(第226条第1款a项) ——进一步实际检查(第226条第1款a项ⅰ—ⅲ)——司法程序 ——扣留
领海或专属经济区(第220条第3款)	专属经济区	国际法规定和标准以及于国际法规定不相左的国内法规定	有明确理由相信有违反行为发生	依220条第3款提供下列情报: ——识别标志 ——登记港口 ——上次和下次停泊港口 ——有关意外事件之情报

---

① 港口国发动司法程序的情形如下表所示,参见刘勇:《国际海洋环境保护法律体系简论》,华东政法学院2006年硕士学位论文,第28—30页。

第七章 航行自由与海洋环境保护的冲突与协调

(续表)

船舶位置	违反地点	适用法律	违反理由或事实	措施
领海或专属经济区(第220条第5款)	专属经济区	国际法规定和标准	有明确理由相信有违反行为发生；有排放事实，造成损害或重大威胁；船舶拒绝提供情报；或所提供的情报不正确	
领海或专属经济区(第220条第6款)	领海或专属经济区	国际法律规定和标准	明显客观证据以及引起重大损害之排放事实；或排放对海岸、领海或专属经济区资源造成重大危害之威胁，证据充分	——司法程序 ——扣留(释放方面依第220条第7款规定)
领海或专属经济区(第220条第8款)	专属经济区内明确划定之区域		依第220条第3—6款规定情况适用相关规定	依第220条第3—6款规定，采取适当措施

(二) 中国立法对船舶油污、废水排放的限制

保护海洋环境是一项必须长期坚持的基本国策。目前，中国已经形成以《海洋环境保护法》为主体，以《防治船舶污染海洋环境管理条例》《防治陆源污染物污染损害海洋环境管理条例》以及《海洋倾废管理条例》等海洋保护行政法规、地方性法规、规章和标准为补充的海洋环境保护法律体系。其中，与油污、废水排放限制相关的主要为《海洋环境保护法》以及《防治船舶污染海洋环境管理条例》。

《海洋环境保护法》适用于中国内水、领海、毗连区、专属经济区、大陆架以及中国管辖的其他海域，并约束在上述海域内进行的航行、勘探、开发、生产、旅游、科学研究及其他活动。[①] 在重点海洋生态功能区、生态环境敏感区和脆弱区等海域，中国还划有生态保护红线，实行严格保护。[②] 对于船舶油污和废水排放，《海洋环境保护法》要求，船舶必须按照有关规定持有防止海洋环境污染的证书、文书，[③] 必须配置相应的防污设备和器材。[④] 而且，所有船舶均有监视海上污染

---

① 参见《海洋环境保护法》第2条。
② 参见《海洋环境保护法》第3条。
③ 参见《海洋环境保护法》第63条。
④ 参见《海洋环境保护法》第64条。

的义务,在发现海上污染事故或者违反本法规定的行为时,必须立即向就近的依照本法规定行使海洋环境监督管理权的部门报告。① 为防止遇难船舶的燃油造成污染,因发生事故或者其他突发性事件,造成或可能造成海洋环境污染事故的单位和个人,必须立即采取有效措施,及时向可能受到危害者通报,并向行使海洋环境监督管理权的部门报告,接受调查处理。② 对发生海难事故并造成或可能造成海洋环境重大污染损害的,国家海事行政主管部门有权采取避免或者减少污染损害的措施;而对于在公海上因发生海难事故,造成中国海域重大污染损害后果或者具有污染威胁的船舶、海上设施,国家海事行政主管部门有权采取与实际的或者可能发生的损害相称的必要措施。③

《海洋环境保护法》中的规定相对原则性,而国务院《防治船舶污染海洋环境管理条例》则对相关的内容有更细化的规定。首先,该条例对防治船舶污染作出了一般规定:船舶应当随船携带相应的防治船舶污染海洋环境的证书、文书;④船舶的结构、设备、器材应当符合国家有关防治船舶污染海洋环境的技术规范以及中国缔结或参加的国际条约的要求;⑤船舶所有人、经营人或者管理人以及有关作业单位应当制定防治船舶及其有关作业活动污染海洋环境的应急预案,并报海事管理机构批准。⑥ 其次,该条例重点规定了船舶污染事故应急处置的内容,包括对船舶污染事故进行分级,⑦污染事故发生后从海事管理机构至沿海设区的市级以上地方人民政府的报告制度等。⑧ 若发生船舶污染事故,海事管理机构可以采取清除、打捞、拖航、引航、过驳等必要措施,减轻污染损害。⑨

从上述规定来看,中国立法约束范围较大,从内水、领海直至大陆架上覆水域。除具体的标准外,中国要求船舶具备相应的防止污染海洋环境的证书、文书,配备符合要求的设施,建立污染报告制度,并制定应对发生污染的紧急预案。同时,还赋予相关部门在发生污染时采取一定强制性措施的权力,较为全面地覆盖了从事前预防到事后处理的过程。然而,辐射范围的广泛性、规定的全面性以及强制性措施的采取,难免会影响到他国船舶在中国管辖海域的航行自由,这也是沿海国为保护海洋环境行使的管辖权和船旗国船舶航行自由的固有冲突。

---

① 参见《海洋环境保护法》第72条第1款。
② 参见《海洋环境保护法》第17条第1款。
③ 参见《海洋环境保护法》第71条。
④ 参见《防治船舶污染海洋环境管理条例》第10条第2款。
⑤ 参见《防治船舶污染海洋环境管理条例》第10条第1款。
⑥ 参见《防治船舶污染海洋环境管理条例》第14条第1款。
⑦ 参见《防治船舶污染海洋环境管理条例》第36条。
⑧ 参见《防治船舶污染海洋环境管理条例》第37条。
⑨ 参见《防治船舶污染海洋环境管理条例》第41条第1款。

第三节　国际、国内立法对危险品运输的严格要求

危险品即可能会对环境或人身、财产造成危险的物质。从《国际海运危险货物规则》来看,危险货物主要包括:爆炸品、气体、易燃液体、易燃固体、易自燃物质、遇水放出易燃气体的物质、氧化物质和有机过氧化物、有毒物质和感染性物质、放射性材料、腐蚀品、杂类危险物质和物品以及环境有害、海洋污染物等。① 除《国际海运危险货物规则》外,对上述危险品运输的国际立法还有与海洋环境保护更为相关的《防污公约》中的内容。此外,各国国内法也对这些危险品的运输施以严格的要求。

一、国际立法对危险品运输的严格要求

《国际海运危险货物规则》对危险品的包装和运输作了较为详细的规定。此外,鉴于危险品也可能对环境造成损害,《防污公约》中也有与危险品相关的附件,包括《控制散装有毒液体物质污染规则》(附件2,以下简称《有毒液体规则》)(Regulations for the Control of Pollution by Noxious Liquid Substances in Bulk)和《防止海运包装有害物质污染规则》(附件3,以下简称《有害物质规则》)(Regulations for the Prevention of Pollution by Harmful Substances Carried by Sea in Packaged Form)。除此之外,IMO还制定了《国际散装运输危险化学品船舶构造和设备规则》(The International Code for the Construction and Equipment of Ships Carrying Dangerous Chemicals in Bulk,以下简称《IBC规则》)。该规则在《防污公约》和SOLAS项下均有强制性,《防污公约》中还特别提及需要遵守《IBC规则》的相关规定。可见,《IBC规则》虽然仅对散装运输危险化学品船舶的构造和设备进行规定,但在危险品运输的国际立法领域也有一定的重要性。

(一)《有毒液体规则》

该规则适用于所有运输散装有毒液体物质的船舶。有毒液体物质被分为四类,具体包括:X类(Category X),即对海洋资源或人类健康产生重大危害(a major hazard)的有毒液体物质,因而有必要禁止其排入海洋环境;Y类和Z类,即对海洋资源或人类健康产生重大危害,或对海上的休憩环境或其他合法利用造成影响的有毒液体物质,两者对应的危害程度分别为危害(a hazard)和较小危害(minor hazard),对应的控制程度分别为限制排放的质和量(justify a limi-

---

① 参见《国际海运危险货物规则》目录。

tation on the quality and quantity of the discharge into the marine environment)和相对不严厉地限制排放的质和量(justify less stringent restrictions on the quality and quantity);其他物质(other substances),即因经评定被认为对人类健康、海洋资源、海上休憩环境或其他合法的利用并无危害而不能被归为 X、Y、Z 类中的物质,此类物质不受该规则任何要求的约束。①

对于散装运输有毒液体物质的船舶,《有毒液体规则》要求,船舶应持有由主管机关或由其正式授权的任何个人或组织签发或签署的《国际防止散装运输有毒液体物质污染证书》(An International Pollution Prevention Certificate for the Carriage of Noxious Liquid Substances in Bulk),该主管机关对证书负全部责任。② 此外,此类船舶还被要求接受特定类型的检验,包括:初次检验、换证检验、中间检验、年度检验和附加检验。经过上述检验后,未经主观机关许可,经过检验的结构、设备、系统、附件、布置或材料不得作任何变动,除非直接替换此类设备和附件。③

有毒液体物质原则上被禁止排放入海,其剩余物的排放也需要遵守特定的要求。④ 同时,散装运输有毒液体物质的船舶本身也需要具备特定的设计、结构、设备和运行,⑤并配备有符合要求的泵吸(pumping arrangements)、管路(piping arrangements)、卸货设施(unloading arrangements)和油污舱(slop tanks)。⑥ 但是,在例外情况下,有毒液体物质还是会被允许排放入海:第一,有毒液体物质或含有这种物质的混合物排放入海系为保障安全或救护海上人命所必需者;第二,由于船舶或其设备损坏而导致有毒液体物质或含有这种物质的混合物排放入海,但在发生损坏或发现排放后,为防止排放或使排放减至最低限度,已采取了一切合理的预防措施(船东或船长故意造成损坏或轻率行事而又知道可能导致损坏的不在此列);第三,经主管机关批准将有毒液体物质或含有这种物质的混合物排放入海,用以对付特殊的污染事故,使污染损害减至最低限

---

① See Regulation 6, Chapter 2-Categorization of Noxious liquid Substances, Regulations for the Control of Pollution by Noxious Liquid Substances in Bulk.
② See Regulation 9, Chapter 3-Surveys and Certification, Regulations for the Control of Pollution by Noxious Liquid Substances in Bulk.
③ See Regulation 8, Chapter 3-Surveys and Certification, Regulations for the Control of Pollution by Noxious Liquid Substances in Bulk.
④ See Regulation 13, Chapter 5-Operational Discharges of Residues of Noxious Liquid Substances, Regulations for the Control of Pollution by Noxious Liquid Substances in Bulk.
⑤ See Regulation 11, Chapter 4-Design, Construction, Arrangement and Equipment, Regulations for the Control of Pollution by Noxious Liquid Substances in Bulk.
⑥ See Regulation 12, Chapter 4-Design, Construction, Arrangement and Equipment, Regulations for the Control of Pollution by Noxious Liquid Substances in Bulk.

度(任何这种排放须经拟进行排放所在地区的管辖政府批准)。①

为防止散装运输有毒液体物质产生污染,《防污公约》的各缔约国均应制定或授权若干检查员按照规定的控制程序来执行控制。对航行在公约其他缔约国管辖的港口或装卸站的船舶,只有接收方的政府有权同意免除对特定船舶的要求。此外,当船舶停靠在另一缔约国港口时,如有明显理由确信该船船长或船员不熟悉船上主要的防止有毒液体物质污染的程序,该船应接受该缔约国正式授权的官员对其按有关操作要求进行检查,且只有在该缔约国采取措施确保该船已按要求达到正常状况时才能开航。② 因此,缔约国和港口国均对船舶有一定程度的控制权,以实现《防污公约》的目的。

(二)《有害物质规则》

除另有规定外,《有害物质规则》适用于所有装运包装形式有害物质的船舶,但不适用于船用物料和设备。在对有害物质进行定义时,该规则参照了《国际海运危险货物规则》的规定,认为有害物质系指《国际海运危险货物规则》中被确定为海洋污染物的物质。③

在对有害物质进行包装时,在考虑特定装载内容的情况下,包装应将对海洋环境的危害降至最低。④ 同时,这些包装件应永久地被标以正确的技术名称,并应永久地加上标志和标签,以表示该物质是海洋污染物。⑤

对于载运包装有害物质的船舶,并无证书之类的要求,但要求该类船舶具备符合要求的文件(documents)。在这些文件上提到有害物质的名称时,应当使用正确的技术名称,并补充标明"海洋污染物"字样。在托运人提供的运输文件中,应包括或附有一份经签字的证明或声明,说明为了将对海洋环境的危害减至最低程度,交运的货物已妥为包装、标志和加标签,并处于可供装运的适当状况。装运有害物质的船舶,还应有一份特别的清单或舱单,列明船上所装的有害物质及其位置。⑥

---

① See Regulation 3, Chapter 1-General, Regulations for the Control of Pollution by Noxious Liquid Substances in Bulk.
② See Regulation 16, Chapter 6-Measures of Control by Port States, Regulations for the Control of Pollution by Noxious Liquid Substances in Bulk.
③ See Regulation 1, Regulations for the Prevention of Pollution by Harmful Substances Carried by Sea in Packaged Form.
④ See Regulation 2, Regulations for the Prevention of Pollution by Harmful Substances Carried by Sea in Packaged Form.
⑤ See Regulation 3, Regulations for the Prevention of Pollution by Harmful Substances Carried by Sea in Packaged Form.
⑥ See Regulation 4, Regulations for the Prevention of Pollution by Harmful Substances Carried by Sea in Packaged Form.

对于某些有害物质,即便有适当的包装并得到恰当的积载,但根据充分的科学和技术上的理由,可能还是必须禁止载运,或对可装于特定船上的数量加以限制;在限制数量时,应考虑船舶的大小、构造和设备,以及该物质的包装和其固有的特性。① 此外,原则上包装形式的有害物质被禁止向海中投弃,但若为保障船舶安全或救护海上人命所必须,则不在此限。②

与《有毒液体规则》类似,《有害物质规则》同样赋予港口国对船舶运行设备的控制权,港口国有权保证船舶的船长和船员了解相关的运行要求,并可保证船舶在达到该规则要求的情形前不从事航行活动。③ 此外,相较于其他附件,《有害物质规则》的规定更为模糊和原则性,其中第1条明确表明,"为防止有害物质污染海洋环境或将此种污染减至最低限度,本公约各缔约国政府应颁布或促使颁布关于包装、标识、标签、单证、积载、数量限制和例外等方面的详细要求,以补充本附则的规定"④。

可见,在海运包装有害物质方面,目前还没有达成较为统一的国际标准,而是更多地依赖各国的分别立法,而各国立法更难统一,还可能造成适用上的复杂情形。因此,未来在防止和减少海运包装有害物质污染方面,还应继续朝着确立国际标准的方向发展。

(三)《IBC 规则》

最新的《IBC 规则》于 2004 年修正,并于 2007 年 1 月 1 日正式生效。该规则的制定目的是为海上安全运输所列的散装危险化学品和有毒液体物质提供一个国际标准,其内容主要涉及船舶的设计和设备,而相关货品安全运输的其他重要方面,如培训、操作、交通管制和港口装卸等事项仍处于研究过程中。⑤

该规则适用于从事运输散装危险化学品和有毒液体物质的船舶,不论其尺寸大小,但不包括载运石油或类似的易燃货品的船舶。⑥ 规则涉及的货品的危

---

① See Regulation 6, Regulations for the Prevention of Pollution by Harmful Substances Carried by Sea in Packaged Form.

② See Regulation 7, Regulations for the Prevention of Pollution by Harmful Substances Carried by Sea in Packaged Form.

③ See Regulation 8, Regulations for the Prevention of Pollution by Harmful Substances Carried by Sea in Packaged Form.

④ Regulation 1, Regulations for the Prevention of Pollution by Harmful Substances Carried by Sea in Packaged Form.

⑤ See Preamble, The International Code for the Construction and Equipment of Ships Carrying Dangerous Chemicals in Bulk.

⑥ See 1.1.1, Chapter 01 General, The International Code for the Construction and Equipment of Ships Carrying Dangerous Chemicals in Bulk.

害性主要包括:火灾危险性、健康危险性、反应危险性和海洋污染危害性。① 为保证此类船舶的安全,需要对其进行一系列的检验,检验类型与《有害物质规则》中规定的相同。在经过初次检验或换证检验后,即可向符合该规则有关规定的从事国际航行的化学品船舶颁发《国际散装运输危险化学品适装证书》(International Certificate of Fitness for the Carriage of Dangerous Chemicals in Bulk)。②

该规则的第二章是对船舶残存能力和液货舱位置的规定。在这部分,规则要求,船舶应能承受假定船体受到某些外力的破损之后正常浸水的影响,而对某些类型船舶的液货舱应加以保护,防止船舶碰到诸如码头或拖船时产生较小破损引起穿透,并通过把液货舱布置在舷内距船体外板规定的最小距离之处提供防止船舶碰撞或触礁而引起的破损的保护措施。③

该规则的第三章对船舶内的布置作了具体规定,包括货物分隔、货泵舱的布置、进入货物区域内处所的通道、舱底及压载布置、泵和管路的识别以及船首或船尾的装卸装置。④ 其他章节对包括独立液货舱、整体液货舱、中立液货舱等货物容器的要求,以及对各种货品的舱型要求作了具体规定。⑤ 在货物驳运方面,规则要求驳运使用的管道、管路制造和连接细节、管系的试验、管路布置和货物驳运控制系统皆应符合一定的标准。⑥ 同时,结构材料、保护性衬垫及图层(materials of construction, protective linings and coatings)、货物温度控制(cargo temperature control)⑦、液货舱透气和除气装置(cargo tank venting and gas-freeing arrangements)⑧、环境控制(envionmental control)⑨、电气装置(electircal installa-

---

① See 1.2, Chapter 01 General, The International Code for the Construction and Equipment of Ships Carrying Dangerous Chemicals in Bulk.

② See 1.5, Chapter 01 General, The International Code for the Construction and Equipment of Ships Carrying Dangerous Chemicals in Bulk.

③ See 2.1, Chapter 02 Ship Survival Capability and Location of Cargo Tanks, The International Code for the Construction and Equipment of Ships Carrying Dangerous Chemicals in Bulk.

④ See Chapter 03 Ship Arrangements, The International Code for the Construction and Equipment of Ships Carrying Dangerous Chemicals in Bulk.

⑤ See Chapter 04 Cargo Containment, The International Code for the Construction and Equipment of Ships Carrying Dangerous Chemicals in Bulk.

⑥ See Chapter 05 Cargo Transfer, The International Code for the Construction and Equipment of Ships Carrying Dangerous Chemicals in Bulk.

⑦ See Chapter 06 Materials of Construction, Protective Linings and Coatings, The International Code for the Construction and Equipment of Ships Carrying Dangerous Chemicals in Bulk.

⑧ Chapter 07 Cargo Tank Venting and Gas-Freeing Arrangements, The International Code for the Construction and Equipment of Ships Carrying Dangerous Chemicals in Bulk.

⑨ See Chapter 09 Envionmental Control, The International Code for the Construction and Equipment of Ships Carrying Dangerous Chemicals in Bulk.

tions)①、防火和灭火(fire protection and fire extinction)②、货物区域的机械通风(mechanical venilation in the cargo area)③、仪表(instrumentation)④、人员保护(personal protection)⑤、具体操作(operational requirements)等方面也应符合特定的要求。

二、中国国内立法对危险品运输的严格要求

中国关于危险货物运输的严格要求首先被规定在《海上交通安全法》中。该法适用于中国沿海水域航行、停泊和作业的一切船舶、设施和人员以及船舶、设施的所有人、经营人。对于危险货物运输,该法仅有两条规定,分别为:"船舶、设施储存、装卸、运输危险货物,必须具备安全可靠的设备和条件,遵守国家关于危险货物管理和运输的规定。"⑥"船舶装运危险货物,必须向主管机关办理申报手续,经批准后,方可进出港口或装卸。"⑦可见,中国关于危险货物运输的法律缺乏具体的规定,需要其他的规范进行补充。

为加强对船舶载运危险货物的监督管理,保障水上人命、财产安全,防止船舶污染环境,中国交通运输部制定了《船舶载运危险货物安全监督管理规定》(以下简称《危险货物规定》)。该规定属于部门规章级别,适用于船舶在中国管辖水域载运危险货物的活动。船舶载运危险货物,首先必须符合国家安全生产、水上交通安全和防治船舶污染的规定,并保证人员和财产的安全,防止对环境、资源以及其他船舶和设施造成损害。凡在中国管辖水域内航行、停泊、作业的载运危险货物的船舶,均应接受海事管理机构的监督。⑧若海事管理机构规定了危险货物船舶航道、航路,则船舶应当遵守规定航行。⑨

在船舶管理方面,载运危险货物的船舶之船体、构造、设备、性能和布置等方

---

① See Chapter 10 Electircal Installations, The International Code for the Construction and Equipment of Ships Carrying Dangerous Chemicals in Bulk.
② See Chapter 11 Fire Protection and Fire Extinction, The International Code for the Construction and Equipment of Ships Carrying Dangerous Chemicals in Bulk.
③ See Chapter 12 Mechanical Venilation in the Cargo Area, The International Code for the Construction and Equipment of Ships Carrying Dangerous Chemicals in Bulk.
④ See Chapter 13 Instrumentation, The International Code for the Construction and Equipment of Ships Carrying Dangerous Chemicals in Bulk.
⑤ See Chapter 14 Personal Protection, The International Code for the Construction and Equipment of Ships Carrying Dangerous Chemicals in Bulk.
⑥ 《海上交通安全法》第32条。
⑦ 《海上交通安全法》第33条。
⑧ 参见《船舶载运危险货物安全监督管理规定》第3条。
⑨ 参见《船舶载运危险货物安全监督管理规定》第33条。

面应当符合国家船舶检验的相关规定。用于国际航行的船舶还应当符合有关国际条约的规定,具有相应的适航、适装条件,并经中国海事局认可的船舶检验机构检验合格,取得相应的检验证书、文书并保持良好状态。① 此外,船舶需要采取保证水上人命、财产安全和防治船舶污染的措施,编制相关事故的应急预案等。②

该规定还设立了报告制度,包括:第一,船舶载运危险货物进出港口,应当在进出港口 24 小时前向海事管理机构办理船舶载运危险货物申报手续,经海事管理机构批准后,方可进出港口。第二,船舶在运输途中发生危险货物泄漏、燃烧或者爆炸等情况的,应当在办理船舶载运危险货物申报手续时说明原因、已采取的控制措施和目前状况等有关情况,并于抵港后送交详细报告。③ 第三,船舶载运包装危险货物或者 B 组固体散装货物离港前,应当将列有所载危险货物的装载位置清单、舱单或者详细配载图向海事管理机构报告。④ 第四,船用集装箱拟拼装运输有隔离要求的两种或者两种以上危险货物,应当符合《国际海运危险货物规则》的规定。危险货物托运人应当事先向海事管理机构报告。⑤

对于存在安全或者污染隐患的载运危险货物的船舶,海事管理机构有权责令其立即消除或者限期消除隐患;有关单位和个人不立即消除或者逾期不消除的,海事管理机构可以采取责令其临时停航、停止作业、离港、驶往指定水域、强制卸载、滞留船舶等强制性措施。⑥

关于确定何为危险品,确定危险品的包装、标识、数量等,《危险货物规定》并没有给出具体的标准,此时可以参照相关国家标准。例如,《危险货物分类和品名编号》(GB6944-86)、《危险货物品名表》(GB12268-90)、《危险货物包装标志》(GB190)、《危险货物例外数量及包装要求》(28644.1-2012)、《危险货物有限数量及包装要求》(28644.2-2012)和《有机过氧化物分类及品名表》(28644.3-2012)等。

---

① 参见《船舶载运危险货物安全监督管理规定》第 6 条。
② 参见《船舶载运危险货物安全监督管理规定》第 5 条。
③ 参见《船舶载运危险货物安全监督管理规定》第 20 条。
④ 参见《船舶载运危险货物安全监督管理规定》第 23 条。
⑤ 参见《船舶载运危险货物安全监督管理规定》第 24 条。
⑥ 参见《船舶载运危险货物安全监督管理规定》第 39 条。

第八章　有关航行自由争议的国外案例分析

第一节　沿海国国家安全维护视角下的航行自由案例

一、"荷花号"案：公海航行自由与船舶管辖权

（一）案情简介

1926年8月2日，法国邮船"荷花号"（Lotus）在地中海的公海上与土耳其船舶"博兹·库特号"（Boz-Kourt）碰撞，造成"博兹·库特号"沉没、8名土耳其人死亡的事故。次日，当"荷花号"抵达伊斯坦布尔时，土耳其当局对这起碰撞事件进行了调查，认为该事件是由于"荷花号"的负责值班人员法国海军上尉戴蒙（Demons）的失职所致，故将其逮捕，连同土耳其船长哈森·贝（Hassan Bey）一并以杀人罪向土耳其伊斯坦布尔法院提起刑事诉讼。《土耳其刑法》第6条规定："任何外国人在国外犯下侵犯土耳其或土耳其臣民之罪行时，若土耳其法律规定该犯罪行为应受惩罚者，当此人在土耳其被捕，则应受惩办。"土耳其法院依据这一条文对戴蒙进行了审判，并于1926年9月15日判决对戴蒙实施监禁80天、罚款22磅。土耳其船长则被处以较戴蒙稍重的刑罚。法国政府对土耳其当局审判戴蒙提出抗议，认为碰撞发生在公海上，土耳其法院无权对戴蒙实施管辖，只有"荷花号"的船旗国法国才有权对他进行审判。法国认为，国际法不允许一个国家单纯以案件所涉及的人员具有其国籍为理由对外国人在国外所犯的罪行进行惩罚，国际法承认船旗国对船舶在公海上发生的一切事情具有排他性管辖权。为了解决此争议，土耳其声明表示愿意将案件提交国际常设法院解决。两国于1926年10月12日签订了特别协定，请求国际法院裁判土耳其对法国人戴蒙行使刑事管辖权是否违反国际法原则。

（二）法庭裁决

国际常设法院于1927年9月7日作出判决，认为土耳其有权对法国船上的人员行使管辖，土耳其对戴蒙的刑事诉讼并不违反国际法原则。国际常设法院首先肯定了管辖权的属地性，一个国家无权在其领土之外实施管辖权，除非国际

条约或习惯法允许其将管辖权扩张到领土之外。国际法加之于国家的第一个也是最重要的一个限制是:国家不得以任何形式在他国领土内行使权力,不存在相反的允许性规则。从这个意义上来说,管辖权是具有属地性的。国家不能在其领土以外行使管辖权,除非能从国际习惯或从条约中找到允许这样做的规则。①

其次,国际常设法院指出,在领土之内,一国有权对任何事项行使管辖权,对于管辖权的行使国家享有广泛的自由裁量权,仅受到国际法的限制。但是,在领土范围内,国家的管辖权则不依赖于国际法的许可性规则。国际常设法院认为,在此情况下,能要求国家的仅仅是它不得越过国际法对其管辖权的限制。在这些限制内,行使管辖的权利基于其主权。②

国际常设法院拒绝了法国认为船旗国对于航行于公海上的本国船舶具有专属管辖权的主张。国际常设法院认为,当船舶在公海上与其他国家的船舶发生碰撞时,船旗国并不享有专属管辖权。在这种情况下,发生碰撞的船舶双方所属国均有管辖权。航行于公海的船舶属于船旗国的拟制领土,船旗国可以对船舶行使管辖权,但是当船舶上发生的罪行的效果及于其他国家,其他国家享有管辖权也是毋庸置疑的。国际常设法院指出,在公海自由的法律体制下,在公海上的船舶就好像是在船旗国的领土一样,但没有理由说船旗国的权力比属地国的权力更大。由此可以得出结论,在公海上的船舶上所发生的事情必须被认为是在船旗国领土上发生的事情;如果犯罪行为发生在公海上,而效果落在悬挂另一国船旗的船上,或落在他国领土上,就像发生在两国领土上的事情一样,国际法上没有一个规则禁止行为效果落在其船上的国家把该犯罪行为当作发生在其领土上。③

(三)案件评析

在领土管辖和国籍管辖中,有些事项的管辖权应为有关国家独占或者应由有关国家行使排他性的管辖权,《联合国海洋法公约》称为专属权利或专属管辖权。专属权利或专属管辖权是《联合国海洋法公约》为保护有关国家的重大利益或有效地解决管辖权的冲突而赋予各国的独占权利。一个国家介入其他国家的专属管辖事项是违反国际法的行为。④ 在"荷花号"案中,双方的主要分歧就在于对法国船员在公海碰撞事件中的行为行使刑事管辖权是不是法国的专属管辖

---

① See Judgment of the Permanent Court of International Justice of 7 September 1927 in the S. S. Lotus Case (France v. Turkey), p. 18.
② Ibid., p. 19.
③ Ibid., p. 25.
④ 参见赵建文:《海洋法公约对国家管辖权的界定和发展》,载《中国法学》1996年第2期,第114页。

事项。法国认为土耳其审判法国船员是对法国的专属管辖权的侵犯,土耳其则认为法、土两国都有管辖权。当时,这方面的国际习惯法规则并不明确,也没有具有普遍性的条约规则。"荷花号"案不但第一次确立了船旗国的专属管辖权,还特别确认了其他国家对于公海上航行的船舶在损害效果及于本国时的管辖权。

《联合国海洋法公约》也认可了"荷花号"案中所确立的原则,在船旗国和沿海国之间有效划分管辖权。《联合国海洋法公约》第 27 条规定:"沿海国不应在通过领海的外国船舶上行使刑事管辖权,以逮捕与在该船舶通过期间船上所犯任何罪行有关的任何人或进行与该罪行有关的任何调查,但下列情形除外:(a) 罪行的后果及于沿海国;(b) 罪行属于扰乱当地安宁或领海的良好秩序的性质;(c) 经船长或船旗国外交代表或领事官员请求地方当局予以协助;或 (d) 这些措施是取缔违法贩运麻醉药品或精神调理物质所必要的。"该公约第 97 条第 1 款规定:"遇有船舶在公海上碰撞或任何其他航行事故涉及船长或任何其他为船舶服务的人员的形式或纪律责任时,对此种人员的任何刑事诉讼或纪律程序,尽可向船旗国或此种人员所属国的司法或行政当局提出。"

需要特别指出的是,"荷花号"案除了确立了在公海航行中船舶的管辖权原则,更为重要的是,"荷花号"案衍生出"国际法不禁止即为允许"的原则,又称"荷花号"原则(the Lotus principle)。根据该原则,国家主张其行为的合法性往往不是依据国际法的积极授权,而是依赖于国际法上不存在相反规定。国际法是由禁止性规范构成的法律体系,在国际法没有明文禁止的情况下,国家享有主权和自由。国际法源于国家意志,除非国家自愿接受国际法约束,否则国家享有绝对主权和行动自由。在 2010 年"科索沃宣告独立"咨询意见案中,国际法院就应用了这一原则。国际法院认为,一般国际法和联合国安理会决议都没有禁止科索沃宣布独立,因此科索沃单方面宣告独立的行为本身并不违反国际法。虽然"荷花号"原则被认为是实在国际法的结构性原则,但在国际法理论和实践中争议极大。①

从航行自由角度看,该案同样具有重要意义。国际法院的裁决排除了船旗国的绝对管辖权。这也就意味着公海上的航行不是绝对自由、不受其他国家管辖和制约的;如果发生在航行船舶上的行为对另一国船舶或者对另一国领土产生了实质性的危害后果,另一国也享有管辖权。

---

① 参见陈一峰:《国际法不禁止即为允许吗?——"荷花号"原则的当代国际法反思》,载《环球法律评论》2011 年第 3 期,第 132—134 页。

二、科孚海峡案:军事船舶的航行自由与无害通过

(一)案情简介

1944年10月和1945年1、2月,英国海军曾经在科孚海峡北部扫雷。该海峡构成阿尔巴尼亚与希腊之间的边界线,其最窄部分完全在两国的领海中。扫雷活动没有发现水雷,该海峡被宣布是安全的。1946年5月14日,两艘航行通过科孚海峡的英国巡洋舰遭到来自阿尔巴尼亚海岸的炮火轰击。英国政府立即向阿尔巴尼亚政府提出抗议,声称其船舰享有海峡的无害通过权。阿尔巴尼亚政府明确回复,外国船舰通过其领海必须事先通知并取得阿尔巴尼亚政府的许可。为了试探阿尔巴尼亚政府的态度,1946年10月22日,一支由两艘巡洋舰和两艘驱逐舰组成的英国舰队由南向北驶入属于阿尔巴尼亚领海的科孚海峡北部,造成其中两艘驱逐舰触雷,死40人、伤42人的重大损失。事件发生后,英国政府通知阿尔巴尼亚政府,准备再次到有关水域扫雷,遭到阿尔巴尼亚政府的强烈反对。1946年11月12、13日,英国单方面强行到属于阿尔巴尼亚领海的该海峡北部去扫雷,并发现22枚德国制式水雷。

英国将事件提交到联合国安理会,控告阿尔巴尼亚在盟国海军当局已经进行过扫雷工作之后,又敷设水雷或允许第三国敷设水雷,要求阿尔巴尼亚对其船舰和人员的伤亡承担责任。安理会以阿尔巴尼亚接受会员国在相同场合义务为条件,邀请当时还不是联合国会员国的阿尔巴尼亚参加对该事件的讨论,阿尔巴尼亚政府接受了邀请。1947年4月9日,安理会通过决议,建议有关国家立即根据《国际法院规约》的规定将争端提交国际法院解决。1947年5月22日,英国以请求书单方向国际法院起诉。1947年7月2日,阿尔巴尼亚政府致信国际法院。它首先对英国的单方请求提出强烈抗议,指责英国的行为违背了安理会的建议,因后者要求"根据《国际法院规约》"将争端提交国际法院;而根据该规约,只有在争端双方都接受了国际法院强制管辖权时,一国才能单方向国际法院起诉;由于不存在对阿尔巴尼亚有拘束力的条约要求将争端提交国际法院,因而,只有双方的特别协议才能建立国际法院的管辖权。然而,在信的结尾,阿尔巴尼亚表示,尽管英国的起诉方式不正当,阿尔巴尼亚政府还是愿意接受法院的管辖权,准备出庭应诉;同时,它强调,它在本案中接受国际法院管辖权绝不构成未来的先例。鉴于阿尔巴尼亚的信宣布接受国际法院管辖权,国际法院于7月31日确定了书面审理的时间。然而,12月1日,阿尔巴尼亚政府又以不可接受为由,对国际法院管辖权提出初步反对意见。

案件的主要争议焦点集中在两方面:第一,根据国际法,阿尔巴尼亚是否应对1946年10月22日在其领海内发生的水雷爆炸事件承担责任,是否应对该事

件造成的损失和伤亡负责和承担赔偿责任? 第二,根据国际法,英国皇家海军于 1946 年 10 月 22 日在阿尔巴尼亚领海内的行为和 1946 年 11 月 12、13 日的扫雷行为是否侵犯了阿尔巴尼亚的主权,是否应承担赔偿责任? 特别是在与航行自由有关的军事船舰通过问题上,英国主张,科孚海峡位于希腊科孚岛和阿尔巴尼亚海岸之间,是连接希腊科孚港与阿尔巴尼亚纪亚萨兰特港之间的一个海峡,因此该海峡是国际航行海峡,英国军舰可以自由通过,不用请求阿尔巴尼亚批准。阿尔巴尼亚则主张该海峡是地方性的,外国军舰通过必须得到沿海国同意。

(二) 法庭裁决

国际法院在本案中共作出三个裁决。第一个是关于管辖权的裁决,第二个是关于实体问题的判决,第三个则是关于损害赔偿金额的裁决。

在 1948 年 3 月 25 日发布的第一个裁决中,国际法院以 15 票对 1 票驳回了阿尔巴尼亚政府对国际法院管辖权的初步反对意见,决定继续对案件进行实质性审理。国际法院认为,阿尔巴尼亚政府 1947 年 7 月 2 日的信具有决定作用,构成对国际法院管辖权自愿的、无可争议的接受。国际法院指出,虽然是争端当事国的同意赋予国际法院管辖权,但《国际法院规约》和《国际法院议事规则》却未对这种同意的表达规定任何特别形式。以单方请求书方式起诉并不限于国际法院的强制管辖权领域。英国政府在提交请求书时就给了阿尔巴尼亚政府一个接受国际法院管辖权的机会,而阿尔巴尼亚政府在其信中已表示接受管辖。国际法院强调,没有任何规则可以阻止争端当事国以分别的、先后的行动,而不是以通知特别协议的方式接受国际法院的管辖权。[1]

1949 年 4 月 9 日,国际法院发布第二个裁决,围绕英国、阿尔巴尼亚特别协议提交的问题,就案件的实体问题进行了裁决:(1) 按照国际法,阿尔巴尼亚对于 1946 年 10 月 22 日在其领海内发生的爆炸和因此而引起的损失是否负责? 是否负有赔偿义务? (2) 按照国际法,英国海军 1946 年 10 月 22 日和 11 月 12、13 日的行为是否侵犯了阿尔巴尼亚主权? 是否负有赔偿义务?

关于第一个问题,国际法院以 11 票对 5 票确认阿尔巴尼亚应对爆炸事件负责任。国际法院首先肯定,引起爆炸事件的水雷位于英国海军 11 月 12、13 日扫雷发现的雷区,它们是新近布设的。然而,国际法院拒绝了英国提出的水雷为阿尔巴尼亚所布设,或在阿尔巴尼亚政府的请求或默许下由某外国船舰所布设的指控。国际法院认为,此等指控与事实不符,或没有证据证明,而对一国此等严

---

[1] See Judgment of the International Court of Justice of 25 March 1948 in the Corfu Channel Case (United Kingdom of Great Britain and Northern Ireland v. Albania), Preliminary Objection, I. C. J. Reports 1948, p. 15.

重行为的指控要求确定性的证据。英国政府主张,不论雷区为谁所布设,他们不可能在阿尔巴尼亚政府所不知晓的情况下所为。国际法院认为,一国控制其领土的事实本身并不必然意味着该国知晓在其领土内发生的任何不法行为,这种控制既不能确立初步的责任,亦不能转移举证的责任。然而,一国行使的排他领土控制权影响着可用来证明这种知晓的举证方法,由于这种控制,受害国常难于提供可直接证明领土国责任的事实。因此,必须允许受害国提供有关的事实和间接的证据,当这种间接证据以一系列相互联系的事实为依据,并可合乎逻辑地导致唯一的结论时,应承认其特殊的举证分量。① 以上述关于间接证据的论述为依据,国际法院审查了相互关联的两类事实:(1) 爆炸事件发生前后阿尔巴尼亚政府的行为和态度;(2) 从阿尔巴尼亚海岸观察到布雷活动的可能性。国际法院得出结论认为,布雷活动不可能在阿尔巴尼亚政府不知晓的情况下进行。② 这种知晓无可争议地导致了阿尔巴尼亚政府的义务,即它有义务为一般航行的利益通知其领海内存在雷区,警告英国舰队其面临的危险。这种义务产生于若干一般的普遍承认的原则,即人道主义的考虑、海上交通自由原则、一国不得允许其领土被用于损害他国权利的行为。事实上,阿尔巴尼亚政府有充足的时间去警告英国舰队,但它却未试图采取任何措施阻止灾难事件的发生。由此,国际法院确认,这种严重的不作为导致了阿尔巴尼亚的国际责任,阿尔巴尼亚政府因此对英国负有赔偿义务。③

国际法院接着审查了双方特别协议提交的第二个问题。国际法院没有接受阿尔巴尼亚提出的英国军舰未经其事先许可就通过其领海是对其主权的侵犯的指控。国际法院认为,根据公认的且符合国际惯例的原则,在和平时期,一国有权在不经过沿海国事先许可的情况下,派军舰通过位于公海两部分之间的用于国际航行的海峡,只要这种通行是无害的;除非条约另有规定,沿海国不得禁止这种通行。④ 针对阿尔巴尼亚提出的科孚海峡不属于存在通行权的国际交通要道、仅为当地国家交通使用、不是两个公海之间的唯一航道等论点,国际法院指出,这些标准是无关紧要的,具有决定性意义的是该海峡连接公海的两部分的地理位置;而且该地区的航行相当频繁,并不限于当地国家使用。国际法院判定,科孚海峡应视为属于可无害通过、平时不得被沿海国禁止通行的国际航道。⑤

---

① See Judgment of the International Court of Justice of 9 April 1949 in the Corfu Channel Case (United Kingdom of Great Britain and Northern Ireland v. Albania), I. C. J. Reports 1949, pp. 18-19.
② Ibid., p. 22.
③ Ibid., pp. 22-23.
④ Ibid., p. 28.
⑤ Ibid., p. 29.

国际法院以此拒绝了阿尔巴尼亚政府提出的英国舰队的通过不是无害通过的指控。国际法院认为,虽然英舰的通过是要试探阿尔巴尼亚政府的态度,即旨在肯定一项被不合理否定的权利,但只要它以符合国际法以及符合无害通过原则的方式进行,其合法性就是无可非议的。由此,国际法院以14票对2票判定,英国军舰1946年10月22日通过海峡的行为没有侵犯阿尔巴尼亚的主权。①

但是,对于1946年11月12、13日英国海军在阿尔巴尼亚领海内的扫雷行动,国际法院16名法官一致判定,构成对阿尔巴尼亚主权的侵犯。国际法院指出,该行动不能以行使无害通过权来证明其正当性。国际法也不允许外国军舰不经一国同意而在其领海内收集证据。国际法院驳斥了英国政府的下列辩解:这不是一般的扫雷活动,其目的在于调查此前的爆炸事件,收集证据,以便帮助国际法院。国际法院指出,在外国领土上收集证据是干预理论的新适用,它不能接受;它只能把这种所谓的干涉权视为武力政策的显示,这种做法在过去曾导致许多严重滥用武力的行为,在国际法上是不能找到合法地位的。因此,国际法院驳回了英国提出的其行动为自保或自卫措施的辩解。国际法院指出,在独立国家之间,尊重领土主权是国际关系最重要的基础。②

1949年12月15日,国际法院作出了对本案的第三个裁决,判定阿尔巴尼亚应付给英国的赔偿数额。阿尔巴尼亚政府没有执行国际法院的这一判决。③

(三) 案件评析

科孚海峡案是国际法院成立后裁判的第一个案件,在国际法上的重要意义不言而喻。本案涉及广泛的国际法问题,包括国际司法机构管辖权问题、国家的国际责任问题、国际诉讼案件的证据问题、国家领土主权问题、外国军舰的通过权问题,等等。在国际法院管辖权问题上,又具体涉及构成法院管辖权根据的国家同意的形式、联合国安理会根据《联合国宪章》第36条第3款所作决议对法院强制管辖权的效果和诉讼过程中当事方的同意等问题。在国家的国际责任上又包括,国家作为或不作为的非法行为,国家对发生在其境内的非法行为的责任等问题。更为重要的是,在领土主权问题上,科孚海峡案涉及尊重他国领土主权原则,更涉及外国军舰的无害通过权问题等。因此,国际法院在科孚海峡案中的判决的某些方面在国际法上至今仍具有重大影响。

在有关航行自由的问题上,科孚海峡案可以说对现代航行自由法律制度的

---

① See Judgment of the International Court of Justice of 9 April 1949 in the Corfu Channel Case (United Kingdom of Great Britain and Northern Ireland v. Albania), I. C. J. Reports 1949, pp. 29-30.
② Ibid., pp. 34-35.
③ See Judgment of the International Court of Justice of 15 December 1949 in the Corfu Channel Case (United Kingdom of Great Britain and Northern Ireland v. Albania), I. C. J. Reports 1949, p. 244.

建立具有重要的推动作用,这种推动作用表现在三个方面:

第一,科孚海峡案为沿海国施加了确保航道安全性的义务。航道的安全乃是其他国家船舶顺利通航的保障。国际法院基于人道主义、海上交通自由原则、一国不得允许其领土被用于损害他国权利的行为的考虑,指出沿海国阿尔巴尼亚政府有义务为一般航行的利益通知航行船舶其领海内存在雷区,警告英国舰队其面临的危险。国际法院也确认,沿海国的严重不作为会导致沿海国的国际责任。沿海国必须对不作为导致的损害向受损害国家进行赔偿。这一判例也对当今的海底资源开发具有影响,要求从事海底资源开发的沿海国有责任确保航道安全,海底资源开发不能成为航行自由的限制。有学者指出,科孚海峡案的判例表明,"国际法的相邻权原则要求一国在行使主权时,不得对相邻的别国的主权构成侵害。"①沿海国对于其领海内可能存在的已知晓的潜在航行危险,有义务通知其他航行国家,否则要承担国际法上的国家责任。对于国家是否知晓,需要从排除合理怀疑的证据中推断。②

第二,科孚海峡案确认军舰享有无害通过其他国家领海的权利。无害通过是协调沿海国国家安全与其他国家航行自由的重要机制,但是无害通过是否也适用于有武器装备、能够执行作战任务的外国军舰,这一问题长期以来一直困扰着国际法学界。在科孚海峡案中,国际法院认为,根据公认的且符合国际惯例的原则,在非战时,一国有权在不经过沿海国事先许可的情况下,派军舰通过位于公海两部分之间的用于国际航行的海峡,只要这种通行是无害的。这等于认可了外国军舰的无害通过权。但是,国际法院在这一问题上的裁判一直备受非议,当时并没有明确的无害通过的规定存在,所以国际法院认为军舰享有无害通过权、符合国际习惯法有些牵强。实际上,军事船舶的无害通过问题是一个历来有争论的问题,各国学者的看法极不一致,国际实践也不尽相同。③ 无害通过的目的为了便于国际航行,其最主要的条件是通过必须对沿海国无害,即不得损害沿海国的良好秩序和安宁。然而,军舰不同于一般的船舶,即使是和平时期,军舰的通过也会对沿海国带来一定的威胁。正如国际海洋政策学者瓦伦西亚所指出的,派遣军舰驶入另一国领海来"表明自由航行权"本身即可以被理解为违反《联合国海洋法公约》中有关武力威胁的规定,④而且军事船舶上有可能携带杀伤性

---

① 秦晓程:《与海底资源共同开发有关的几个国际法问题》,载《政法论坛》2000 年第 1 期,第 137 页。
② See William K. Agyebeng, Theory in Search of Practice: The Right of Innocent Passage in the Territorial Sea, *Cornell International Law Journal*, Vol. 39, 2006, p. 385.
③ Ibid., p. 387.
④ See Mark J. Valencia, China and the Freedom of Navigation, *The Diplomat*, March 23, 2016.

武器,因此对沿海国的国家安全带来的危险程度更高,沿海国有理由采取适当限制措施来保障本国国家安全。

第三,科孚海峡案虽然认可了军舰的无害通过权,但实际上对军舰的无害通过设定了限制性条件。国际法院在科孚海峡案中的分析标准今天仍然影响着对国际海峡通行权问题的判定。① 在这一案件中,对于1946年11月12日、13日英国海军在阿尔巴尼亚领海内的扫雷行动,国际法院认为构成对阿尔巴尼亚主权的侵犯,因为该行动不能以行使无害通过权来证明其正当性。国际法也不允许外国军舰不经一国同意而在其领海内收集证据。非以通过为目的,而是以搜集证据为目的的航行不构成国际法上允许的无害通过。现行的《联合国海洋法公约》虽然没有要求外国船舶通过一国领海时需要事先得到沿海国同意,但要求"继续不停和迅速行驶""不损害沿海国的和平、良好秩序或安全",并以列举的方式对"损害"行为进行了界定。可以说,在《联合国海洋法公约》中,沿海国的领土安全在很大程度上也因公约有关领海无害通过制度得以保证。②

三、尼加拉瓜诉美国案:沿海国港口准入权

(一) 案情简介

在1983年至1984年期间,美国以维护地区和平为借口在尼加拉瓜开展军事及准军事活动,一直支持尼加拉瓜反政府游击队进行颠覆活动,资助并派出中央情报局人员参与在尼加拉瓜濒临大西洋的布拉夫、科林托、桑提诺等港口附近水域布雷,范围包括尼加拉瓜的内水和领海,对尼加拉瓜实行军事封锁。造成尼加拉瓜多艘船舶触雷、进出口贸易阻塞,使尼加拉瓜遭受重大经济损失。由于这种布雷活动严重威胁了尼加拉瓜的安全和航行,并已造成了重大的事故和损失,尼加拉瓜于1984年4月9日向国际法院提交请求书,对美国政府指使美国军人和拉丁美洲国家国民在尼加拉瓜港口布雷、破坏尼加拉瓜石油设施和海军基地、侵犯尼加拉瓜领空主权以及在尼加拉瓜组织和资助反政府集团等军事和准军事行动提出指控。尼加拉瓜请求国际法院判定美国的行动构成非法使用武力和以武力相威胁、干涉尼加拉瓜内政和侵犯尼加拉瓜主权的行为,请求国际法院责令美国立即停止上述行动并对尼加拉瓜及其国民所受的损失给予赔偿,并请求国际法院指示临时保全措施。美国提出种种反对理由,反对国际法院对此案的管辖权,要求国际法院将此案从其受案清单中取消。国际法院发布命令,拒绝了美

---

① See Donald R. Rothwell, Navigational Rights and Freedoms in the Asia Pacific Following Entry into Force of the Law of the Sea Convention, *Virginia Journal of International Law*, Vol. 35, 1995, p. 617.

② 参见袁发强:《国家安全视角下的航行自由》,载《法学研究》2015年第3期,第197页。

国提出的把此案从国际法院的受案清单中取消的要求。1984年11月26日,国际法院结束了此案的初步阶段审理,就国际法院的管辖权和应否接受该案的先决问题以15票对1票作出了肯定裁决。国际法院初步裁决后,美国于1985年1月18日宣布退出此案的诉讼程序。国际法院决定,根据《国际法院规约》第53条有关当事国一方不出庭的规定,继续对此案进行缺席审判。

(二)法庭裁决

1986年6月27日,法院结束对此案的实质性审理,就此案的实体问题作出有利于尼加拉瓜的裁决。国际法院认为,美国在尼加拉瓜港口设置水雷,出动飞机袭击尼加拉瓜港口和石油设施,以及向尼加拉瓜反政府武装提供训练、武装装备和财政支持的行为违反了禁止对其他国家使用武力的国际习惯法义务。而且,美国的行为并非出于集体自卫权的要求。

《联合国宪章》第2条第4项和国际习惯法都禁止一个国家对其他国家非法使用武力。国际法院区分了两种使用武力的形式:一种是"最严重形式的使用武力"(the most grave forms of the use of force),如那些构成武装攻击的使用武力;另一种是"相对上一种而言程度稍微不严重的使用武力"(less grave forms of the use of force),如组织、煽动、协助或参与在另一个国家的内战和恐怖行为,此种行为涉及使用或者威胁使用武力,但达不到武装攻击的程度。[1] 国际法院界定了使用武力的概念,包括一国对他国使用常规武装的使用武力行为,以及一国参与或支持以军事方式组织的非官方团队、非正规军、雇佣兵或反叛者在他国领土执行武装力量的行动。[2] 仅仅是边境争端或者事件不构成使用武力,除非边境行动的规模和效果足以被认定为属于一国对他国使用武力行为。[3] 美国在尼加拉瓜港口布设水雷、出动飞机袭击尼加拉瓜港口和石油设施等行为违反了国际习惯法禁止使用武力原则。美国以入侵他国领土或参与他国内乱为目的而组织或鼓励反政府武装,当这些行为涉及使用武力或者以武力相威胁时,即违反了国际习惯法上的禁止使用武力原则。但是,向尼加拉瓜反政府武装提供财政支持的行为并不构成使用武力,涉及的是不干涉内政原则。[4]

国际法院指出,习惯法中所确立的禁止使用武力的一般规则允许若干例外,单独或集体的自卫权即是例外之一,自卫权是国家抗拒外来武力攻击的固

---

[1] See Judgment of the International Court of Justice of 27 June 1986 in Military and Paramilitary Activities in and Against Nicaragua (Nicaragua v. United States of America), I. C. J. Reports 1986, paras. 187 191.

[2] Ibid., para. 195.

[3] Ibid., para. 230.

[4] Ibid., paras. 192-201.

有权利。① 判断国家行为是否属于集体性自卫,要考虑两个方面:一是现实情况需要国家行使自卫权;二是国家行使自卫权是否符合国际法,即是否遵循了必要性原则和比例性原则的要求。国际法院裁决指出,根据调查,从事被指控行为的人员是由美国政府雇佣的,所以美国政府对上述活动负有直接责任,美国的行为构成对禁止使用武力原则的违反。除非美国行使集体自卫权的抗辩能够成立,即满足行使自卫权的以下条件:(1)尼加拉瓜从事了对萨尔瓦多、洪都拉斯或哥斯达黎加的武装进攻;(2)有关国家认为它们是尼加拉瓜武装进攻的受害者,这些国家要求美国提供帮助;(3)美国的行动符合自卫行动应是确实必要、行动规模应与攻击规模相称的原则。对此,国际法院认为每一项至少都无法作出肯定的答复。因此,国际法院判定,美国的所谓自卫不能成立;美国的上述行动违反了禁止使用武力原则,构成了对尼加拉瓜非法使用武力和以武力相威胁。②

美国否认其支持尼加拉瓜反政府武装的目的是推翻尼加拉瓜合法政府,认为其目的仅仅是迫使尼加拉瓜政府改变其内外政策。对此,国际法院认为,尽管美国政府的目的不是要推翻尼加拉瓜政府,但美国支持的尼加拉瓜反政府武装的目的却是如此。如果一国政府出于对另一国政府施加压力的目的,支持、帮助该另一国境内目的在于推翻其政府的武装力量,此等支持、帮助行动无疑构成对该另一国内政的干涉,而不论该提供支持国具有何种政治动机。因此,国际法院判定,美国以提供财政、训练、武器装备、情报、后勤支持等形式支持尼加拉瓜境内反政府武装的军事及准军事活动的行为明显构成对国际法上不干涉内政原则的违反。③

国际法院还认为,美国允许其飞机飞越尼加拉瓜领空、在尼加拉瓜内水和领海布设水雷的行为违反了禁止侵犯他国主权的国际习惯法义务。此外,国际法院特别论述了港口准入权问题,指出外国船舶在沿海国领海享有无害通过的权利。1982年《联合国海洋法公约》第81条将这一国际习惯法上的权利写入公约,使习惯规则成文化。如果因为某些国家在水域中敷设水雷的行为危害了航道安全,其他国家航行自由的权利就无法获得保障,沿海国的航行自由和商业自由也将受到侵害。④ 美国的敷设水雷行为显然侵害了尼加拉瓜的港口准入权,

---

① See Judgment of the International Court of Justice of 27 June 1986 in Military and Paramilitary Activities in and Against Nicaragua (Nicaragua v. United States of America), I. C. J. Reports 1986, para. 193.

② Ibid., para. 237.

③ Ibid., para. 205.

④ See Judgment of the International Court of Justice of 27 June 1986 in Military and Paramilitary Activities in and against Nicaragua (Nicaragua v. United States of America), I. C. J. Reports 1986, para. 214.

对尼加拉瓜的经济和贸易造成了负面影响,构成侵害尼加拉瓜航行自由和商业自由的行为。①

(三) 案件评析

在国际海事管辖权划分体系中,港口国管辖在传统上处于较为边缘的地位,仅是沿海国管辖的辅助和补充。然而近年来,"港口国基于其特殊地理位置而在国际习惯法以及国际海洋法律制度中享有一种有别于沿海国的特殊法律地位。其中,港口国的港口准入权以及港口准入条件设定权不仅可以成为沿海国船舶管辖的补充,在一定条件下,甚至可以作为扩张沿海国管辖权的重要手段。"②然而,一直以来,国际实践和国际司法机构的裁决对于沿海国港口准入权都存在不同观点。③ 在1958年沙特阿拉伯诉阿拉伯美国石油公司(Aramco)案中,国际仲裁庭认为,根据国际公法的一般原则,任何国家的港口都必须向外国船舶开放,只有在沿海国重要国家利益需要的情况下才允许关闭港口。④ 相反,1982年《联合国海洋法公约》第25条第1、2款规定:"沿海国可在其领海内采取必要的步骤以防止非无害的通过。在船舶驶往内水或停靠内水外的港口设备的情形下,沿海国也有权采取必要的步骤,以防止对准许这种船舶驶往内水或停靠港口的条件的任何破坏。"1986年尼加拉瓜诉美国案是1982年《联合国海洋法公约》出台后第一个涉及港口准入权的国际司法机构裁决。因此,对于理解沿海国港口准入权具有重要意义。在该案裁决中,国际法院认为,基于沿海国的国家主权,沿海国享有规制自己国家港口准入的权利。

近年来,愈发严重的油污问题使沿海国港口准入权的行使成为的重要问题。当船舶遭遇海上风险而发生油污泄漏时,特别是运输原油和高度危险物质的船舶在发生海难事故时,港口国很可能会拒绝存在海域污染风险的船舶驶入本国港口避难。在"艾瑞卡号"和"卡斯托号"船舶海难事故中,欧洲相关沿海国就基于环保和政治考虑而拒绝遭遇海难的船舶进入其港口。⑤《联合国海洋法公约》

---

① See Judgment of the International Court of Justice of 27 June 1986 in Military and Paramilitary Activities in and against Nicaragua (Nicaragua v. United States of America), I. C. J. Reports 1986, para. 253.

② 胡斌:《论"港口准入权"滥用对船舶管辖法律制度的冲击》,载《中国海商法研究》2014年第4期,第93页。

③ See Øystein Jensen, *Coastal State Jurisdiction and Vessel Source Pollution*, Fridtjof Nansen Institute Report, 2006, p.16.

④ See Saudi-Arabia v. Arabian American Oil Company (Aramco), *International Law Reports*, Vol. 27, 1963, p. 212.

⑤ See Christopher F. Murray, Any Port in a Storm? The Right of Entry for Reasons of Force Majeure or Distress in the Wake of the Erika and the Castor, *Ohio State Law Journal*, Vol. 63, 2002, p. 1465.

第 211 条往往被认为是沿海国在船舶污染情况下拒绝准入的基础。该条第 3 款规定:"各国如制订关于防止、减少和控制海洋环境污染的特别规定作为外国船只进入其港口或内水或在其岸外设施停靠的条件,应将这种规定妥为公布,并通知主管国际组织。如两个或两个以上的沿海国制定相同的规定以求协调政策,在通知时应说明哪些国家参加这种合作安排。每个国家应规定悬挂其旗帜或在其国内登记的船只的船长在参加这种合作安排的国家的领海内航行时,经该国要求应向其提送通知是否正驶往参加这种合作安排的同一区域的国家,如系驶往这种国家,应说明是否遵守该国关于进入港口的规定。本条不妨害船只继续行使其无害通过权,也不妨害第二十五条第 2 款的适用。"但是,这种沿海国港口准入权的行使很可能不当限制航行自由。港口准入权的行使引起了主要航运国家的质疑,它们认为离开了港口的自由进出权利,航行自由将失去意义,港口准入权的滥用将实质性侵蚀航行自由。[①] 因此,随着港口准入标准的严格化以及油污船舶被拒绝准入港口的发生,港口准入权的行使越来越与航行自由产生矛盾。

四、哥斯达黎加诉尼加拉瓜案:自由航行权的法律基础

(一)案情简介

哥斯达黎加和尼加拉瓜政府于 1858 年 4 月 15 日达成《界限条约》,确定了太平洋至加勒比海之间的哥斯达黎加和尼加拉瓜的边界路线。该条约在距尼加拉瓜城镇卡斯蒂略维耶荷(Castillo Viejo)三英里处与加勒比海之间沿圣胡安河(San Juan River)右岸确定了两国的边界。1858 年的《界限条约》确立了尼加拉瓜对圣胡安河水域的主权和主权内的司法管辖权,但同时也确认了哥斯达黎加在该河下游"以商业为目的"的永久自由航行权。由于尼加拉瓜多次质疑 1858 年《界限条约》的有效性,双方将此问题交由美国总统仲裁。在 1888 年 3 月 22 日所作的裁决中,克利夫兰总统认为 1858 年《界限条约》有效。他进一步声明,根据 1858 年《界限条约》第 6 条,哥斯达黎加作战船只无权在圣胡安河上航行,但是"以商业为目的"的相关船舶可在该河上航行。1914 年 8 月 5 日,尼加拉瓜与美国签署了《布里安-查莫罗条约》(Bryan-Chamorro Treaty),给予美国通过圣胡安河建造和维护一条大洋间运河的永久和专属所有权。1916 年 3 月 24 日,哥斯达黎加向中美洲法院对尼加拉瓜提起诉讼,称尼加拉瓜没有履行 1858

---

① See Louise de La Fayette, Access to Ports in International Law, *International Journal of Marine and Coastal Law*, Vol. 11, 1996, p. 18; Bevan Marten, *Port State Jurisdiction and the Regulation of International Merchant Shipping*, Heidelberg: Springer, 2014, p. 32.

年《界限条约》第 8 条的义务,即在进行任何运河修建项目前与哥斯达黎加协商。1916 年 9 月 30 日,中美洲法院裁定,由于没有与哥斯达黎加协商,尼加拉瓜没有履行 1858 年《界限条约》和 1888 年克利夫兰裁决中界定的其对哥斯达黎加的义务。1956 年 1 月 9 日,哥斯达黎加和尼加拉瓜达成《弗尼尔-塞维利亚协定》(Fournier-Sevilla Agreement)。根据该协定,两国同意协助并促进交通运输,尤其是经圣胡安河的运输,并相互合作守卫共同边界。

20 世纪 80 年代,有关圣胡安河航行机制的各种争议事件频繁发生。其间,尼加拉瓜对哥斯达黎加船只在圣胡安河上的航行采取了某些限制,并表示这些仅为暂时的特别措施,旨在保障武装冲突中尼加拉瓜的国家安全。因哥斯达黎加表示抗议,其中某些限制又被暂时取消。20 世纪 90 年代中期,尼加拉瓜采取了进一步的限制措施,包括向圣胡安河上乘坐哥斯达黎加船只的乘客收费以及要求哥斯达黎加船只在该河沿岸的尼加拉瓜岗位停靠。1998 年 7 月,双方就哥斯达黎加船只在圣胡安河上的航行权限方面进一步出现分歧,导致尼加拉瓜采取了某些措施。特别是 1998 年 7 月 14 日,尼加拉瓜禁止运载哥斯达黎加警察部队人员的哥斯达黎加船只在该河上航行。

1998 年 7 月 30 日,尼加拉瓜国防部部长与哥斯达黎加公共安全部部长签署了《夸德拉-利萨诺联合公报》(Cuadra-Castro Joint Communiqué),允许哥斯达黎加武装警力船只在该河航行,以补充该河哥斯达黎加沿岸的边界岗位,但条件是船只上的哥斯达黎加警员仅携带军用武器,且必须提前通知尼加拉瓜政府,并由尼加拉瓜政府决定哥斯达黎加船只是否应由尼加拉瓜护航。1998 年 8 月 11 日,尼加拉瓜宣布《夸德拉-利萨诺联合公报》在法律上无效。哥斯达黎加表示不接受这一单方面声明。

由于哥斯达黎加和尼加拉瓜双方在圣胡安河的航行机制方面一直存在分歧,哥斯达黎加于 2005 年 9 月 29 日就其在圣胡安河的航行权利和相关权利向国际法院对尼加拉瓜提起诉讼。尼加拉瓜并未对国际法院受理此案的司法管辖权提出任何异议。

(二) 法庭裁决

国际法院的裁决共分为四个部分。第一部分界定哥斯达黎加在圣胡安河上的自由航行权的范围;第二部分查明在此权利范围内,尼加拉瓜是否以及在何种程度上有权利规制哥斯达黎加船只的航行,尼加拉瓜采取的规制措施及其结果是否影响到哥斯达黎加的权利;第三部分审查了哥斯达黎加所主张的其沿岸居民的自给性捕鱼权的问题;第四部分则集中在论述适当的补救办法。

在有关航行权的问题上,根据 1858 年《界限条约》,双方同意哥斯达黎加在圣胡安河右岸(即哥斯达黎加岸)共享边界的这段流域中享有自由航行权。虽然双方在由此界定的圣胡安河部分流域属于尼加拉瓜这一问题上并无争议,因为边界位于该河哥斯达黎加沿岸,同时哥斯达黎加拥有自由航行权。但是,两国对此项自由航行权利的法律基础存在异议,其中最重要的是权利的确切范围,即允许航行的船舶类型存在争议。哥斯达黎加主张,它作为一个沿岸国拥有自由航行的习惯性权利,其自由航行权不仅有条约上的根据,而且也有国际习惯法规则作为基础。尼加拉瓜则仅承认哥斯达黎加的航行权有条约法基础,完全否定航行权的习惯法国际法基础。①

国际法院认为,1858年《界限条约》已经完全确定了适用于圣胡安河争端河段的航行的规则。虽然哥斯达黎加和尼加拉瓜双方之间存在大量的其他条约条款对此的解释以及一些仲裁和判决,但1858年《界限条约》已经足够解决摆在法院面前的哥斯达黎加的自由航行权的限度问题。因此,法院没有必要考虑如果这些条款不存在的话,哥斯达黎加通过适用国际的或地区性的习惯规则来达到其目的。② 能够确定自由航行权的主要条款是1858年《界限条约》第6条,这一条文赋予尼加拉瓜对圣胡安河整条河的"完全和专属主权",同时,对于圣胡安河共享国界的这段流域,也给予哥斯达黎加"以商业为目的"的"永久自由航行权"。此外,该第6条还规定,除非两国政府达成一致,否则河流两岸国家的船只均有权在该河任何一岸停靠,而无须缴纳任何税款。国际法院认为,除1858年《界限条约》外,还应考虑其他可能影响该河航行权及权利行使条件的条约,包括1956年《弗尼尔-塞维利亚协定》、1888年克利夫兰总统所作的裁决,以及中美洲法院1916年9月30日针对哥斯达黎加申请书作出的裁定等。这些文件能够帮助解决两国各自权利和义务问题中出现的分歧。③

国际法院裁定,哥斯达黎加拥有在圣胡安河上以商业为目的进行自由航行的权利。以商业为目的的航行包括乘客运载,但哥斯达黎加履行治安职能的船只无权在圣胡安河上航行。④ 同时,尼加拉瓜有权对航行在圣胡安河上的船舶行使规制的权利,包括:尼加拉瓜有权要求航行在圣胡安河上的哥斯达黎加船只及其乘客在途经的第一个和最后一个尼加拉瓜边岗停靠;有权要求在圣胡安河上旅行的人员携带护照或者身份证件;有权向行使自由航行权的哥斯达黎加船只发放离岸检查证书;有权为圣胡安河上行驶的船只制定航行时刻表,有权要求

---

① See Judgment of the International Court of Justice of 13 July 2009 in Dispute Regarding Navigational and Related Rights (Costa Rica v. Nicaragua), Judgment, I. C. J. Reports 2009, paras. 32-33.
② Ibid., para. 36.
③ Ibid., paras. 39-41.
④ Ibid., para. 156.

装有桅杆或炮塔的哥斯达黎加船只悬挂尼加拉瓜国旗。①

(三)案件评析

国际法院在哥斯达黎加诉尼加拉瓜案中的裁决影响着国际法中对于航行自由的法律解释,影响着如何理解自由航行权的法律基础,并且透过航行权问题引申到如何理解国际法渊源的深层次理论问题。

《国际法院规约》将条约、国际习惯、一般法律原则作为国际法的渊源。《国际法院规约》第 38 条规定,"法院对于陈诉各项争端,应依国际法裁判之,裁判时应适用:1) 不论普通或特别国际协约,确立诉讼当事国明白承认之规条者。2) 国际习惯,作为通例之证明而经接受为法律者。3) 一般法律原则为文明各国所承认者。4) 在第五十九条规定之下,司法判例及各国权威最高之公法学家学说,作为确定法律原则之补助资料者。"但是,对于如何理解各种渊源的顺位,各渊源之间是否存在相互排斥的关系,却并无明确规定。②

有学者认为,《国际法院规约》第 38 条来明确各渊源之间的顺序恰恰反映了国际法律秩序结构的特点,因为习惯法和条约各自都是一个"自足的渊源"(autonomous sources)。它们各自形成、存在和终止的条件都不依赖于其他渊源。这种自足性必然要求习惯法和条约是平等的,它们之间的关系依赖于其他标准。③ 但是,也有学者认为,国际法的各种渊源之间是不成体系的,习惯和条约之间没有等级之分,也没有哪个优先适用之说。在条约和国际习惯法的相互关系中,这两类规则在法律上是平等的,同时也是互补的,习惯法可以因为被制定在条约中而转化为条约法,条约法也可以发展、确认习惯法。④

2006 年国际法委员会研究组的报告指出,《国际法院规约》第 38 条所列举的三种主要渊源并不存在一般的等级关系,但有时候,某些国际法规则比另一些规则更重要,从而在国际法制度中享有更高的地位或特别的地位。例如,某些规范是更具有基础性的,或者具有人性的基本考虑因素,或者属于不可违犯的国际法原则。⑤ 在哥斯达黎加诉尼加拉瓜案中,国际法院的推理是在条约对一项问题有具体明确的规定时,直接适用条约对双方权利和义务的规定即可,无须再去

---

① See Judgment of the International Court of Justice of 13 July 2009 in Dispute Regarding Navigational and Related Rights(Costa Rica v. Nicaragua), Judgment, I. C. J. Reports 2009, para.156.
② 参见李浩培:《国际法的概念和渊源》,贵州人民出版社 1994 年版,第 54 页;王铁崖:《国际法引论》,北京大学出版社 1998 年版,第 53—54 页。
③ 参见姜世波:《习惯国际法的司法确定》,中国政法大学出版社 2010 年版,第 31 页。
④ 参见李伟芳:《论国际法渊源的几个问题》,载《法学评论》2005 年第 4 期,第 53 页。
⑤ See Martti Koskenniemi, Fragmentation of International Law: Difficulties Arising from the Diversification and Expansion of International Law, Report of the Study Group of the International Law Commission, April, 13, 2006, pp. 47-48.

考虑习惯法规则,即在此种情形下,条约的适用优先于国际习惯法。国际法院在分析这个问题时,没有考虑是否存在一个可以适用的习惯国际法规则,而是主张只有在条约规则(它排除习惯法规则的适用)缺位的情况下,这些习惯法规则才是可以适用的。[1]

第二节 海洋资源保护视角下的航行自由案例

一、"伏尔加号"案:沿海国管辖权是否正当行使

(一)案情简介

2002年2月7日,澳大利亚海军逮捕了在澳大利亚专属经济区一带水域未经授权非法捕鱼的俄罗斯籍船舶"伏尔加号"(Volga)。澳大利亚声称,其海军在专属经济区内发现了"伏尔加号"船舶从事非法捕鱼并予以逮捕,将船舶押送到西澳大利亚弗里曼特尔港(Fremantle),逮捕了"伏尔加号"的船长和船员。在被扣押时,"伏尔加号"船上载有捕获的鲈鱼。澳大利亚将该批鲈鱼及鱼饵以1932579.82澳元出售。3月6日,西澳法院判决"伏尔加号"及其船长、大副在无捕鱼资格且未获得捕鱼授权的情况下在澳大利亚专属经济区内非法捕鱼,违反1991年《澳大利亚渔业管理法》。法院设置了"伏尔加号"及其船员的保释条件。保证金分三笔,共计333.25万澳元。第一笔192万澳元,包括船上设施、原油、燃料、捕鱼工具等的价值;第二笔41.25万澳元,以确保在针对船长、大副、引航员的刑事诉讼中,被诉方有能力支付刑事罚金;第三笔100万澳元,以确保"伏尔加号"船舶会配备"船舶监控系统"(vessel monitoring system),便于澳大利亚政府能够通过电子设备随时监控"伏尔加号"船舶,以确保该船舶遵守《南极海洋生物资源养护公约》以及南极海洋生物资源养护委员会规定的海洋资源养护措施。自交付保证金到案件最终审结,"伏尔加号"必须一直装备船舶监控系统,保证其不会继续在澳大利亚水域从事非法捕鱼。2002年12月2日,俄罗斯依据《联合国海洋法公约》第292条向国际海洋法法庭提起诉讼,要求国际海洋法法庭审理此起应迅速释放船舶的案件。

案件争议焦点在于,澳大利亚所设定的船舶释放条件是否违反《联合国海洋法公约》第73条所要求的"被逮捕的船只及其船员,在提出适当的保证书或其他担保后,应迅速获得释放"的规定。

---

[1] 参见刘新凯、史长江:《"航行权利与相关权利争端案"述评》,载《濮阳职业技术学院学报》2012年第1期,第18—19页。

俄罗斯主张,沿海国应该充分考虑船旗国预期,被扣船旗国船舶应当在合理条件下迅速释放。俄罗斯认为,根据《联合国海洋法公约》第73条,澳大利亚所设定的船舶释放条件并不合理,因为释放船舶所需要的条件必须仅为财务性条件,因此澳大利亚所规定的船舶释放条件违反《联合国海洋法公约》第73条第2款。澳大利亚要求100万澳元保证金作为确保船舶配备船舶监控系统已经僭越了《联合国海洋法公约》第73条第2款所规定的单纯财务性担保的范围。

澳大利亚则主张,澳大利亚对"伏尔加号"船舶设定非财务性释放条件是合理的,因为:第一,澳大利亚必须确保在完成国内诉讼程序前,外籍船舶有遵守澳大利亚法律和国际义务的责任与能力;第二,外籍船舶已经在澳洲水域从事非法捕鱼,该行为将逐渐损害水域内的生态和资源。因此,在确定合理的担保时不能狭隘看待捕鱼行为,非法捕鱼对生态可持续发展的影响也应当被考虑进来。澳大利亚政府有权向船东提出担保要求,以确保船舶有能力配备船舶监控系统,从而便于监控船舶是否遵守南极海洋生物资源养护委员会的海洋资源养护措施,也确保船舶遵守澳大利亚国内法。澳大利亚认为,这些条件是确保"伏尔加号"从事良好行为的保证书,如果在结束国内法律诉讼程序前"伏尔加号"未再从事违反法律的行为,则可返还保证金。配备船舶监控系统可以让澳大利亚政府有效监控船舶位置,从而判断船舶是否进入澳大利亚渔业区域或南极海洋生物资源养护委员会确立的海洋保护区,而船舶活动式监控系统早已是依据南极海洋生物资源养护委员授权捕捉鲈鱼的船舶所必须配备的设施。此外,由于存在大量方便船舶连续更改船舶名称和国籍的做法,要求船舶必须配备监控系统可以有效验证船舶,防止船舶因为更名或者更换国籍而重新从事非法捕鱼。

(二)法庭裁决

2002年12月23日,国际海洋法法庭以19票对2票判决澳大利亚并未遵守《联合国海洋法公约》迅速释放的规定,澳大利亚应当在接受法院决定之合理的保证书或192万澳元保证金后迅速释放"伏尔加号"船舶。该价金是船舶价值、燃料、润滑油以及渔业捕捞设备的估价总值。

国际海洋法法庭认为,《联合国海洋法公约》第73条第2款所规定的"保证书或其他担保"一词应当解释为实际财务性质的保证书或财务担保。对此,国际海洋法法庭采用文义解释、体系解释、目的解释的方法进行了分析。国际海洋法法庭在裁决中指出:首先,《联合国海洋法公约》如果规定含有除保证书或者财务担保之外的其他条件,则会明确规定于公约条文中,因此非财务性条件不可被视为"保证书或其他担保"的构成要件。① 其次,《联合国海洋法公约》第 292 条有关船舶和船员迅速释放的规定表述为,缔约国当局应当在"扣留国在合理的保证书或其他财务担保经提供后","将该船只或其船员迅速释放"。此处明确规定了担保是指"财务担保",因此第 73 条第 2 款的担保要求也应当被解释为仅仅指"财务担保"。② 最后,结合第 292 条分析第 73 条第 2 款可以看出,其立法目的是为了给船旗国提供一种有效的机制,使其能够在外国扣押其船舶时,通过提供可以金钱性质计算的保证或者担保后让船舶和船员获得迅速释放。如果要求此处的担保涵盖非财务性内容和条件,就会挫败法律条文设计所意图实现的让船舶和船员获得迅速释放的立法目的。③

对于附加要求船舶必须配备船舶监控系统的保释条件是否合理问题,国际海洋法法庭也持否定态度。国际海洋法法庭认为,确保被扣船舶提供"良好行为的担保"(good behaviour bond)并不属于沿海国在专属经济区内合法行使主权性权利的行为。《联合国海洋法公约》第 73 条第 2 款涉及的是当船舶违反沿海国法律法规而被逮捕的情况,这一条文的规定针对的是船舶已经违反沿海国法律法规后的救济和执行措施。然而,要求被扣船舶提供"良好行为的担保"只是为了防止未来发生违反沿海国法律的行为,这并不属于第 73 条第 2 款和第 292 条意义上的保证书或者担保。④

(三)案件评析

方便旗制度的滥用严重损害了沿海国资源利益。为了弥补船旗国管辖在海洋资源养护、环境保护、生态维护方面的疏漏,出现了沿海国和港口国管辖权日益扩大的趋势。在保护海洋资源方面,《联合国海洋法公约》第 73 条赋予沿海国在专属经济区内颁布养护和管理海洋生物资源法律的立法权,为了执行法律,沿海国拥有登临检查船舶、扣押船舶并逮捕船员以及对其提起司法程序的执法权。在防止油污方面,公约规定沿海国对在其领海和专属经济区内造成污染的船舶拥有管辖权。⑤ 从财产权视角来看,沿海国对其领海内的资源拥有主权,对其专属经济区的资源拥有开发利用的主权性权利,赋予沿海国管辖权可以有效弥补船旗国在管制上的能力不足与意志力欠乏,符合经济学上的产权与规制理论,可

---

① See Judgment of the International Tribunal for the Law of the Sea of 23 December 2002 in the Volga Case (Russian Federation v. Australia), Prompt Release, Judgment, ITLOS Reports 2002, para. 77.

② Ibid.

③ Ibid.

④ Ibid., para. 80.

⑤ 参见《联合国海洋法公约》第 220 条。

以避免因船旗国管辖不足而造成"公地悲剧"。① 但是，以海洋油污防治和资源养护为基础的沿海国管辖权扩张无疑会对航行自由构成限制，并衍生出国际法实践中的新问题。

　　船舶扣押是沿海国行使管辖权、保护海洋资源的有效手段，但扣押船舶会阻碍航行自由，因此《联合国海洋法公约》特别规定在提供适当保证和担保后沿海国应当迅速释放船舶。② 迅速释放的规定被视为平衡航行自由与沿海国管辖权扩张、平衡船旗国管辖权与沿海国管辖权的重要机制。③ 然而，公约所指担保是否仅限于财务担保，沿海国国内法设定财务担保以外的船舶释放条件是否与公约抵触等却不甚清楚，导致船舶扣押与迅速释放问题在国际实践中争议较大。国际海洋法法庭在"伏尔加号"案中就面临这一问题。案件争议焦点在于，澳大利亚要求提供财务担保、披露实际船舶所有人、配备船舶可监视系统才能释放船舶的国内法是否违反公约。国际海洋法法庭最终判裁公约第 73 条第 2 款所指适当担保仅限于以财务条件为基础的担保，不得作宽泛性解释，④ 而且释放船舶的保证金往往不得超过船舶及其属具的价值。此外，国际海洋法法庭认为，保证金不得以任何被没收的捕鱼所获的价值为依据，因为并无证据指出该捕鱼所得是在公海捕获还是在沿海国专属经济区内捕获。该裁决引起沿海渔业国家的强烈不满，批评该狭义解释将限制沿海国在渔业资源养护和环境保护上的努力。⑤ 有学者因此认为，国际海洋法法庭的裁决在平衡船旗国和沿海国权利时体现出对船旗国的偏袒。⑥

---

　　① 参见苏长和：《全球公共问题与国际合作：一种制度的分析》，上海人民出版社 2009 年版，第 209 页。

　　② 参见《联合国海洋法公约》第 73、292 条。

　　③ See Heiki Lindpere, Prompt Release of Detained Foreign Vessels and Crews in Matters of Marine Environment Protection, *International Journal of Legal Information*, Vol. 33, 2005, p. 241; Rainer Lagoni, The Prompt Release of Vessels and Crews Before the International Tribunal for the Law of the Sea: A Preparatory Report, *International Journal of Marine and Coastal Law*, Vol. 11, 1996, p. 147.

　　④ See Judgment of the International Tribunal for the Law of the Sea of 23 December 2002 in the Volga Case (Russian Federation v. Australia), Prompt Release, Judgment, ITLOS Reports 2002, para. 77. "伏尔加号"案中持反对意见的法官指出，在判定"适当担保"问题上，沿海国基于在《联合国海洋法公约》及其签署的其他公约下保护海洋生物资源的义务而采取特别措施应当作为船舶释放担保的相关性因素予以考虑。See Dissenting Opinion of Judge Anderson in the Judgment of the International Tribunal for the Law of the Sea of 23 December 2002 in the Volga Case (Russian Federation v. Australia), Prompt Release, Judgment, ITLOS Reports 2002, para. 2.

　　⑤ 参见邓韦克、陈荔彤：《国际海洋法法庭维加案(Volga Case)判决(俄罗斯联邦对澳洲)——迅速释放程序及其对渔业法令执法的挑战》，载《台湾国际法季刊》2004 年第 4 期，第 219 页。

　　⑥ See Donald R. Rothwell and Tim Stephens, Illegal Southern Ocean Fishing and Prompt Release: Balancing Coastal and Flag State Rights and Interests, *International and Comparative Law Quarterly*, Vol. 53, 2004, p. 183.

在"伏尔加号"案中,澳大利亚提出的"释放船只须安装远程监控管理系统、缴存守法保证金"的措施,是在无法管理或者不能有效管理的远距离渔业区域内,对"非法、未报告、无管制"捕捞行为进行有效监管、保护渔业资源的必要创新措施,因此沿海国借助现代科学技术解决"非法、未报告、无管制"捕捞行为应加以鼓励。但是,国际海洋法法庭并未将其纳入判断保证金合理性的考虑因素,是法庭本身放弃了要求"非法、未报告、无管制"捕捞船只安装远程监控管理系统的先例形成机会。[1] 正如安德森法官在其反对意见中陈述的,"《联合国海洋法公约》第73条并没有就释放船只及船员是否可以设置非金钱性质的担保条件进行明确的限制。保证金并没有简单地限制于财产性质的担保,其条件的设置可以是临时性的、财产性质的或者非财产性质的,并没有规定特定的形式"[2]。如果对船只释放的标准设置过低,那么在船只释放后就很难再对其行为进行监控,此前也发生过犯罪船只被释放后再次进入相关海域进行违法捕鱼的先例。因此,虽然船只立即释放的规定可以尽可能避免沿海国管辖权的扩张对航行自由构成不当限制,但是不应当为了尊重航行自由而不当限制沿海国在专属经济区内保护海洋资源的主权性权利。为了保护那些濒临灭绝的海洋生物资源,应当允许沿海国适当利用一些必要的科技手段来防止非法捕捞行为的再次发生。

二、"丰进丸号"案:沿海国管辖权是否正当行使

(一)案情简介

日本籍渔船"丰进丸号"(Hoshinmaru)收到俄罗斯政府颁发的捕鱼许可,获准于俄罗斯专属经济区内的水域捕鱼。按照许可证,从2007年5月15日到7月31日,"丰进丸号"渔船被允许捕捞红鲑鱼(sockeye salmon)101.8吨、狗鲑鱼(chun salmon)161.8吨、库页岛鳟鱼(sakhalin trout)7吨、银鲑鱼(silver salmon)1.7吨、春鲑鱼(spring salmon)2.7吨。2007年6月1日,当"丰进丸号"渔船在俄罗斯堪察加半岛东部的专属经济区水域进行捕鱼作业时,被俄罗斯巡逻艇的官员拦停登临,并由俄罗斯联邦安全局东北边境海岸警卫处国家海上监测部门的监察小组登船检查。监察人员发现,"丰进丸号"渔船将捕获的红鲑鱼放置于狗鲑鱼层下,船长将20吨的红鲑鱼申报为价格更为便宜的狗鲑鱼,属于隐藏实际红鲑鱼捕获量的不实申报。俄罗斯以不实申报捕捞数量并企图以红鲑鱼

---

[1] 参见任虎、姚妍鞾:《国际海洋法法庭迅速释放问题研究》,载《太平洋学报》2015年第1期,第19页。

[2] Dissenting Opinion of Judge Anderson in the Judgment of the International Tribunal for the Law of the Sea of 23 December 2002 in the Volga Case (Russian Federation v. Australia), Prompt Release, Judgment, ITLOS Reports 2002, para. 5.

替换狗鲑鱼的做法违反俄罗斯保护和管理专属经济区内海洋资源的权利为由扣留了"丰进丸号"渔船。2007年6月6日,日本驻俄罗斯大使馆送交照会给俄罗斯外交部,要求在交纳合理保证金后,俄罗斯依据《联合国海洋法公约》第73条第2款迅速释放"丰进丸号"及其船员。2007年7月11日,俄罗斯区际检查办公室寄送信函给日本驻海森崴总领事,信中确认"丰进丸号"所造成的损害价值为792.75万卢布。2007年7月13日,俄罗斯外交部通知日本大使馆,要求船东交纳2500万卢布保证金作为释放"丰进丸号"渔船的条件,后来保证金被减少为2200万卢布。在确定保证金金额时,俄罗斯考虑了下列因素:(1)对船长实施的罚金最高金额为50万卢布;(2)对船东实施的最高罚金为2001364.05卢布;(3)诉讼程序的费用为24万卢布;(4)因非法捕鱼和损害海洋受保护的生物资源的赔偿金为792.75万卢布;(5)船舶价值为1135万卢布。2007年7月6日,日本依据《联合国海洋法公约》第292条向国际海洋法法庭提起诉讼,要求迅速释放被俄罗斯扣押的日本籍渔船"丰进丸号"以及船员。

案件争议焦点之一在于,在两国之间存在合作协定的框架下,迅速释放船只和船员的保证金设置是否及时和合理。如果一个国家的船只从事了违反另一国家法律的行为,受害国在确定释放船只的保证金数额时是否必须充分反映违法行为的严重程度以及两国之间的合作程度。

对此,日本主张,俄罗斯直到2007年7月13日才设置了保证金要求,这一日期是在日本向国际海洋法法庭提起诉讼程序的7天后、在"丰进丸号"渔船被扣押的5周后。俄罗斯的行为违反了《联合国海洋法公约》有关船只和船员迅速释放的规定。日本认为,"丰进丸号"渔船的行为虽然违反了法律,但是相比过度捕捞和无许可证的非法捕捞行为,"丰进丸号"是在获得捕鱼许可的情况下报送了错误的捕获数量。其行为显然违法程度更轻,因此,俄罗斯所确定的释放渔船保证金数额以船只价值作为主要的考虑因素并不合理。此外,"丰进丸号"渔船上的红鲑鱼恰好在许可捕捞的重量之内,俄罗斯不能主张红鲑鱼群资源受到损害。因此,俄罗斯所设置的渔船释放保证金应当在800万卢布以内。

俄罗斯则主张,"丰进丸号"的行为构成性质严重的违法行为,属于典型的"非法、未报告、无管制"捕鱼。只有当捕鱼行为符合沿海国所有法律法规,包括向有关监管机构全面、准确地报告所捕获的鱼的种类和数量,才属于合法捕鱼。俄罗斯还主张其确定保证金行为的迟延是因为"丰进丸号"船长和船东拒绝合作。

(二)法庭裁决

2007年8月6日,国际海洋法法庭裁决支持俄罗斯对释放船只施加保证金的决定,认为沿海国通过适当措施在专属经济区内保护和管理海洋生物资源以防止过度捕捞的利益诉求必须予以充分考虑,同时,考虑到本案中违法行为的严重程度较轻,所以降低了俄罗斯确定的释放船只保证金的数额,使保证金更加合理化。

对于释放船只保证金的及时性要求,国际海洋法法庭指出,《联合国海洋法公约》并未明确规定保证金的设立时间,但是根据第 292 条的立法目的要求,释放船只保证金必须在合理时间确定。从第 292 条的条文表述来看,这一条文并不要求释放船只保证金的设立以船旗国提出保释要求为前提。因此,根据第 292 条第 1 款的规定,沿海国在船只被逮捕 10 日内设置船只释放保证金的要求是合理时间。①

对于释放船只保证金的数额合理性,国际海洋法法庭注意到,《联合国海洋法公约》第 292 条和第 73 条仅仅处理被扣船只的迅速释放问题,而不介入沿海国国内合理的司法程序对船只、船东、船员的处理,②因此法庭援用了此前的裁决先例来分析确定合理数额的考虑因素。在"卡莫科号"案(Camouco Case)中,行为的违法性严重程度、沿海国法律对该违法行为惩罚程度的轻重、船只价值、违法货物的价值等一系列因素都是确定释放船只保证金数额的合理性要素。③ 在"蒙特·卡夫卡号"案(Monte Confurco Case)中,法庭强调,确定释放船只保证金数额的考虑因素是列举性的,而不是仅有的考虑因素,每一个考虑因素在确定释放船只保证金中的权重也不存在绝对的标准。④ 在"伏尔加号"案中,法庭要求在判定释放船只保证金合理性时必须考虑该案中所有相关的因素。⑤ 在"朱诺商人号"案(Juno Case)中,法庭不仅没有将扣押渔获物的价值作为保证金的一部分,而且还首次命令沿海国几内亚将其返还给船只所有人;法庭还指出,评估释放船只保证金的相关因素必须是具有"客观性"的因素,而且要综合考虑当事方向法庭提交的全部信息。⑥

---

① See Judgment of the International Tribunal for the Law of the Sea of 6 August 2007 in the Hoshinmaru Case (Japan v. Russian Federation), Prompt Release, Judgment, ITLOS Reports 2007, para. 81.

② Ibid., para. 89.

③ See Judgment of the International Tribunal for the Law of the Sea of 7 February 2000 in the Camouco Case (Panama v. France), Prompt Release, Judgment, ITLOS Reports 2000, para. 67.

④ See Judgment of the International Tribunal for the Law of the Sea of 18 December 2000 in the Monte Confurco Case (Seychelles v. France), Prompt Release, Judgment, ITLOS Reports 2000, para. 76.

⑤ See Judgment of the International Tribunal for the Law of the Sea of 23 December 2002 in the Volga Case (Russian Federation v. Australia), Prompt Release, Judgment, ITLOS Reports 2002, para. 65.

⑥ See Judgment of the International Tribunal for the Law of the Sea of 18 December 2004 in the Juno Trader Case (Saint Vincent and the Grenadines v. Guinea-Bissau), Prompt Release, Judgment, ITLOS Reports 2004, para. 85.

国际海洋法法庭列出三个一般性原则来处理释放船只保证金数额的合理性问题：(1) 尊重《联合国海洋法公约》第 292 条有关船只迅速释放的法律规定及其立法目的；(2) 考虑因素必须具有"客观性"(objective)，而且充分考虑案件所涉及的全部相关因素；(3) 释放船只保证金数额的合理性确定标准包括保证金的金额、性质与形式。

一般而言，确定释放船只保证金合理性的因素包括：(1) 船只所涉及的违法行为的严重程度；(2) 沿海国法律对该违法行为惩罚程度的轻重；(3) 被扣船只的价值；(4) 捕鱼所获的价值。在本案中，日本与俄罗斯之间存在有关渔业捕捞方面的长期国际合作是确定释放船只保证金数额时需要给予考虑的相关因素。①

法庭认为，基于本案中的各种相关因素来考虑，2200 万卢布的船只释放保证金在数额上并不合理。根据《联合国海洋法公约》第 61 条第 2 款的规定，"沿海国参照其可得到的最可靠的科学证据，应通过正当的养护和管理措施，确保专属经济区内生物资源的维持不受过度开发的危害。在适当情形下，沿海国和各主管国际组织，不论是分区域、区域或全球性的，应为此目的进行合作。"沿海国通过适当措施在专属经济区内保护和管理海洋生物资源以防止过度捕捞的利益诉求必须予以充分考虑。② 日本"丰进丸号"渔船的行为有悖于日本和俄罗斯之间的长期渔业合作框架，"丰进丸号"船长的行为已经构成了违法行为，而不是纯技术性失误。因此，沿海国有权要求被扣押船只交纳保证金作为释放船只的前提条件。但是，在本案中，"丰进丸号"持有有效的捕鱼许可证，并被获准在俄罗斯专属经济区内捕鱼。同时，俄罗斯和日本之间还存在长期的渔业领域的合作，签订了若干有关渔业资源管理和保护的协定，日本也一直致力于与俄罗斯合作来保护俄罗斯专属经济区内的鲑鱼和其他各种鱼类资源，并且日本也要求悬挂日本旗的船只在俄罗斯海域内遵守俄罗斯的有关法律法规。尽管在确定保证金

---

① 日本与俄罗斯已经就渔业方面建立了长期的合作关系，也存在一套程序机制，约定如何处理渔船被扣事件来帮助消除误解、防止纠纷。1984 年至 1985 年，日本与俄罗斯政府分别签订《两国海岸外渔业领域相互关系协定》(Agreement on Mutual Relations in the Field of Fisheries off the Coasts of Both Countries)、《有关渔业领域合作协定》(Agreement Concerning Cooperation in the Field of Fisheries)。基于两国就千岛列岛存在主权争议，而且该争议涉及岛屿四周海域的海事管辖权纠纷，日本与俄罗斯与 1998 年缔结了《海洋生物资源捕捞作业领域的合作事项协定》(Agreement on Several Matters of Cooperation in the Field of Fishing Operations for Marine Living Resources)。参见宋燕辉：《迅即释放被扣押的渔船：国际海洋法法庭设立丰进丸号与丰进丸号案例(日本诉俄罗斯)及其对台湾的意涵》，载《台湾国际法季刊》2007 年第 3 期，第 199—202 页。

② See Judgment of the International Tribunal for the Law of the Sea of 6 August 2007 in the Hoshinmaru Case (Japan v. Russian Federation), Prompt Release, Judgment, ITLOS Reports 2007, para. 99.

时，沿海国会将违法行为的严重程度作为考虑因素，但是以船东和船员的行为所可能受到的最高处罚作为标准确定保证金为2200万卢布并不合理，而且考虑到本案中渔船的违法行为较轻，以船只价值确定保证金也不合理。① 法庭认为，综合考虑上述各种与本案相关的因素后，释放船只保证金定为1000万卢布是合理的数额。②

（三）案件评析

国际海洋法法庭在船只和船员迅速释放问题上的司法实践，表明了法庭对迅速释放程序案的立场是平衡沿海国和船旗国之间的利益。既要维护沿海国在其专属经济区内对渔业资源以及环境保护、资源维护的主权性权利，又要排除沿海国长期扣留船只和船员，进而损害船旗国利益以及船员的人权，防止沿海国对海洋资源的维护成为不当限制其他国家航行自由的借口。国际海洋法法庭在"丰进丸号"渔船迅速释放案中的裁决，尤其是在释放船只保证金数额的确定上充分体现了对于沿海国与航旗国之间的利益平衡。沿海国对于本国的专属经济区，除了具有短期的渔业经济利益，还有更为长远的生态利益。因此，《联合国海洋法公约》承认，为了养护专属经济区的生物资源，沿海国有权制定相应的法律法规，规范和管理专属经济区内的各种活动，也认可沿海国通过正当的养护和管理措施，确保专属经济区内生物资源的维持以及不受过度开发的危害。限制有关渔船的航行自由，是沿海国行使专属经济区内保护海洋资源权利的重要手段：对于进入本国专属经济区捕鱼的外国渔船，沿海国可以通过行政许可的手段控制渔船的准入；对准入后的渔船，沿海国也有权进行检查；并且，在发现渔船涉嫌违法行为时，沿海国有权扣留渔船，并通过国内的司法程序处理这种违法行为，除了科以罚金之外，必要时也可以没收渔船。③

然而，与此同时，《联合国海洋法公约》也要求沿海国迅速释放船舶，防止不当扣押船只、长时间阻碍航行自由。一旦发生渔船被扣留事件，船旗国在提交合理数额的保证金或其他财务担保后，有权要求沿海国迅速释放其国家的渔船。如果沿海国此时拒绝释放渔船，船旗国则有权向国际司法机构提起诉讼。公约第73条第2款、第292条第1款和第4款都明确承认了船旗国的这种利益。同时，公约也要求渔业国的渔船进入其他国家的专属经济区捕鱼时，应遵守该国有

---

① See Judgment of the International Tribunal for the Law of the Sea of 6 August 2007 in the Hoshinmaru Case (Japan v. Russian Federation), Prompt Release, Judgment, ITLOS Reports 2007, para. 93.

② Ibid., paras. 98-101.

③ 参见张相君：《迅速释放案件中沿海国与渔业国之间的利益平衡——国际海洋法法庭第14号和第15号案件评述》，载《中国海洋法学评论》2008年第2期，第147—148页。

关专属经济区管理的法律法规。① 虽然《联合国海洋法公约》没有具体规定确定释放船只保证金的数额以及确定保证金时的相关因素,但是国际海洋法法庭通过对各种迅速释放船只案件的审理发展出了有关的判例法制度,"丰进丸号"案即是其中的典型案例。法庭在确定保证金时一般遵循"综合考虑各种因素、客观评价"的原则,要尊重《联合国海洋法公约》第292条有关渔船迅速释放的法律规定及其立法目的,还要考虑因素必须具有客观性,而且会充分考虑案件所涉及的全部相关因素。相关因素一般包括:(1)船只所涉及的违法行为的严重程度;(2)沿海国法律对该违法行为惩罚程度的轻重;(3)被扣船只的价值;(4)捕鱼所获的价值;(5)沿海国设置保证金的数额、形式与性质。② 在"丰进丸号"案中,法庭特别将有许可证获得捕鱼授权的渔船和"非法、未报告、无管制"捕鱼的渔船差别对待,对前者要求设置更少数额的保证金,而且不得以沿海国国内法上对船只和船员所可能科以的最高处罚作为参考标准,法庭也没有将船只价值作为考虑因素。

第三节 海洋环境保护视角下的航行自由案例

一、"托利峡谷号"案

(一)案情分析

"托利峡谷号"(Torrey Canyon)油轮泄漏案是史上最严重的原油泄漏案之一,对国际环境法、海商法的发展有着重大影响。该船是一艘利比里亚籍的超级油轮,于1967年3月18日自波斯湾艾哈迈迪港满载11.9万吨科威特原油驶往英国米尔福德港。因船长操作上的疏忽,该船在英吉利海峡附近的公海上触礁。由于当时天气情况恶劣,风高浪急,该船龙骨断裂,并被打成三截,导致满载的原油大量泄漏,污染了190公里长的英国海岸线和80公里长的法国海岸线。面积达到270平方公里的浮油,造成约1.5万只海鸟和不计其数的海洋生物在浮油彻底清除前死亡。

1967年3月27日,英国政府在征得船东同意后派军机轰炸"托利峡谷号",英国声称其目的是为了打开船体以便将船上大约2万吨剩余的原油燃烧掉,避免污染扩大造成英、法两国沿岸更大的经济损失。1967年3月30日,该船上的

---

① 参见张相君:《迅速释放案件中沿海国与渔业国之间的利益平衡——国际海洋法法庭第14号和第15号案件评议》,载《中国海洋法学评论》2008年第2期,第148页。

② See Yoshifumi Tanaka, *The International Law of the Sea*, New York: Cambridge University Press, 2012, p.420.

原油全部燃烧完毕，对此，船东和船旗国利比里亚政府并未提出异议。英、法两国政府为了清除溢出的原油动用了大批人力物力，在海面上使用了13.5吨的消油剂、对受污染的海滩使用清洁剂排污等，分别耗费了325万英镑、41万法郎。①

(二) 案件评析

该案主要涉及两个国际法问题。第一，对于发生在公海但可能威胁沿海国海域的海洋环境污染事件，沿海国是否有权采取措施？如果可以，沿海国采取措施是否有限制？第二，沿海国采取措施的支出，若在船东处无法获得足够的赔偿，是否有其他保障方式？

对于第一个问题，可能涉及国际航行上的管辖权冲突。在传统国际法上，船旗国在公海上享有排他的管辖权，可以支配悬挂其旗帜的船只，而传统国际法理论并不支持受到污染的沿海国对致害船只的管辖权。针对英国在该案中的行为是否符合国际法，联合国国际法委员会指出，鉴于"托利峡谷号"原油泄漏所带来的对英国海域的威胁，英国政府的行为显然符合"必要状态"(a state of necessity)。只要该行为符合比例原则，便不会产生相应的国家责任。② 另外，英、法两国政府试图最大程度降低该泄漏带来的环境问题，投入了大量人力物力进行有关的排污活动，由此引发了第二个问题。即这些支出若无法从船东或光船租赁人处得到赔偿，是否有其他保障方式？事实上，在绝大多数情况下，船东的经济状况都不足以支持其承担相应的赔偿责任。由于生态环境问题是一个全球性的问题，生态环境因素可能会相互变化和相互影响，因而建立一个全球性的赔偿基金似乎是一个可行的方案。由此，政府间海事组织于1967年5月5日成立有关法律委员会解决上述问题，并在1969年11月10—29日在布鲁塞尔召开了国际油污染损害法律会议，通过了两个国际条约：其一为《国际干预公海油污事故公约》，以解决上述第一个问题。其二为《国际油污损害赔偿责任公约》，以解决上述第二个问题。

"托利峡谷号"案作为国际环境法上的典型案例，对航行自由产生了巨大影响。由此，当沿海国管辖海域面临环境威胁时，其管辖权可适当扩张，干预在公海上航行的致害船只。

---

① 参见梁淑英主编：《国际法学案例教程》，知识产权出版社2003年版，第106—107页。

② See Report of the International Law Commission on the Work of Its Thirty-second Session, 5 May-25 July 1980, Official Records of the General Assembly, Thirty-fifth Session, Supplement No. 10.

二、混合氧化物燃料工厂案

(一) 案情分析

塞拉菲尔德混合氧化物燃料工厂(Sellafield MOX Plant)是位于英国塞拉菲尔德、临近爱尔兰海的一个核燃料厂,主要将使用过的氧化钸和氧化铀混合进而生产为新型核燃料,以供国外核电厂使用。爱尔兰政府担心该厂的营运将会污染爱尔兰海,以及核燃料的运入和运出该厂所涉及的潜在风险,称英国未向其披露相关信息。爱尔兰政府认为,塞拉菲尔德混合氧化物燃料工厂的废弃物将会污染其附近水域,英国政府未能确保周遭的海洋环境免于该核燃料厂的辐射污染,违反《联合国海洋法公约》和《东北大西洋海洋环境保护公约》(Convention for the Protection of the Marine Environment of the North-East Atlantic,OSPAR Convention)的有关规定。英国和爱尔兰均是《联合国海洋法公约》和《东北大西洋海洋环境保护公约》的缔约国。

(二) 法庭裁决

爱尔兰首先选择单方面启动《东北大西洋海洋环境保护公约》所规定的仲裁程序。爱尔兰主张,英国违反了该公约第9条有关提供"沿海区域的状况、对该区域带来或可能带来不利影响的活动或措施以及根据本公约所采取的其他行动或举措"等方面信息的义务。2003年7月,该仲裁庭作出了有利于英国的裁决,认定英国未向爱尔兰披露有关信息的行为并没有违背其应承担的条约义务,驳回爱尔兰的诉讼主张。[①]

爱尔兰采取的第二个应对措施是,单方面依据《联合国海洋法公约》附件七所规定的争端解决程序,向国际海洋法法庭指控英国违反了该公约中有关保护海洋环境(包括对海洋环境所造成的影响进行评估在内)的基本义务。2001年1月15日,在仲裁庭即将组成、距离塞拉菲尔德混合氧化物燃料工厂预定的试运转仅有一个月之时,爱尔兰要求国际海洋法法庭采取临时措施。国际海洋法法庭认定仲裁庭对该争端实体问题具有初步管辖权,因而核准了临时措施(provisional measures)。临时措施要求英、爱两国在仲裁庭作出裁决之前应就塞拉菲尔德混合氧化物燃料工厂向爱尔兰海排放的标准等有关问题进行合作和协商。[②]

[①] See Permanent Court of Justice, Dispute Concerning Access to Information Under Article 9 of the OSPAR Convention (Ireland v. United Kingdom of Great Britain and Northern Ireland), Final Award, July 2, 2003, available at https://pcacases.com/web/sendAttach/121, last visit on November 17, 2017.

[②] See Order of the International Tribunal for the Law of the Sea of 3 December 2001 in the MOX Plant Case (Ireland v. United Kingdom), para. 89.

与此同时,欧共体委员会也密切关注有关事态的发展,因为英、爱两国不仅是有关海洋法公约的缔约国,更是欧共体的成员国。作为《欧共体条约》和《欧洲原子能共同体条约》的缔约国,当欧共体委员会向欧洲法院提出有关成员国违反条约之诉时,英、爱双方均须接受欧洲法院的管辖。在本案中,欧共体委员会首先指控爱尔兰违反《欧共体条约》第 292 条和《欧洲原子能共同体条约》第 193 条,因为爱尔兰将有关争端提交《联合国海洋法公约》附件七规定的仲裁,违反了有关欧洲法院在欧共体法的解释与适用方面拥有专属管辖权的规定。其次,欧共体委员会主张爱尔兰违反了《欧共体条约》第 10 条和《欧洲原子能共同体条约》第 192 条,因为爱尔兰在启动有关仲裁程序前没有同欧共体委员会进行商议,阻碍了欧洲共同体有关任务的完成并危害到欧共体条约有关目标的实现。《欧共体条约》第 292 条和《欧洲原子能共同体条约》第 193 条都规定,成员国不应将有关欧共体条约的解释与适用方面的争端提交给"条约规定之外的其他任何解决方法",也就是成员国必须接受欧洲法院的强制管辖。《欧共体条约》第 10 条和《欧洲原子能共同体条约》第 192 条也都明确规定,成员国应采取所有适当措施,无论是一般性的或特殊性的措施,以确保本条约所产生的或由共同体机构相关举措所引发的义务得以履行。成员国应促进共同体任务的完成并且应摒弃任何可能阻碍条约相关目标得以实现的举措。欧共体委员会由此认定,爱尔兰在未与其进行商议的情况下,单方面启动《联合国海洋法公约》项下的仲裁程序,违反了上述两部条约的有关规定,因此,欧共体委员会于 2003 年 10 月就爱尔兰违反有关条约义务向欧洲法院提起诉讼。欧洲法院从《联合国海洋法公约》在欧共体法律体系中的性质、欧洲法院在解释与适用欧共体法方面的专属管辖权两个主要方面论证了《欧共体条约》所规定的争端解决制度原则上应该优先于《联合国海洋法公约》所包含的争端解决方法。欧洲法院判定,在欧盟法的框架下,爱尔兰在欧共体框架之外启动针对另一成员国的程序,可能会使作为《联合国海洋法公约》缔约方的第三国对于共同体对外代表权和内部凝聚力方面产生混乱的感觉,因此这一举动对欧共体对外行动的有效性和一致性具有极大的破坏作用。①

(三) 案件评析

英国和爱尔兰之间的混合氧化物燃料工厂案实际上是涉及海洋环境保护的案例,但是却在保护海洋环境问题中突显出国际海洋法法庭、国际仲裁庭与欧洲

---

① See Judgment of the European Court of Justice (Grand Chamber) of 30 May 2006 in Case No. C-459/03, Commission of the European Communities v. Ireland, European Court Reports 2006 I-04635, para.160. 另参见程保志:《从 MOX 核燃料厂争端审视欧洲法院专属管辖权之扩张》,载《武大国际法评论》2008 年第 2 期,第 352—356 页。

法院的管辖权之争,以及《联合国海洋法公约》《东北大西洋海洋环境保护公约》和欧盟法的法律适用之争,充分体现了由于国际海洋治理体系纵向分权所导致的国际海洋治理体系的碎片化问题。① 国际海洋治理体系的分权化及其衍生的国际海洋治理法律框架的碎片化,也是航行自由与海洋资源开发、海洋环境保护之间存在冲突的潜在原因。这种碎片化的治理体系不但导致航行自由的法律架构被人为地以地域作区隔,更重要的是,区域化的法律框架很可能架空《联合国海洋法公约》意在构建的海洋治理的统一的"宪法性框架",使同一艘船只在一次航程中因为航行在不同国家、不同地区的不同海域而适用不同的法律规则。这一案件也突显出在建立国际司法机构的公约中纳入多重司法管辖权的协调规定显得相当重要,以便能够较有效地解决管辖权与法律适用冲突。②

第四节 专属经济区内外国军事活动

一、南海撞机事件

近年来,在中国加强维护南海权益的同时,美国屡屡打着"航行自由"的旗号,派遣军舰或军机到南海中国岛礁附近进行侦察或军事测量活动,并造成多起事故的发生。2001年4月1日,美国海军一架EP-3型海上侦察机在中国海南岛东南海域上空活动,执行侦察任务。8时36分,中方发现美机正向我三亚外海抵进侦察;8时45分,我航空兵两架歼-8Ⅱ型战斗机对其进行跟踪监视。9时07分,我机航向110度,在海南岛东南104公里处正常飞行,美机在我机右侧400米同向平行飞行,美机突然违规飞行,大动作向内侧我机方向转向,其机头和左翼与中方一架飞机尾部相碰,致使我战斗机坠毁,飞行员王伟跳伞后下落不明,后被确认牺牲;另一架飞机安全返航。美国受损飞机未经中方允许进入中国领空,并于9时33分降落在中国海南岛陵水军用机场,机组人员24人全部安然无恙。

鉴于美国军舰或军机对中国的此类侦察行为,外国在沿海国专属经济区内的军事航行活动是否符合国际法,成为近些年中美两国之间争论的话题,而对《联合国海洋法公约》中有关航行自由制度的解读亦成为争议焦点。

---

① 参见杨永红:《分散的权力:从MOX Plant案析国际法庭管辖权之冲突》,载《法学家》2009年第3期,第107—114页。See also M. Bruce Volbeda, The MOX Plant Case: The Question of Supplemental Jurisdiction for International Environmental Claims Under UNCLOS, *Texas International Law Journal*, Vol. 42, 2006, pp. 211-240.

② 参见杨永红:《分散的权力:从MOX Plant案析国际法庭管辖权之冲突》,载《法学家》2009年第3期,第114页。

二、围绕"无害"的争论

西方一些学者根据"法无明文禁止即合法"的原则,认为《联合国海洋法公约》没有明确禁止外国军事船舶在他国专属经济区内航行,也没有限制军事船只的航行活动范围,因此这种侦察活动是合法的,沿海国的干预行动违反了国际法。也有西方学者主张,主权原则和航行自由原则都适用于专属经济区,但分别适用于不同的目的,专属经济区内并不全面禁止外国军事船舶和飞机的航行。如果外国军事船舶和飞机对沿海国军事情报的收集活动与沿海国国防安全产生直接冲突,国际法也并没有禁止沿海国为维护自身安全而采取自卫措施或预防措施。① 还有学者主张,《联合国海洋法公约》在赋予专属经济区内的航行权利时,是以特别方式引入公海航行自由的,因此,专属经济区内的航行权利并不完全依赖于公约文本规定,更多地取决于政治力量的实际运行。② 同时,他们认为,外国海军和空军在沿海国专属经济区内的活动并没有那么简单。虽然《联合国海洋法公约》本身并不禁止外国军事船舶在沿海国专属经济区内的航行,但这种权利的行使受到专属经济区性质包括政治性质的某些限制。③

中国官方对此类事件的看法与西方不同。2001年撞机事件发生的第二天,中国外交部部长助理周文重约见美国驻华大使普理赫,着重指出了两点:一是美方侦察机逼近中国海域飞行,违反了《联合国海洋法》关于尊重沿海国在其专属经济区所享有的一系列主权权利和管辖权,特别是尊重沿海国维护相关海域和平、安宁和良好秩序的规定,违反了上述公约关于一国行使公海自由应遵守该公约和其他国际法规则的规定(根据《联合国海洋法公约》第58条的规定,外国飞机在享有公约所规定的飞越自由的同时,应顾及沿海国的权利,应遵守沿海国的法律和国际法的规则,不得从事危害沿海国主权、安全和国家利益的活动),破坏了中美之间于2000年5月就避免和海上危险军事行动达成的有关共识。二是美机肇事后未经中方许可闯入中国领空并降落在中方机场,进一步违反了国际法和中国法律的有关规定,构成对中国主权和领空的侵犯。

同样,中国学术界多数观点也认为,虽然《联合国海洋法公约》没有明确禁止外国军事船舶在专属经济区内的航行,但公约也强调了"海洋只能用于和平的目

---

① Ivan Shearer, Military Activities in the Exclusive Economic Zonx: The Case of Aerial Surveillance, *Ocean Yearbook Online*, Vol. 17, 2003, pp. 548-562.

② See D. P. O'Connell, I. A. Shearer(ed.), *The International Law of the Sea*, Oxford: The Clarendon Press, Vol. 1, 1982, p. 578.

③ Orrego Vicufia, *The Exclusive Economic Zone: Regime and Legal Nature Under International Law*, Cambridge: Cambridge University Press, 1989, p. 120.

的",而对沿海国的军事侦察活动不属于"和平目的",因而美方这种侦察活动违反了国际法。同时,部分中国学者从《联合国海洋法公约》的文本和部分国家在加入该公约时的声明出发,认为外国军舰和军机在中国专属经济区从事军事侦察活动违反了和平利用海洋、禁止使用武力或以武力相威胁的原则等。这也代表了部分发展中国家对《联合国海洋法公约》的解读思路,但这种解读主要以公约条文的原则性规定作为支撑。此外,还有学者认为,在专属经济区内的外国军事活动,关涉的是没有明文赋予也没有明文禁止的"剩余权利"。① 除非与沿海国达成双边协定,否则也是违反国际法的。但是,这种"剩余权利"的主张,对于外国在沿海国专属经济区内是否可以进行军事测量,并没有直接的否定效果。

为什么《联合国海洋法公约》对领海内的航行规定"无害通过"并详细列举危害的行为方式,而对于公海和专属经济区内的航行则只是原则性地规定了"和平目的"呢? 其中一种可能合理的解释是,在20世纪七八十年代有关公约的起草、讨论过程中,军事技术还没有进步到可以从领海之外对沿海国的国防军事设施和航道等进行精准、有效的侦察和测量活动。中远程导弹和火箭技术也还没有发展到海军军事力量可以对沿海国陆基目标进行准确打击的程度,所以各国在公约文本讨论时,并没有过多地纠缠于对领海外军事航行活动的限制,只是泛泛地使用了"和平目的"一词。正因为《联合国海洋法公约》没有明文限制或禁止外国军事船舶在沿海国专属经济区内的军事活动,导致海洋强权国家可以"航行自由"为借口,干涉沿海国内政或危害沿海国国防军事安全。②

---

① 参见周忠海、张小奕:《论专属经济区中的军事研究和测量活动》,载《法学杂志》2012年第10期。
② 参见袁发强:《国家安全视角下的航行自由》,载《法学研究》2015年第3期,第200页。

第九章 中国海洋权利维护与航行自由

中国是一个海洋大国,拥有 1.8 万多公里的大陆海岸线,约 300 万平方公里的管辖海域,其中内水和领海面积约 38 万平方公里,500 平方米以上的岛屿 6900 余个,岛屿海岸线长约 1.4 万公里。海洋于中国来讲,既是保卫陆上国土的天然屏障,更是提升国家实力的重要资源。然而,在全球海洋事业飞速发展的今天,中国也面临着诸多海权问题,而积极运用航行自由制度,对解决中国海洋权利维护问题是必不可少的。

第一节 中国海洋权利维护的国际环境

一、法律环境

1609 年,格劳秀斯公开出版《海洋自由论》一书,提出"海洋自由"的观点。其后,国际社会的实践支持了格劳秀斯的观点,一国对海洋权益的主张不得妨碍航行自由的观念逐步得到普遍接受。自此,"航行自由"逐步成为海洋法的一项基本原则。1856 年的《巴黎会议关于海上若干原则的宣言》既是首部有关国际海上武装冲突的国际条约,也是影响航行自由的首部国际成文法,对于海上自由航行和自由贸易有着重要的规范意义。此后,一系列国际海战规则使得海洋中立、普通商业航行免受军事干扰的法律原则得以确立,为海洋航行自由奠定了成文法基础。

1958 年,在日内瓦召开的第一次联合国海洋法会议通过《公海公约》,首次明文确定了"公海自由"的法律原则,其第 2 条规定,"公海对各国一律开放,任何国家不得有效主张公海任何部分属其主权范围";并明确规定"公海自由"包括四个方面的内容:航行自由、捕鱼自由、敷设海底电缆与管线自由、公海上空飞行自由。从此,"公海航行自由"作为一项独立的权利存在于国际成文法中,完成从习惯法向成文法的转化。

1973 年 12 月,第三次联合国海洋法会议在美国纽约联合国总部召开,开始讨论《联合国海洋法公约》的制定。1982年12月10日,经过九年的谈判,公约最终在牙买加蒙特哥湾获得全球150余个国家和组织签署通过。1994年11月16日,公约正式生效。公约吸收和发展了以往所有的海洋法编纂的成果,并确立了不少新的、重要的海洋法的规则和制度,基本上维护了广大发展中国家的利益,改变了旧海洋法有利于少数海洋强国的局面。该公约被誉为海洋治理的"宪法性框架",它的通过象征着海洋法的发展进入了一个新的阶段。

二、有关航行自由的法律争议

航行自由的原则虽被各国所承认,但是《联合国海洋法公约》并未详细规定航行自由的范围和限制,各国就此产生了激烈争论。以美国为代表的一些西方国家学者认为,《联合国海洋法公约》第58条第1款规定,"在专属经济区内,所有国家,不论为沿海国或内陆国,在本公约有关规定的限制下,享有第八十七条所指的航行和飞越的自由,铺设海底电缆和管道的自由";该条第2款规定:"第八十八至第一一五条以及其他国际法有关规则,只要与本部分不相抵触,均适用于专属经济区。"但是,第87条和第88—115条均属于公约第七部分"公海"制度的内容,所以《联合国海洋法公约》实际上并未专门就专属经济区内军事船舶和飞机的航行活动进行特别规定。公约中有关公海航行部分,也并未禁止军事船舶和飞机的测量和军事侦察活动。因此,他国在沿海国的专属经济区内进行军事测量和侦察,并未违反国际法。这些西方学者主要是从航行自由制度的发展历史、《联合国海洋法公约》的起草过程、航行自由制度在公约中的结构位置,以及与领海内"无害通过权"的立法限制的比较等方面进行论证。这种观点在阐述公约规定的字面含义上具有一定的客观性,但忽视了沿海国关切自身国防军事安全的正当性与合法性。《联合国海洋法公约》没有明确专属经济区内航行自由与沿海国国防军事安全之间孰为优先的问题,这不表明沿海国就不能主张和维护国家安全。[①]

从现有的学术研究看,中国国际法学术界大多主张,外国军事船舶和飞机在沿海国专属经济区内的军事测量和侦察活动没有顾及沿海国的安全和利益,不符合和平目的,违反了《联合国海洋法公约》的规定,违反了国际法。这些学者的研究,大多以《联合国海洋法公约》中提到的原则和抽象规定,结合中国及其他一些发展中国家在参与讨论和缔结《联合国海洋法公约》时所作的声明,来论证其观点。其出发点是以近海防御为主的海洋安全观,没有考虑到中国正在走向海洋强国的现实,也没有考虑到中国存在越来越多的海外利益,不符合当前乃至今

---

① 参见袁发强:《国家安全视角下的航行自由》,载《法学研究》2015年第3期,第194—195页。

后的总体国家安全保障形势,应当进行适当的调整。①

第二节 海洋权利维护的国内现状

一、改革开放前中国的海洋权利维护

二战结束之后,东西方国家间形成冷战局面。以美国为首的西方资本主义国家用敌视的态度来对待社会主义国家。1947年5月,美国国务院宣布了针对共产主义的遏制战略。中华人民共和国成立之后,美国等西方国家采取了种种措施企图将社会主义中国扼杀在摇篮之中——政治上不承认、经济上封锁禁运、军事上包围威胁、外交上采取孤立政策,力图使新中国陷入困境。除了以美国为代表的西方国家之外,东南亚一些南海周边国家为了自身的利益,从20世纪50年代开始对中国南海诸岛进行侵犯。南海是连通太平洋和印度洋的交通枢纽,其经济价值不可估量,而且拥有丰富的油气资源,因此成为周边国家积极争夺的海域。1969年4月,以美国学者埃默里为主要成员的考察团向联合国亚洲和远东经济委员会提交了一份有关南海油气资源的调查报告。报告指出,黄海、东海和南海的大陆架有可能是世界上石油储藏最丰富的地区之一,越南沿岸及邻近海域、南沙群岛东部及南部海域储藏有丰富的油气资源。② 从此之后,南海周边国家便纷纷对南海诸岛及海域提出主权要求,对中国海权的侵犯也更加频繁,甚至不惜挑起海战,对中国部分南海岛屿进行强行占领。

中华人民共和国成立初期,基于中国沿海及各岛屿的复杂形势,中国政府颁布了一系列针对有关海洋权利维护的办法和通则,例如,1950年4月颁布的《关于外籍轮船进出口管理暂行办法》和《进出口船的船员旅客行李检查暂行通则》,1952年交通部颁布的《外籍轮船进出口管理暂行办法》,1957年通过的《对外国籍船舶进出港口管理办法》,等等。中国于1958年通过了《中华人民共和国政府关于领海的声明》,声明的内容主要有四点:第一,规定中国的领海宽度为12海里,这一点适用于中国的一切领土,包括大陆及沿海岛屿、台湾及其周围各岛、澎湖列岛、东沙、西沙、中沙、南沙群岛以及其他属于中国的岛屿;第二,规定对领海基线的计算采取直线基线法,从基线向外延伸12海里的水域是中国的领海,而基线以内的水域则是中国的内海与内海岛屿;第三,规定一切外国飞机和军用船舶在未经中国政府许可的情况下,不得进入中国的领海及其上空,任何外国船舶

---

① 参见袁发强:《国家安全视角下的航行自由》,载《法学研究》2015年第3期,第195页。
② 参见刘锋:《南海开发与安全战略》,学习出版社、海南出版社2013年版,第14页。

在中国的领海航行,必须遵循中国的有关法令;第四,上述第二和第三两点规定的原则同样适用于台湾及其他任何属于中国的岛屿。① 但是,20 世纪五六十年代,美国时常派飞机、军舰侵入中国沿海、岛屿的领空和领海,对中国进行骚扰和示威。尽管中国政府多次提出严重警告,但未能阻止美国的猖狂行径。美国从20 世纪 50 年代末至 70 年代经常性地入侵中国浙江、福建、广东、山东等沿海省份的领海区域,甚至还对中国渔船和渔民进行射击,其行径严重威胁了中国人民的生命和财产安全。据统计,从 1959 年 5 月至 1971 年 12 月,美国军用飞机和军舰对中国领海和领空侵犯的次数多达两百余次。② 尽管中国外交部对美军的每一次侵犯都提出了严重警告,但美国却置若罔闻,不断地用挑衅行为来试探中国的底线,对中国海权造成了严重的侵犯。美国强调《联合国海洋法公约》没有明文禁止外国军事船舶和飞机在沿海国专属经济区内的军事侦察和测量活动,中国则强调国际法要求外国船只和飞机的活动应符合《联合国海洋法公约》规定的"和平目的"。

应当看到的是,《联合国海洋法公约》对专属经济区的军事船舶航行并无具体限制性规定,过于强调禁止外国军事船舶不得在中国专属经济区内从事军事测量和情报收集活动,并不能从根本上杜绝此类事件的发生。不能把维护国家安全利益的希望寄托在无法律责任保障的国际法规定上,更何况,对此问题国际法上无明确规定,尚存在争论。从根本上讲,国家主权和安全的维护还是要靠国家海上军事力量的强大,使他国顾忌中国军事实力的强大而减少或放弃这种尝试。

二、改革开放以来中国海洋权利维护的现状

1978 年 12 月 18 日,中国共产党第十一届三中全会在北京召开,这次会议的召开,标志着中国正式迈开了改革开放的步伐。中国首先在沿海地区实行对外开放,一个重要的原因是基于沿海地区得天独厚的条件。中国是一个海洋大国,有着绵长的海岸线,沿海的许多城市都拥有优良的海港,而且交通便利,有较好的工业基础和较高的技术管理水平,是中国对外贸易的重要集散地;同时,海洋经济在中国经济发展中占据重要位置。在这样的大环境下,对外开放显然更有利于中国经济的发展。与此同时,中国对海洋权利的维护意识也愈发强烈,对待航行自由法律制度的观念也发生了调整。

---

① 参见北京大学法律系国际法教研室编:《海洋法资料汇编》,人民出版社 1974 年版,第 84—85 页。
② 参见林金枝:《西沙群岛和南沙群岛自古以来就是中国的领土》,载《人民日报》1980 年 4 月 7 日第 4 版。

在寻求解决与日本的钓鱼岛争端、与南海周边国家的南海问题的过程中,中国提出"主权属我,搁置争议,共同开发"的策略,也就是争议各方先把主权问题搁置起来,不用战争也不用无休止的谈判,以合资经营、共享利益的方式共同开发渔业、油气等海上资源,这样对各方来讲都是利大于弊的。作为争端解决前的一种临时性安排,"搁置争议,共同开发"这种求同存异的做法,在改革开放初期,无疑是解决中国与周边国家海权争端较为现实可行的方法。可以此增进中国与周边邻国的政治互信,可为维护东海和南海地区的和平稳定作出积极的示范,同时也向世界展示了中国主张以和平方式解决国际问题的态度。

进入 21 世纪以来,随着中国经济实力和国防力量的逐步增强,中国采取的有关海洋权利维护的实际行动也增多了。例如,中国海军远赴索马里护航、也门撤侨事件等。索马里因其政治、地理、人文等因素的影响,海盗问题一直未能解决,特别是在进入 21 世纪后,海盗活动更为猖獗。2008 年 11 月 14 日,中国渔船"天裕 8 号"在肯尼亚沿海被索马里海盗劫持;11 月 15 日,索马里海盗轻松劫持了世界最大油轮、沙特"天狼星号";11 月 18 日,中国香港货船"DELIGHT"号在亚丁湾被索马里海盗劫持。在此前后半个月内,索马里海盗竟劫持了 14 艘各国船只,令世界震惊。2008 年,鉴于亚丁湾索马里海域日趋恶化的安全形势,以及索马里过渡联邦政府没有海军的尴尬局面,联合国安理会作出决议,授权各会员国在索马里过渡联邦政府事先知会秘书长情况下,同过渡联邦政府合作打击索马里沿海海盗和武装抢劫行为。中国海军先后派出数批护航舰队开赴索马里执行护航任务,这是中国海军首次赴海外维护国家战略利益、首次组织海上作战力量赴海外履行国际人道主义义务、首次在远海保护重要运输线安全。2015 年的也门撤侨事件是由中国海军对侨民的生命进行安全保障。2015 年,沙特等国对也门展开空袭,也门局势愈发紧张,中国海军舰艇编队受命赴也门执行撤离中国公民任务。此次也门撤侨与以往撤侨不同,是中国第一次使用武装军舰从外国撤侨,并且有武装人员携带武器离舰登岸,展开警戒,设立安全区。中国以往的撤侨行动,多是包租民航客机和民用客轮,直接派出军舰撤侨尚属首次。

由此可见,随着中国军事船舰在外国专属经济区内活动的增多,中国政府对待航行自由的法律立场正在转变,中国正在"从一个强烈反对国际现状的国家变成一个大致认可,甚或在许多方面立意维护国际现状的国家"[①]。

---

① 时殷弘:《中国的变迁与中国外交战略分析》,载《国际政治研究》2006 年第 1 期,第 35 页。

第三节　积极运用航行自由制度维护海外权利

随着中国经济发展和实力增强,国家利益的重心不再局限于以陆地为中心的近海。而中国又是一个严重依赖能源进口和外贸进出口的国家:一方面,需要加强对中国领海与专属经济区内生态环境的保护力度;另一方面,为了维护中国海上能源通道和贸易通道安全,又需要倡导沿海国不得借环境保护影响航行自由的权利,以维护中国经济安全、海上能源和贸易通道安全。从这个意义上说,中国在对待航行自由的法律立场上,需要进行微妙平衡。[①] 以发展的眼光看,对待航行自由问题,中国应当更具有前瞻性,尤其要注意保持维护海洋权益和保护海外利益的有机统一。

一、领土主权维护与航行自由

近年来,美国打着"维护航行自由"的旗号,插手中国与菲律宾、越南等国的南海岛礁主权争端。2015年下半年以来,美国多次派遣军用舰机硬闯中国南海岛礁邻近海、空域,对中国岛礁及岛上人员安全构成威胁。其实,美国政府所主张的"航行自由"不过是美国军用舰机在他国近海肆意收集情报、以军事演习恐吓他国的自由,[②] 与国际法中的航行自由制度不存在内在联系。事实上,民用船舶在南海地区的航行活动不会受到中国限制。至于外国船舶在中国管辖海域非法捕捞、开发利用资源的行为,则另当别论。即使是外国军事船舶,只要遵守中国相关法律,中国也并未阻止其正常通行。

目前,针对《联合国海洋法公约》所规定的领海无害通过权,中国及其他一些国家主张需要事先征得沿海国同意。因此,在维护领土主权与安全利益问题上,一方面应毫不犹豫地坚守底线,反击任何打着"航行自由"幌子行侵犯中国领土主权之实的行为,另一方面要注意在维护领土主权过程中,切实维护外国船舶在法律许可范围内的航行自由,避免不合规范地扩大海域管辖权影响正常的航行自由。

二、专属经济区内的航行自由

中国应加大在专属经济区内的航行法律规制方面的国内立法活动。这既能

[①] 参见袁发强:《国家安全视角下的航行自由》,载《法学研究》2015年第3期,第202页。
[②] 参见曲升:《美国"航行自由计划"初探》,载《美国研究》2013年第1期,第114页。

充分体现沿海国在专属经济区内自然资源利用和环境保护方面的主权权利,又能为经济开发和环境保护创造有利的法制环境,促进对专属经济区的充分利用。《联合国海洋法公约》对专属经济区的军事船舶航行并无具体的限制性规定,中国不必笼统地反对专属经济区内的外国军事活动,而应该以外国军事船舶在中国专属经济区内的活动是否危害中国国防安全为考量因素,采取恰当的、与外国军事活动危害程度成比例的警告和阻止措施,保卫国家安全。

从根本上讲,国家主权和安全的维护要靠国家海上军事力量的强大。他国可能因顾及中国军事实力的对抗而减少或放弃在中国专属经济区内的侦察和军事测量活动。以美国在中国南海海域的军事侦察和测量活动为例,在拥有卫星高空侦察技术的情况下,美国在南海海域进行军事侦察活动有些是为了获得军事情报,有些则是为了挑衅中国反对外国可以在其专属经济区内从事军事侦察和测量活动的主张。因此,对两者有必要区别对待。当外国军事船舶的挑衅性侦察活动有害于中国国防安全时,中国军事力量当然有权采取阻止措施。[①] 这也是《联合国海洋法公约》和一般国际习惯法所允许或无明文禁止的。例如,美国军事船舶和飞机在中国海南潜艇基地附近进行侦察和情报收集活动就危害到中国国防军事安全,中国采取阻止措施是符合国际法的,因为这种活动是危害中国国防安全和利益的行动,也不符合和平目的的海洋用途。同时,中国还应加强对阻止行动和措施的法律问题研究。

随着中国海军从近海走向远洋实力的增强,军事船舶也需要加大远距离的航行活动。中国海军已经开始出现在阿留申群岛、夏威夷、日本宫古海峡等用于国际航行的海峡或外国专属经济区。为了军舰自身安全航行需要,中国军事船舶需要收集水下航道信息。这并没有构成对沿海国的军事威胁,也未遭到外国的反对和抗议。例如,2014年8月,中国军舰在美国夏威夷附近航行时,美国国防部就认为中国的航行活动符合国际法,中国国防部发言人在回答记者提问时,也强调了中国海军活动符合国际法上的航行自由制度。另外,中国海军在索马里海域附近保护本国商船的行动,也牵涉到外国领海、专属经济区和用于国际航行海峡的航行通过问题。应该看到的是,外国军事船舶在一国专属经济区内的军事活动并不总是危害沿海国国防安全。这取决于军事活动所针对的对象、所要达到的目的,以及军事活动的内容等多方面因素。

[①] 参见邹立刚:《论国家对专属经济区内外国平时军事活动的规制权》,载《中国法学》2012年第6期,第53—54页。

三、和平时期的海上军事活动

要实现海洋强国战略,就要放弃部分传统保守的国际法认识。虽然《联合国海洋法公约》提出了将海洋用于和平的目的,但并不完全排斥海上军事活动。① 客观上看,海上军事活动也会增强海上和平,关键在于中国自己要加强利用海上军事力量参与维护海洋和平的行动。例如,马六甲海峡地区的海盗活动对中国商船的威胁也很严重,而海盗是国际性犯罪,中国海军如果能游弋于该地区、打击海盗犯罪,并与沿海国充分合作,这种在公海上的航行和打击犯罪活动则是符合国际法的。同时,还可借此加强南海主权宣示和实际控制。所以,我们要充分利用法无明文禁止即为合法的原则,实现国家的相关利益,加强对和平时期海上军事活动的法律问题研究,参照国外军事活动的实践经验,为本国军事活动提供规范性意见。

四、北极地区的航行自由

在全球日益变暖的大趋势下,北极冰封于诸多海域解冻通航、天堑变通途为各国所期望。北极航道主要分为沿俄罗斯海域的东北(北方海)航道,以及沿加拿大海域的西北航道。中国虽然对于北极地区没有主权利益诉求,但对于北极航道的经济利用有利益诉求。对此,中国于2015年7月1日第十二届全国人大常委会第十五次会议通过的《国家安全法》第32条规定:"国家坚持和平探索和利用外层空间、国际海底区域和极地,增强安全进出、科学考察、开发利用的能力,加强国际合作,维护中国在外层空间、国际海底区域和极地的活动、资产和其他利益的安全。"可见,中国将"极地安全"上升到了国家安全的层面。在成为北极理事会正式观察员之后,中国应当利用这个平台提出符合本国对外政策的法律立场,积极参与北极航道有关航行法律制度的立法活动。

北极地区系对污染敏感脆弱的地区。以俄罗斯、加拿大为首的北极国家纷纷以北极海域环保为理由相继颁布、实施了一系列法律法规,加强对北极航道的控制、管理。例如,俄罗斯当前在北极东北航道的管理立法中采取"内水化"管理和"航行许可制度",希望通过航行许可制等措施维护其国家安全利益,实现对北极海域"历史性权利"的主张,同时保护北极海域的生态环境。② 中国应依《联合

---

① 参见袁发强:《对航行自由,中国可持更开放立场》,载《社会观察》2015年第9期,第13页。
② 参见郑雷:《北极东北航道:沿海国利益与航行自由》,载《国际论坛》2017年第3期,第7—12页。

国海洋法公约》的规定,否定个别国家过分宽泛地主张相关海域的管辖权,提倡航行自由。这涉及北极沿海国家领海基线的划法、内水的定位、有关岛屿与大陆之间的海峡是否构成用于国际航行的海峡等。① 由于不同法律性质的水域决定了航行自由的权利范围,因此这些问题与国际社会的航行利益密切相关。同时,应当主张北极地区借鉴南极地区保护的经验和《南极条约》中的积极成果,北极地区的军事航行也应有别于一般公海和专属经济区的航行规则,以回应北极地区国家对国家安全利益的担忧。此外,中国应明确"反对北极航道沿岸国以环保为由限制合法的通行要求,反对沿岸国寻求超出《联合国海洋法公约》规定之外的利益"②。

五、环境生态保护措施对航行自由的影响

在国际社会普遍关心气候变化的形势下,国际海事组织海洋环境保护委员会于2011年通过了以强制性技术和业务措施减少航运业温室气体排放量的法案,该法案适用于所有总吨位在400吨及以上的船舶。这些措施的实施使得新船能效设计指数(EEDI)成为硬性规定,对新船设计提出了更高的排放要求。但是,西方一些在船舶建造技术方面占优势的国家以减少船舶燃油排放污染为借口,企图单方面限制过往船舶经停其港口,对航行自由施加了不合理的限制。某些国家单方面限制进出港口的船舶类型,以是否达到排放标准作为允许进出港口的条件,严重妨碍了中国商船的经营活动,构成妨碍自由竞争的技术壁垒和环保壁垒。

同时,随着海洋生物资源和多样性保护的发展,有些国家发出了划定生态保护区的呼声,例如,澳大利亚要求将大堡礁保护区延伸到珊瑚海海域。这种呼声有一定的现实合理性,但如同上述限制船舶污染的情形一样,不恰当和不合理的海洋生物保护区,以及对船舶类型和航行条件的不合理限制,也会对中国商业航行造成不利影响。

如何消除不利影响,并积极参与国际环境保护,既需要中国更多地参与国际组织立法活动,反对沿海国采取单方面措施妨碍和限制航行自由,也需要结合相应国际条约逐步梳理完善国内法,查缺补漏,尽力做到国际条约与国内立法的协

---

① 参见贾宇:《北极地区领土主权和海洋权益争端探析》,载《中国海洋大学学报(社会科学版)》2010年第1期,第7页。
② 张芷凡:《北极航道通行中环保限制问题的法律思考》,载《中国海商法研究》2014年第2期,第84—89页。

调一致；结合中国海域环保要求，适当引入特殊的海域环保法律制度，并通过立法将其法定化。

总体上看，在远洋和近海利益之间需要统一的战略布局和法律思维，不应对航行自由过于敏感。在国防军事实力足以捍卫国家安全的形势下，在实际维护国家主权权益的同时，不宜过分强调限制外国军事船舶的海上活动，以利于中国海军走出去，维护中国的海外权益。① 在中国国防军事实力显著加强的今天，我们对待航行自由法律制度的态度也应当有所转变，因应维护国家整体利益格局的变化而适时跟进。中国应综合考虑国家领土安全、经济安全和环境安全因素，确立与国家整体安全观相适应的航行自由法律立场，②丰富航行自由制度的内容，明确相应的责任和义务。

---

① 参见袁发强：《对航行自由，中国可持更开放立场》，载《社会观察》2015 年第 9 期，第 13 页。
② 参见袁发强：《国家安全视角下的航行自由》，载《法学研究》2015 年第 3 期，第 195 页。

联合国海洋法公约[①]

United Nations Convention on the Law of the Sea

本公约缔约各国,

本着以互相谅解和合作的精神解决与海洋法有关的一切问题的愿望,并且认识到本公约对于维护和平、正义和全世界人民的进步作出重要贡献的历史意义;

注意到自从一九五八年和一九六〇年在日内瓦举行了联合国海洋法会议以来的种种发展,着重指出了需要有一项新的可获一般接受的海洋法公约;

意识到各海洋区域的种种问题都是彼此密切相关的,有必要作为一个整体来加以考虑;

认识到有需要通过本公约,在妥为顾及所有国家主权的情形下,为海洋建立一种法律秩序,以便利国际交通和促进海洋的和平用途,海洋资源的公平而有效的利用,海洋生物资源的养护以及研究、保护和保全海洋环境;

考虑到达成这些目标将有助于实现公正公平的国际经济秩序,这种秩序将照顾到全人类的利益和需要,特别是发展中国家的特殊利益和需要,不论其为沿海国或内陆国;

希望以本公约发展一九七〇年十二月十七日第 2749(XXV)号决议所载各项原则,联合国大会在该决议中庄严宣布,除其他外,国家管辖范围以外的海床和洋底区域及其底土以及该区域的资源为人类的共同继承财产,其勘探与开发应为全人类的利益而进行,不论各国的地理位置如何;

相信在本公约中所达成的海洋法的编纂和逐渐发展,将有助于按照《联合国

---

① 该公约于1996年对中国生效。2006年8月25日,中国根据《联合国海洋法公约》第298条的规定向联合国秘书长提交声明。该声明称,关于《联合国海洋法公约》第298条第1款(a)(b)和(c)项所述的任何争端(即涉及海域划界、历史性海湾或所有权、军事和执法活动以及安理会执行《联合国宪章》所赋予的职务等争端),中华人民共和国政府不接受《联合国海洋法公约》第十五部分第二节规定的任何程序。

宪章》所载的联合国的宗旨和原则巩固各国间符合正义和权利平等原则的和平、安全、合作和友好关系,并将促进全世界人民的经济和社会方面的进展;

确认本公约未予规定的事项,应继续以一般国际法的规则和原则为准据,

经协议如下:

第一部分　用　　语

第一条　用语和范围

1. 为本公约的目的:

(1)"区域"是指国家管辖范围以外的海床和洋底及其底土。

(2)"管理局"是指国际海底管理局。

(3)"'区域'内活动"是指勘探和开发"区域"的资源的一切活动。

(4)"海洋环境的污染"是指:人类直接或间接把物质或能量引入海洋环境,其中包括河口湾,以致造成或可能造成损害生物资源和海洋生物、危害人类健康、妨碍包括捕鱼和海洋的其他正当用途在内的各种海洋活动、损坏海水使用质量和减损环境优美等有害影响。

(5)(a)"倾倒"是指:

(一)从船只、飞机、平台或其他人造海上结构故意处置废物或其他物质的行为;

(二)故意处置船只、飞机、平台或其他人造海上结构的行为。

(b)"倾倒"不包括:

(一)船只、飞机、平台或其他人造海上结构及其装备的正常操作所附带发生或产生的废物或其他物质的处置,但为了处置这种物质而操作的船只、飞机、平台或其他人造海上结构所运载或向其输送的废物或其他物质,或在这种船只、飞机、平台或结构上处理这种废物或其他物质所产生的废物或其他物质均除外;

(二)并非为了单纯处置物质而放置物质,但以这种放置不违反本公约的目的为限。

2.(1)"缔约国"是指同意受本公约拘束而本公约对其生效的国家。

(2)本公约比照适用于第三〇五条第1款(b)、(c)、(d)、(e)和(f)项所指的实体,这些实体按照与各自有关的条件成为本公约的缔约国,在这种情况下,"缔约国"也指这些实体。

第二部分　领海和毗连区

第一节　一般规定

第二条　领海及其上空、海床和底土的法律地位

1. 沿海国的主权及于其陆地领土及其内水以外邻接的一带海域，在群岛国的情形下则及于群岛水域以外邻接的一带海域，称为领海。
2. 此项主权及于领海的上空及其海床和底土。
3. 对于领海的主权的行使受本公约和其他国际法规则的限制。

第二节　领海的界限

第三条　领海的宽度

每一国家有权确定其领海的宽度，直至从按照本公约确定的基线量起不超过十二海里的界限为止。

第四条　领海的外部界限

领海的外部界限是一条其每一点同基线最近点的距离等于领海宽度的线。

第五条　正常基线

除本公约另有规定外，测算领海宽度的正常基线是沿海国官方承认的大比例尺海图所标明的沿岸低潮线。

第六条　礁石

在位于环礁上的岛屿或有岸礁环列的岛屿的情形下，测算领海宽度的基线是沿海国官方承认的海图上以适当标记显示的礁石的向海低潮线。

第七条　直线基线

1. 在海岸线极为曲折的地方，或者如果紧接海岸有一系列岛屿，测算领海宽度的基线的划定可采用连接各适当点的直线基线法。
2. 在因有三角洲和其他自然条件以致海岸线非常不稳定之处，可沿低潮线向海最远处选择各适当点，而且，尽管以后低潮线发生后退现象，该直线基线在沿海国按照本公约加以改变以前仍然有效。
3. 直线基线的划定不应在任何明显的程度上偏离海岸的一般方向，而且基线内的海域必须充分接近陆地领土，使其受内水制度的支配。
4. 除在低潮高地上筑有永久高于海平面的灯塔或类似设施，或以这种高地作为划定基线的起讫点已获得国际一般承认者外，直线基线的划定不应以低潮高地为起讫点。
5. 在依据第 1 款可以采用直线基线法之处，确定特定基线时，对于有关地

区所特有的并经长期惯例清楚地证明其为实在而重要的经济利益,可予以考虑。

6. 一国不得采用直线基线制度,致使另一国的领海同公海或专属经济区隔断。

第八条　内水

1. 除第四部分另有规定外,领海基线向陆一面的水域构成国家内水的一部分。

2. 如果按照第七条所规定的方法确定直线基线的效果使原来并未认为是内水的区域被包括在内成为内水,则在此种水域内应有本公约所规定的无害通过权。

第九条　河口

如果河流直接流入海洋,基线应是一条在两岸低潮线上两点之间横越河口的直线。

第十条　海湾

1. 本条仅涉及海岸属于一国的海湾。

2. 为本公约的目的,海湾是明显的水曲,其凹入程度和曲口宽度的比例,使其有被陆地环抱的水域,而不仅为海岸的弯曲。但水曲除其面积等于或大于横越曲口所划的直线作为直径的半圆形的面积外,不应视为海湾。

3. 为测算的目的,水曲的面积是位于水曲陆岸周围的低潮标和一条连接水曲天然入口两端低潮标的线之间的面积。如果因有岛屿而水曲有一个以上的曲口,该半圆形应划在与横越各曲口的各线总长度相等的一条线上。水曲内的岛屿应视为水曲水域的一部分而包括在内。

4. 如果海湾天然入口两端的低潮标之间的距离不超过二十四海里,则可在这两个低潮标之间划出一条封口线,该线所包围的水域应视为内水。

5. 如果海湾天然入口两端的低潮标之间的距离超过二十四海里,二十四海里的直线基线应划在海湾内,以划入该长度的线所可能划入的最大水域。

6. 上述规定不适用于所谓"历史性"海湾,也不适用于采用第七条所规定的直线基线法的任何情形。

第十一条　港口

为了划定领海的目的,构成海港体系组成部分的最外部永久海港工程视为海岸的一部分。近岸设施和人工岛屿不应视为永久海港工程。

第十二条　泊船处

通常用于船舶装卸和下锚的泊船处,即使全部或一部位于领海的外部界限以外,都包括在领海范围之内。

第十三条　低潮高地

1. 低潮高地是在低潮时四面环水并高于水面但在高潮时没入水中的自然形成的陆地。如果低潮高地全部或一部与大陆或岛屿的距离不超过领海的宽度,该高地的低潮线可作为测算领海宽度的基线。

2. 如果低潮高地全部与大陆或岛屿的距离超过领海的宽度,则该高地没有其自己的领海。

第十四条 确定基线的混合办法

沿海国为适应不同情况,可交替使用以上各条规定的任何方法以确定基线。

第十五条 海岸相向或相领国家间领海界限的划定

如果两国海岸彼此相向或相领,两国中任何一国在彼此没有相反协议的情形下,均无权将其领海伸延至一条其每一点都同测算两国中每一国领海宽度的基线上最近各点距离相等的中间线以外。但如因历史性所有权或其他特殊情况而有必要按照与上述规定不同的方法划定两国领海的界限,则不适用上述规定。

第十六条 海图和地理坐标表

1. 按照第七、第九和第十条确定的测算领海宽度的基线,或根据基线划定的界限,和按照第十二和第十五条划定的分界线,应在足以确定这些线的位置的一种或几种比例尺的海图上标出。或者,可以用列出各点的地理坐标并注明大地基准点的表来代替。

2. 沿海国应将这种海图或地理坐标表妥为公布,并应将各该海图和坐标表的一份副本交存于联合国秘书长。

第三节 领海的无害通过

A分节 适用于所有船舶的规则

第十七条 无害通过权

在本公约的限制下,所有国家,不论为沿海国或内陆国,其船舶均享有无害通过领海的权利。

第十八条 通过的意义

1. 通过是指为了下列目的,通过领海的航行:
(a) 穿过领海但不进入内水或停靠内水以外的泊船处或港口设施;或
(b) 驶往或驶出内水或停靠这种泊船处或港口设施。

2. 通过应继续不停和迅速进行。通过包括停船和下锚在内,但以通常航行所附带发生的或由于不可抗力或遇难所必要的或为救助遇险或遭难的人员、船舶或飞机的目的为限。

第十九条 无害通过的意义

1. 通过只要不损害沿海国的和平、良好秩序或安全,就是无害。这种通过的进行应符合本公约和其他国际法规则。

2. 如果外国船舶在领海内进行下列任何一种活动，其通过即应视为损害沿海国的和平、良好秩序或安全：

(a) 对沿海国的主权、领土完整或政治独立进行任何武力威胁或使用武力，或以任何其他违反《联合国宪章》所体现的国际法原则的方式进行武力威胁或使用武力；

(b) 以任何种类的武器进行任何操练或演习；

(c) 任何目的在于搜集情报使沿海国的防务或安全受损害的行为；

(d) 任何目的在于船舶沿海国防务或安全的宣传行为；

(e) 在船上起落或接载任何飞机；

(f) 在船上发射、降落或接载任何军事装置；

(g) 违反沿海国海关、财政、移发或卫生的法律和规章，上下任何商品、货币或人员；

(h) 违反本公约规定的任何故意和严重的污染行为；

(i) 任何捕鱼活动；

(j) 进行研究或测量活动；

(k) 任何目的在于干扰沿海国任何通讯系统或任何其他设施或设备的行为；

(l) 与通过没有直接关系的任何其他活动。

第二十条 潜水艇和其他潜水器

在领海内，潜水艇和其他潜水器，须在海面上航行并展示其旗帜。

第二十一条 沿海国关于无害通过的法律和规章

1. 沿海国可依本公约规定和其他国际法规则，对下列各项或任何一项制定关于无害通过领海的法律和规章：

(a) 航行安全及海上交通管理；

(b) 保护助航设备和设施以及其他设施或设备；

(c) 保护电缆和管道；

(d) 养护海洋生物资源；

(e) 防止违犯沿海国的渔业法律和规章；

(f) 保全沿海国的环境，并防止、减少和控制该环境受污染；

(g) 海洋科学研究和水文测量；

(h) 防止违犯沿海国的海关、财政、移民或卫生的法律和规章。

2. 这种法律和规章除使一般接受的国际规则或标准有效外，不应适用于外国船舶的设计、构造、人员配备或装备。

3. 沿海国应将所有这种法律和规章妥为公布。

4. 行使无害通过领海权利的外国船舶应遵守所有这种法律和规章以及关于防止海上碰撞的一切一般接受的国际规章。

第二十二条 领海内的海道和分道通航制

1. 沿海国考虑到航行安全认为必要时,可要求行使无害通过其领海权利的外国船舶使用其为管制船舶通过而指定或规定的海道和分道通航制。

2. 特别是沿海国可要求油轮、核动力船舶和载运核物质或材料或其他本质上危险或有毒物质或材料的船舶只在上述海道通过。

3. 沿海国根据本条指定海道和规定分道通航制时,应考虑到:

(a) 主管国际组织的建议;

(b) 习惯上用于国际航行的水道;

(c) 特定船舶和水道的特殊性质;和

(d) 船舶来往的频繁程度。

4. 沿海国应在海图上清楚地标出这种海道和分道通航制,并应将该海图妥为公布。

第二十三条 外国核动力船舶和载运核物质或其他本质上危险或有毒物质的船舶

外国核动力船舶和载运核物质或其他本质上危险或有毒物质的船舶,在行使无害通过领海的权利时,应持有国际协定为这种船舶所规定的证书并遵守国际协定所规定的特别预防措施。

第二十四条 沿海国的义务

1. 除按照本公约规定外,沿海国不应妨碍外国船舶无害通过领海。尤其在适用本公约或依本公约制定的任何法律或规章时,沿海国不应:

(a) 对外国船舶强加要求,其实际后果等于否定或损害无害通过的权利;或

(b) 对任何国家的船舶、或对载运货物来往任何国家的船舶或对替任何国家载运货物的船舶,有形式上或事实上的歧视。

2. 沿海国应将其所知的在其领海内对航行有危险的任何情况妥为公布。

第二十五条 沿海国的保护权

1. 沿海国可在其领海内采取必要的步骤以防止非无害的通过。

2. 在船舶驶往内水或停靠内水外的港口设备的情形下,沿海国也有权采取必要的步骤,以防止对准许这种船舶驶往内水或停靠港口的条件的任何破坏。

3. 如为保护国家安全包括武器演习在内而有必要,沿海国可在对外国船舶之间在形式上或事实上不加歧视的条件下,在其领海的特定区域内暂时停止外国船舶的无害通过。这种停止仅应在正式公布后发生效力。

第二十六条　可向外国船舶征收的费用

1. 对外国船舶不得仅以其通过领海为理由而征收任何费用。

2. 对通过领海的外国船舶，仅可作为对该船舶提供特定服务的报酬而征收费用。征收上述费用不应有任何歧视。

　　　　B 分节　适用于商船和用于商业目的的政府船舶的规则

第二十七条　外国船舶上的刑事管辖权

1. 沿海国不应在通过领海的外国船舶上行使刑事管辖权，以逮捕与在该船舶通过期间船上所犯任何罪行有关的任何人或进行与该罪行有关的任何调查，但下列情形除外：

（a）罪行的后果及于沿海国；

（b）罪行属于扰乱当地安宁或领海的良好秩序的性质；

（c）经船长或船旗国外交代表或领事官员请求地方当局予以协助；或

（d）这些措施是取缔违法贩运麻醉药品或精神调理物质所必要的。

2. 上述规定不影响沿海国为在驶离内水后通过领海的外国船舶上进行逮捕或调查的目的而采取其法律所授权的任何步骤的权利。

3. 在第 1 和第 2 两款规定的情形下，如经船长请求，沿海国在采取任何步骤前应通过船旗国的外交代表或领事官员，并应便利外交代表或领事官员和船上乘务人员之间的接触。遇有紧急情况，发出此项通知可与采取措施同时进行。

4. 地方当局在考虑是否逮捕或如何逮捕时，应适当顾及航行的利益。

5. 除第十二部分有所规定外或有违犯按照第五部分制定的法律和规章的情形，如果来自外国港口的外国船舶仅通过领海而不驶入内水，沿海国不得在通过领海的该船舶上采取任何步骤，以逮捕与该船舶驶进领海前所犯任何罪行有关的任何人或进行与该罪行有关的调查。

第二十八条　对外国船舶的民事管辖权

1. 沿海国不应为对通过领海的外国船舶上某人行使民事管辖权的目的而停止其航行或改变其航向。

2. 沿海国不得为任何民事诉讼的目的而对船舶从事执行或加以逮捕，但涉及该船舶本身在通过沿海国水域的航行中或为该航行的目的而承担的义务或因而负担的责任，则不在此限。

3. 第 2 款不妨害沿海国按照其法律为任何民事诉讼的目的而对在领海内停泊或驶离内水后通过领海的外国船舶从事执行或加以逮捕的权利。

　　　　C 分节　适用于军舰和其他用于非商业目的的政府船舶的规则

第二十九条　军舰的定义

为本公约的目的，"军舰"是指属于一国武装部队、具备辨别军舰国籍的外部标志、由该国政府正式委任并名列相应的现役名册或类似名册的军官指挥和配备有服从正规武装部队纪律的船员的船舶。

第三十条 军舰对沿海国法律和规章的不遵守

如果任何军舰不遵守沿海国关于通过领海的法律和规章,而且不顾沿海国向其提出遵守法律和规章的任何要求,沿海国可要求该军舰立即离开领海。

第三十一条 船旗国对军舰或其他用于非商业目的的政府船舶所造成的损害的责任

对于军舰或其他用于非商业目的的政府船舶不遵守沿海国有关通过领海的法律和规章或不遵守本公约的规定或其他国际法规则,而使沿海国遭受的任何损失或损害,船旗国应负国际责任。

第三十二条 军舰和其他用于非商业目的的政府船舶的豁免权

A 分节和第三十及第三十一条所规定的情形除外,本公约规定不影响军舰和其他用于非商业目的的政府船舶的豁免权。

第四节 毗 连 区

第三十三条 毗连区

1. 沿海国可在毗连其领海称为毗连区的区域内,行使为下列事项所必要的管制:

(a) 防止在其领土或领海内违犯其海关、财政、移民或卫生的法律和规章;

(b) 惩治在其领土或领海内违犯上述法律和规章的行为。

2. 毗连区从测算领海宽度的基线量起,不得超过二十四海里。

第三部分 用于国际航行的海峡

第一节 一 般 规 定

第三十四条 构成用于国际航行海峡的水域的法律地位

1. 本部分所规定的用于国际航行的海峡的通过制度,不应在其他方面影响构成这种海峡的水域的法律地位,或影响海峡沿岸国对这种水域及其上空、海床和底土行使其主权或管辖权。

2. 海峡沿岸国的主权或管辖权的行使受本部分和其他国际法规则的限制。

第三十五条 本部分的范围

本部分的任何规定不影响:

(a) 海峡内任何水区域,但按照第七条所规定的方法确定直线基线的效果使原来并未认为是内水的区域被包围在内成为内水的情况除外；

(b) 海峡沿岸国领海以外的水域作为专属经济区或公海的法律地位；或

(c) 某些海峡的法律制度，这种海峡的通过已全部或部分地规定在长期存在、现行有效的专门关于这种海峡的国际公约中。

第三十六条　穿过用于国际航行的海峡的公海航道或穿过专属经济区的航道

如果穿过某一用于国际航行的海峡有在航行和水文特征方面同样方便的一条穿过公海或穿过专属经济区的航道，本部分不适用于该海峡；在这种航道中，适用本公约其他有关部分其中包括关于航行和飞越自由的规定。

第二节　过境通行

第三十七条　本节的范围

本节适用于在公海或专属经济区的一个部分和公海或专属经济区的另一部分之间的用于国际航行的海峡。

第三十八条　过境通行权

1. 在第三十七条所指的海峡中，所有船舶和飞机均享有过境通行的权利，过境通行不应受阻碍；但如果海峡是由海峡沿岸国的一个岛屿和该国大陆形成，而且该岛向海一面有在航行和水文特征方面同样方便的一条穿过公海，或穿过专属经济区的航道，过境通行就不应适用。

2. 过境通行是指按照本部分规定，专为在公海或专属经济区的一个部分和公海或专属经济区的另一部分之间的海峡继续不停和迅速过境的目的而行使航行和飞越自由。但是，对继续不停和迅速过境的要求，并不排除在一个海峡沿岸国入境条件的限制下，为驶入、驶离该国或自该国返回的目的而通过海峡。

3. 任何非行使海峡过境通行权的活动，仍受本公约其他适用的规定的限制。

第三十九条　船舶和飞机在过境通行时的义务

1. 船舶和飞机在行使过境通行权时应：

(a) 毫不迟延地通过或飞越海峡；

(b) 不对海峡沿岸国的主权、领土完整或政治独立进行任何武力威胁或使用武力，或以任何其他违反《联合国宪章》所体现的国际法原则的方式进行武力威胁或使用武力；

(c) 除因不可抗力或遇难而有必要外，不从事其继续不停和迅速过境的通常方式所附带发生的活动以外的任何活动；

(d) 遵守本部分的其他有关规定。

2. 过境通行的船舶应:

(a) 遵守一般接受的关于海上安全的国际规章、程序和惯例,包括《国际海上避碰规则》;

(b) 遵守一般接受的关于防止、减少和控制来自船舶的污染的国际规章、程序和惯例。

3. 过境通行的飞机应:

(a) 遵守国际民用航空组织制定的适用于民用飞机的《航空规则》;国有飞机通常应遵守这种安全措施,并在操作时随时适当顾及航行安全;

(b) 随时监听国际上指定的空中交通管制主管机构所分配的无线电频率或有关的国际呼救无线电频率。

第四十条 研究和测量活动

外国船舶,包括海洋科学研究和水文测量的船舶在内,在过境通行时,非经海峡沿岸国事前准许,不得进行任何研究或测量活动。

第四十一条 用于国际航行的海峡内的海道和分道通航制

1. 依照本部分,海峡沿岸国可于必要时为海峡航行指定海道和规定分道通航制,以促进船舶的安全通过。

2. 这种国家可于情况需要时,经妥为公布后,以其他海道或分道通航制替换任何其原先指定或规定的海道或分道通航制。

3. 这种海道和分道通航制应符合一般接受的国际规章。

4. 海峡沿岸国在指定或替换海道或在规定或替换分道通航制以前,应将提议提交主管国际组织,以期得到采纳。该组织仅可采纳同海峡沿岸国议定的海道和分道通航制,在此以后,海峡沿岸国可对这些海道和分道通航制予以指定、规定和替换。

5. 对于某一海峡,如所提议的海道或分道通航制穿过该海峡两个或两个以上沿岸国的水域,有关各国应同主管国际组织协商,合作拟订提议。

6. 海峡沿岸国应在海图上清楚地标出其所指定或规定的一切海道和分道通航制,并应将该海图妥为公布。

7. 过境通行的船舶应尊重按照本条制定的适用的海道和分道通航制。

第四十二条 海峡沿岸国关于过境通行的法律和规章

1. 在本节规定的限制下,海峡沿岸国可对下列各项或任何一项制定关于通过海峡的过境通行的法律和规定:

(a) 第四十一条所规定的航行安全和海上交通管理;

(b) 使有关在海峡内排放油类、油污废物和其他有毒物质的适用的国际规章有效,以防止、减少和控制污染;

(c) 对于渔船,防止捕鱼,包括渔具的装载;

(d) 违反海峡沿岸国海关、财政、移民或卫生的法律和规章,上下任何商品、货币或人员。

2. 这种法律和规章不应在形式上或事实上在外国船舶间有所歧视,或在其适用上有否定、妨碍工损害本节规定的过境通行权的实际后果。

3. 海峡沿岸国应将所有这种法律和规章妥为公布。

4. 行使过境通行权的外国船舶应遵守这种法律和规章。

5. 享有主权豁免的船舶的船旗国或飞机的登记国,在该船舶或飞机不遵守这种法律和规章或本部分的其他规定时,应对海峡沿岸国遭受的任何损失和损害负国际责任。

第四十三条 助航和安全设备及其他改进办法以及污染的防止、减少和控制

海峡使用国和海峡沿岸国应对下列各项通过协议进行合作:

(a) 在海峡内建立并维持必要的助航和安全设备或帮助国际航行的其他改进办法;和

(b) 防止、减少和控制来自船舶的污染。

第四十四条 海峡沿岸国的义务

海峡沿岸国不应妨碍过境通行,并应将其所知的海峡内或海峡上空对航行或飞越有危险的任何情况妥为公布。过境通行不应予以停止。

第三节 无 害 通 过

第四十五条 无害通过

1. 按照第二部分第三节,无害通过制度应适用于下列用于国际航行的海峡:

(a) 按照第三十八条第1款不适用过境通行制度的海峡;或

(b) 在公海或专属经济区的一个部分和外国领海之间的海峡。

2. 在这种海峡中的无害通过不应予以停止。

第四部分 群 岛 国

第四十六条 用语

为本公约的目的:

(a) "群岛国"是指全部由一个或多个群岛构成的国家,并可包括其他岛屿;

(b) "群岛"是指一群岛屿,包括若干岛屿的若干部分、相连的水域和其他自

然地形,彼此密切相关,以致这种岛屿、水域和其他自然地形在本质上构成一个地理、经济和政治的实体,或在历史上已被视为这种实体。

第四十七条 群岛基线

1. 群岛国可划定连接群岛最外缘各岛和各干礁的最外缘各点的直线群岛基线,但这种基线应包括主要的岛屿和一个区域,在该区域内,水域面积和包括环礁在内的陆地面积的比例应在一比一至九比一之间。

2. 这种基线的长度不应超过一百海里。但围绕任何群岛的基线总数中至多百分之三可超过该长度,最长以一百二十五海里为限。

3. 这种基线的划定不应在任何明显的程度上偏离群岛的一般轮廓。

4. 除在低潮高地上筑有永久高于海平面的灯塔或类似设施,或者低潮高地全部或一部与最近的岛屿的距离不超过领海的宽度外,这种基线的划定不应以低潮高地为起讫点。

5. 群岛国不应采用一种基线制度,致使另一国的领海同公海或专属经济区隔断。

6. 如果群岛国的群岛水域的一部分位于一个直接相邻国家的两个部分之间,该邻国传统上在该水域内行使的现有权利和一切其他合法利益以及两国间协定所规定的一切权利,均应继续,并予以尊重。

7. 为计算第1款规定的水域与陆地的比例的目的,陆地面积可包括位于岛屿和环礁的岸礁以内的水域,其中包括位于陡侧海台周围的一系列灰岩岛和干礁所包围或几乎包围的海台的那一部分。

8. 按照本条划定的基线,应在足以确定这些线的位置的一种或几种比例尺的海图上标出。或者,可以用列出各点的地理坐标并注明大地基准点的表来代替。

9. 群岛国应将这种海图或地理坐标表妥为公布,并应将各该海图或坐标表的一份副本交存于联合国秘书长。

第四十八条 领海、毗连区、专属经济区和大陆架宽度的测算

领海、毗连区、专属经济区和大陆架的宽度,应从按照第四十七条划定的群岛基线量起。

第四十九条 群岛水域、群岛水域的上空、海床和底土的法律地位

1. 群岛国的主权及于按照第四十七条划定的群岛基线所包围的水域,称为群岛水域,不论其深度或距离海岸的远近如何。

2. 此项主权及于群岛水域的上空、海床和底土,以及其中所包含的资源。

3. 此项主权的行使受本部分规定的限制。

4. 本部分所规定的群岛海道通过制度,不应在其他方面影响包括海道在内

的群岛水域的地位,或影响群岛国对这种水域及其上空、海床和底土以及其中所含资源行使其主权。

第五十条　内水界限的划定

群岛国可按照第九、第十和第十一条,在其群岛水域内用封闭线划定内水的界限。

第五十一条　现有协定、传统捕鱼权利和现有海底电缆

1. 在不妨害第四十九条的情形下,群岛国应尊重与其他国家间的现有协定,并应承认直接相邻国家在群岛水域范围内的某些区域内的传统捕鱼权利和其他合法活动。行使这种权利和进行这种活动的条款和条件,包括这种权利和活动的性质、范围和适用的区域,经任何有关国家要求,应由有关国家之间的双边协定予以规定。这种权利不应转让给第三国或其国民,或与第三国或其国民分享。

2. 群岛国应尊重其他国家所铺设的通过其水域而不靠岸的现有海底电缆。群岛国于接到关于这种电缆的位置和修理或更换这种电缆的意图的适当通知后,应准许对其进行维修和更换。

第五十二条　无害通过权

1. 在第五十三条的限制下并在不妨害第五十条的情形下,按照第二部分第三节的规定,所有国家的船舶均享有通过群岛水域的无害通过权。

2. 如为保护国家安全所必要,群岛国可在对外国船舶之间在形式上或事实上不加歧视的条件下,暂时停止外国船舶在其群岛水域特定区域内的无害通过。这种停止仅应在正式公布后发生效力。

第五十三条　群岛海道通过权

1. 群岛国可指定适当的海道和其上的空中航道,以便外国船舶和飞机继续不停和迅速通过或飞越其群岛水域和邻接的领海。

2. 所有船舶和飞机均享有在这种海道和空中航道内的群岛海道通过权。

3. 群岛海道通过是指按照本公约规定,专为在公海或专属经济区的一部分和公海或专属经济区的另一部分之间继续不停、迅速和无障碍地过境的目的,行使正常方式的航行和飞越的权利。

4. 这种海道和空中航道应穿过群岛水域和邻接的领海,并应包括用作通过群岛水域或其上空的国际航行或飞越的航道的所有正常通道,并且在这种航道内,就船舶而言,包括所有正常航行水道,但无须在相同的进出点之间另设同样方便的其他航道。

5. 这种海道和空中航道应以通道进出点之间的一系列连续不断的中心线划定,通过群岛海道和空中航道的船舶和飞机在通过时不应偏离这种中心线二十五海里以外,但这种船舶和飞机在航行时与海岸的距离不应小于海道边缘各岛最近各点之间的距离的百分之十。

6. 群岛国根据本条指定海道时,为了使船舶安全通过这种海道内的狭窄水道,也可规定分道通航制。

7. 群岛国可于情况需要时,经妥为公布后,以其他的海道或分道通航制替换任何其原先指定或规定的海道或分道通航制。

8. 这种海道或分道通航制应符合一般接受的国际规章。

9. 群岛国在指定或替换海道或在规定或替换分道通航制时,应向主管国际组织提出建议,以期得到采纳。该组织仅可采纳同群岛国议定的海道和分道通航制;在此以后,群岛国可对这些海道和分道通航制予以指定、规定或替换。

10. 群岛国应在海图上清楚地标出其指定或规定的海道中心线和分道通航制,并应将该海图妥为公布。

11. 通过群岛海道的船舶应尊重按照本条制定的适用的海道和分道通航制。

12. 如果群岛国没有指定海道或空中航道,可通过正常用于国际航行的航道,行使群岛海道通过权。

第五十四条 船舶和飞机在通过时的义务、研究和测量活动、群岛国的义务以及群岛国关于群岛海道通过的法律和规章

第三十九、第四十、第四十二和第四十四各条比照适用于群岛海道通过。

第五部分 专属经济区

第五十五条 专属经济区的特定法律制度

专属经济区是领海以外并邻接领海的一个区域,受本部分规定的特定法律制度的限制,在这个制度下,沿海国的权利和管辖权以及其他国家的权利和自由均受本公约有关规定的支配。

第五十六条 沿海国在专属经济区内的权利、管辖权和义务

1. 沿海国在专属经济区内有:

(a) 以勘探和开发、养护和管理海床上覆水域和海床及其底土的自然资源(不论为生物或非生物资源)为目的的主权权利,以及关于在该区内从事经济性开发和勘探,如利用海水、海流和风力生产能等其他活动的主权权利;

(b) 本公约有关条款规定的对下列事项的管辖权:

(1) 人工岛屿、设施和结构的建造和使用;

(2) 海洋科学研究;

(3) 海洋环境的保护和保全;

(c) 本公约规定的其他权利和义务。

2. 沿海国在专属经济区内根据本公约行使其权利和履行其义务时,应适当顾及其他国家的权利和义务,并应以符合本公约规定的方式行事。

3. 本条所载的关于海床和底土的权利,应按照第六部分的规定行使。

第五十七条 专属经济区的宽度

专属经济区从测算领海宽度的基线量起,不应超过二百海里。

第五十八条 其他国家在专属经济区内的权利和义务

1. 在专属经济区内,所有国家,不论为沿海国或内陆国,在本公约有关规定的限制下,享有第八十七条所指的航行和飞越的自由,铺设海底电缆和管道的自由,以及与这些自由有关的海洋其他国际合法用途,诸如同船舶和飞机的操作及海底电缆和管道的使用有关的并符合本公约其他规定的那些用途。

2. 第八十八至第一百一十五条以及其他国际法有关规则,只要与本部分不相抵触,均适用于专属经济区。

3. 各国在专属经济区内根据本公约行使其权利和履行其义务时,应适当顾及沿海国的权利和义务,并应遵守沿海国按照本公约的规定和其他国际法规则所制定的与本部分不相抵触的法律和规章。

第五十九条 解决关于专属经济区内权利和管辖权的归属的冲突的基础

在本公约未将在专属经济区内的权利或管辖权归属于沿海国或其他国家而沿海国和任何其他一国或数国之间的利益发生冲突的情形下,这种冲突应在公平的基础上参照一切有关情况,考虑到所涉利益分别对有关各方和整个国际社会的重要性,加以解决。

第六十条 专属经济区内的人工岛屿、设施和结构

1. 沿海国在专属经济区内应有专属权利建造并授权和管理建造、操作和使用:

(a) 人工岛屿;

(b) 为第五十六条所规定的目的和其他经济目的的设施和结构;

(c) 可能干扰沿海国在区内行使权利的设施和结构。

2. 沿海国对这种人工岛屿、设施和结构应有专属管辖权,包括有关海关、财政、卫生、安全和移民的法律和规章方面的管辖权。

3. 这种人工岛屿、设施或结构的建造,必须妥为通知,并对其存在必须维持永久性的警告方法。已被放弃或不再使用的任何设施或结构,应予以撤除,以确保航行安全,同时考虑到主管国际组织在这方面制订的任何为一般所接受的国际标准。这种撤除也应适当地考虑到捕鱼、海洋环境的保护和其他国家的权利

和义务。尚未全部撤除的任何设施或结构的深度、位置和大小应妥为公布。

4. 沿海国可于必要时在这种人工岛屿、设施和结构的周围设置合理的安全地带,并可在该地带中采取适当措施以确保航行以及人工岛屿、设施和结构的安全。

5. 安全地带的宽度应由沿海国参照可适用的国际标准加以确定。这种地带的设置应确保其与人工岛屿、设施或结构的性质和功能有合理的关联;这种地带从人工岛屿、设施或结构的外缘各点量起,不应超过这些人工岛屿、设施或结构周围五百公尺的距离,但为一般接受的国际标准所许可或主管国际组织所建议者除外。安全地带的范围应妥为通知。

6. 一切船舶都必须尊重这些安全地带,并应遵守关于在人工岛屿、设施、结构和安全地带附近航行的一般接受的国际标准。

7. 人工岛屿、设施和结构及其周围的安全地带,不得设在对使用国际航行必经的公认海道可能有干扰的地方。

8. 人工岛屿、设施和结构不具有岛屿地位。它们没有自己的领海,其存在也不影响领海、专属经济区或大陆架界限的划定。

第六十一条　生物资源的养护

1. 沿海国应决定其专属经济区内生物资源的可捕量。

2. 沿海国参照其可得到的最可靠的科学证据,应通过正当的养护和管理措施,确保专属经济区内生物资源的维持不受过度开发的危害。在适当情形下,沿海国和各主管国际组织,不论是分区域、区域或全球性的,应为此目的进行合作。

3. 这种措施的目的也应在包括沿海渔民社区的经济需要和发展中国家的特殊要求在内的各种有关的环境和经济因素的限制下,使捕捞鱼种的数量维持在或恢复到能够生产最高持续产量的水平,并考虑到捕捞方式、种群的相互依存以及任何一般建议的国际最低标准,不论是分区域、区域或全球性的。

4. 沿海国在采取这种措施时,应考虑到与所捕捞鱼种有关联或依赖该鱼种而生存的鱼种所受的影响,以便使这些有关联或依赖的鱼种的数量维持在或恢复到其繁殖不会受严重威胁的水平以上。

5. 在适当情形下,应通过各主管国际组织,不论是分区域、区域或全球性的,并在所有有关国家,包括其国民获准在专属经济区捕鱼的国家参加下,经常提供和交换可获得的科学情报、渔获量和渔捞努力量统计,以及其他有关养护鱼的种群的资料。

第六十二条　生物资源的利用

1. 沿海国应在不妨害第六十一条的情形下促进专属经济区内生物资源最适度利用的目的。

2. 沿海国应决定其捕捞专属经济区内生物资源的能力。沿海国在没有能力捕捞全部可捕量的情形下,应通过协定或其他安排,并根据第 4 款所指的条款、条件、法律和规章,准许其他国家捕捞可捕量的剩余部分,特别顾及第六十九和第七十条的规定,尤其是关于其中所提到的发展中国家的部分。

3. 沿海国在根据本条准许其他国家进入其专属经济区时,应考虑到所有有关因素,除其他外,包括:该区域的生物资源对有关沿海国的经济和其他国家利益的重要性,第六十九和第七十条的规定,该分区域或区域内的发展中国家捕捞一部分剩余量的要求,以及尽量减轻其国民惯常在专属经济区捕鱼或曾对研究和测定种群做过大量工作的国家经济失调现象的需要。

4. 在专属经济区内捕鱼的其他国家的国民应遵守沿海国的法律和规章中所制订的养护措施和其他条款和条件。这种规章应符合本公约,除其他外,并可涉及下列各项:

(a) 发给渔民、渔船和捕捞装备以执照,包括交纳规费和其他形式的报酬,而就发展中的沿海国而言,这种报酬可包括有关渔业的资金、装备和技术方面的适当补偿;

(b) 决定可捕鱼种和确定渔获量的限额,不论是关于特定种群或多种种群或一定期间的单船渔获量,或关于特定期间内任何国家国民的渔获量;

(c) 规定渔汛和渔区,可使用渔具的种类、大小和数量以及渔船的种类、大小和数目;

(d) 确定可捕鱼类和其他鱼种的年龄和大小;

(e) 规定渔船应交的情报,包括渔获量和渔捞努力量统计和船只位置的报告;

(f) 要求在沿海国授权和控制下进行特定渔业研究计划,并管理这种研究的进行,其中包括渔获物抽样、样品处理和相关科学资料的报告;

(g) 由沿海国在这种船只上配置观察员或受训人员;

(h) 这种船只在沿海国港口卸下渔获量的全部或任何部分;

(i) 有关联合企业或其他合作安排的条款和条件;

(j) 对人员训练和渔业技术转让的要求,包括提高沿海国从事渔业研究的能力;

(k) 执行程序。

5. 沿海国应将养护和管理的法律和规章妥为通知。

第六十三条 出现在两个或两个以上沿海国专属经济区的种群或出现在专属经济区内而又出现在专属经济区外的邻接区域内的种群

1. 如果同一种群或有关联的鱼种的几个种群出现在两个或两个以上沿海

国的专属经济区内,这些国家应直接或通过适当的分区域或区域组织,设法就必要措施达成协议,以便在不妨害本部分其他规定的情形下,协调并确保这些种群的养护和发展。

2. 如果同一种群或有关联的鱼种的几个种群出现在专属经济区内而又出现在专属经济区外的邻接区域内,沿海国和在邻接区域内捕捞这种种群的国家,应直接或通过适当的分区域或区域组织,设法就必要措施达成协议,以养护在邻接区域内的这些种群。

第六十四条 高度洄游鱼种

1. 沿海国和其国民在区域内捕捞附件一所列的高度洄游鱼种的其他国家应直接或通过适当国际组织进行合作,以期确保在专属经济区以内和以外的整个区域内的这种鱼种的养护和促进最适度利用这种鱼种的目标。在没有适当的国际组织存在的区域内,沿海国和其国民在区域内捕捞这些鱼种的其他国家,应合作设立这种组织并参加其工作。

2. 第1款的规定作为本部分其他规定的补充而适用。

第六十五条 海洋哺乳动物

本部分的任何规定并不限制沿海国的权利或国际组织的职权,对捕捉海洋哺乳动物执行较本部分规定更为严格的禁止、限制或管制。各国应进行合作,以期养护海洋哺乳动物,在有关鲸类动物方面,尤应通过适当的国际组织,致力于这种动物的养护、管理和研究。

第六十六条 溯河产卵种群

1. 有溯河产卵种群源自其河流的国家对于这种种群应有主要利益和责任。

2. 溯河产卵种群的鱼源国,应制订关于在其专属经济区外部界限向陆一面的一切水域中的捕捞和关于第3款(b)项中所规定的捕捞的适当管理措施,以确保这种种群的养护。鱼源国可与第3和第4款所指的捕捞这些种群的其他国家协商后,确定源自其河流的种群的总可捕量。

3. (a)捕捞溯河产卵种群的渔业活动,应只在专属经济区外部界限向陆一面的水域中进行,但这项规定引起鱼源国以外的国家经济失调的情形除外。关于在专属经济区外部界限以外进行的这种捕捞,有关国家应保持协商,以期就这种捕捞的条款和条件达成协议,并适当顾及鱼源国对这些种群加以养护的要求和需要;

(b)鱼源国考虑到捕捞这些种群的其他国家的正常渔获量和作业方式,以及进行这种捕捞活动的所有地区,应进行合作以尽量减轻这种国家的经济失调;

(c)(b)项所指的国家,经与鱼源国协议后参加使溯河产卵种群再生的措施者,特别是分担作此用途的开支者,在捕捞源自鱼源国河流的种群方面,应得到

鱼源国的特别考虑;

(d) 鱼源国和其他有关国家应达成协议,以执行有关专属经济区以外的溯河产卵种群的法律和规章。

4. 在溯河产卵种群洄游进入或通过鱼源国以外国家的专属经济区外部界限向陆一面的水域的情形下,该国应在养护和管理这种种群方面同鱼源国进行合作。

5. 溯河产卵种群的鱼源国和捕捞这种种群的其他国家,为了执行本条的各项规定,应作出安排,在适当情形下通过区域性组织作出安排。

第六十七条 降河产卵鱼种

1. 降河产卵鱼种在其水域内度过大部分生命周期的沿海国,应有责任管理这种鱼种,并应确保洄游鱼类的出入。

2. 捕捞降河产卵鱼种,应只在专属经济区外部界限向陆一面的水域中进行。在专属经济区内进行捕捞时,应受本条及本公约关于在专属经济区内捕鱼的其他规定的限制。

3. 在降河产卵鱼种不论幼鱼或成鱼洄游通过另外一国的专属经济区的情形下,这种鱼的管理,包括捕捞,应由第1款所述的国家和有关的另外一国协议规定。这种协议应确保这些鱼种的合理管理,并考虑到第1款所述国家在维持这些鱼种方面所负的责任。

第六十八条 定居种

本部分的规定不适用于第七十七条第4款所规定的定居种。

第六十九条 内陆国的权利

1. 内陆国应有权在公平的基础上,参与开发同一分区域或区域的沿海国专属经济区的生物资源的适当剩余部分,同时考虑到所有有关国家的相关经济和地理情况,并遵守本条及第六十一和第六十二条的规定。

2. 这种参与的条款和方式应由有关国家通过双边、分区域或区域协定加以制订,除其外外,考虑到下列各项:

(a) 避免对沿海国的渔民社区或渔业造成不利影响的需要;

(b) 内陆国按照本条规定,在现有的双边、分区域或区域协定下参与或有权参与开发其他沿海国专属经济区的生物资源的程度;

(c) 其他内陆国和地理不利国参与开发沿海国专属经济区的生物资源的程度,以及避免因此使任何一个沿海国或其一部分地区承受特别负担的需要;

(d) 有关各国人民的营养需要。

3. 当一个沿海国的捕捞能力接近能够捕捞其专属经济区内生物资源的可捕量的全部时,该沿海国与其他有关国家应在双边、分区域或区域的基础上,合作制订公平安排,在适当情形下并按照有关各方都满意的条款,容许同一分区域或区域的发展中内陆国参与开发该分区域或区域的沿海国专属经济区内的生物资源。在实施本规定时,还应考虑到第 2 款所提到的因素。

4. 根据本条规定,发达的内陆国应仅有权参与开发同一分区域或区域内发达沿海国专属经济区的生物资源,同时顾及沿海国在准许其他国家捕捞其专属经济区内生物资源时,在多大程度上已考虑到需要尽量减轻其国民惯常在该经济区捕鱼的国家的经济失调及渔民社区所受的不利影响。

5. 上述各项规定不妨害在分区域或区域内议定的安排,沿海国在这种安排中可能给予同一分区域或区域的内陆国开发其专属经济区内生物资源的同等或优惠权利。

第七十条 地理不利国的权利

1. 地理不利国应有权在公平的基础上参与开发同一分区域或区域的沿海国专属经济区的生物资源的适当剩余部分,同时考虑到所有有关国家的相关经济和地理情况,并遵守本条及第六十一和第六十二条的规定。

2. 为本部分的目的,"地理不利国"是指其地理条件使其依赖于开发同一分区域或区域的其他国家专属经济区内的生物资源,以供应足够的鱼类来满足其人民或部分人民的营养需要的沿海国,包括闭海或半闭海沿岸国在内,以及不能主张有自己的专属经济区的沿海国。

3. 这种参与的条款和方式应由有关国家通过双边、分区域或区域协定加以制订,除其他外,考虑到下列各项:

(a) 避免对沿海国的渔民社区或渔业造成不利影响的需要;

(b) 地理不利国按照本条规定,在现有的双边、分区域或区域协定下参与或有权参与开发其他沿海国专属经济区的生物资源的程度;

(c) 其他地理不利国和内陆国参与开发沿海国专属经济区的生物资源的程度,以及避免因此使任何一个沿海国或其一部分地区承受特别负担的需要;

(d) 有关各国人民的营养需要。

4. 当一个沿海国的捕捞能力接近能够捕捞其专属经济区内生物资源的可捕量的全部时,该沿海国与其他有关国家应在双边、分区域或区域的基础上,合作制订公平安排,在适当情形下并按照有关各方都满意的条款,容许同一分区域或区域的地理不利发展中国家参与开发该分区域或区域的沿海国专属经济区内的生物资源,在实施本规定时,还应考虑到第 3 款所提到的因素。

5. 根据本条规定,地理不利发达国家应只有权参与开发同一分区域或区域发达沿海国的专属经济区的生物资源,同时顾及沿海国在准许其他国家捕捞其专属经济区内生物资源时,在多大程度上已考虑到需要尽量减轻其国民惯常在该经济区捕鱼的国家的经济失调及渔民社区所受的不利影响。

6. 上述各项规定不妨害在分区域或区域内议定的安排,沿海国在这种安排中可能给予同一分区域或区域内地理不利国开发其专属经济区内生物资源的同等或优惠权利。

第七十一条 第六十九和第七十条的不适用

第六十九和第七十条的规定不适用于经济上极为依赖于开发其专属经济区内生物资源的沿海国的情形。

第七十二条 权利的转让的限制

1. 除有关国家另有协议外,第六十九和第七十条所规定的开发生物资源的权利,不应以租借或发给执照或成立联合企业,或以具有这种转让效果的任何其他方式,直接或间接转让给第三国或其国民。

2. 上述规定不排除有关国家为了便利行使第六十九和第七十条所规定的权利,从第三国或国际组织取得技术或财政援助,但以不发生第1款所指的效果为限。

第七十三条 沿海国法律和规章的执行

1. 沿海国行使其勘探、开发、养护和管理在专属经济区内的生物资源的主权权利时,可采取为确保其依照本公约制定的法律和规章得到遵守所必要的措施,包括登临、检查、逮捕和进行司法程序。

2. 被逮捕的船只及其船员,在提出适当的保证书或其他担保后,应迅速获得释放。

3. 沿海国对于在专属经济区内违犯渔业法律和规章的处罚,如有关国家无相反的协议,不得包括监禁或任何其他方式的体罚。

4. 在逮捕或扣留外国船只的情形下,沿海国应通过适当途径将其所采取的行动及随后所施加的任何处罚迅速通知船旗国。

第七十四条 海岸相向或相邻国家间专属经济区界限的划定

1. 海岸相向或相邻国家间专属经济区的界限,应在国际法院规约第三十八条所指国际法的基础上以协议划定,以便得到公平解决。

2. 有关国家如在合理期间内未能达成任何协议,应诉诸第十五部分所规定的程序。

3. 在达成第1款规定的协议以前,有关各国应基于谅解和合作的精神,尽一切努力作出实际性的临时安排,并在此过渡期间内,不危害或阻碍最后协议的达成。这种安排应不妨害最后界限的划定。

4. 如果有关国家间存在现行有效的协定,关于划定专属经济区界限的问题,应按照该协定的规定加以决定。

第七十五条　海图和地理坐标表

1. 在本部分的限制下,专属经济区的外部界线和按照第七十四条划定的分界线,应在足以确定这些线的位置的一种或几种比例尺的海图上标出。在适当情形下,可以用列出各点的地理坐标并注明大地基准点的表来代替这种外部界线或分界线。

2. 沿海国应将这种海图或地理坐标表妥为公布,并应将各该海图或坐标表的一份副本交存于联合国秘书长。

第六部分　大　陆　架

第七十六条　大陆架的定义

1. 沿海国的大陆架包括其领海以外依其陆地领土的全部自然延伸,扩展到大陆边外缘的海底区域的海床和底土,如果从测算领海宽度的基线量起到大陆边的外缘的距离不到二百海里,则扩展到二百海里的距离。

2. 沿海国的大陆架不应扩展到第4至第6款规定的界限以外。

3. 大陆边包括沿海国陆块没入水中的延伸部分,由陆架、陆坡和陆基的海床和底土构成,它不包括深洋洋底及其洋脊,也不包括其底土。

4. (a) 为本公约的目的,在大陆边从测算领海宽度的基线量起超过二百海里的任何情形下,沿海国应以下列两种方式之一,划定大陆边的外缘:

(1) 按照第7款,以最外各定点为准划定界线,每一定点上沉积岩厚度至少为从该点至大陆坡脚最短距离的百分之一;或

(2) 按照第7款,以离大陆坡脚的距离不超过六十海里的各定点为准划定界线。

(b) 在没有相反证明的情形下,大陆坡脚应定为大陆坡坡底坡度变动最大之点。

5. 组成按照第4款(a)项(1)和(2)目划定的大陆架在海床上的外部界线的各定点,不应超过从测算领海宽度的基线量起三百五十海里,或不应超过连接二千五百公尺深度各点的二千五百公尺等深线一百海里。

6. 虽有第5款的规定,在海底洋脊上的大陆架外部界限不应超过从测算领海宽度的基线量起三百五十海里。本款规定不适用于作为大陆边自然构成部分的海台、海隆、海峰、暗滩和坡尖等海底高地。

7. 沿海国的大陆架如从测算领海宽度的基线量起超过二百海里,应连接以经纬度坐标标出的各定点划出长度各不超过六十海里的若干直线,划定其大陆架的外部界限。

8. 从测算领海宽度的基线量起二百海里以外大陆架界限的情报应由沿海国提交根据附件二在公平地区代表制基础上成立的大陆架界限委员会。委员会应就有关划定大陆架外部界限的事项向沿海国提出建议,沿海国在这些建议的基础上划定的大陆架界限应有确定性和拘束力。

9. 沿海国应将永久标明其大陆架外部界限的海图和有关情报,包括大地基准点,交存于联合国秘书长。秘书长应将这些情报妥为公布。

10. 本条的规定不妨害海岸相向或相邻国家间大陆架界限划定的问题。

第七十七条　沿海国对大陆架的权利

1. 沿海国为勘探大陆架和开发其自然资源的目的,对大陆架行使主权权利。

2. 第1款所指的权利是专属性的,即:如果沿海国不勘探大陆架或开发其自然资源,任何人未经沿海国明示同意,均不得从事这种活动。

3. 沿海国对大陆架的权利并不取决于有效或象征的占领或任何明文公告。

4. 本部分所指的自然资源包括海床和底土的矿物和其他非生物资源,以及属于定居种的生物,即在可捕捞阶段在海床上或海床下不能移动或其躯体须与海床或底土保持接触才能移动的生物。

第七十八条　上覆水域和上空的法律地位以及其他国家的权利和自由

1. 沿海国对大陆架的权利不影响上覆水域或水域上空的法律地位。

2. 沿海国对大陆架权利的行使,绝不得对航行和本公约规定的其他国家的其他权利和自由有所侵害或造成不当的干扰。

第七十九条　大陆架上的海底电缆和管道

1. 所有国家按照本条的规定都有在大陆架上铺设海底电缆和管道的权利。

2. 沿海国除为了勘探大陆架,开发其自然资源和防止、减少和控制管道造成的污染有权采取合理措施外,对于铺设或维持这种海底电缆或管道不得加以阻碍。

3. 在大陆架上铺设这种管道,其路线的划定须经沿海国同意。

4. 本部分的任何规定不影响沿海国对进入其领土或领海的电缆或管道订立条件的权利,也不影响沿海国对因勘探其大陆架或开发其资源或经营在其管辖下的人工岛屿、设施和结构而建造或使用的电缆和管道的管辖权。

5. 铺设海底电缆和管道时,各国应适当顾及已经铺设的电缆和管道。特别是,修理现有电缆或管道的可能性不应受妨害。

第八十条　大陆架上的人工岛屿、设施和结构

第六十条比照适用于大陆架上的人工岛屿、设施和结构。

第八十一条　大陆架上的钻探

沿海国有授权和管理为一切目的在大陆架上进行钻探的专属权利。

第八十二条 对二百海里以外的大陆架上的开发应缴的费用和实物

1. 沿海国对从测算领海宽度的基线量起二百海里以外的大陆架上的非生物资源的开发,应缴付费用或实物。

2. 在某一矿址进行第一个五年生产以后,对该矿址的全部生产应每年缴付费用和实物。第六年缴付费用或实物的比率应为矿址产值或产量的百分之一。此后该比率每年增加百分之一,至第十二年为止,其后比率应保持为百分之七。产品不包括供开发用途的资源。

3. 某一发展中国家如果是其大陆架上所生产的某种矿物资源的纯输入者,对该种矿物资源免缴这种费用或实物。

4. 费用或实物应通过管理局缴纳。管理局应根据公平分享的标准将其分配给本公约各缔约国,同时考虑到发展中国家的利益和需要,特别是其中最不发达的国家和内陆国的利益和需要。

第八十三条 海岸相向或相邻国家间大陆架界限的划定

1. 海岸相向或相邻国家间大陆架的界限,应在国际法院规约第三十八条所指国际法的基础上以协议划定,以便得到公平解决。

2. 有关国家如在合理期间内未能达成任何协议,应诉诸第十五部分所规定的程序。

3. 在达成第1款规定的协议以前,有关各国应基于谅解和合作的精神,尽一切努力作出实际性的临时安排,并在此过渡期间内,不危害或阻碍最后协议的达成。这种安排应不妨害最后界限的划定。

4. 如果有关国家间存在现行有效的协定,关于划定大陆架界限的问题,应按照该协定的规定加以决定。

第八十四条 海图和地理坐标表

1. 在本部分的限制下,大陆架外部界线和按照第八十三条划定的分界线,应在足以确定这些线的位置的一种或几种比例尺的海图上标出。在适当情形下,可以用列出各点的地理坐标并注明大地基准点的表来代替这种外部界线或分界线。

2. 沿海国应将这种海图或地理坐标表妥为公布,并应将各该海图或坐标表的一份副本交存于联合国秘书长,如为标明大陆架外部界限的海图或坐标,也交存于管理局秘书长。

第八十五条 开凿隧道

本部分不妨害沿海国开凿隧道以开发底土的权利,不论底土上水域的深度如何。

第七部分 公 海

第一节 一般规定

第八十六条 本部分规定的适用

本部分的规定适用于不包括在国家的专属经济区、领海或内水或群岛国的群岛水域内的全部海域。本条规定并不使各国按照第五十八条规定在专属经济区内所享有的自由受到任何减损。

第八十七条 公海自由

1. 公海对所有国家开放,不论其为沿海国或内陆国。公海自由是在本公约和其他国际法规则所规定的条件下行使的。公海自由对沿海国和内陆国而言,除其他外,包括:

(a) 航行自由;

(b) 飞越自由;

(c) 铺设海底电缆和管道的自由,但受第六部分的限制;

(d) 建造国际法所容许的人工岛屿和其他设施的自由,但受第六部分的限制;

(e) 捕鱼自由,但受第二节规定条件的限制;

(f) 科学研究的自由,但受第六和第十三部分的限制。

2. 这些自由应由所有国家行使,但须适当顾及其他国家行使公海自由的利益,并适当顾及本公约所规定的同"区域"内活动有关的权利。

第八十八条 公海只用于和平目的

公海应只用于和平目的。

第八十九条 对公海主权主张的无效

任何国家不得有效地声称将公海的任何部分置于其主权之下。

第九十条 航行权

每个国家,不论是沿海国或内陆国,均有权在公海上行驶悬挂其旗帜的船舶。

第九十一条 船舶的国籍

1. 每个国家应确定对船舶给予国籍、船舶在其领土内登记及船舶悬挂该国旗帜的权利的条件。船舶具有其有权悬挂的旗帜所属国家的国籍。国家和船舶之间必须有真正联系。

2. 每个国家应向其给予悬挂该国旗帜权利的船舶颁发给予该权利的文件。

第九十二条　船舶的地位

1. 船舶航行应仅悬挂一国的旗帜，而且除国际条约或本公约明文规定的例外情形外，在公海上应受该国的专属管辖。除所有权确实转移或变更登记的情形外，船舶在航程中或在停泊港内不得更换其旗帜。

2. 悬挂两国或两国以上旗帜航行并视方便而换用旗帜的船舶，对任何其他国家不得主张其中的任一国籍，并可视同无国籍的船舶。

第九十三条　悬挂联合国、其专门机构和国际原子能机构旗帜的船舶

以上各条不影响用于为联合国、其专门机构或国际原子能机构正式服务并悬挂联合国旗帜的船舶的问题。

第九十四条　船旗国的义务

1. 每个国家应对悬挂该国旗帜的船舶有效地行使行政、技术及社会事项上的管辖和控制。

2. 每个国家特别应：

(a) 保持一本船舶登记册，载列悬挂该国旗帜的船舶的名称和详细情况，但因体积过小而不在一般接受的国际规章规定范围内的船舶除外；

(b) 根据其国内法，就有关每艘悬挂该国旗帜的船舶的行政、技术和社会事项，对该船及其船长、高级船员和船员行使管辖权。

3. 每个国家对悬挂该国旗帜的船舶，除其他外，应就下列各项采取为保证海上安全所必要的措施：

(a) 船舶的构造、装备和适航条件；

(b) 船舶的人员配备、船员的劳动条件和训练，同时考虑到适用的国际文件；

(c) 信号的使用、通信的维持和碰撞的防止。

4. 这种措施应包括为确保下列事项所必要的措施：

(a) 每艘船舶，在登记前及其后适当的间隔期间，受合格的船舶检验人的检查，并在船上备有船舶安全航行所需要的海图、航海出版物以及航行装备和仪器；

(b) 每艘船舶都由具备适当资格，特别是具备航海术、航行、通信和海洋工程方面资格的船长和高级船员负责，而且船员的资格和人数与船舶种类、大小、机械和装备都是相称的；

(c) 船长、高级船员和在适当范围内的船员，充分熟悉并须遵守关于海上生命安全，防止碰撞，防止、减少和控制海洋污染和维持无线电通信所适用的国际规章。

5. 每一国家采取第 3 和第 4 款要求的措施时，须遵守一般接受的国际规章、程序和惯例,并采取为保证这些规章、程序和惯例得到遵行所必要的任何步骤。

6. 一个国家如有明确理由相信对某一船舶未行使适当的管辖和管制,可将这项事实通知船旗国。船旗国接到通知后,应对这一事项进行调查,并于适当时采取任何必要行动,以补救这种情况。

7. 每一国家对于涉及悬挂该国旗帜的船舶在公海上因海难或航行事故对另一国国民造成死亡或严重伤害,或对另一国的船舶或设施或海洋环境造成严重损害的每一事件,都应由适当的合格人士一人或数人或在有这种人士在场的情况下进行调查。对于该另一国就任何这种海难或航行事故进行的任何调查,船旗国应与该另一国合作。

第九十五条　公海上军舰的豁免权

军舰在公海上有不受船旗国以外任何其他国家管辖的完全豁免权。

第九十六条　专用于政府非商业性服务的船舶的豁免权

由一国所有或经营并专用于政府非商业性服务的船舶,在公海上应有不受船旗国以外任何其他国家管辖的完全豁免权。

第九十七条　关于碰撞事项或任何其他航行事故的刑事管辖权

1. 遇有船舶在公海上碰撞或任何其他航行事故涉及船长或任何其他为船舶服务的人员的刑事或纪律责任时,对此种人员的任何刑事诉讼或纪律程序,仅可向船旗国或此种人员所属国的司法或行政当局提出。

2. 在纪律事项上,只有发给船长证书或驾驶资格证书或执照的国家,才有权在经过适当的法律程序后宣告撤销该证书,即使证书持有人不是发给证书的国家的国民也不例外。

3. 船旗国当局以外的任何当局,即使作为一种调查措施,也不应命令逮捕或扣留船舶。

第九十八条　救助的义务

1. 每个国家应责成悬挂该国旗帜航行的船舶的船长,在不严重危及其船舶、船员或乘客的情况下:

(a) 救助在海上遇到的任何有生命危险的人;

(b) 如果得悉有遇难者需要救助的情形,在可以合理地期待其采取救助行动时,尽速前往拯救;

(c) 在碰撞后,对另一船舶、其船员和乘客给予救助,并在可能情况下,将自己船舶的名称、船籍港和将停泊的最近港口通知另一船舶。

2. 每个沿海国应促进有关海上和上空安全的足敷应用和有效的搜寻和救助服务的建立、经营和维持,并应在情况需要时为此目的通过相互的区域性安排与邻国合作。

第九十九条 贩运奴隶的禁止

每个国家应采取有效措施,防止和惩罚准予悬挂该国旗帜的船舶贩运奴隶,并防止为此目的而非法使用其旗帜。在任何船舶上避难的任何奴隶,不论该船悬挂何国旗帜,均当然获得自由。

第一百条 合作制止海盗行为的义务

所有国家应尽最大可能进行合作,以制止在公海上或在任何国家管辖范围以外的任何其他地方的海盗行为。

第一百零一条 海盗行为的定义

下列行为中的任何行为构成海盗行为:

(a) 私人船舶或私人飞机的船员、机组成员或乘客为私人目的,对下列对象所从事的任何非法的暴力或扣留行为,或任何掠夺行为:

(1) 在公海上对另一船舶或飞机,或对另一船舶或飞机上的人或财物;

(2) 在任何国家管辖范围以外的地方对船舶、飞机、人或财物;

(b) 明知船舶或飞机成为海盗船舶或飞机的事实,而自愿参加其活动的任何行为;

(c) 教唆或故意便利(a)或(b)项所述行为的任何行为。

第一百零二条 军舰、政府船舶或政府飞机由于其船员或机组成员发生叛变而从事的海盗行为

军舰、政府船舶或政府飞机由于其船员或机组成员发生叛变并控制该船舶或飞机而从事第一百零一条所规定的海盗行为,视同私人船舶或飞机所从事的行为。

第一百零三条 海盗船舶或飞机的定义

如果处于主要控制地位的人员意图利用船舶或飞机从事第一百零一条所指的各项行为之一,该船舶或飞机视为海盗船舶或飞机。如果该船舶或飞机曾被用以从事任何这种行为,在该船舶或飞机仍在犯有该行为的人员的控制之下时,上述规定同样适用。

第一百零四条 海盗船舶或飞机国籍的保留或丧失

船舶或飞机虽已成为海盗船舶或飞机,仍可保有其国籍。国籍的保留或丧失由原来给予国籍的国家的法律予以决定。

第一百零五条 海盗船舶或飞机的扣押

在公海上,或在任何国家管辖范围以外的任何其他地方,每个国家均可扣押海盗船舶或飞机或为海盗所夺取并在海盗控制下的船舶或飞机,和逮捕船上或机上人员并扣押船上或机上财物。扣押国的法院可判定应处的刑罚,并可决定

对船舶、飞机或财产所应采取的行动,但受善意第三者的权利的限制。

第一百零六条 无足够理由扣押的赔偿责任

如果扣押涉有海盗行为嫌疑的船舶或飞机并无足够的理由,扣押国应向船舶或飞机所属的国家负担因扣押而造成的任何损失或损害的赔偿责任。

第一百零七条 由于发生海盗行为而有权进行扣押的船舶和飞机

由于发生海盗行为而进行的扣押,只可由军舰、军用飞机或其他有清楚标志可以识别的为政府服务并经授权扣押的船舶或飞机实施。

第一百零八条 麻醉药品或精神调理物质的非法贩运

1. 所有国家应进行合作,以制止船舶违反国际公约在海上从事非法贩运麻醉药品和精神调理物质。

2. 任何国家如有合理根据认为一艘悬挂其旗帜的船舶从事非法贩运麻醉药品或精神调理物质,可要求其他国家合作,制止这种贩运。

第一百零九条 在公海从事未经许可的广播

1. 所有国家应进行合作,以制止在公海从事未经许可的广播。

2. 为本公约的目的,"未经许可的广播"是指船舶或设施违反国际规章在公海上播送旨在使公众收听或收看的无线电传音或电视广播,但遇难呼号的播送除外。

3. 对于在公海从事未经许可的广播的任何人,均可向下列国家的法院起诉:

(a) 船旗国;

(b) 设施登记国;

(c) 广播人所属国;

(d) 可以收到这种广播的任何国家;或

(e) 得到许可的无线电通信受到干扰的任何国家。

4. 在公海上按照第3款有管辖权的国家,可依照第一百一十条逮捕从事未经许可的广播的任何人或船舶,并扣押广播器材。

第一百一十条 登临权

1. 除条约授权的干涉行为外,军舰在公海上遇到按照第九十五和第九十六条享有完全豁免权的船舶以外的外国船舶,非有合理根据认为有下列嫌疑,不得登临该船:

(a) 该船从事海盗行为;

(b) 该船从事奴隶贩卖;

(c) 该船从事未经许可的广播而且军舰的船旗国依据第一百零九条有管辖权;

(d) 该船没有国籍；或

(e) 该船虽悬挂外国旗帜或拒不展示其旗帜，而事实上却与该军舰属同一国籍。

2. 在第1款规定的情形下，军舰可查核该船悬挂其旗帜的权利。为此目的，军舰可派一艘由一名军官指挥的小艇到该嫌疑船舶。如果检验船舶文件后仍有嫌疑，军舰可进一步在该船上进行检查，但检查须尽量审慎进行。

3. 如果嫌疑经证明为无根据，而且被登临的船舶并未从事嫌疑的任何行为，对该船舶可能遭受的任何损失或损害应予赔偿。

4. 这些规定比照适用于军用飞机。

5. 这些规定也适用于经正式授权并有清楚标志可以识别的为政府服务的任何其他船舶或飞机。

第一百一十一条 紧追权

1. 沿海国主管当局有充分理由认为外国船舶违反该国法律和规章时，可对该外国船舶进行紧追。此项追逐须在外国船舶或其小艇之一在追逐国的内水、群岛水域、领海或毗连区内时开始，而且只有追逐未曾中断，才可在领海或毗连区外继续进行。当外国船舶在领海或毗连区内接获停驶命令时，发出命令的船舶并无必要也在领海或毗连区内。如果外国船舶是在第三十三条所规定的毗连区内，追逐只有在设立该区所保护的权利遭到侵犯的情形下才可进行。

2. 对于在专属经济区内或大陆架上，包括大陆架上设施周围的安全地带内，违反沿海国按照本公约适用于专属经济区或大陆架包括这种安全地带的法律和规章的行为，应比照适用紧追权。

3. 紧追权在被追逐的船舶进入其本国领海或第三国领海时立即终止。

4. 除非追逐的船舶以可用的实际方法认定被追逐的船舶或其小艇之一或作为一队进行活动而以被追逐的船舶为母船的其他船艇是在领海范围内，或者，根据情况，在毗连区或专属经济区内或在大陆架上，紧追不得认为已经开始。追逐只有在外国船舶视听所及的距离内发出视觉或听觉的停驶信号后，才可开始。

5. 紧追权只可由军舰、军用飞机或其他有清楚标志可以识别的为政府服务并经授权紧追的船舶或飞机行驶。

6. 在飞机进行紧追时：

(a) 应比照适用第1至第4款的规定；

(b) 发出停驶命令的飞机，除非其本身能逮捕该船舶，否则须其本身积极追逐船舶直至其所召唤的沿海国船舶或另一飞机前来接替追逐为止。飞机仅发现船舶犯法或有犯法嫌疑，如果该飞机本身或接着无间断地进行追逐的其他飞机或船舶既未命令该船停驶也未进行追逐，则不足以构成在领海以外逮捕的理由。

7. 在一国管辖范围内被逮捕并被押解到该国港口以便主管当局审问的船舶,不得仅以其在航行中由于情况需要而曾被押解通过专属经济区的或公海的一部分为理由而要求释放。

8. 在无正当理由行使紧追权的情况下,在领海以外被命令停驶或被逮捕的船舶,对于可能因此遭受的任何损失或损害应获赔偿。

第一百一十二条 铺设海底电缆和管道的权利

1. 所有国家均有权在大陆架以外的公海海底上铺设海底电缆和管道。

2. 第七十九条第5款适用于这种电缆和管道。

第一百一十三条 海底电缆或管道的破坏或损害

每个国家均应制定必要的法律和规章,规定悬挂该国旗帜的船舶或受其管辖的人故意或因重大疏忽而破坏或损害公海海底电缆,致使电报或电话通信停顿或受阻的行为,以及类似的破坏或损害海底管道或高压电缆的行为,均为应予处罚的罪行。此项规定也应适用于故意或可能造成这种破坏或损害的行为。但对于仅为了保全自己的生命或船舶的正当目的而行事的人,在采取避免破坏或损害的一切必要预防措施后,仍然发生的任何破坏或损害,此项规定不应适用。

第一百一十四条 海底电缆或管道的所有人对另一海底电缆或管道的破坏或损害

每个国家应制定必要的法律和规章,规定受其管辖的公海海底电缆或管道的所有人如果在铺设或修理该项电缆或管道时使另一电缆或管道遭受破坏或损害,应负担修理的费用。

第一百一十五条 因避免损害海底电缆或管道而遭受的损失的赔偿

每个国家应制定必要的法律和规章,确保船舶所有人在其能证明因避免损害海底电缆或管道而牺牲锚、网或其他渔具时,应由电缆或管道所有人予以赔偿,但须船舶所有人事先曾采取一切合理的预防措施。

第二节 公海生物资源的养护和管理

第一百一十六条 公海上捕鱼的权利

所有国家均有权由其国民在公海上捕鱼,但受下列限制:

(a) 其条约义务;

(b) 除其他外,第六十三条第2款和第六十四至第六十七条规定的沿海国的权利、义务和利益;和

(c) 本节各项规定。

第一百一十七条 各国为其国民采取养护公海生物资源措施的义务

所有国家均有义务为各该国国民采取,或与其他国家合作采取养护公海生

物资源的必要措施。

第一百一十八条 各国在养护和管理生物资源方面的合作

各国应互相合作以养护和管理公海区域内的生物资源。凡其国民开发相同生物资源,或在同一区域内开发不同生物资源的国家,应进行谈判,以期采取养护有关生物资源的必要措施。为此目的,这些国家应在适当情形下进行合作,以设立分区域或区域渔业组织。

第一百一十九条 公海生物资源的养护

1. 在对公海生物资源决定可捕量和制订其他养护措施时,各国应:

(a) 采取措施,其目的在于根据有关国家可得到的最可靠的科学证据,并在包括发展中国家的特殊要求在内的各种有关环境和经济因素的限制下,使捕捞的鱼种的数量维持在或恢复到能够生产最高持续产量的水平,并考虑到捕捞方式、种群的相互依存以及任何一般建议的国际最低标准,不论是分区域、区域或全球性的;

(b) 考虑到与所捕捞鱼种有关联或依赖该鱼种而生存的鱼种所受的影响,以便使这种有关联或依赖的鱼种的数量维持在或恢复到其繁殖不会受严重威胁的水平以上。

2. 在适当情形下,应通过各主管国际组织,不论是分区域、区域或全球性的,并在所有有关国家的参加下,经常提供和交换可获得的科学情报、渔获量和渔捞努力量统计,以及其他有关养护鱼的种群的资料。

3. 有关国家应确保养护措施及其实施不在形式上或事实上对任何国家的渔民有所歧视。

第一百二十条 海洋哺乳动物

第六十五条也适用于养护和管理公海的海洋哺乳动物。

第八部分 岛屿制度

第一百二十一条 岛屿制度

1. 岛屿是四面环水并在高潮时高于水面的自然形成的陆地区域。

2. 除第3款另有规定外,岛屿的领海、毗连区、专属经济区和大陆架应按照本公约适用于其他陆地领土的规定加以确定。

3. 不能维持人类居住或其本身的经济生活的岩礁,不应有专属经济区或大陆架。

第九部分 闭海或半闭海

第一百二十二条 定义

为本公约的目的,"闭海或半闭海"是指两个或两个以上国家所环绕并由一个狭窄的出口连接到另一个海或洋,或全部或主要由两个或两个以上沿海国的领海和专属经济区构成的海湾、海盆或海域。

第一百二十三条 闭海或半闭海沿岸国的合作

闭海或半闭海沿岸国在行使和履行本公约所规定的权利和义务时,应互相合作。为此目的,这些国家应尽力直接或通过适当区域组织:

(a) 协调海洋生物资源的管理、养护、勘探和开发;

(b) 协调行使和履行其在保护和保全海洋环境方面的权利和义务;

(c) 协调其科学研究政策,并在适当情形下在该地区进行联合的科学研究方案;

(d) 在适当情形下,邀请其他有关国家或国际组织与其合作以推行本条的规定。

第十部分 内陆国出入海洋的权利和过境自由

第一百二十四条 用语

1. 为本公约的目的:

(a) "内陆国"是指没有海岸的国家;

(b) "过境国"是指位于内陆国与海洋之间以及通过其领土进行过境运输的国家,不论其是否具有海岸;

(c) "过境运输"是指人员、行李、货物和运输工具通过一个或几个过境国领土的过境,而这种通过不论是否需要转运、入仓、分卸或改变运输方式,都不过是以内陆国领土为起点或终点的旅运全程的一部分;

(d) "运输工具"是指:

(1) 铁路车辆、海洋、湖泊和河川船舶以及公路车辆;

(2) 在当地情况需要时,搬运工人和驮兽。

2. 内陆国和过境国可彼此协议,将管道和煤气管和未列入第1款的运输工具列为运输工具。

第一百二十五条 出入海洋的权利和过境自由

1. 为行使本公约所规定的各项权利,包括行使与公海自由和人类共同继承财产有关的权利的目的,内陆国应有权出入海洋。为此目的,内陆国应享有利用一切运输工具通过过境国领土的过境自由。

2. 行使过境自由的条件和方式,应由内陆国和有关过境国通过双边、分区域或区域协定予以议定。

3. 过境国在对其领土行使完全主权时,应有权采取一切必要措施,以确保本部分为内陆国所规定的各项权利和便利绝不侵害其合法利益。

第一百二十六条 最惠国条款的不适用

本公约的规定,以及关于行使出入海洋权利的并因顾及内陆国的特殊地理位置而规定其权利和便利的特别协定,不适用最惠国条款。

第一百二十七条 关税、税捐和其他费用

1. 过境运输应无须缴纳任何关税、税捐或其他费用,但为此类运输提供特定服务而征收的费用除外。

2. 对于过境运输工具和其他为内陆国提供并由其使用的便利,不应征收高于使用过境国运输工具所缴纳的税捐或费用。

第一百二十八条 自由区和其他海关便利

为了过境运输的便利,可由过境国和内陆国协议,在过境国的出口港和入口港内提供自由区或其他海关便利。

第一百二十九条 合作建造和改进运输工具

如果过境国内无运输工具以实现过境自由,或现有运输工具包括海港设施和装备在任何方面有所不足,过境国可与有关内陆国进行合作,以建造或改进这些工具。

第一百三十条 避免或消除过境运输发生迟延或其他技术性困难的措施

1. 过境国应采取一切适当措施避免过境运输发生迟延或其他技术性困难。

2. 如果发生这种迟延或困难,有关过境国和内陆国的主管当局应进行合作,迅速予以消除。

第一百三十一条 海港内的同等待遇

悬挂内陆国旗帜的船舶在海港内应享有其他外国船舶所享有的同等待遇。

第一百三十二条 更大的过境便利的给予

本公约缔约国间所议定的或本公约一个缔约国给予的大于本公约所规定的过境便利,绝不因本公约而撤销。本公约也不排除将来给予这种更大的便利。

第十一部分 "区域"

第一节 一般规定

第一百三十三条 用语

为本部分的目的：

(a) "资源"是指"区域"内在海床及其下原来位置的一切固体、液体或气体矿物资源,其中包括多金属结核；

(b) 从"区域"回收的资源称为"矿物"。

第一百三十四条 本部分的范围

1. 本部分适用于"区域"。

2. "区域"内活动应受本部分规定的支配。

3. 关于将标明第一条第 1 款第(1)项所指范围界限的海图和地理坐标表交存和予以公布的规定,载于第六部分。

4. 本条的任何规定不影响根据第六部分大陆架外部界限的划定或关于划定海岸相向或相邻国家间界限的协定的效力。

第一百三十五条 上覆水域和上空的法律地位

本部分或依其授予或行使的任何权利,不应影响"区域"上覆水域的法律地位,或这种水域上空的法律地位。

第二节 支配"区域"的原则

第一百三十六条 人类的共同继承财产

"区域"及其资源是人类的共同继承财产。

第一百三十七条 "区域"及其资源的法律地位

1. 任何国家不应对"区域"的任何部分或其资源主张或行使主权或主权权利,任何国家或自然人或法人,也不应将"区域"或其资源的任何部分据为己有。任何这种主权和主权权利的主张或行使,或这种据为己有的行为,均应不予承认。

2. 对"区域"内资源的一切权利属于全人类,由管理局代表全人类行使。这种资源不得让渡。但从"区域"内回收的矿物,只可按照本部分和管理局的规则、规章和程序予以让渡。

3. 任何国家或自然人或法人,除按照本部分外,不应对"区域"矿物主张、取得或行使权利。否则,对于任何这种权利的主张、取得或行使,应不予承认。

第一百三十八条　国家对于"区域"的一般行为

各国对于"区域"的一般行为,应按照本部分的规定、《联合国宪章》所载原则,以及其他国际法规则,以利维持和平与安全,促进国际合作和相互了解。

第一百三十九条　确保遵守本公约的义务和损害赔偿责任

1. 缔约国应有责任确保"区域"内活动,不论是由缔约国、国营企业或具有缔约国国籍的自然人或法人所从事者,一律按照本部分进行。国际组织对于该组织所进行的"区域"内活动也应有同样责任。

2. 在不妨害国际法规则和附件三第二十二条的情形下,缔约国或国际组织应对由于其没有履行本部分规定的义务而造成的损害负有赔偿责任;共同进行活动的缔约国或国际组织应承担连带赔偿责任。但如缔约国已依据第一百五十三条第4款和附件三第四条第4款采取一切必要和适当措施,以确保其根据第一百五十三条第2款(b)项担保的人切实遵守规定,则该缔约国对于因这种人没有遵守本部分规定而造成的损害,应无赔偿责任。

3. 作为国际组织成员的缔约国应采取适当措施确保本条对这种组织的实施。

第一百四十条　全人类的利益

1. "区域"内活动应依本部分的明确规定为全人类的利益而进行,不论各国的地理位置如何,也不论是沿海国或内陆国,并特别考虑到发展中国家和尚未取得完全独立或联合国按照其大会第1541(XV)号决议和其他有关大会决议所承认的其他自治地位的人民的利益和需要。

2. 管理局应按照第一百六十条第2款(f)项(1)目作出规定,通过任何适当的机构,在无歧视的基础上公平分配从"区域"内活动取得的财政及其他经济利益。

第一百四十一条　专为和平目的利用"区域"

"区域"应开放给所有国家,不论是沿海国或内陆国,专为和平目的利用,不加歧视,也不得妨害本部分其他规定。

第一百四十二条　沿海国的权利和合法利益

1. "区域"内活动涉及跨越国家管辖范围的"区域"内资源矿床时,应适当顾及这种矿床跨越其管辖范围的任何沿海国的权利和合法利益。

2. 应与有关国家保持协商,包括维持一种事前通知的办法在内,以免侵犯上述权利和利益。如"区域"内活动可能导致对国家管辖范围内资源的开发,则需事先征得有关沿海国的同意。

3. 本部分或依其授予或行使的任何权利,应均不影响沿海国为防止、减轻或消除因任何"区域"内活动引起或造成的污染威胁或其他危险事故使其海岸或有关利益受到的严重迫切危险而采取与第十二部分有关规定相符的必要措施的权利。

第一百四十三条 海洋科学研究

1. "区域"内的海洋科学研究,应按照第十三部分专为和平目的并为谋全人类的利益进行。

2. 管理局可进行有关"区域"及其资源的海洋科学研究,并可为此目的订立合同。管理局应促进和鼓励在"区域"内进行海洋科学研究,并应协调和传播所得到的这种研究和分析的结果。

3. 各缔约国可在"区域"内进行海洋学研究。各缔约国应以下列方式促进"区域"内海洋科学研究方面的国际合作:

(a) 参加国际方案,并鼓励不同国家的人员和管理局人员合作进行海洋科学研究;

(b) 确保在适当情形下通过管理局或其他国际组织,为了发展中国家和技术较不发达国家的利益发展各种方案,以期:

(1) 加强它们的研究能力;

(2) 在研究的技术和应用方面训练它们的人员和管理局的人员;

(3) 促进聘用它们的合格人员,从事"区域"内的研究;

(c) 通过管理局,或适当进通过其他国际途径,切实传播所得到的研究和分析结果。

第一百四十四条 技术的转让

1. 管理局应按照本公约采取措施,以:

(a) 取得有关"区域"内活动的技术和科学知识;并

(b) 促进和鼓励向发展中国家转让这种技术和科学知识,使所有缔约国都从其中得到利益。

2. 为此目的,管理局和各缔约国应互相合作,以促进有关"区域"内活动的技术和科学知识的转让,使企业部和所有缔约国都从其中得到利益。它们应特别倡议并推动:

(a) 将有关"区域"内活动的技术转让给企业部和发展中国家的各种方案,除其他外,包括便利企业部和发展中国家根据公平合理的条款和条件取得有关的技术;

(b) 促进企业部技术和发展中国家本国技术的进展的各种措施,特别是使企业部和发展中国家的人员有机会接受海洋科学和技术的训练和充分参加"区域"内活动。

第一百四十五条 海洋环境的保护

应按照本公约对"区域"内活动采取必要措施,以确保切实保护海洋环境,不受这种活动可能产生的有害影响。为此目的,管理局应制定适当的规则、规章和程序及其他措施,以便:

(a) 防止、减少和控制对包括海岸在内的海洋环境的污染和其他危害,并防止干扰海洋环境的生态平衡,特别注意使其不受诸如钻探、挖泥、挖凿、废物处置等活动,以及建造和操作或维修与这种活动有关的设施、管道和其他装置所产生的有害影响;

(b) 保护和养护"区域"的自然资源,以防止对海洋环境中动植物的损害。

第一百四十六条　人命的保护

关于"区域"内活动,应采取必要措施,以确保切实保护人命。为此目的,管理局应制定适当的规则、规章和程序,以补充有关条约所体现的现行国际法。

第一百四十七条　"区域"内活动与海洋环境中的活动的相互适应

1. "区域"内活动的进行,应合理地顾及海洋环境中的其他活动。

2. 进行"区域"内活动所使用的设施应受下列条件的限制:

(a) 这种设施应仅按照本部分和在管理局的规则、规章和程序的限制下安装、安置和拆除。这种设施的安装、安置和拆除必须妥为通知,并对其存在必须维持永久性的警告方法;

(b) 这种设施不得设在对使用国际航行必经的公认海道可能有干扰的地方,或设在有密集捕捞活动的区域;

(c) 这种设施的周围应设立安全地带并加适当的标记,以确保航行和设施的安全。这种安全地带的形状和位置不得构成一个地带阻碍船舶合法出入特定海洋区域或阻碍沿国际海道的航行;

(d) 这种设施应专用于和平目的;

(e) 这种设施不具有岛屿地位。它们没有自己的领海,其存在也不影响领海、专属经济区或大陆架界限的划定。

3. 在海洋环境中进行的其他活动,应合理地顾及"区域"内活动。

第一百四十八条　发展中国家对"区域"内活动的参加

应按照本部分的具体规定促进发展中国家有效参加"区域"内活动,并适当顾及其特殊利益和需要,尤其是其中的内陆国和地理不利国在克服因不利位置,包括距离"区域"遥远和出入"区域"困难而产生的障碍方面的特殊需要。

第一百四十九条　考古和历史文物

在"区域"内发现的一切考古和历史文物,应为全人类的利益予以保存或处置,但应特别顾及来源国,或文化上的发源国,或历史和考古上的来源国的优先权利。

第三节 "区域"内资源的开发

第一百五十条 关于"区域"内活动的政策

"区域"内活动应按照本部分的明确规定进行,以求有助于世界经济的健全发展和国际贸易的均衡增长,并促进国际合作,以谋所有国家特别是发展中国家的全面发展,并且为了确保:

(a) "区域"资源的开发;

(b) 对"区域"资源进行有秩序、安全和合理的管理,包括有效地进行"区域"内活动,并按照健全的养护原则,避免不必要的浪费;

(c) 扩大参加这种活动的机会,以符合特别是第一百四十四和第一百四十八条的规定;

(d) 按照本公约的规定使管理局分享收益,以及对企业部和发展中国家作技术转让;

(e) 按照需要增加从"区域"取得的矿物的供应量,连同从其他来源取得的矿物,以保证这类矿物的消费者获得供应;

(f) 促进从"区域"和从其他来源取得的矿物的价格合理而又稳定,对生产者有利,对消费者也公平,并促进供求的长期平衡;

(g) 增进所有缔约国,不论其经济社会制度或地理位置如何,参加开发"区域"内资源的机会,并防止垄断"区域"内活动;

(h) 按照第一百五十一条的规定,保护发展中国家,使它们的经济或出口收益不致因某一受影响矿物的价格或该矿物的出口量降低,而遭受不良影响,但以这种降低是由于"区域"内活动造成的为限;

(i) 为全人类的利益开发共同继承财产;

(j) 从"区域"取得的矿物作为输入品以及这种矿物所产商品作为输入品的进入市场的条件,不应比适用于其他来源输入品的最优惠待遇更为优惠。

第一百五十一条 生产政策

1. (a) 在不妨害第一百五十条所载目标的情形下,并为实施该条(h)项的目的,管理局应通过现有议事机构,或在适当时,通过包括生产者和消费者在内的有关各方都参加的新安排或协议,采取必要措施,以对生产者有利对消费者也公平的价格,促进"区域"资源所产商品的市场的增长、效率和稳定,所有缔约国都应为此目的进行合作。

(b) 管理局应有权参加生产者和消费者在内的有关各方都参加的关于上述商品的任何商品会议。管理局应有权参与上述会议产生的任何安排或协议。管理局参加根据这种安排或协议成立的任何机关,应与"区域"内的生产有关,并符合这种机关的有关规则。

(c) 管理局应履行根据这种安排或协议所产生的义务,以求保证对"区域"内有关矿物的一切生产,均划一和无歧视地实施。管理局在这样作的时候,应以符合现有合同条款和已核准的企业部工作计划的方式行事。

2. (a) 在第3款指明的过渡期间内,经营者在向管理局提出申请并经发给生产许可以前,不应依据一项核准的工作计划进行商业生产。这种生产许可不得在根据工作计划预定开始商业生产前逾五年时申请或发出,除非管理局考虑到方案进展的性质和时机在其规则和规章中为此规定了另一期间。

(b) 在生产许可的申请中,经营者应具体说明按照核准的工作计划预期每年回收的镍的数量。申请中应列有经营者为使其于预定的日期如期开始商业生产而合理地算出的在收到许可以后将予支出的费用款。

(c) 为了(a)和(b)项的目的,管理局应按照附件三第十七条规定适当的成绩要求。

(d) 管理局应照申请的生产量发给生产许可,除非在过渡期间内计划生产的任何一年中,该生产量和已核准的生产量的总和超过在发给许可的年度依照第4款算出的镍生产最高限额。

(e) 生产许可和核准的申请一经发给,即成为核准的工作计划的一部分。

(f) 如果经营者申请生产许可依据(d)项被拒绝,则该经营者可随时向管理局再次提出申请。

3. 过渡期间应自根据核准的工作计划预定开始最早的商业生产的那一年1月1日以前的五年开始。如果最早进行商业生产的时间延迟到原定的年度以后,过渡期间的开始和原来计算的生产最高限额都应作相应的调整。过渡期间应为二十五年,或至第一百五十五条所指的审查会议结束,或至第1款所指的新安排或协议开始生效之日为止,以最早者为准。如果这种安排或协议因任何理由而终止或失效,在过渡期间所余时间内,管理局应重新行使本条规定的权力。

4. (a) 过渡期间内任何一年的生产最高限额应为以下的总和:

(1) 依据(b)项计算的镍年消费量趋势线上最早的商业生产年度以前那一年和过渡期间开始前那一年数值的差额;加上

(2) 依据(b)项计算的镍消费量趋势线上所申请的生产许可正适用的那一年和最早的商业生产年度以前那一年数值的差额的百分之六十。

(b) 为了(a)项的目的:

(1) 计算镍生产最高限额所用的趋势线数值,应为发给生产许可的年度中计算的趋势线上的镍年消费量数值。趋势线应从能够取得数据的最近十五年期间的实际镍消费量,取其对数值,以时间为自变量,用线性回归法导出。这一趋势线应称为原趋势线；

(2) 如果原趋势线年增长率少于百分之三，则用来确定(a)项所指数量的趋势线应为穿过原趋势线上该十五年期间第一年的数值而年增长率为百分之三的趋势线；但过渡期间内任何一年规定的生产最高限额无论如何不得超出该年原趋势线数值同过渡期间开始前一年的原趋势线数值之差。

5. 管理局应在依据第4款计算得来的生产最高限额中，保留给企业部为数38 000公吨的镍，以供其从事最初生产。

6. (a) 经营者在任何一年内可生产少于其生产许可内所指明的从多金属结核生产的矿物的年产数量，或最多较此数量高百分之八，但其总产量应不超出许可所指明的数量。任何一年内在百分之八以上百分之二十以下的超产，或连续两年超产后的第一年以及随后各年的超产，应同管理局进行协商；管理局可要求经营者就增加的产量取得一项补充的生产许可。

(b) 管理局对于这种补充生产许可的申请，只有在处理了尚未获得生产许可的经营者已所提出的一切申请，并已适当考虑到其他可能的申请者之后，才应加以审议。管理局应以不超过过渡期间任何一年内生产最高限额所容许的总生产量为指导原则。它不应核准在任何工作计划下超过46 500公吨的镍年产量。

7. 依据一项生产许可从回收的多金属结核所提炼的铜、钴和锰等其他金属的产量，不应高于经营者依据本条规定从这些结核生产最高产量的镍时所能生产的数量。管理局应依据附件三第十七条制定规则、规章和程序以实施本项规定。

8. 根据有关的多边贸易协定关于不公平经济措施的权利和义务，应适用于"区域"所产矿物的勘探和开发。在解决因本项规定而产生的争端时，作为这种多边贸易协定各方的缔约国应可利用这种协定的解决争端程序。

9. 管理局应有权按照第一百六十一条第8款制定规章，在适当的条件下，使用适当的方法限制"区域"所产而非产自多金属结核的矿物的产量。

10. 大会应依理事会根据经济规划委员会的意见提出的建议，建立一种补偿制度，或其他经济调整援助措施，包括同各专门机构和其他国际组织进行合作，以协助其出口收益或经济因某一受影响矿物的价格或该矿物的出口量降低而遭受严重不良影响的发展中国家，但以此种降低是由于"区域"内活动造成的为限。管理局经请求应对可能受到最严重影响的国家的问题发动研究，以期尽量减轻它们的困难，并协助它们从事经济调整。

第一百五十二条　管理局权力和职务的行使

1. 管理局在行使其权力和职务，包括给予进行"区域"内活动的机会时，应避免歧视。

2. 但本部分具体规定的为发展中国家所作的特别考虑,包括为其中的内陆国和地理不利国所作的特别考虑应予准许。

第一百五十三条　勘探和开发制度

1. "区域"内活动应由管理局代表全人类,按照本条以及本部分和有关附件的其他有关规定,和管理局的规则、规章和程序,予以安排、进行和控制。

2. "区域"内活动应依第3款的规定:

(a) 由企业部进行,和

(b) 由缔约国或国营企业、或在缔约国担保下的具有缔约国国籍或由这类国家或其国民有效控制的自然人或法人、或符合本部分和附件三规定的条件的上述各方的任何组合,与管理局以协作方式进行。

3. "区域"内活动应按照一项依据附件三所拟订并经理事会于法律和技术委员会审议后核准的正式书面工作计划进行。在第2款(b)项所述实体按照管理局的许可进行"区域"内活动的情形下,这种工作计划应按照附件三第三条采取合同的形式。这种合同可按照附件三第十一条作出联合安排。

4. 管理局为确保本部分和与其有关的附件的有关规定,以及管理局的规则、规章、程序及按照第3款核准的工作计划得到遵守的目的,应对"区域"内活动行使必要的控制。缔约国应按照第一百三十九条采取一切必要措施,协助管理局确保这些规定得到遵守。

5. 管理局应有权随时采取本部分所规定的任何措施,以确保本部分条款得到遵守和根据本部分或任何合同所指定给它的控制和管理职务的执行。管理局应有权检查与"区域"内活动有关而在"区域"内使用的一切设施。

6. 第3款所述的合同应规定期限内持续有效的保证。因此,除非按照附件三第十八和第十九条的规定,不得修改、暂停或终止合同。

第一百五十四条　定期审查

从本公约生效时起,大会每五年应对本公约设立的"区域"的国际制度的实际实施情况,进行一次全面和系统的审查。参照上述审查,大会可按照本部分和与其有关的附件的规定和程序采取措施,或建议其他机构采取措施,以导致对制度实施情况的改进。

第一百五十五条　审查会议

1. 自根据一项核准的工作计划最早的商业生产开始进行的那一年1月1日起十五年后,大会应召开一次会议,审查本部分中有关附件支配勘探和开发"区域"资源制度的各项规定。审查会议应参照这段时期取得的经验,详细审查:

(a) 本部分和有关附件支配勘探和开发"区域"资源制度的各项规定,是否已达成其各方面的目标,包括是否已使全人类得到利益;

(b) 在十五年期间,同非保留区域相比,保留区域是否已以有效而平衡的方式开发;

(c) 开发和使用"区域"及其资源的方式,是否有助于世界经济的健全发展和国际贸易均衡增长;

(d) 是否防止了对"区域"内活动的垄断;

(e) 第一百五十和第一百五十一条所载各项政策是否得到实行;和

(f) 制度是否使"区域"内活动产生的利益得到公平的分享,特别考虑到发展中国家的利益和需要。

2. 审查会议应确保继续维持人类共同继承财产的原则,为确保公平开发"区域"资源使所有国家尤其是发展中国家都得到利益而制定的国际制度,以及安排、进行和控制"区域"内活动的管理局。会议还应确保继续维持本部分规定的关于下列各方面的各项原则:排除对"区域"的任何部分主张或行使主权,各国的权利及其对于"区域"的一般行为,和各国依照本公约参与勘探和开发"区域"资源,防止对"区域"内活动的垄断,专为和平目的利用"区域","区域"内活动的经济方面,海洋科学研究,技术转让,保护海洋环境,保护人命,沿海国的权利,"区域"的上覆水域及其上空的法律地位,以及关于"区域"内活动和海洋环境中其他活动之间的相互适应。

3. 审查会议适用的作出决定的程序应与第三次联合国海洋法会议所适用的程序相同。会议应作出各种努力就任何修正案以协商一致方式达成协议,且除非已尽量大努力以求达成协商一致,不应就这种事项进行表决。

4. 审查会议开始举行五年后,如果未能就关于勘探和开发"区域"资源的制度达成协议,则会议可在此后的十二个月以内,以缔约国的四分之三多数作出决定,就改变或修改制度制定其认为必要和适当的修正案,提交各缔约批准或加入。此种修正案应于四分之三缔约国交存批准书或加入书后十二个月对所有缔约国生效。

5. 审查会议依据本条通过的修正案应不影响按照现有合同取得的权利。

第四节 管 理 局

A分节 一 般 规 定

第一百五十六条 设立管理局

1. 兹设立国际海底管理局,按照本部分执行职务。

2. 所有缔约国都是管理局的当然成员。

3. 已签署最后文件但在第三百零五条第1款(c)、(d)、(e)或(f)项中未予提及的第三次联合国海洋法会议中的观察员,应有权按照管理局的规则、规章和程序以观察员资格参加管理局。

4. 管理局的所在地应在牙买加。

5. 管理局可设立其认为在执行职务上必要的区域中心或办事处。

第一百五十七条　管理局的性质和基本原则

1. 管理局是缔约国按照本部分组织和控制"区域"内活动,特别是管理"区域"资源的组织。

2. 管理局应具有本公约明示授予的权力和职务。管理局应有为行使关于"区域"内活动的权力和职务所包含的和必要的并符合本公约的各项附带权力。

3. 管理局以所有成员主权平等的原则为基础。

4. 管理局所有成员应诚意履行按照本部分承担的义务,以确保其全体作为成员享有的权利和利益。

第一百五十八条　管理局的机关

1. 兹设立大会、理事会和秘书处作为管理局的主要机关。

2. 兹设立企业部,管理局应通过这个机关执行第一百七十条第1款所指的职务。

3. 经认为必要的附属机关可按照本部分设立。

4. 管理局各主要机关和企业部应负责行使对其授予的权力和职务。每一机关行使这种权力和职务时,应避免采取可能对授予另一机关的特定权力和职务的行使有所减损或阻碍的任何行动。

B 分节　大　　会

第一百五十九条　组成、程度和表决

1. 大会应由管理局的全体成员组成。每一成员应有一名代表出席大会,并可由副代表及顾问随同出席。

2. 大会应召开年度常会,经大会决定,或由秘书长应理事会的要求或管理局过半数成员的要求,可召开特别会议。

3. 除非大会另有决定,各届会议应在管理局的所在地举行。

4. 大会应制定其议事规则。大会应在每届常会开始时选出其主席和其他必要的高级职员。他们的任期至下届常会选出新主席及其他高级职员为止。

5. 大会过半数成员构成法定人数。

6. 大会每一成员应有一票表决权。

7. 关于程序问题的决定,包括召开大会特别会议的决定,应由出席并参加表决的成员过半数作出。

8. 关于实质问题的决定,应以出席并参加表决的成员三分之二多数作出。但这种多数应包括参加该会议的过半数成员。对某一问题是否为实质问题发生争论时,该问题应作为实质问题处理,除非大会以关于实质问题的决定所需的多数另作决定。

9. 将一个实质问题第一次付诸表决时,主席可将就该问题进行表决的问题推迟一段时间,如经大会至少五分之一成员提出要求,则应将表决推迟,但推迟时间不得超过五历日。此项规则对任一问题只可适用一次,并且不应用来将问题推迟至会议结束以后。

10. 对于大会审议中关于任何事项的提案是否符合本公约的问题,在管理局至少四分之一成员以书面要求主席征求咨询意见时,大会应请国际海洋法法庭海底争端分庭就该提案提出咨询意见,并应在收到分庭的咨询意见前,推迟对该提案的表决。如果在提出要求的那期会议最后一个星期以前还没有收到咨询意见,大会应决定何时开会对已推迟的提案进行表决。

第一百六十条 权力和职务

1. 大会作为管理局唯一由其所有成员组成的机关,应视为管理局的最高机关,其他各主要机关均应按照本公约的具体规定向大会负责。大会应有权依照本公约各项有关规定,就管理局权限范围内的任何问题或事项制订一般性政策。

2. 此外,大会的权力和职务应为:

(a) 按照第一百六十一条的规定,选举理事会成员;

(b) 从理事会提出的候选人中,选举秘书长;

(c) 根据理事会的推荐,选举企业部董事会董事和企业部总干事;

(d) 设立为按照本部分执行其职务认为有必要的附属机关。这种机关的组成,应适当考虑到公平地区分配原则和特别利益,以及其成员必须对这种机关所处理的有关技术问题具备资格和才能;

(e) 在管理局未能从其他来源得到足够收入应付其行政开支以前,按照以联合国经常预算所用比额表为基础议定的会费分摊比额表,决定各成员国对管理局的行政预算应缴的会费;

(f) (1)根据理事会的建议,审议和核准关于公平分享从"区域"内活动取得的财政及其他经济利益和依据第八十二条所缴的费用和实物的规则、规章和程序,特别考虑到发展中国家和尚未取得完全独立或其他自治地位的人民的利益和需要。如果大会对理事会的建议不予核准,大会应将这些建议送回理事会,以便参照大会表示的意见重新加以审议;

(2)审议和核准理事会依据第一百六十二条第 2 款(0)项(2)目暂时制定的管理局的规则、规章和程序及其修正案。这些规则、规章和程序应涉及"区域"内的探矿、勘探和开发,管理局的财务管理和内部行政以及根据企业部董事会的建议由企业部向管理局转移资金;

(g) 在符合本公约规定和管理局规则、规章和程序的情形下,决定公平分配从"区域"内活动取得的财政和其他经济利益;

(h) 审议和核准理事会提出的管理局的年度概算;

(i) 审查理事会和企业部的定期报告以及要求理事会或管理局任何其他机关提出的特别报告;

(j) 为促进有关"区域"内活动的国际合作和鼓励与此有关的国际法的逐渐发展及其编纂的目的,发动研究和提出建议;

(k) 审议关于"区域"内活动的一般性问题,特别是对发展中国家产生的问题,以及关于"区域"内活动对某些国家,特别是内陆国和地理不利国,因其地理位置而造成的那些问题;

(l) 经理事会按照经济规划委员会的意见提出建议,依第一百五十一条第10款的规定,建立补偿制度或采取其他经济调整援助措施;

(m) 依据第一百八十五条暂停成员的权利和特权的行使;

(n) 讨论管理局权限范围内的任何问题或事项,并在符合管理局各个机关权力和职务的分配的情形下,决定由管理局哪一机关来处理本公约条款未规定由其某一机关处理的任何这种问题或事项。

C分节 理 事 会

第一百六十一条 组成、程序和表决

1. 理事会应由大会按照下列次序选出的三十六个管理局成员组成:

(a) 四个成员来自在有统计资料的最近五年中,对于可从"区域"取得的各类矿物所产的商品,其消费量超过世界总消费量百分之二,或其净进口量超过世界总进口量百分之二的那些缔约国,无论如何应有一个国家属于东欧(社会主义)区域,和最大的消费国;

(b) 四个成员来自直接地或通过其国民对"区域"内活动的准备和进行作出了最大投资的八个缔约国,其中至少应有一个国家属于东欧(社会主义)区域;

(c) 四个成员来自缔约国中因在其管辖区域内的生产而为可从"区域"取得的各类矿物的主要净出口国,其中至少应有两个是出口这种矿物对其经济有重大关系的发展中国家;

(d) 六个成员来自发展中国家缔约国,代表特别利益。所代表的特别利益应包括人口众多的国家、内陆国或地理不利国、可从"区域"取得的各类矿物的主要进口国、这些矿物的潜在的生产国以及最不发达国家的利益;

(e) 十八个成员按照确保理事会的席位作为一个整体予以公平地区分配的原则选出,但每一地理区域至少应有根据本项规定选出的一名成员。为此目的,地理区域应为非洲、亚洲、东欧(社会主义)、拉丁美洲和西欧及其他国家。

2. 按照第 1 款选举理事会成员时,大会应确保:

(a) 内陆国和地理不利国有和它们在大会内的代表权成合理比例的代表;

(b) 不具备第 1 款(a)、(b)、(c)或(d)项所列条件的沿海国,特别是发展中国家有和它们在大会内的代表权成合理比例的代表;

(c) 在理事会内应有代表的每一个缔约国集团,其代表应由该集团提名的任何成员担任。

3. 选举应在大会的常会上举行。理事会每一成员任期四年。但在第一次选举时,第 1 款所指每一集团的一半成员的任期应为两年。

4. 理事会成员连选可连任;但应妥为顾及理事会成员轮流的相宜性。

5. 理事会应在管理局所在地执行职务,并应视管理局业务需要随时召开会议,但每年不得少于三次。

6. 理事会过半数成员构成法定人数。

7. 理事会每一成员应有一票表决权。

8. (a) 关于程序问题的决定应以出席并参加表决的过半数成员作出。

(b) 关于在下列条款下产生的实质问题的决定,应以出席并参加表决的成员的三分之二多数作出,但这种多数应包括理事会的过半数成员:第一百六十二条第 2 款(f)项、(g)项、(h)项、(i)项、(n)项、(p)项和(v)项;第一百九十一条。

(c) 关于在下列条款下产生的实质问题的决定,应以出席并参加表决的成员的四分之三多数作出,但这种多数应包括理事会的过半数成员:第一百六十二条第 1 款;第一百六十二条第 2 款(a)项;(b)项;(c)项;(d)项;(e)项;(l)项;(q)项;(r)项;(s)项;(t)项;在承包者或担保者不遵守规定的情形下(u)项;(w)项,但根据本项发布的命令的有效期间不得超过三十天,除非以按照(d)项作出的决定加以确认;(x)项;(y)项;(z)项;第一百六十三条第 2 款;第一百七十四条第 3 款;附件四第十一条。

(d) 关于在下列条款下产生的实质问题的决定应以协商一致方式作出:第一百六十二条第 2 款(m)项和(o)项;对第十一部分的修正案的通过。

(e) 为了(d)项、(f)项和(g)项的目的,"协商一致"是指没有任何正式的反对意见。在一项提案向理事会提出后十四天内,理事会主席应确定对该提案的通过是否会有正式的反对意见。如果主席确定会有这种反对意见,则主席应于作出这种确定后三天内成立并召集一个其成员不超过九人的调解委员会,由他本人担任主席,以调解分歧并提出能够以协商一致方式通过的提案。委员会应迅速进行工作,并于十四天内向理事会提出报告。如果委员会无法提出能以协商一致方式通过的提案,它应于其报告中说明反对该提案所根据的理由。

(f) 就以上未予列出的问题,经理事会获得管理局规则、规章和程序或其他规定授权作出的决定,应依据规则、规章和程序所指明的本款各项予以作出,如果其中未予指明,则依据理事会以协商一致方式于可能时提前确定的一项予以作出。

(g) 遇有某一问题究应属于(a)项、(b)项、(c)项或(d)项的问题,应根据情况将该问题作为在需要较大或最大多数或协商一致的那一项内的问题加以处理,除非理事会以上述多数或协商一致另有决定。

9. 理事会应制订一项程序,使在理事会内未有代表的管理局成员可在该成员提出要求时或在审议与该成员特别有关的事项时,派出代表参加其会议,这种代表应有权参加讨论,但无表决权。

第一百六十二条 权力和职务

1. 理事会为管理局的执行机关。理事会应有权依本公约和大会所制订的一般政策,制订管理局对于其权限范围以内的任何问题或事项所应遵循的具体政策。

2. 此外,理事会应:

(a) 就管理局职权范围内所有问题和事项监督和协调本部分规定的实施,并提请大会注意不遵守规定的情事;

(b) 向大会提出选举秘书长的候选人名单;

(c) 向大会推荐企业部董事会的董事和企业部总干事的候选人;

(d) 在适当时,并在妥为顾及节约和效率的情形下,设立其认为按照本部分执行其职务所必要的附属机关。附属机关的组成,应注重其成员必须对这种机关所处理的有关技术问题具备资格和才能,但应妥为顾及公平地区分配原则和特别利益;

(e) 制定理事会议事规则,包括推选其主席的方法;

(f) 代表管理局在其职权范围内同联合国或其他国际组织缔结协定,但须经大会核准;

(g) 审查企业部的报告,并将其转交大会,同时提交其建议;

(h) 向大会提出年度报告和大会要求的特别报告;

(i) 按照第一百七十条向企业部发出指示;

(j) 按照附件三第六条核准工作计划。理事会应于法律和技术委员会提出每一工作计划后六十天内在理事会的会议上按照下列程序对该工作计划采取行动:

(1) 如果委员会建议核准一项工作计划,在十四天内理事会如无任何成员向主席书面提出具体反对意见,指称不符合附件三第六条的规定,则该工作计划应视为已获理事会核准。如有反对意见,即应适用第一百六十一条第8款(c)项所载的调解程序。如果在调解程序结束时,反对意见依然坚持,则除非理事会中将提出申请或担保申请者的任何一国或数国排除在外的成员以协商一致方式对工作计划不予核准,则该工作计划应视为已获理事会核准;

(2) 如果委员会对一项工作计划建议不予核准,或未提出建议,理事会可以出席和参加表决的成员的四分之三的多数决定核准该工作计划,但这一多数须包括参加该次会议的过半数成员;

(k) 核准企业部按照附件四第十二条提出的工作计划,核准时比照适用(j)项内所列的程序;

(l) 按照第一百五十三条第 4 款和管理局的规则、规章和程序,对"区域"内活动行使控制;

(m) 根据经济规划委员会的建议,按照第一百五十(h)项,制定必要和适当的措施,以保护发展中国家使其不致受到该项中指明的不良经济影响;

(n) 根据经济规划委员会的意见,向大会建议第一百五十一条第 10 款所规定的补偿制度或其他经济调整援助措施;

(o)(1) 向大会建议关于公平分享从"区域"内活动取得的财政及其他经济利益以及依据第八十二条所缴费用和实物的规则、规章和程序,特别顾及发展中国家和尚未取得完全独立或其他自治地位的人民的利益和需要;

(2) 在经大会核准前参考法律和技术委员会或其他有关附属机构的建议,暂时制定并适用管理局规则、规章和程序及其任何修正案。这种规则、规章和程序应涉及"区域"内的探矿、勘探和开发以及管理局的财务管理和内部行政。对于制定有关多金属结核的勘探和开发的规则、规章和程序,应给予优先。有关多金属结核以外任何资源的勘探和开发的规则、规章和程序,应于管理局任何成员向其要求制订之日起三年内予以制定。所有规则、规章和程序应于大会核准以前或理事会参照大会表示的任何意见予以修改以前,在暂时性的基础上生效;

(p) 审核在依据本部分进行的业务方面由管理局付出或向其缴付的一切款项的收集工作;

(q) 在附件三第七条有此要求的情形下,从生产许可的申请者中作出选择;

(r) 将管理局的年度概算提交大会核准;

(s) 就管理局职权范围内的任何问题或事项的政策,向大会提出建议;

(t) 依据第一百八十五条,就暂停成员权利和特权的行使向大会提出建议;

(u) 在发生不遵守规定的情形下,代表管理局向海底争端分庭提起司法程序;

(v) 经海底争端分庭在根据(u)项提起的司法程序作出裁判后,将此通知大会,并就其认为应采取的适当措施提出建议;

(w) 遇有紧急情况,发布命令,其中可包括停止或调整作业的命令,以防止"区域"内活动对海洋环境造成严重损害;

(x) 在有重要证据证明海洋环境有受严重损害之虞的情形下,不准由承包者或企业部开发某些区域;

(y) 设立一个附属机关来制订有关下列两项财政方面的规则、规章和程序草案:

(1) 按照第一百七十一至第一百七十五条的财务管理;

(2) 按照附件三第十三条和第十七条第1款(c)项的财政安排;

(z) 设立适当机构来指导和监督视察工作人员,这些视察员负责视察"区域"内活动,以确定本部分的规定、管理局的规则、规章和程序以及同管理局订立的任何合同的条款和条件,是否得到遵守。

第一百六十三条　理事会的机关

1. 兹设立事事会的机关如下:

(a) 经济规划委员会;

(b) 法律和技术委员会。

2. 每一委员会应由理事会根据缔约国提名选出的十五名委员组成。但理事会可于必要时在妥为顾及节约和效率的情形下,决定增加任何一个委员会的委员人数。

3. 委员会委员应具备该委员会职务范围内的适当资格。缔约国应提名在有关领域内有资格的具备最高标准的能力和正直的候选人,以便确保委员会有效执行其职务。

4. 在选举委员会委员时,应妥为顾及席位的公平地区分配和特别利益有其代表的需要。

5. 任何缔约国不得提名一人以上为同一委员会的候选人。任何人不应当选在一个以上委员会任职。

6. 委员会委员任期五年,连选可连任一次。

7. 如委员会委员在其任期届满之前死亡、丧失能力或辞职,理事会应从同一地理区域或同一利益方面选出一名委员任满所余任期。

8. 委员会委员不应在同"区域"内的勘探和开发有关的任何活动中有财务上的利益。各委员在对其所任职的委员会所负责任限制下,不应泄露工业秘密、按照附件三第十四条转让给管理局的专有性资料,或因其在管理局任职而得悉的任何其他秘密情报,即使在职务终止以后,也是如此。

9. 每一委员会应按照理事会所制定的方针和指示执行其职务。

10. 每一委员会应拟订为有效执行其职务所必要的规则和规章,并提请理事会核准。

11. 委员会作出决定的程序应由管理局的规则、规章和程序加以规定。提交理事会的建议,必要时应附送委员会内不同意见的摘要。

12. 每一委员会通常应在管理局所在地执行职务,并按有效执行其职务的需要,经常召开会议。

13. 在执行这些职务时,每一委员会可在适当时同另一委员会或联合国任何主管机关、联合国各专门机构或对协商的主题事项具有有关职权的任何国际组织进行协商。

第一百六十四条　经济规划委员会

1. 经济规划委员会委员应具备诸如与采矿、管理矿物资源活动、国际贸易或国际经济有关的适当资格。理事会应尽力确保委员会的组成反映出一切适当的资格。委员会至少应有两个成员来自出口从"区域"取得的各类矿物对其经济有重大关系的发展中国家。

2. 委员会应:

(a) 经理事会请求,提出措施,以实施按照本公约所采取的关于"区域"内活动的决定;

(b) 审查可从"区域"取得的矿物的供应、需求和价格的趋势与对其造成影响的因素,同时考虑到输入国和输出国两者的利益,特别是其中的发展中国家的利益;

(c) 审查有关缔约国提请其注意的可能导致第一百五十条(h)项内所指不良影响的任何情况,并向理事会提出适当建议;

(d) 按照第一百五十一条第10款所规定,向理事会建议对于因"区域"内活动而受到不良影响的发展中国家提供补偿或其他经济调整援助措施的制度以便提交大会。委员会应就大会通过的这一制度或其他措施对具体情况的适用,向理事会提出必要的建议。

第一百六十五条　法律和技术委员会

1. 法律和技术委员会委员应具备诸如有关矿物资源的勘探和开发及加工、海洋学、海洋环境的保护,或关于海洋采矿的经济或法律问题以及其他有关的专门知识方面的适当资格。理事会应尽力确保委员会的组成反映出一切适当的资格。

2. 委员会应:

(a) 经理事会请求,就管理局职务的执行提出建议;

(b) 按照第一百五十三条第3款审查关于"区域"内活动的正式书面工作计划,并向理事会提交适当的建议。委员会的建议应仅以附件三所载的要求为根

据,并应就其建议向理事会提出充分报告;

(c) 经理事会请求,监督"区域"内活动,在适当情形下,同从事这种活动的任何实体或有关国家协商和合作进行,并向理事会提出报告;

(d) 就"区域"内活动对环境的影响准备评价;

(e) 向理事会提出关于保护海洋环境的建议,考虑到在这方面公认的专家的意见;

(f) 拟订第一百六十二条第 2 款(o)项所指的规则、规章和程序,提交理事会,考虑到一切有关的因素,包括"区域"内活动对环境影响的评价;

(g) 经常审查这种规则、规章和程序,并随时向理事会建议其认为必要或适宜的修正;

(h) 就设立一个以公认的科学方法定期观察、测算、评价和分析"区域"内活动造成的海洋环境污染危险或影响的监测方案,向理事会提出建议,确保现行规章是足够的而且得到遵守,并协调理事会核准的监测方案的实施;

(i) 建议理事会特别考虑到第一百八十七条,按照本部分和有关附件,代表管理局向海底争端分庭提起司法程序;

(j) 经海底争端分庭在根据(i)项提起的司法程序作出裁判后,应任何应采取的措施向理事会提出建议;

(k) 向理事会建议发布紧急命令,其中可包括停止或调整作业的命令,以防止"区域"内活动对海洋环境造成严重损害。理事会应优先审议这种建议;

(l) 在有充分证据证明海洋环境有受严重损害之虞的情形下,向理事会建议不准由承包者或企业部开发某些区域;

(m) 就视察工作人员的指导和监督事宜,向理事会提出建议,这些视察员应视察"区域"内活动,以确定本部分的规定、管理局的规则、规章和程序,以及同管理局订立的任何合同的条款和条件是否得到遵守;

(n) 在理事会按照附件三第七条在生产许可申请者中作出任何必要选择后,依据第一百五十一条第 2 至第 7 款代表管理局计算生产最高限额并发给生产许可。

3. 经任何有关缔约国或任何当事一方请求,委员会委员执行其监督和检查的职务时,应由该有关缔约国或其他当事一方的代表一人陪同。

D分节　秘　书　处

第一百六十六条　秘书处

1. 秘书处应由秘书长一人和管理局所需要的工作人员组成。

2. 秘书长应由大会从理事会提名的候选人中选举,任期四年,连选可连任。

3. 秘书长应为管理局的行政首长,在大会和理事会以及任何附属机关的一切会议上,应以这项身份执行职务,并应执行此种机关交付给秘书长的其他行政职务。

4. 秘书长应就管理局的工作向大会提出年度报告。

第一百六十七条　管理局的工作人员

1. 管理局的工作人员应由执行管理局的行政职务所必要的合格科学及技术人员和其他人员组成。

2. 工作人员的征聘和雇用,以及其服务条件的决定,应以必须取得在效率、才能和正直方面达到最高标准的工作人员为首要考虑。在这一考虑限制下,应妥为顾及在最广泛的地区基础上征聘工作人员的重要性。

3. 工作人员应由秘书长任命。工作人员的任命、薪酬和解职所根据的条款和条件,应按照管理局的规则、规章和程序。

第一百六十八条　秘书处的国际性

1. 秘书长及工作人员在执行职务时,不应寻求或接受任何政府的指示或管理局以外其他来源的指示。他们应避免足以影响其作为只对管理局负责的国际官员的地位的任何行动。每一缔约国保证尊重秘书长和工作人员所负责任的纯粹国际性,不设法影响他们执行其职责。工作人员如有任何违反职责的行为,应提交管理局的规则、规章和程序所规定的适当行政法庭。

2. 秘书长及工作人员在同"区域"内的勘探和开发有关的任何活动中,不应有任何财务上的利益。在他们对管理局所负责任限制下,他们不应泄露任何工业秘密、按照附件三第十四条转让给管理局的专有性资料或因在管理局任职而得悉的任何其他秘密情报,即使在其职务终止以后也是如此。

3. 管理局工作人员如有违反第 2 款所载义务情事,经受到这种违反行为影响的缔约国,或由缔约国按照第一百五十三条第 2 款(b)项担保并因这种违反行为而受到影响的自然人或法人的要求,应由管理局将有关工作人员交管理局的规则、规章和程序所指定的法庭处理。受影响的一方应有权参加程序。如经法庭建议,秘书长应将有关工作人员解雇。

4. 管理局的规则、规章和程序应载有为实施本条所必要的规定。

第一百六十九条　同国际组织和非政府组织的协商和合作

1. 在管理局职权范围内的事项上,秘书长经理事会核可,应作出适当的安排,同联合国经济及社会理事会承认的国际组织和非政府组织进行协商和合作。

2. 根据第 1 款与秘书长订有安排的任何组织可指派代表,按照管理局各机关的议事规则,以观察员的身份参加这些机关的会议。应制订程序,以便在适当情形下征求这种组织的意见。

3. 秘书长可向各缔约国分发第 1 款所指的非政府组织就其具有特别职权

并与管理局工作有关的事项提出的书面报告。

E分节 企业部

第一百七十条 企业部

1. 企业部应为依据第一百五十三条第2款(a)项直接进行"区域"内活动以及从事运输、加工和销售从"区域"回收的矿物的管理局机关。

2. 企业部在管理局国际法律人格的范围内,应有附件四所载章程规定的法律行为能力。企业部应按照本公约、管理局的规则、规章和程序以及大会制订的一般政策行事,并应受理事会的指示和控制。

3. 企业部总办事处应设在管理局所在地。

4. 企业部应按照第一百七十三条第2款和附件四第十一条取得执行职务所需的资金,并应按照第一百四十四条和本公约其他有关条款规定得到技术。

F分节 管理局的财政安排

第一百七十一条 管理局的资金

管理局的资金应包括:

(a) 管理局各成员按照第一百六十条第2款(e)项缴付的分摊会费;

(b) 管理局按照附件三第十三条因"区域"内活动而得到的收益;

(c) 企业部按照附件四第十条转来的资金;

(d) 依据第一百七十四条借入的款项;

(e) 成员或其他实体所提供的自愿捐款;和

(f) 按照第一百五十一条第10款向补偿基金缴付的款项,基金的来源由经济规划委员会提出建议。

第一百七十二条 管理局的年度预算

秘书长应编制管理局年度概算,向理事会提出。理事会应审议年度概算,并连同其对概算的任何建议向大会提出。大会应按照第一百六十条第2款(h)项审议并核准年度概算。

第一百七十三条 管理局的开支

1. 在管理局未能从其他来源得到足够资金以应付其行政开支以前,第一百七十一条(a)项所指的会费应缴入特别账户,以支付管理局的行政开支。

2. 管理局的资金应首先支付管理局的行政开支。除了第一百七十一条(a)项所指分摊会费外,支付行政开支后所余资金,除其他外,可:

(a) 按照第一百四十条和第一百六条第2款(g)项加以分配;

(b) 按照第一百七十条第4款用以向企业部提供资金;

(c) 按照第一百五十一条第10款和第一百六十条第2款(1)项用以补偿发展中国家。

第一百七十四条　管理局的借款权

1. 管理局应有借款的权力。

2. 大会应在依据第一百六十条第 2 款(f)项所制定的财务条例中规定对此项权力的限制。

3. 理事会应行使管理局的借款权。

4. 缔约国对管理局的债务应不负责任。

第一百七十五条　年度审计

管理局的记录、账簿和账目,包括其年度财务报表,应每年交由大会指派的一位独立审计员审核。

G 分节　法律地位、特权和豁免

第一百七十六条　法律地位

管理局应具有国际法律人格以及为执行其职务和实现其宗旨所必要的法律行为能力。

第一百七十七条　特权和豁免

为使其能够执行职务,管理局应在每一缔约国的领土内享有本分节所规定的特权和豁免。同企业部有关的特权和豁免应为附件四第十三条内所规定者。

第一百七十八条　法律程序的豁免

管理局其财产和资产,应享有对法律程序的豁免,但管理局在特定事件中明白放弃这种豁免时,不在此限。

第一百七十九条　对搜查和任何其他形式扣押的豁免

管理局的财产和资产,不论位于何处和为何人持有,应免受搜查、征用、没收、公用征收或以行政或立法行动进行的任何其他形式的扣押。

第一百八十条　限制、管制、控制和暂时冻结的免除

管理局的财产和资产应免除任何性质的限制、管理、控制和暂时冻结。

第一百八十一条　管理局的档案和公务通讯

1. 管理局的档案不论位于何处,应属不可侵犯。

2. 专有的资料、工业秘密或类似的情报和人事卷宗不应置于可供公众查阅的档案中。

3. 关于管理局的公务通讯,每一缔约国应给予管理局不低于给予其他国际组织的待遇。

第一百八十二条　若干与管理局有关人员的特权和豁免

缔约国代表出席大会、理事会,或大会或理事会所属机关的会议时,以及管理局的秘书长和工作人员,在每一缔约国领土内:

(a) 应就他们执行职务的行为,享有对法律程序的豁免,但在适当情形下,

他们所代表的国家或管理局在特定事件中明白放弃这种豁免时,不在此限;

(b) 如果他们不是缔约国国民,应比照该国应给予其他缔约国职级相当的代表、官员和雇员的待遇,享有在移民限制、外侨登记规定和国民服役义务方面的同样免除、外汇管制方面的同样便利和旅行便利方面的同样待遇。

第一百八十三条　税捐和关税的免除

1. 在其公务活动范围内,管理局及其资产、财产和收入,以及本公约许可的管理局的业务和交易,应免除一切直接税捐,对其因公务用途而进口或出口的货物也应免除一切关税。管理局不应要求免除仅因提供服务而收取的费用的税款。

2. 为管理局的公务活动需要,由管理局或以管理局的名义采购价值巨大的货物或服务时,以及当这种货物或服务的价款包括税捐或关税在内时,各缔约国应在可行范围内采取适当措施,准许免除这种税捐或关税或设法将其退还。在本条规定的免除下进口或采购的货物,除非根据与该缔约国协议的条件,不应在给予免除的缔约国领土内出售或作其他处理。

3. 各缔约国对于管理局付给非该国公民、国民或管辖下人员的管理局秘书长和工作人员以及为管理局执行任务的专家的薪给和酬金或其他形式的费用,不应课税。

H分节　成员国权利的特权的暂停行使

第一百八十四条　表决权的暂停行使

一个缔约国拖欠对管理局应缴的费用,如果拖欠数额等于或超过该国前两整年应缴费用的总额,该国应无表决权。但大会如果确定该成员国由于本国无法控制的情况而不能缴费,可准许该国参加表决。

第一百八十五条　成员权利和特权的暂停行使

1. 缔约国如一再严重违反本部分的规定,大会可根据理事会的建议暂停该国行使成员的权利和特权。

2. 在海底争端分庭认定一个缔约国一再严重违反本部分规定以前,不得根据第1款采取任何行动。

第五节　争端的解决和咨询意见

第一百八十六条　国际海洋法法庭海底争端分庭

海底争端分庭的设立及其行使管辖权的方式均应按照本节、第十五部分和附件六的规定。

第一百八十七条　海底争端分庭的管辖权

海底争端分庭根据本部分及其有关的附件,对以下各类有关"区域"内活动

的争端应有管辖权:

(a) 缔约国之间关于本部分及其有关附件的解释或适用的争端;

(b) 缔约国与管理局之间关于下列事项的争端:

(1) 管理局或缔约国的行为或不行为据指控违反本部分或其有关附件或按其制定的规则、规章或程序;或

(2) 管理局的行为据指控逾越其管辖权或滥用权力;

(c) 第一百五十三条第 2 款(b)项内所指的,作为合同当事各方的缔约国、管理局或企业部、国营企业以及自然人或法人之间关于下列事项的争端:

(1) 对有关合同或工作计划的解释或适用;或

(2) 合同当事一方在"区域"内活动方面针对另一方或直接影响其合法利益的行为或不行为;

(d) 管理局同按照第一百五十三条第 2 款(b)项由国家担保且已妥为履行附件三第四条第 6 款和第十三条第 2 款所指条件的未来承包者之间关于订立合同的拒绝,或谈判合同时发生的法律问题的争端;

(e) 管理局同缔约国、国营企业或按照第一百五十三条第 2 款(b)项由缔约国担保的自然人或法人之间关于指控管理局应依附件三第二十二条的规定负担赔偿责任的争端;

(f) 本公约具体规定由分庭管辖的任何争端。

第一百八十八条 争端提交国际海洋法法庭特别分庭或海底争端分庭专案分庭或提交有拘束力的商业仲裁

1. 第一百八十七条(a)项所指各缔约国间的争端可:

(a) 应争端各方的请求,提交按照附件六第十五和第十七条成立的国际海洋法法庭特别分庭;或

(b) 应争端任何一方的请求,提交按照附件六第三十六条成立的海底争端分庭专案分庭。

2. (a) 有关第一百八十七条(c)项(1)目内所指合同的解释或适用的争端,经争端任何一方请求,应提交有拘束力的商业仲裁,除非争端各方另有协议。争端所提交的商业仲裁法庭对决定本公约的任何解释问题不具有管辖权。如果争端也涉及关于"区域"内活动的第十一部分及其有关附件的解释问题,则应将该问题提交海底争端分庭裁定;

(b) 在此种仲裁开始时或进行过程中,如果仲裁法庭经争端任何一方请求,或根据自己决定,断定其裁决须取决于海底争端分庭的裁定,则仲裁法庭应将此种问题提交海底争端分庭裁定。然后,仲裁法庭应依照海底争端分庭的裁定作出裁决;

(c) 在合同没有规定此种争端所应适用的仲裁程序的情形下,除非争端各方另有协议,仲裁应按照联合国国际贸易法委员会的仲裁规则,或管理局的规则、规章和程序中所规定的其他这种仲裁规则进行。

第一百八十九条 在管理局所作决定方面管辖权的限制

海底争端分庭对管理局按照本部分规定行使斟酌决定权应无管辖权;在任何情形下,均不应以其斟酌决定权代替管理局的斟酌决定权。在不妨害第一百九十一条的情形下,海底争端分庭依据第一百八十七条行使其管辖权时,不应对管理局的任何规则、规章和程序是否符合本公约的问题表示意见,也不应宣布任何此种规则、规章和程序为无效。分庭在这方面的管辖权应限于就管理局的任何规则、规章和程序适用于个别案件将同争端各方的合同上义务或其在本公约下的义务相抵触的主张,就逾越管辖权或滥用权力的主张,以及就一方未履行其合同上义务或其在本公约下的义务而应给予有关另一方损害赔偿或其他补救的要求,作出决定。

第一百九十条 担保缔约国的参加程序和出庭

1. 如自然人或法人为第一百八十七条所指争端的一方,应将此事通知其担保国,该国应有权以提出书面或口头陈述的方式参加司法程序。

2. 如果一个缔约国担保的自然人或法人在第一百八十七条(c)项所指的争端中对另一缔约国提出诉讼,被告国可请担保该人的国家代表该人出庭。如果不能出庭,被告国可安排属其国籍的法人代表该国出庭。

第一百九十一条 咨询意见

海底争端分庭经大会或理事会请求,应对它们活动范围内发生的法律问题提出咨询意见。这种咨询意见应作为紧急事项提出。

第十二部分 海洋环境的保护和保全

第一节 一般规定

第一百九十二条 一般义务

各国有保护和保全海洋环境的义务。

第一百九十三条 各国开发其自然资源的主权权利

各国有依据其环境政策和按照其保护和保全海洋环境的职责开发其自然资源的主权权利。

第一百九十四条 防止、减少和控制海洋环境污染的措施

1. 各国应在适当情形下个别或联合地采取一切符合本公约的必要措施,防

止、减少和控制任何来源的海洋环境污染,为此目的,按照其能力使用其所掌握的最切实可行的方法,并应在这方面尽力协调它们的政策。

2. 各国应采取一切必要措施,确保在其管辖或控制下的活动的进行不致使其他国家及其环境遭受污染的损害,并确保在其管辖或控制范围内的事件或活动所造成的污染不致扩大到其按照本公约行使主权权利的区域之外。

3. 依据本部分采取的措施,应针对海洋环境的一切污染来源。这些措施,除其他外,应包括旨在在最大可能范围内尽量减少下列污染的措施:

(a) 从陆上来源、从大气层或通过大气层或由于倾倒而放出的有毒、有害或有碍健康的物质,特别是持久不变的物质;

(b) 来自船只的污染,特别是为了防止意外事件和处理紧急情况,保证海上操作安全,防止故意和无意的排放,以及规定船只的设计、建造、装备、操作和人员配备的措施;

(c) 来自用于勘探或开发海床和底土的自然资源的设施和装置的污染,特别是为了防止意外事件和处理紧急情况,保证海上操作安全,以及规定这些设施或装置的设计、建造、装备、操作和人员配备的措施;

(d) 来自在海洋环境内操作的其他设施和装置的污染,特别是为了防止意外事件和处理紧急情况,保证海上操作安全,以及规定这些设施或装置的设计、建造、装备、操作和人员配备的措施。

4. 各国采取措施防止、减少或控制海洋环境的污染时,不应对其他国家依照本公约行使其权利并履行其义务所进行的活动有不当的干扰。

5. 按照本部分采取的措施,应包括为保护和保全稀有或脆弱的生态系统,以及衰竭、受威胁或有灭绝危险的物种和其他形式的海洋生物的生存环境,而有必要的措施。

第一百九十五条 不将损害或危险转移或将一种污染转变成另一种污染的义务

各国在采取措施防止、减少和控制海洋环境的污染时采取的行动不应直接或间接将损害或危险从一个区域转移到另一个区域,或将一种污染转变成另一种污染。

第一百九十六条 技术的使用或外来的或新的物种的引进

1. 各国应采取一切必要措施以防止、减少和控制由于在其管辖或控制下使用技术而造成的海洋环境污染,或由于故意或偶然在海洋环境某一特定部分引进外来的或新的物种致使海洋环境可能发生重大和有害的变化。

2. 本条不影响本公约对防止、减少和控制海洋环境污染的适用。

第二节 全球性和区域性合作

第一百九十七条 在全球性或区域性的基础上的合作

各国在为保护和保全海洋环境而拟订和制订符合本公约的国际规则、标准和建议的办法及程序时,应在全球性的基础上或在区域性的基础上,直接或通过主管国际组织进行合作,同时考虑到区域的特点。

第一百九十八条 即将发生的损害或实际损害的通知

当一国获知海洋环境有即将遭受污染损害的迫切危险或已经遭受污染损害的情况时,应立即通知其认为可能受这种损害影响的其他国家以及各主管国际组织。

第一百九十九条 对污染的应急计划

在第一百九十八条所指的情形下,受影响区域的各国,应按照其能力,与各主管国际组织尽可能进行合作,以消除污染的影响并防止或尽量减少损害。为此目的,各国应共同发展和促进各种应急计划,以应付海洋环境的污染事故。

第二百条 研究、研究方案及情报和资料的交换

各国应直接或通过主管国际组织进行合作,以促进研究、实施科学研究方案,并鼓励交换所取得的关于海洋环境污染的情报和资料。各国应尽力积极参加区域性和全球性方案,以取得有关鉴定污染的性质和范围、面临污染的情况以及其通过的途径、危险和补救办法的知识。

第二百零一条 规章的科学标准

各国应参照依据第二百条取得的情报和资料,直接或通过主管国际组织进行合作,订立适当的科学准则,以便拟订和制订防止、减少和控制海洋环境污染的规则、标准和建议的办法及程序。

第三节 技术援助

第二百零二条 对发展中国家的科学和技术援助

各国应直接或通过主管国际组织:

(a) 促进对发展中国家的科学、教育、技术和其他方面援助的方案,以保护和保全海洋环境,并防止、减少和控制海洋污染。这种援助,除其他外,应包括:

(1) 训练其科学和技术人员;

(2) 便利其参加有关的国际方案;

(3) 向其提供必要的装备和便利;

(4) 提高其制造这种装备的能力;

(5) 就研究、监测、教育和其他方案提供意见并发展设施。

(b) 提供适当的援助,特别是对发展中国家,以尽量减少可能对海洋环境造成严重污染的重大事故的影响。

(c) 提供关于编制环境评价的适当援助,特别是对发展中国家。

第二百零三条 对发展中国家的优惠待遇

为了防止、减少和控制海洋环境污染或尽量减少其影响的目的,发展中国家应在下列事项上获得各国际组织的优惠待遇:

(a) 有关款项和技术援助的分配;和

(b) 对各该组织专门服务的利用。

第四节 监测和环境评价

第二百零四条 对污染危险或影响的监测

1. 各国应在符合其他国家权利的情形下,在实际可行范围内,尽力直接或通过各主管国际组织,用公认的科学方法观察、测算、估计和分析海洋环境污染的危险或影响。

2. 各国特别应不断监视其所准许或从事的任何活动的影响,以便确定这些活动是否可能污染海洋环境。

第二百零五条 报告的发展

各国应发表依据第二百零四条所取得的结果的报告,或每隔相当期间向主管国际组织提出这种报告,各该组织应将上述报告提供所有国家。

第二百零六条 对各种活动的可能影响的评价

各国如有合理根据认为在其管辖或控制下的计划中的活动可能对海洋环境造成重大污染或重大和有害的变化,应在实际可行范围内就这种活动对海洋环境的可能影响作出评价,并应依照第二百零五条规定的方式提送这些评价结果的报告。

第五节 防止、减少和控制海洋环境污染的国际规则和国内立法

第二百零七条 陆地来源的污染

1. 各国应制定法律和规章,以防止、减少和控制陆地来源,包括河流、河口湾、管道和排水口结构对海洋环境的污染,同时考虑到国际上议定的规则、标准和建议的办法及程序。

2. 各国应采取其他可能必要的措施,以防止、减少和控制这种污染。

3. 各国应尽力在适当的区域一级协调其在这方面的政策。

4. 各国特别应通过主管国际组织或外交会议采取行动,尽力制订全球性和区域性规则、标准和建议的办法及程序,以防止、减少和控制这种污染,同时考虑

到区域的特点,发展中国家的经济能力及其经济发展的需要。这种规则、标准和建议的办法及程序应根据需要随时重新审查。

5. 第1、第2和第4款提及的法律、规章、措施、规则、标准和建议的办法及程序,应包括旨在在最大可能范围内尽量减少有毒、有害或有碍健康的物质,特别是持久不变的物质,排放到海洋环境的各种规定。

第二百零八条 国家管辖的海底活动造成的污染

1. 沿海国应制定法律和规章,以防止、减少和控制来自受其管辖的海底活动或与此种活动有关的对海洋环境的污染以及来自依据第六十和第八十条在其管辖下的人工岛屿、设施和结构对海洋环境的污染。

2. 各国应采取其他可能必要的措施,以防止、减少和控制这种污染。

3. 这种法律、规章和措施的效力应不低于国际规则、标准和建议的办法及程序。

4. 各国应尽力在适当的区域一级协调其在这方面的政策。

5. 各国特别应通过主管国际组织或外交会议采取行动,制订全球性和区域性规则、标准和建议的办法及程序,以防止、减少和控制第1款所指的海洋环境污染。这种规则、标准和建议的办法及程序应根据需要随时重新审查。

第二百零九条 来自"区域"内活动的污染

1. 为了防止、减少和控制"区域"内活动对海洋环境的污染,应按照第十一部分制订国际规则、规章和程序。这种规则、规章和程序应根据需要随时重新审查。

2. 在本节有关规定的限制下,各国应制定法律和规章,以防止、减少和控制由悬挂其旗帜或在其国内登记或在其权力下经营的船只、设施、结构和其他装置所进行的"区域"内活动造成对海洋环境的污染。这种法律和规章的要求的效力应不低于第1款所指的国际规则、规章和程序。

第二百一十条 倾倒造成的污染

1. 各国应制定法律和规章,以防止、减少和控制倾倒对海洋环境的污染。

2. 各国应采取其他可能必要的措施,以防止、减少和控制这种污染。

3. 这种法律、规章和措施应确保非经各国主管当局准许,不进行倾倒。

4. 各国特别应通过主管国际组织或外交会议采取行动,尽力制订全球性和区域性规则、标准和建议的办法及程序,以防止、减少和控制这种污染。这种规则、标准和建议的办法及程序应根据需要随时重新审查。

5. 非经沿海国事前明示核准,不应在领海和专属经济区内或在大陆架上进行倾倒,沿海国经与由于地理环境可能受倾倒不利影响的其他国家适当审议此事后,有权准许、规定和控制这种倾倒。

6. 国内法律、规章和措施在防止、减少和控制这种污染方面的效力应不低于全球性规则和标准。

第二百一十一条　来自船只的污染

1. 各国应通过主管国际组织或一般外交会议采取行动,制订国际规则和标准,以防止、减少和控制船只对海洋环境的污染,并于适当情形下,以同样方式促进对划定航线制度的采用,以期尽量减少可能对海洋环境,包括对海岸造成污染和对沿海国的有关利益可能造成污染损害的意外事件的威胁。这种规则和标准应根据需要随时以同样方式重新审查。

2. 各国应制定法律和规章,以防止、减少和控制悬挂其旗帜或在其国内登记的船只对海洋环境的污染。这种法律和规章至少应具有与通过主管国际组织或一般外交会议制订的一般接受的国际规则和标准相同的效力。

3. 各国如制订关于防止、减少和控制海洋环境污染的特别规定作为外国船只进入其港口或内水或在其岸外设施停靠的条件,应将这种规定妥为公布,并通知主管国际组织。如两个或两个以上的沿海国制订相同的规定,以求协调政策,在通知时应说明哪些国家参加这种合作安排。每个国家应规定悬挂其旗帜或在其国内登记的船只的船长在参加这种合作安排的国家的领海内航行时,经该国要求应向其提送通知是否正驶往参加这种合作安排的同一区域的国家,如系驶往这种国家,应说明是否遵守该国关于进入港口的规定。本条不妨害船只继续行使其无害通过权,也不妨害第二十五条第2款的适用。

4. 沿海国在其领海内行使主权,可制定法律和规章,以防止、减少和控制外国船只,包括行使无害通过权的船只对海洋的污染。按照第二部分第三节的规定,这种法律和规章不应阻碍外国船只的无害通过。

5. 沿海国为第六节所规定的执行的目的,可对其专属经济区制定法律和规章,以防止、减少和控制来自船只的污染。这种法律和规章应符合通过主管国际组织或一般外交会议制订的一般接受的国际规则和标准,并使其有效。

6. (a) 如果第1款所指的国际规则和标准不足以适应特殊情况,又如果沿海国有合理根据认为其专属经济区某一明确划定的特定区域,因与其海洋学和生态条件有关的公认技术理由,以及该区域的利用或其资源的保护及其在航运上的特殊性质,要求采取防止来自船只的污染的特别强制性措施,该沿海国通过主管国际组织与任何其他有关国家进行适当协商后,可就该区域向该组织送发通知,提出所依据的科学和技术证据,以及关于必要的回收设施的情报。该组织收到这种通知后,应在十二个月内确定该区域的情况与上述要求是否相符。如果该组织确定是符合的,该沿海国即可对该区域制定防止、减少和控制来自船只的污染的法律和规章,实施通过主管国际组织使其适用于各特别区域的国际规

则和标准或航行办法。在向该组织送发通知满十五个月后,这些法律和规章才可适用于外国船只;

(b)沿海国应公布任何这种明确划定的特定区域的界限;

(c)如果沿海国有意为同一区域制定其他法律和规章,以防止、减少和控制来自船只的污染,它们应于提出上述通知时,同时将这一意向通知该组织。这种增订的法律和规章可涉及排放和航行办法,但不应要求外国船只遵守一般接受的国际规则和标准以外的设计、建造、人员配备和装备标准;这种法律和规章应在向该组织送发通知十五个月后适用于外国船只,但须在送发通知后十二个月内该组织表示同意。

7. 本条所指的国际规则和标准,除其他外,应包括遇有引起排放或排放可能的海难等事故时,立即通知其海岸或有关利益可能受到影响的沿海国的义务。

第二百一十二条　来自大气层或通过大气层的污染

1. 各国为防止、减少和控制来自大气层或通过大气层的海洋环境污染,应制定适用于在其主权下的上空和悬挂其旗帜的船只或在其国内登记的船只或飞机的法律和规章,同时考虑到国际上议定的规则、标准和建议的办法及程序,以及航空的安全。

2. 各国应采取其他可能必要的措施,以防止、减少和控制这种污染。

3. 各国特别应通过主管国际组织或外交会议采取行动,尽力制订全球性和区域性规则、标准和建议的办法及程序,以防止、减少和控制这种污染。

第六节　执　　行

第二百一十三条　关于陆地来源的污染的执行

各国应执行其按照第二百零七条制定的法律和规章,并应制定法律和规章和采取其他必要措施,以实施通过主管国际组织或外交会议为防止、减少和控制陆地来源对海洋环境的污染而制订的可适用的国际规则和标准。

第二百一十四条　关于来自海底活动的污染的执行

各国为防止、减少和控制来自受其管辖的海底活动或与此种活动有关的对海洋环境的污染以及来自依据第六十和第八十条在其管辖下的人工岛屿、设施和结构对海洋环境的污染,应执行其按照第二百零八条制定的法律和规章,并应制定必要的法律和规章和采取其他必要措施,以实施通过主管国际组织或外交会议制订的可适用的国际规则和标准。

第二百一十五条　关于来自"区域"内活动的污染的执行

为了防止、减少和控制"区域"内活动对海洋环境的污染而按照第十一部分制订的国际规则、规章和程序,其执行应受该部分支配。

第二百一十六条　关于倾倒造成污染的执行

1. 为了防止、减少和控制倾倒对海洋环境的污染而按照本公约制定的法律和规章，以及通过主管国际组织或外交会议制订的可适用的国际规则和标准，应依下列规定执行：

（a）对于在沿海国领海或其专属经济区内或在其大陆架上的倾倒，应由该沿海国执行；

（b）对于悬挂旗籍国旗帜的船只或在其国内登记的船只和飞机，应由该旗籍国执行；

（c）对于在任何国家领土内或在其岸外设施装载废料或其他物质的行为，应由该国执行。

2. 本条不应使任何国家承担提起司法程序的义务，如果另一国已按照本条提起这种程序。

第二百一十七条　船旗国的执行

1. 各国应确保悬挂其旗帜或在其国内登记的船只，遵守为防止、减少和控制来自船只的海洋环境的污染而通过主管国际组织或一般外交会议制订的可适用的国际规则和标准以及各该国按照本公约制定的法律和规章，并应为此制定法律和规章以及采取其他必要措施，以实施这种规则、标准、法律和规章。船旗国应作出规定使这种规则、标准、法律和规章得到有效执行，不论违反行为在何处发生。

2. 各国特别应采取适当措施，以确保悬挂其旗帜或在其国内登记的船只，在能遵守第1款所指的国际规则和标准的规定，包括关于船只的设计、建造、装备和人员配备的规定以前，禁止其出海航行。

3. 各国应确保悬挂其旗帜或在其国内登记的船只在船上持有第1款所指的国际规则和标准所规定并依据该规则和标准颁发的各种证书。各国应确保悬挂其旗帜的船只受到定期检查，以证实这些证书与船只的实际情况相符。其他国家应接受这些证书，作为船只情况的证据，并应将这些证书视为与其本国所发的证书具有相同效力，除非有明显根据认为船只的情况与证书所载各节有重大不符。

4. 如果船只违反通过主管国际组织或一般外交会议制订的规则和标准，船旗国在不妨害第二百一十八、第二百二十和第二百二十八条的情形下，应设法立即进行调查，并在适当情形下应对被指控的违反行为提起司法程序，不论违反行为在何处发生，也不论这种违反行为所造成的污染在何处发生或发现。

5. 船旗国调查违反行为时，可向提供合作能有助于澄清案件情况的任何其他国家请求协助。各国应尽力满足船旗国的适当请求。

6. 各国经任何国家的书面请求,应对悬挂其旗帜的船只被指控所犯的任何违反行为进行调查。船旗国如认为有充分证据可对被指控的违反行为提起司法程序,应毫不迟延地按照其法律提起这种程序。

7. 船旗国应将所采取行动及其结果迅速通知请求国和主管国际组织。所有国家应能得到这种情报。

8. 各国的法律和规章对悬挂其旗帜的船只所规定的处罚应足够严厉,以防阻违反行为在任何地方发生。

第二百一十八条 港口国的执行

1. 当船只自愿位于一国港口或岸外设施时,该国可对该船违反通过主管国际组织或一般外交会议制订的可适用的国际规则和标准在该国内水、领海或专属经济区外的任何排放进行调查,并可在有充分证据的情形下,提起司法程序。

2. 对于在另一国内水、领海或专属经济区内发生的违章排放行为,除非经该国、船旗国或受违章排放行为损害或威胁的国家请求,或者违反行为已对或可能对提起司法程序的国家的内水、领海或专属经济区造成污染,不应依据第1款提起司法程序。

3. 当船只自愿位于一国港口或岸外设施时,该国应在实际可行范围内满足任何国家因认为第1款所指的违章排放行为已在其内水、领海或专属经济区内发生,对其内水、领海或专属经济区已造成损害或有损害的威胁而提出的进行调查的请求,并且应在实际可行范围内,满足船旗国对这一违反行为所提出的进行调查的请求,不论违反行为在何处发生。

4. 港口国依据本条规定进行的调查的记录,如经请求,应转交船旗国或沿海国。在第七节限制下,如果违反行为发生在沿海国的内水、领海或专属经济区内,港口国根据这种调查提起的任何司法程序,经该沿海国请求可暂停进行。案件的证据和记录,连同缴交港口国当局的任何保证书或其他财政担保,应在这种情形下转交给该沿海国。转交后,在港口国即不应继续进行司法程序。

第二百一十九条 关于船只适航条件的避免污染措施

在第七节限制下,各国如经请求或出于自己主动,已查明在其港口或岸外设施的船只违反关于船只适航条件的可适用的国际规则和标准从而有损害海洋环境的威胁,应在实际可行范围内采取行政措施以阻止该船航行。这种国家可准许该船仅驶往最近的适当修船厂,并应于违反行为的原因消除后,准许该船立即继续航行。

第二百二十条 沿海国的执行

1. 当船只自愿位于一国港口或岸外设施时,该国对在其领海或专属经济区内发生的任何违反关于防止、减少和控制船只造成的污染的该国按照本公约制定的法律和规章或可适用的国际规则和标准的行为,可在第七节限制下,提起司法程序。

2. 如有明显根据认为在一国领海内航行的船只,在通过领海时,违反关于防止、减少和控制来自船只的污染的该国按照本公约制定的法律和规章或可适用的国际规则和标准,该国在不妨害第二部分第三节有关规定的适用的情形下,可就违反行为对该船进行实际检查,并可在有充分证据时,在第七节限制下按照该国法律提起司法程序,包括对该船的拘留在内。

3. 如有明显根据认为在一国专属经济区或领海内航行的船只,在专属经济区内违反关于防止、减少和控制来自船只的污染的可适用的国际规则和标准或符合这种国际规则和标准并使其有效的该国的法律和规章,该国可要求该船提供关于该船的识别标志、登记港口、上次停泊和下次停泊的港口,以及其他必要的有关情报,以确定是否已有违反行为发生。

4. 各国应制定法律和规章,并采取其他措施,以使悬挂其旗帜的船只遵从依据第 3 款提供情报的要求。

5. 如有明显根据认为在一国专属经济区或领海内航行的船只,在专属经济区内犯有第 3 款所指的违反行为而导致大量排放,对海洋环境造成重大污染或有造成重大污染的威胁,该国在该船拒不提供情报,或所提供的情报与明显的实际情况显然不符,并且依案件情况确有进行检查的理由时,可就有关违反行为的事项对该船进行实际检查。

6. 如有明显客观证据证明在一国专属经济区或领海内航行的船只,在专属经济区内犯有第 3 款所指的违反行为而导致排放,对沿海国的海岸或有关利益,或对其领海或专属经济区内的任何资源,造成重大损害或有造成重大损害的威胁,该国在有充分证据时,可在第七节限制下,按照该国法律提起司法程序,包括对该船的拘留在内。

7. 虽有第 6 款的规定,无论何时如已通过主管国际组织或另外协议制订了适当的程序,从而已经确保关于保证书或其他适当财政担保的规定得到遵守,沿海国如受这种程序的拘束,应立即准许该船继续航行。

8. 第 3、第 4、第 5、第 6 和第 7 款的规定也应适用于依据第二百一十一条第 6 款制定的国内法律和规章。

第二百二十一条　避免海难引起污染的措施

1. 本部分的任何规定不应妨害各国为保护其海岸或有关利益,包括捕鱼,免受海难或与海难有关的行动所引起,并能合理预期造成重大有害后果的污染或污染威胁,而依据国际法,不论是根据习惯还是条约,在其领海范围以外,采取和执行与实际的或可能发生的损害相称的措施的权利。

2. 为本条的目的,"海难"是指船只碰撞、搁浅或其他航行事故,或船上或船外所发生对船只或船货造成重大损害或重大损害的迫切威胁的其他事故。

第二百二十二条 对来自大气层或通过大气层的污染的执行

各国应对在其主权下的上空或悬挂其旗帜的船只或在其国内登记的船只和飞机,执行其按照第二百一十二条第 1 款和本公约其他规定制定的法律和规章,并应依照关于空中航行安全的一切有关国际规则和标准,制定法律和规章并采取其他必要措施,以实施通过主管国际组织或外交会议为防止、减少和控制来自大气层或通过大气层的海洋环境污染而制订的可适用的国际规则和标准。

第七节 保障办法

第二百二十三条 便利司法程序的措施

在依据本部分提起的司法程序中,各国应采取措施,便利对证人的听询以及接受另一国当局或主管国际组织提交的证据,并应便利主管国际组织、船旗国或受任何违反行为引起污染影响的任何国家的官方代表参与这种程序。参与这种程序的官方代表应享有国内法律和规章或国际法规定的权利与义务。

第二百二十四条 执行权力的行使

本部分规定的对外国船只的执行权力,只有官员或军舰、军用飞机或其他有清楚标志可以识别为政府服务并经授权的船舶或飞机才能行使。

第二百二十五条 行使执行权力时避免不良后果的义务

在根据本公约对外国船只行使执行权力时,各国不应危害航行的安全或造成对船只的任何危险,或将船只带至不安全的港口或停泊地,或使海洋环境面临不合理的危险。

第二百二十六条 调查外国船只

1. (a) 各国羁留外国船只不得超过第二百一十六、第二百一十八和第二百二十条规定的为调查目的所必需的时间。任何对外国船只的实际检查应只限于查阅该船按照一般接受的国际规则和标准所须持有的证书、记录或其他文件或其所持有的任何类似文件;对船只的进一步的实际检查,只有在经过这样的查阅后以及在下列情况下,才可进行:

(1) 有明显根据认为该船的情况或其装备与这些文件所载各节有重大不符;

(2) 这类文件的内容不足以证实或证明涉嫌的违反行为;或

(3) 该船未持有有效的证件和记录。

(b) 如果调查结果显示有违反关于保护和保全海洋环境的可适用的法律和规章或国际规则和标准的行为,则应于完成提供保证书或其他适当财政担保等合理程序后迅速予以释放。

(c) 在不妨害有关船只适航性的可适用的国际规则和标准的情形下,无论何时如船只的释放可能对海洋环境引起不合理的损害威胁,可拒绝释放或以驶往最近的适当修船厂为条件予以释放。在拒绝释放或对释放附加条件的情形下,必须迅速通知船只的船旗国,该国可按照第十五部分寻求该船的释放。

2. 各国应合作制定程序,以避免在海上对船只作不必要的实际检查。

第二百二十七条　对外国船只的无歧视

各国根据本部分行使其权利和履行其义务时,不应在形式上或事实上对任何其他国家的船只有所歧视。

第二百二十八条　提起司法程序的暂停和限制

1. 对于外国船只在提起司法程序的国家的领海外所犯任何违反关于防止、减少和控制来自船只的污染的可适用的法律和规章或国际规则和标准的行为诉请加以处罚的司法程序,于船旗国在这种程序最初提起之日起六个月内就同样控告提出加以处罚的司法程序时,应立即暂停进行,除非这种程序涉及沿海国遭受重大损害的案件或有关船旗国一再不顾其对本国船只的违反行为有效地执行可适用的国际规则和标准的义务。船旗国无论何时,如按照本条要求暂停进行司法程序,应于适当期间内将案件全部卷宗和程序记录提供早先提起程序的国家。船旗国提起的司法程序结束时,暂停的司法程序应予终止。在这种程序中应收的费用经缴纳后,沿海国应发还与暂停的司法程序有关的任何保证书或其他财政担保。

2. 从违反行为发生之日起满三年后,对外国船只不应再提起加以处罚的司法程序,又如另一国家已在第1款所载规定的限制下提起司法程序,任何国家均不得再提起这种程序。

3. 本条的规定不妨害船旗国按照本国法律采取任何措施,包括提起加以处罚的司法程序的权利,不论别国是否已先提起这种程序。

第二百二十九条　民事诉讼程序的提起

本公约的任何规定不影响因要求赔偿海洋环境污染造成的损失或损害而提起民事诉讼程序。

第二百三十条　罚款和对被告的公认权利的尊重

1. 对外国船只在领海以外所犯违反关于防止、减少和控制海洋环境污染的国内法律和规章或可适用的国际规则和标准的行为,仅可处以罚款。

2. 对外国船只在领海内所犯违反关于防止、减少和控制海洋环境污染的国内法律和规章或可适用的国际规则和标准的行为,仅可处以罚款,但在领海内故意和严重地造成污染的行为除外。

3. 对于外国船只所犯这种违反行为进行可能对其加以处罚的司法程序时,应尊重被告的公认权利。

第二百三十一条　对船旗国和其他有关国家的通知

各国应将依据第六节对外国船只所采取的任何措施迅速通知船旗国和任何其他有关国家,并将有关这种措施的一切正式报告提交船旗国。但对领海内的违反行为,沿海国的上述义务仅适用于司法程序中所采取的措施。依据第六节对外国船只采取的任何这种措施,应立即通知船旗国的外交代表或领事官员,可能时并应通知其海事当局。

第二百三十二条　各国因执行措施而产生的赔偿责任

各国依照第六节所采取的措施如属非法或根据可得到的情报超出合理的要求,应对这种措施所引起的并可以归因于各该国的损害或损失负责。各国应对这种损害或损失规定向其法院申诉的办法。

第二百三十三条　对用于国际航行的海峡的保障

第五、第六和第七节的任何规定不影响用于国际航行的海峡的法律制度。但如第十节所指以外的外国船舶违反了第四十二条第 1 款(a)和(b)项所指的法律和规章,对海峡的海洋环境造成重大损害或有造成重大损害的威胁,海峡沿岸国可采取适当执行措施,在采取这种措施时,应比照尊重本节的规定。

第八节　冰封区域

第二百三十四条　冰封区域

沿海国有权制定和执行非歧视性的法律和规章,以防止、减少和控制船只在专属经济区范围内冰封区域对海洋的污染,这种区域内的特别严寒气候和一年中大部分时候冰封的情形对航行造成障碍或特别危险,而且海洋环境污染可能对生态平衡造成重大的损害或无可挽救的扰乱。这种法律和规章应适当顾及航行和以现有最可靠的科学证据为基础对海洋环境的保护和保全。

第九节　责　任

第二百三十五条　责任

1. 各国有责任履行其关于保护和保全海洋环境的国际义务。各国应按照国际法承担责任。

2. 各国对于在其管辖下的自然人或法人污染海洋环境所造成的损害,应确保按照其法律制度,可以提起申诉以获得迅速和适当的补偿或其他救济。

3. 为了对污染海洋环境所造成的一切损害保证迅速而适当地给予补偿的目的,各国应进行合作,以便就估量和补偿损害的责任以及解决有关的争端,实施现行国际法和进一步发展国际法,并在适当情形下,拟订诸如强制保险或补偿基金等关于给付适当补偿的标准和程序。

第十节 主权豁免

第二百三十六条 主权豁免

本公约关于保护和保全海洋环境的规定,不适用于任何军舰、海军辅助船、为国家所拥有或经营并在当时只供政府非商业性服务之用的其他船只或飞机。但每一国家应采取不妨害该国所拥有或经营的这种船只或飞机的操作或操作能力的适当措施,以确保在合理可行范围内这种船只或飞机的活动方式符合本公约。

第十一节 关于保护和保全海洋环境的其他公约所规定的义务

第二百三十七条 关于保护和保全海洋环境的其他公约所规定的义务

1. 本部分的规定不影响各国根据先前缔结的关于保护和保全海洋环境的特别公约和协定所承担的特定义务,也不影响为了推行本公约所载的一般原则而可能缔结的协定。

2. 各国根据特别公约所承担的关于关于保护和保全海洋环境的特定义务,应依符合本公约一般原则和目标的方式履行。

第十三部分 海洋科学研究

第一节 一般规定

第二百三十八条 进行海洋科学研究的权利

所有国家,不论其地理位置如何,以及各主管国际组织,在本公约所规定的其他国家的权利和义务的限制下,均有权进行海洋科学研究。

第二百三十九条 海洋科学研究的促进

各国和各主管国际组织应按照本公约,促进和便利海洋科学研究的发展和进行。

第二百四十条 进行海洋科学研究的一般原则

进行海洋科学研究时应适用下列原则:

(a) 海洋科学研究应专为和平目的而进行;

(b) 海洋科学研究应以符合本公约的适当科学方法和工具进行;

(c) 海洋科学研究不应对符合本公约的海洋其他正当用途有不当干扰,而

这种研究在上述用途过程中应适当地受到尊重;

(d) 海洋科学研究的进行应遵守依照本公约制定的一切有关规章,包括关于保护和保全海洋环境的规章。

第二百四十一条　不承认海洋科学研究活动为任何权利主张的法律根据

海洋科学研究活动不应构成对海洋环境任何部分或其资源的任何权利主张的法律根据。

第二节　国际合作

第二百四十二条　国际合作的促进

1. 各国和各主管国际组织应按照尊重主权和管辖权的原则,并在互利的基础上,促进为和平目的进行海洋科学研究的国际合作。

2. 因此,在不影响本公约所规定的权利和义务的情形下,一国在适用本部分时,在适当情形下,应向其他国家提供合理的机会,使其从该国取得或在该国合作下取得为防止和控制对人身健康和安全以及对海洋环境的损害所必要的情报。

第二百四十三条　有利条件的创造

各国和各主管国际组织应进行合作,通过双边和多边协定的缔结,创造有利条件,以进行海洋环境中的海洋科学研究,并将科学工作者在研究海洋环境中发生的各种现象和变化过程的本质以及两者之间的相互关系方面的努力结合起来。

第二百四十四条　情报和知识的公布和传播

1. 各国和各主管国际组织应按照本公约,通过适当途径以公布和传播的方式,提供关于拟议的主要方案及其目标的情报以及海洋科学研究所得的知识。

2. 为此目的,各国应个别地并与其他国家和各主管国际组织合作,积极促进科学资料和情报的流通以及海洋科学研究所得知识的转让,特别是向发展中国家的流通和转让,并通过除其他外对发展中国家技术和科学人员提供适当教育和训练方案,加强发展中国家自主进行海洋科学研究的能力。

第三节　海洋科学研究的进行和促进

第二百四十五条　领海内的海洋科学研究

沿海国在行使其主权时,有规定、准许和进行其领海内的海洋科学研究的专属权利。领海内的海洋科学研究,应经沿海国明示同意并在沿海国规定的条件下,才可进行。

第二百四十六条　专属经济区内和大陆架上的海洋科学研究

1. 沿海国在行使其管辖权时,有权按照本公约的有关条款,规定、准许和进行在其专属经济区内或大陆架上的海洋科学研究。

2. 在专属经济区内和大陆架上进行海洋科学研究,应经沿海国同意。

3. 在正常情形下,沿海国应对其他国家或各主管国际组织按照本公约专为和平目的和为了增进关于海洋环境的科学知识以谋全人类利益,而在其专属经济区内或大陆架上进行的海洋科学研究计划,给予同意。为此目的,沿海国应制订规则和程序,确保不致不合理地推迟或拒绝给予同意。

4. 为适用第3款的目的,尽管沿海国和研究国之间没有外交关系,它们之间仍可存在正常情况。

5. 但沿海国可斟酌决定,拒不同意另一国家或主管国际组织在该沿海国专属经济区内或大陆架上进行海洋科学研究计划,如果该计划:

(a) 与生物或非生物自然资源的勘探和开发有直接关系;

(b) 涉及大陆架的钻探、炸药的使用或将有害物质引入海洋环境;

(c) 涉及第六十和第八十条所指的人工岛屿、设施和结构的建造、操作或使用;

(d) 含有依据第二百四十八条提出的关于该计划的性质和目标的不正确情报,或如进行研究的国家或主管国际组织由于先前进行研究计划而对沿海国负有尚未履行的义务。

6. 虽有第5款的规定,如果沿海国已在任何时候公开指定从测算领海宽度的基线量起二百海里以外的某些特定区域为已在进行或将在合理期间内进行开发或详探作业的重点区域,则沿海国对于在这些特定区域之外的大陆架上按照本部分规定进行的海洋科学研究计划,即不得行使该款(a)项规定的斟酌决定权而拒不同意。沿海国对于这类区域的指定及其任何更改,应提出合理的通知,但无须提供其中作业的详情。

7. 第6款的规定不影响第七十七条所规定的沿海国对大陆架的权利。

8. 本条所指的海洋科学研究活动,不应对沿海国行使本公约所规定的主权权利和管辖权所进行的活动有不当的干扰。

第二百四十七条 国际组织进行或主持的海洋科学研究计划

沿海国作为一个国际组织的成员或同该组织订有双边协定,而在该沿海国专属经济区内或大陆架上该组织有意直接或在其主持下进行一项海洋科学研究计划,如果该沿海国在该组织决定进行计划时已核准详细计划,或愿意参加该计划,并在该组织将计划通知该沿海国后四个月内没有表示任何反对意见,则应视为已准许依照同意的说明书进行该计划。

第二百四十八条 向沿海国提供资料的义务

各国和各主管国际组织有意在一个沿海国的专属经济区内或大陆架上进行海洋科学研究,应在海洋科学研究计划预定开始日期至少六个月前,向该国提供关于下列各项的详细说明:

(a) 计划的性质和目标;

(b) 使用的方法和工具,包括船只的船名、吨位、类型和级别,以及科学装备的说明;

(c) 进行计划的精确地理区域;

(d) 研究船最初到达和最后离开的预定日期,或装备的部署和拆除的预定日期,视情况而定;

(e) 主持机构的名称、其主持人和计划负责人的姓名;和

(f) 认为沿海国应能参加或有代表参与计划的程度。

第二百四十九条　遵守某些条件的义务

1. 各国和各主管国际组织在沿海国的专属经济区内或大陆架上进行海洋科学研究时,应遵守下列条件:

(a) 如沿海国愿意,确保其有权参加或有代表参与海洋科学研究计划,特别是于实际可行时在研究船和其他船只上或在科学研究设施上进行,但对沿海国的科学工作者无须支付任何报酬,沿海国亦无分担计划费用的义务;

(b) 经沿海国要求,在实际可行范围内尽快向沿海国提供初步报告,并于研究完成后提供所得的最后成果和结论;

(c) 经沿海国要求,负责供其利用从海洋科学研究计划所取得的一切资料和样品,并同样向其提供可以复制的资料和可以分开而不致有损其科学价值的样品;

(d) 如经要求,向沿海国提供对此种资料、样品及研究成果的评价,或协助沿海国加以评价或解释;

(e) 确保在第2款限制下,于实际可行的情况下,尽快通过适当的国内或国际途径,使研究成果在国际上可以取得;

(f) 将研究方案的任何重大改变立即通知沿海国;

(g) 除非另有协议,研究完成后立即拆除科学研究设施或装备。

2. 本条不妨害沿海国的法律和规章为依据第二百四十条第5款行使斟酌决定权给予同意或拒不同意而规定的条件,包括要求预先同意使计划中对勘探和开发自然资源有直接关系的研究成果在国际上可以取得。

第二百五十条　关于海洋科学研究计划的通知

关于海洋科学研究计划的通知,除另有协议外,应通过适当的官方途径发出。

第二百五十一条　一般准则和方针

各国应通过主管国际组织设法促进一般准则和方针的制定,以协助各国确定海洋科学研究的性质和影响。

第二百五十二条　默示同意

各国或各主管国际组织可于依据第二百四十八条的规定向沿海国提供必要的情报之日起六个月后,开始进行海洋科学研究计划,除非沿海国在收到含有此项情报的通知后四个月内通知进行研究的国家或组织:

(a) 该国已根据第二百四十六条的规定拒绝同意;

(b) 该国或主管国际组织提出的关于计划的性质和目标的情报与明显事实不符;

(c) 该国要求有关第二百四十八和第二百四十九条规定的条件和情报的补充情报;或

(d) 关于该国或该组织以前进行的海洋科学研究计划,在第二百四十九条规定的条件方面,还有尚未履行的义务。

第二百五十三条　海洋科学研究活动的暂停或停止

1. 沿海国应有权要求暂停在其专属经济区内或大陆架上正在进行的任何海洋科学研究活动,如果:

(a) 研究活动的进行不按照根据第二百四十八条的规定提出的,且经沿海国作为同意的基础的情报;或

(b) 进行研究活动的国家或主管国际组织未遵守第二百四十九条关于沿海国对该海洋科学研究计划的权利的规定。

2. 任何不遵守第二百四十八条规定的情形,如果等于将研究计划或研究活动作重大改动,沿海国应有权要求停止任何海洋科学研究活动。

3. 如果第1款所设想的任何情况在合理期间内仍未得到纠正,沿海国也可要求停止海洋科学研究活动。

4. 沿海国发出其命令暂停或停止海洋科学研究活动的决定的通知后,获准进行这种活动的国家或主管国际组织应即终止这一通知所指的活动。

5. 一旦进行研究的国家或主管国际组织遵行第二百四十八条和第二百四十九条所要求的条件,沿海国应即撤销根据第1款发出的暂停命令,海洋科学研究活动也应获准继续进行。

第二百五十四条　邻近的内陆国和地理不利国的权利

1. 已向沿海国提出一项计划,准备进行第二百四十六条第3款所指的海洋科学研究的国家和主管国际组织,应将提议的研究计划通知邻近的内陆国和地理不利国,并应将此事通知沿海国。

2. 在有关的沿海国按照第二百四十六条和本公约的其他有关规定对该提议的海洋科学研究计划给予同意后,进行这一计划的国家和主管国际组织,经邻近的内陆国和地理不利国请求,适当时应向它们提供第二百四十八条和第二百四十九条第1款(f)项所列的有关情报。

3. 以上所指的邻近的内陆国和地理不利国,如提出请求,应获得机会按照有关的沿海国和进行此项海洋科学研究的国家或主管国际组织依本公约的规定而议定的适用于提议的海洋科学研究计划的条件,通过由其任命的并且不为该沿海国反对的合格专家在实际可行时参加该计划。

4. 第1款所指的国家和主管国际组织,经上述内陆国和地理不利国的请求,应向它们提供第二百四十九条第1款(d)项规定的有关情报和协助,但须受第二百四十九条第2款的限制。

第二百五十五条　便利海洋科学研究和协助研究船的措施

各国应尽力制定合理的规则、规章和程序,促进和便利在其领海以外按照本公约进行的海洋科学研究,并于适当时在其法律和规章规定的限制下,便利遵守本部分有关规定的海洋科学研究船进入其港口,并促进对这些船只的协助。

第二百五十六条　"区域"内的海洋科学研究

所有国家,不论其地理位置如何,和各主管国际组织均有权依第十一部分的规定在"区域"内进行海洋科学研究。

第二百五十七条　在专属经济区以外的水体内的海洋科学研究

所有国家,不论其地理位置如何,和各主管国际组织均有权依本公约在专属经济区范围以外的水体内进行海洋科学研究。

第四节　海洋环境中科学研究设施或装备

第二百五十八条　部署和使用

在海洋环境的任何区域内部署和使用任何种类的科学研究设施或装备,应遵守本公约为在任何这种区域内进行海洋科学研究所规定的同样条件。

第二百五十九条　法律地位

本节所指的设施或装备不具有岛屿的地位。这些设施或装备没有自己的领海,其存在也不影响领海、专属经济区或大陆架的界限的划定。

第二百六十条　安全地带

在科学研究设施的周围可按照本公约有关规定设立不超过五百公尺的合理宽度的安全地带。所有国家应确保其本国船只尊重这些安全地带。

第二百六十一条　对国际航路的不干扰

任何种类的科学研究设施或装备的部署和使用不应对已确定的国际航路构

成障碍。

第二百六十二条　识别标志和警告信号

本节所指的设施或装备应具有表明其登记的国家或所属的国际组织的识别标志,并应具有国际上议定的适当警告信号,以确保海上安全和空中航行安全,同时考虑到主管国际组织所制订的规则和标准。

第五节　责　任

第二百六十三条　责任

1. 各国和各主管国际组织应负责确保其自己从事或为其从事的海洋科学研究均按照本公约进行。

2. 各国和各主管国际组织对其他国家、其自然人或法人或主管国际组织进行的海洋科学研究所采取的措施如果违反本公约,应承担责任,并对这种措施所造成的损害提供补偿。

3. 各国和各主管国际组织对其自己从事或为其从事的海洋科学研究产生海洋环境污染所造成的损害,应依据第二百三十五条承担责任。

第六节　争端的解决和临时措施

第二百六十四条　争端的解决

本公约关于海洋科学研究的规定在解释或适用上的争端,应按照第十五部分第二和第三节解决。

第二百六十五条　临时措施

在按照第十五部分第二和第三节解决一项争端前,获准进行海洋科学研究计划的国家或主管国际组织,未经有关沿海国明示同意,不应准许开始或继续进行研究活动。

第十四部分　海洋技术的发展和转让

第一节　一　般　规　定

第二百六十六条　海洋技术发展和转让的促进

1. 各国应直接或通过主管国际组织,按照其能力进行合作,积极促进在公平合理的条款和条件上发展和转让海洋科学和海洋技术。

2. 各国应对在海洋科学和技术能力方面可能需要并要求技术援助的国家,特别是发展中国家,包括内陆国和地理不利国,促进其在海洋资源的勘探、开发、养护和管理,海洋环境的保护和保全,海洋科学研究以及符合本公约的海洋环境内其他活动等方面海洋科学和技术能力的发展,以加速发展中国家的社会和经济发展。

3. 各国应尽力促进有利的经济和法律条件,以便在公平的基础上为所有有关各方的利益转让海洋技术。

第二百六十七条 合法利益的保护

各国在依据第二百六十六条促进合作时,应适当顾及一切合法利益,除其他外,包括海洋技术的持有者、供应者和接受者的权利和义务。

第二百六十八条 基本目标

各国应直接或通过主管国际组织促进:

(a) 海洋技术知识的取得、评价和传播,并便利这种情报和资料的取得;

(b) 适当的海洋技术的发展;

(c) 必要的技术方面基本建设的发展,以便利海洋技术的转让;

(d) 通过训练和教育发展中国家和地区的国民,特别是其中最不发达国家和地区的国民的方式,以发展人力资源;

(e) 所有各级的国际合作,特别是区域、分区域和双边的国际合作。

第二百六十九条 实现基本目标的措施

为了实现第二百六十八条所指的各项目标,各国应直接或通过主管国际组织,除其他外,尽力:

(a) 制订技术合作方案,以便把一切种类的海洋技术有效地转让给在海洋技术方面可能需要并要求技术援助的国家,特别是发展中内陆国和地理不利国,以及未能建立或发展其自己在海洋科学和海洋资源勘探和开发方面的技术能力或发展这种技术的基本建设的其他发展中国家;

(b) 促进在公平合理的条件下,订立协定、合同和其他类似安排的有利条件;

(c) 举行关于科学和技术问题,特别是关于转让海洋技术的政策和方法的会议、讨论会和座谈会;

(d) 促进科学工作者、技术和其他专家的交换;

(e) 推行各种计划,并促进联合企业和其他形式的双边和多边合作。

第二节 国际合作

第二百七十条 国际合作的方式和方法

发展和转让海洋技术的国际合作,应在可行和适当的情形下,通过现有的双边、区域或多边的方案进行,并应通过扩大的和新的方案进行,以便利海洋科学研究、海洋技术转让,特别是在新领域内,以及为海洋研究和发展在国际上筹供适当的资金。

第二百七十一条　方针、准则和标准

各国应直接或通过主管国际组织,在双边基础上或在国际组织或其他机构的范围内,并在特别考虑到发展中国家的利益和需要的情形下,促进制订海洋技术转让方面的一般接受的方针、准则和标准。

第二百七十二条　国际方案的协调

在海洋技术转让方面,各国应尽力确保主管国际组织协调其活动,包括任何区域性和全球性方案,同时考虑到发展中国家特别是内陆国和地理不利国的利益和需要。

第二百七十三条　与各国际组织和管理局的合作

各国应与各主管国际组织和管理局积极合作,鼓励并便利向发展中国家及其国民和企业部转让关于"区域"内活动的技能和海洋技术。

第二百七十四条　管理局的目标

管理局在一切合法利益,其中除其他外包括技术持有者、供应者和接受者的权利和义务的限制下,在"区域"内活动方面应确保:

(a) 在公平地区分配原则的基础上,接受不论为沿海国、内陆国或地理不利国的发展中国家的国民,以便训练其为管理局工作所需的管理、研究和技术人员;

(b) 使所有国家,特别是在这一方面可能需要并要求技术援助的发展中国家,能得到有关的装备、机械、装置和作业程序的技术文件;

(c) 由管理局制订适当的规定,以便利在海洋技术方面可能需要并要求技术援助的国家,特别是发展中国家,取得这种援助,并便利其国民取得必要的技能和专门知识,包括专业训练;

(d) 通过本公约所规定的任何财政安排,协助在这一方面可能需要并要求技术援助的国家,特别是发展中国家,取得必要的装备、作业程序、工厂和其他技术知识。

第三节　国家和区域性海洋科学和技术中心

第二百七十五条　国家中心的设立

1. 各国应直接或通过各主管国际组织和管理局促进设立国家海洋科学和技术研究中心,特别是在发展中沿海国设立,并加强现有的国家中心,以鼓励和推进发展中沿海国进行海洋科学研究,并提高这些国家为了它们的经济利益而利用和保全其海洋资源的国家能力。

2. 各国应通过各主管国际组织和管理局给予适当的支持，便利设立和加强此种国家中心，以便向可能需要并要求此种援助的国家提供先进的训练设施和必要的装备、技能和专门知识以及技术专家。

第二百七十六条　区域性中心的设立

1. 各国在与各主管国际组织、管理局和国家海洋科学和技术研究机构协调下，应促进设立区域性海洋科学和技术研究中心，特别是在发展中国家设立，以鼓励和推进发展中国家进行海洋科学研究，并促进海洋技术的转让。

2. 一个区域内的所有国家都应与其中各区域性中心合作，以便确保更有效地达成其目标。

第二百七十七条　区域性中心的职务

这种区域性中心的职务，除其他外，应包括：

(a) 对海洋科学和技术研究的各方面，特别是对海洋生物学，包括生物资源的养护和管理、海洋学、水文学、工程学、海底地质勘探、采矿和海水淡化技术的各级训练和教育方案；

(b) 管理方面的研究；

(c) 有关保护和保全海洋环境以及防止、减少和控制污染的研究方案；

(d) 区域性会议、讨论会和座谈会的组织；

(e) 海洋科学和技术的资料和情报的取得和处理；

(f) 海洋科学和技术研究成果由易于取得的出版物迅速传播；

(g) 有关海洋技术转让的国家政策的公布，和对这种政策的有系统的比较研究；

(h) 关于技术的销售以及有关专利权的合同和其他安排的情报的汇编和整理；

(i) 与区域内其他国家的技术合作。

第四节　国际组织间的合作

第二百七十八条　国际组织间的合作

本部分和第十三部分所指的主管国际组织应采取一切适当措施，以便直接或在彼此密切合作中，确保本部分规定的它们的职务和责任得到有效的履行。

第十五部分　争端的解决

第一节　一　般　规　定

第二百七十九条　用和平方法解决争端的义务

各缔约国应按照《联合国宪章》第二条第三项以和平方法解决它们之间有关本公约的解释或适用的任何争端,并应为此目的以《宪章》第三十三条第一项所指的方法求得解决。

第二百八十条　用争端各方选择的任何和平方法解决争端

本公约的任何规定均不损害任何缔约国于任何时候协议用自行选择的任何和平方法解决它们之间有关本公约的解释或适用的争端的权利。

第二百八十一条　争端各方在争端未得到解决时所适用的程序

1. 作为有关本公约的解释或适用的争端各方的缔约各国,如已协议用自选选择的和平方法来谋求解决争端,则只有在诉诸这种方法而仍未得到解决以及争端各方间的协议并不排除任何其他程序的情形下,才适用本部分所规定的程序。

2. 争端各方如已就时限也达成协议,则只有在该时限届满时才适用第1款。

第二百八十二条　一般性、区域性或双边协定规定的义务

作为有关本公约的解释或适用的争端各方的缔约各国如已通过一般性、区域性或双边协定或以其他方式协议,经争端任何一方请求,应将这种争端提交导致有拘束力裁判的程序,该程序应代替本部分规定的程序而适用,除非争端各方另有协议。

第二百八十三条　交换意见的义务

1. 如果缔约国之间对本公约的解释或适用发生争端,争端各方应迅速就以谈判或其他和平方法解决争端一事交换意见。

2. 如果解决这种争端的程序已经终止,而争端仍未得到解决,或如已达成解决办法,而情况要求就解决办法的实施方式进行协商时,争端各方也应迅速着手交换意见。

第二百八十四条　调解

1. 作为有关本公约的解释或适用的争端一方的缔约国,可邀请他方按照附件五第一节规定的程序或另一种调解程序,将争端提交调解。

2. 如争端他方接受邀请,而且争端各方已就适用的调解程序达成协议,任何一方可将争端提交该程序。

3. 如争端他方未接受邀请,或争端各方未就程序达成协议,调解应视为终止。

4. 除非争端各方另有协议,争端提交调解后,调解仅可按照协议的调解程序终止。

第二百八十五条　本节对依据第十一部分提交的争端的适用

本节适用于依据第十一部分第五节应按照本部分规定的程序解决的任何争端。缔约国以外的实体如为这种争端的一方,本节比照适用。

第二节　导致有拘束力裁判的强制程序

第二百八十六条　本节规定的程序的适用

在第三节限制下,有关本公约的解释或适用的任何争端,如已诉诸第一节而仍未得到解决,经争端任何一方请求,应提交根据本节具有管辖权的法院或法庭。

第二百八十七条　程序的选择

1. 一国在签署、批准或加入本公约时,或在其后任何时间,应有自由用书面声明的方式选择下列一个或一个以上方法,以解决有关本公约的解释或适用的争端;

（a）按照附件六设立的国际海洋法法庭;

（b）国际法院;

（c）按照附件七组成的仲裁法庭;

（d）按照附件八组成的处理其中所列的一类或一类以上争端的特别仲裁法庭。

2. 根据第1款作出的声明,不应影响缔约国在第十一部分第五节规定的范围内和以该节规定的方式,接受国际海洋法法庭海底争端分庭管辖的义务,该声明亦不受缔约国的这种义务的影响。

3. 缔约国如为有效声明所未包括的争端的一方,应视为已接受附件七所规定的仲裁。

4. 如果争端各方已接受同一程序以解决这项争端,除各方另有协议外,争端仅可提交该程序。

5. 如果争端各方未接受同一程序以解决这项争端,除各方另有协议外,争端仅可提交附件七所规定的仲裁。

6. 根据第1款作出的声明,应继续有效,至撤销声明的通知交存于联合国秘书长后满三个月为止。

7. 新的声明、撤销声明的通知或声明的满期,对于根据本条具有管辖权的法院或法庭进行中的程序并无任何影响,除非争端各方另有协议。

8. 本条所指的声明和通知应交存于联合国秘书长,秘书长应将其副本分送各缔约国。

第二百八十八条　管辖权

1. 第二百八十七条所指的法院或法庭,对于按照本部分向其提出的有关本公约的解释或适用的任何争端,应具有管辖权。

2. 第二百八十七条所指的法院或法庭,对于按照与本公约的目的有关的国际协定向其提出的有关该协定的解释或适用的任何争端,也应具有管辖权。

3. 按照附件六设立的国际海洋法法庭海底争端分庭和第十一部分第五节所指的任何其他分庭或仲裁法庭,对按照该节向其提出的任何事项,应具有管辖权。

4. 对于法院或法庭是否具有管辖权如果发生争端,这一问题应由该法院或法庭以裁定解决。

第二百八十九条　专家

对于涉及科学和技术问题的任何争端,根据本节行使管辖权的法院或法庭,可在争端一方请求下或自己主动,并同争端各方协商,最好从按照附件八第二条编制的有关名单中,推选至少两名科学或技术专家列席法院或法庭,但无表决权。

第二百九十条　临时措施

1. 如果争端已经正式提交法院或法庭,而该法院或法庭依据初步证明认为其根据本部分或第十一部分第五节具有管辖权,该法院或法庭可在最后裁判前,规定其根据情况认为适当的任何临时措施,以保全争端各方的各自权利或防止对海洋环境的严重损害。

2. 临时措施所根据的情况一旦改变或不复存在,即可修改或撤销。

3. 临时措施仅在争端一方提出请求并使争端各方有陈述意见的机会后,才可根据本条予以规定、修改或撤销。

4. 法院或法庭应将临时措施的规定、修改或撤销迅速通知争端各方及其认为适当的其他缔约国。

5. 在争端根据本节正向其提交的仲裁法庭组成以前,经争端各方协议的任何法院或法庭,如在请求规定临时措施之日起两周内不能达成这种协议,则为国际海洋法法庭,或在关于"区域"内活动时的海底争端分庭,如果根据初步证明认为将予组成的法庭具有管辖权,而且认为情况紧急有此必要,可按照本条规定、修改或撤销临时措施。受理争端的法庭一旦组成,即可依照第 1 至第 4 款行事,对这种临时措施予以修改、撤销或确认。

6. 争端各方应迅速遵从根据本条所规定的任何临时措施。

第二百九十一条　使用程序的机会

1. 本部分规定的所有解决争端程序应对各缔约国开放。

2. 本部分规定的解决争端程序应仅依本公约具体规定对缔约国以外的实体开放。

第二百九十二条　船只和船员的迅速释放

1. 如果缔约国当局扣留了一艘悬挂另一缔约国旗帜的船只，而且据指控，扣留国在合理的保证书或其他财政担保经提供后仍然没有遵从本公约的规定，将该船只或其船员迅速释放，释放问题可向争端各方协议的任何法院或法庭提出，如从扣留时起十日内不能达成这种协议，则除争端各方另有协议外，可向扣留国根据第二百八十七条接受的法院或法庭，或向国际海洋法法庭提出。

2. 这种释放的申请，仅可由船旗国或以该国名义提出。

3. 法院或法庭应不迟延地处理关于释放的申请，并且应仅处理释放问题，而不影响在主管的国内法庭对该船只、其船主或船员的任何案件的是非曲直。扣留国当局应仍有权随时释放该船只或其船员。

4. 在法院或法庭裁定的保证书或其他财政担保经提供后，扣留国当局应迅速遵从法院或法庭关于释放船只或其船员的裁定。

第二百九十三条　适用的法律

1. 根据本节具有管辖权的法院或法庭应适用本公约和其他与本公约不相抵触的国际法规则。

2. 如经当事各方同意，第1款并不妨害根据本节具有管辖权的法院或法庭按照公约和善良的原则对一项案件作出裁判的权力。

第二百九十四条　初步程序

1. 第二百八十七条所规定的法院或法庭，就第二百九十七条所指争端向其提出的申请，应经一方请求决定，或可自己主动决定，该项权利主张是否构成滥用法律程序，或者根据初步证明是否有理由。法院或法庭如决定该项主张构成滥用法律程序或者根据初步证明并无理由，即不应对该案采取任何进一步行动。

2. 法院或法庭收到这种申请，应立即将这项申请通知争端他方，并应指定争端他方可请求按照第1款作出一项决定的合理期限。

3. 本条的任何规定不影响争端各方按照适用的程序规则提出初步反对的权利。

第二百九十五条　用尽当地补救办法

缔约国间有关本公约的解释或适用的任何争端，仅在依照国际法的要求用尽当地补救办法后，才可提交本节规定的程序。

第二百九十六条　裁判的确定性和拘束力

1. 根据本节具有管辖权的法院或法庭对争端所作的任何裁判应有确定性，争端所有各方均应遵从。

2. 这种裁判仅在争端各方间和对该特定争端具有拘束力。

第三节 适用第二节的限制和例外

第二百九十七条 适用第二节的限制

1. 关于因沿海国行使本公约规定的主权权利或管辖权而发生的对本公约的解释或适用的争端,遇有下列情形,应遵守第二节所规定的程序:

(a) 据指控,沿海国在第五十八条规定的关于航行、飞越或铺设海底电缆和管道的自由和权利,或关于海洋的其他国际合法用途方面,有违反本公约的规定的行为;

(b) 据指控,一国在行使上述自由、权利或用途时,有违反本公约或沿海国按照本公约和其他与本公约不相抵触的国际法规则制定的法律或规章的行为;或

(c) 据指控,沿海国有违反适用于该沿海国、并由本公约所制订或通过主管国际组织或外交会议按照本公约制定的关于保护和保全海洋环境的特定国际规则和标准的行为。

2. (a) 本公约关于海洋科学研究的规定在解释或适用上的争端,应按照第二节解决,但对下列情形所引起的任何争端,沿海国并无义务同意将其提交这种解决程序:

(1) 沿海国按照第二百四十六条行使权利或斟酌决定权;或

(2) 沿海国按照第二百五十三条决定命令暂停或停止一项研究计划。

(b) 因进行研究国家指控沿海国对某一特定计划行使第二百四十六和第二百五十三条所规定权利的方式不符合本公约而引起的争端,经任何一方请求,应按照附件五第二节提交调解程序,但调解委员会对沿海国行使斟酌决定权指定第二百四十六条第6款所指特定区域,或按照第二百四十六条第5款行使斟酌决定权拒不同意,不应提出疑问。

3. (a) 对本公约关于渔业的规定在解释或适用上的争端,应按照第二节解决,但沿海国并无义务同意将任何有关其对专属经济区内生物资源的主权权利或此项权利的行使的争端,包括关于其对决定可捕量、其捕捞能力、分配剩余量给其他国家、其关于养护和管理这种资源的法律和规章中所制订的条款和条件的斟酌决定权的争端,提交这种解决程序。

(b) 据指控有下列情事时,如已诉诸第一节而仍未得到解决,经争端任何一方请求,应将争端提交附件五第二节所规定的调解程序:

(1) 一个沿海国明显地没有履行其义务,通过适当的养护和管理措施,以确保专属经济区内生物资源的维持不致受到严重危害;

(2) 一个沿海国,经另一国请求,对该另一国有意捕捞的种群,专断地拒绝

决定可捕量及沿海国捕捞生物资源的能力;或

(3)一个沿海国专断地拒绝根据第六十二、第六十九和第七十条以及该沿海国所制订的符合本公约的条款和条件,将其已宣布存在的剩余量的全部或一部分分配给任何国家。

(c)在任何情形下,调解委员会不得以其斟酌决定权代替沿海国的斟酌决定权。

(d)调解委员会的报告应送交有关的国际组织。

(e)各缔约国在依据第六十九和第七十条谈判协定时,除另有协议外,应列入一个条款,规定各缔约国为了尽量减少对协定的解释或适用发生争议的可能性所应采取的措施,并规定如果仍然发生争议,各缔约国应采取何种步骤。

第二百九十八条 适用第二节的任择性例外

1. 一国在签署、批准或加入本公约时,或在其后任何时间,在不妨害根据第一节所产生的义务的情形下,可以书面声明对于下列各类争端的一类或一类以上,不接受第二节规定的一种或一种以上的程序:

(a)(1)关于划定海洋边界的第十五、第七十四和第八十三条在解释或适用上的争端,或涉及历史性海湾或所有权的争端,但如这种争端发生于本公约生效之后,经争端各方谈判仍未能在合理期间内达成协议,则作此声明的国家,经争端任何一方请求,应同意将该事项提交附件五第二节所规定的调解;此外,任何争端如果必然涉及同时审议与大陆或岛屿陆地领土的主权或其他权利有关的任何尚未解决的争端,则不应提交这一程序;

(2)在调解委员会提出其中说明所根据的理由的报告后,争端各方应根据该报告以谈判达成协议;如果谈判未能达成协议,经彼此同意,争端各方应将问题提交第二节所规定的程序之一,除非争端各方另有协议;

(3)本项不适用于争端各方已以一项安排确定解决的任何海洋边界争端,也不适用于按照对争端各方有拘束力的双边或多边协定加以解决的任何争端;

(b)关于军事活动,包括从事非商业服务的政府船只和飞机的军事活动的争端,以及根据第二百九十七条第2和第3款不属法院或法庭管辖的关于行使主权权利或管辖权的法律执行活动的争端;

(c)正由联合国安全理事会执行《联合国宪章》所赋予的职务的争端,但安全理事会决定将该事项从其议程删除或要求争端各方用本公约规定的方法解决该争端者除外。

2. 根据第1款作出声明的缔约国,可随时撤回声明,或同意将该声明所排除的争端提交本公约规定的任何程序。

3. 根据第1款作出声明的缔约国,应无权对另一缔约国,将属于被除外的一类争端的任何争端,未经该另一缔约国同意,提交本公约的任何程序。

4. 如缔约国之一已根据第 1 款(a)项作出声明,任何其他缔约国可对作出声明的缔约国,将属于被除外一类的任何争端提交这种声明内指明的程序。

5. 新的声明,或声明的撤回,对按照本条在法院或法庭进行中的程序并无任何影响,除非争端各方另有协议。

6. 根据本条作出的声明和撤回声明的通知,应交存于联合国秘书长,秘书长应将其副本分送各缔约国。

第二百九十九条　争端各方议定程序的权利

1. 根据第二百九十七条或以一项按照第二百九十八条发表的声明予以除外,不依第二节所规定的解决争端程序处理的争端,只有经争端各方协议,才可提交这种程序。

2. 本节的任何规定不妨害争端各方为解决这种争端或达成和睦解决而协议某种其他程序的权利。

第十六部分　一　般　规　定

第三百条　诚意和滥用权利

缔约国应诚意履行根据本公约承担的义务并应以不致构成滥用权利的方式,行使本公约所承认的权利、管辖权和自由。

第三百零一条　海洋的和平使用

缔约国在根据本公约行使其权利和履行其义务时,应不对任何国家的领土完整或政治独立进行任何武力威胁或使用武力,或以任何其他与《联合国宪章》所载国际法原则不符的方式进行武力威胁或使用武力。

第三百零二条　泄露资料

在不妨害缔约国诉诸本公约规定的解决争端程序的权利的情形下,本公约的任何规定不应视为要求一个缔约国于履行其本公约规定的义务时提供如经泄露即违反该国基本安全利益的情报。

第三百零三条　在海洋发现的考古和历史文物

1. 各国有义务保护在海洋发现的考古和历史性文物,并应为此目的进行合作。

2. 为了控制这种文物的贩运,沿海国可在适用第三十三条时推定,未经沿海国许可将这些文物移出该条所指海域的海床,将造成在其领土或领海内对该条所指法律和规章的违犯。

3. 本条的任何规定不影响可辨认的物主的权利、打捞法或其他海事法规则,也不影响关于文化交流的法律和惯例。

4. 本条不妨害关于保护考古和历史性文物的其他国际协定和国际法规则。

第三百零四条　损害赔偿责任

本公约关于损害赔偿责任的条款不妨碍现行规则的适用和国际法上其他有关赔偿责任的规则的发展。

第十七部分　最后条款

第三百零五条　签字

1. 本公约应开放给下列各方签字:

(a) 所有国家;

(b) 纳米比亚,由联合国纳米比亚理事会代表;

(c) 在一项经联合国按照其大会第1514(XV)号决议监督并核准的自决行动中选择了自治地位,并对本公约所规定的事项具有权限,其中包括就该等事项缔结条约的权限的一切自治联系国;

(d) 按照其各自的联系文书的规定,对本公约所规定的事项具有权限,其中包括就该等事项缔结条约的权限的一切自治联系国;

(e) 凡享有经联合国所承认的充分内部自治,但尚未按照大会第1514(XV)号决议取得完全独立的一切领土,这种领土须对本公约所规定的事项具有权限,其中包括就该等事项缔结条约的权限;

(f) 国际组织,按照附件九。

2. 本公约应持续开放签字,至一九八四年十二月九日止在牙买加外交部签字,此外,从一九八三年七月一日起至一九八四年十二月九日止,在纽约联合国总部签字。

第三百零六条　批准和正式确认

本公约须经各国和第三百零五条第1款(b)、(c)、(d)和(e)项所指的其他实体批准,并经该条第1款(f)项所指的实体按照附件九予以正式确认。批准书和正式确认书应交存于联合国秘书长。

第三百零七条　加入

本公约应持续开放给各国和第三百零五条所指的其他实体加入。第三百零五条第1款(f)项所指的实体应按照附件九加入。加入书应交存于联合国秘书长。

第三百零八条　生效

1. 本公约应自第六十份批准书或加入书交存之日后十二个月生效。

2. 对于在第六十份批准书或加入书交存以后批准或加入本公约的每一国家,在第 1 款限制下,本公约应在该国将批准书或加入书交存后第三十天起生效。

3. 管理局大会应在本公约生效之日开会,并应选举管理局的理事会。如果第一百六十一条的规定不能严格适用,则第一届理事会应以符合该条目的的方式组成。

4. 筹备委员会草拟的规则、规章和程序,应在管理局按照第十一部分予以正式通过以前暂时适用。

5. 管理局及其各机关应按照关于预备性投资的第三次联合国海洋法会议决议,以及筹备委员会依据该决议作出的各项决定行事。

第三百零九条　保留和例外

除非本公约其他条款明示许可,对本公约不得作出保留或例外。

第三百一十条　声明和说明

第三百零九条不排除一国在签署、批准或加入本公约时,作出不论如何措辞或用何种名称的声明或说明,目的在于除其他外使该国国内法律和规章同本公约规定取得协调,但须这种声明或说明无意排除或修改本公约规定适用于该缔约国的法律效力。

第三百一十一条　同其他公约和国际协定的关系

1. 在各缔约国间,本公约应优于一九五八年四月二十九日日内瓦海洋法公约。

2. 本公约应不改变各缔约国根据与本公约相符合的其他条约而产生的权利和义务,但以不影响其他缔约国根据本公约享有其权利或履行其义务为限。

3. 本公约两个或两个以上缔约国可订立仅在各该国相互关系上适用的、修改或暂停适用本公约的规定的协定,但须这种协定不涉及本公约中某项规定,如对该规定予以减损就与公约的目的及宗旨的有效执行不相符合,而且这种协定不应影响本公约所载各项基本原则的适用,同时这种协定的规定不影响其他缔约国根据本公约享有其权利和履行其义务。

4. 有意订立第 3 款所指任何协定的缔约国,应通过本公约的保管者将其订立协定的意思及该协定所规定对本公约的修改或暂停适用通知其他缔约国。

5. 本条不影响本公约其他条款明示许可或保持的其他国际协定。

6. 缔约国同意对第一百三十六条所载关于人类共同继承财产的基本原则不应有任何修正,并同意它们不应参加任何减损该原则的协定。

第三百一十二条　修正

1. 自本公约生效之日起十年期间届满后,缔约国可给联合国秘书长书面通知,对本公约提出不涉及"区域"内活动的具体修正案,并要求召开会议审议这种提出的修正案。秘书长应将这种通知分送所有缔约国。如果在分送通知之日起十二个月以内,有不少于半数的缔约国作出答复赞成这一要求,秘书长应召开会议。

2. 适用于修正会议的作出决定的程序应与适用于第三次联合国海洋法会议的相同,除非会议另有决定。会议应作出各种努力就任何修正案以协商一致方式达成协议,且除非为谋求协商一致已用尽一切努力,不应就其进行表决。

第三百一十三条　以简化程序进行修正

1. 缔约国可给联合国秘书长书面通知,提议将本公约的修正案不经召开会议,以本条规定的简化程序予以通过,但关于"区域"内活动的修正案除外。秘书长应将通知分送所有缔约国。

2. 如果在从分送通知之日起十二个月内,一个缔约国反对提出的修正案或反对以简化程序通过修正案的提案,该提案应视为未通过。秘书长应立即相应地通知所有缔约国。

3. 如果从分送通知之日起十二个月后,没有任何缔约国反对提出的修正案或反对以简化程序将其通过的提案,提出的修正案应视为已通过。秘书长应通知所有缔约国提出的修正案已获通过。

第三百一十四条　对本公约专门同"区域"内活动有关的规定的修正案

1. 缔约国可给管理局秘书长书面通知,对本公约专门同"区域"内活动有关的规定,其中包括附件六第四节,提出某项修正案。秘书长应将这种通知分送所有缔约国。提出的修正案经理事会核准后,应由大会核准。各缔约国代表应有全权审议并核准提出的修正案。提出的修正案经理事会和大会核准后,应视为已获通过。

2. 理事会和大会在根据第 1 款核准任何修正案以前,应确保该修正案在按照第一百五十五条召开审查会议以前不妨害勘探和开发"区域"内资源的制度。

第三百一十五条　修正案的签字、批准、加入和有效文本

1. 本公约的修正案一旦通过,应自通过之日起十二个月内在纽约联合国总部对各缔约国开放签字,除非修正案本身另有决定。

2. 第三百零六、第三百零七和第三百二十条适用于本公约的所有修正案。

第三百一十六条　修正案的生效

1. 除第 5 款所指修正案外,本公约的修正案,应在三分之二缔约国或六十个缔约国(以较大的数目为准)交存批准书或加入书后第三十天对批准或加入的缔约国生效。这种修正案不应影响其他缔约国根据本公约享有其权利或履行其义务。

2. 一项修正案可规定需要有比本条所规定者更多的批准书或加入书才能生效。

3. 对于在规定数目的批准书或加入书交存后批准或加入第 1 款所指修正案的缔约国，修正案应在其批准书或加入书交存后第三十天生效。

4. 在修正案按照第 1 款生效后成为本公约缔约国的国家，应在该国不表示其他意思的情形下：

(a) 视为如此修正后的本公约的缔约国；并

(b) 在其对不受修正案拘束的任何缔约国的关系上，视为未修正的本公约的缔约国。

5. 专门关于"区域"内活动的任何修正案和附件六的任何修正案，应在四分之三缔约国交存批准书或加入书一年后对所有缔约国生效。

6. 在修正案按照第 5 款生效后成为本公约缔约国的国家，应视为如此修正后本公约的缔约国。

第三百一十七条　退出

1. 缔约国可给联合国秘书长书面通知退出本公约，并可说明其理由，未说明理由应不影响退出的效力。退出应自接到通知之日后一年生效，除非通知中指明一个较后的日期。

2. 一国不应以退出为理由而解除该国为本公约缔约国时所承担的财政和合同义务，退出也不应影响本公约对该国停止生效前因本公约的执行而产生的该国的任何权利、义务或法律地位。

3. 退出决不影响任何缔约国按照国际法而无须基于本公约即应担负的履行本公约所载任何义务的责任。

第三百一十八条　附件的地位

各附件为本公约的组成部分，除另有明文规定外，凡提到本公约或其一个部分也就包括提到与其有关的附件。

第三百一十九条　保管者

1. 联合国秘书长应为本公约及其修正案的保管者。

2. 秘书长除了作为保管者的职责以外，应：

(a) 将因本公约产生的一般性问题向所有缔约国、管理局和主管国际组织提出报告；

(b) 将批准、正式确认和加入本公约及其修正案和退出本公约的情况通知管理局；

(c) 按照第三百一十一条第 4 款将各项协定通知缔约国；

(d) 向缔约国分送按照本公约通过的修正案，以供批准或加入；

（e）按照本公约召开必要的缔约国会议。

3.（a）秘书长应向第一百五十六条所指的观察员递送：

(1) 第 2 款(a)项所指的一切报告；

(1) 第 2 款(b)和(c)项所指的通知；和

(3) 第 3 款(d)项所指的修正案案文，供其参考。

（b）秘书长应邀请这种观察员以观察员身份参加第 2 款（e）项所指的缔约国会议。

第三百二十条　有效文本

本公约原本应在第三百零五条第 2 款限制下交存于联合国秘书长，其阿拉伯文、中文、英文、法文、俄文和西班牙文本具有同等效力。

为此，下列全权代表，经正式授权，在本公约上签字，以资证明。

一九八二年十二月十日订于蒙特哥湾。

附件一　高度洄游鱼类

1. 长鳍金枪鱼：Thunnus alalunga
2. 金枪鱼：Thunnus thynnus
3. 肥壮金枪鱼：Thunnus obesus
4. 鲣鱼：Katsuwonus pelamis
5. 黄鳍金枪鱼：Thunnus albacares
6. 黑鳍金枪鱼：Thunnus atlanticus
7. 小型金枪鱼：Euthynnus；alletteratus；Euthynnus affinis
8. 麦氏金枪鱼：Thunnus maccoyii
9. 扁舵鲣：Auxis thazard；Auxis rochei
10. 乌鲂科：Bramidae
11. 枪鱼类：Tetrapturus angustirostris；Tetrapturus belone；Tetrapturus pfluegeri；Tetrapturus albidus；Tetrapturus audax；Tetrapturus georgei；Makaira mazara；Makaira indica；Makaira nigricans
12. 旗鱼类：Istiophorus platypterus；

Istiophorus albicans

13. 箭鱼:Xiphias gladius

14. 竹刀鱼科:Scomberesox saurus; Cololabis saira;
    Cololabis adocetus;
    Scomberesox saurusscombroides

15. 鲯鳅:Coryphaena hippurus; Coryphaena equiselis

附件二　大陆架界限委员会

第一条

按照第七十六条的规定,应依本附件以下各条成立一个二百海里以外大陆架界限委员会。

第二条

1. 本委员会应由二十一名委员组成,委员会应是地质学、地球物理学或水文学方面的专家,由本公约缔约国从其国民中选出,选举时应妥为顾及确保公平地区代表制的必要,委员应以个人身份任职。

2. 初次选举应尽快举行,无论如何应在本公约生效之日后十八个月内举行。联合国秘书长应在每次选举之日前至少三个月发信给各缔约国,邀请它们在进行适当的区域协商后于三个月内提出候选人。秘书长应依字母次序编制所有候选人的名单,并将名单提交所有缔约国。

3. 委员会委员的选举应由秘书长在联合国总部召开缔约国会议举行。在该次会议上,缔约国的三分之二应构成法定人数,获得出席并参加表决的缔约国代表三分之二多数票的候选人应当选为委员会委员。从每一地理区域应至少选出三名委员。

4. 当选的委员会委员任期五年,连选可连任。

5. 提出委员会委员候选人的缔约国应承担该委员在执行委员会职务期间的费用。有关沿海国应承担为提供本附件第三条第1款(b)项所指的咨询意见而引起的费用。委员会秘书处应由联合国秘书长提供。

第三条

1. 委员会的职务应为:

(a) 审议沿海国提出的关于扩展到二百海里以外的大陆架外部界限的资料和其他材料,并按照第七十六条和一九八〇年八月二十九日第三次联合国海洋法会议通过的谅解声明提出建议;

(b) 经有关沿海国请求,在编制(a)项所述资料时,提供科学和技术咨询意见。

2. 委员会可在认为必要和有用的范围内与联合国教科文组织的政府间海洋学委员会、国际水文学组织及其他主管国际组织合作,以求交换可能有助于委员会执行职务的科学和技术情报。

第四条

拟按照第七十六条划定其二百海里以外大陆架外部界限的沿海国,应将这种界限的详情连同支持这种界限的科学和技术资料,尽早提交委员会,而且无论如何应于本公约对该国生效后十年内提出。沿海国应同时提出曾向其提供科学和技术咨询意见的委员会内任何委员的姓名。

第五条

除委员会另有决定外,委员会应由七名委员组成的小组委员会执行职务,小组委员会委员应以平衡方式予以任命,同时考虑到沿海国提出的每一划界案的具体因素。为已提出划界案的沿海国国民的委员会委员,或曾提供关于划界的科学和技术咨询意见以协助该国的委员会委员,不得成为处理该案的小组委员会委员,但应有权以委员身份参与委员会处理该案的程序。向委员会提出划界案的沿海国可派代表参与有关的程序,但无表决权。

第六条

1. 小组委员会应将其建议提交委员会。

2. 小组委员会的建议应由委员会以出席并参加表决的委员三分之二多数核准。

3. 委员会的建议应以书面递交提出划界案的沿海国和联合国秘书长。

第七条

沿海国应依第七十六条第 8 款的规定并按照适当国家程序划定大陆架的外部界限。

第八条 在沿海国不同意委员会建议的情形下,沿海国应于合理期间内向委员会提出订正的或新的划界案。

第九条

委员会的行动不应妨害海岸相向或相邻国家间划定界限的事项。

附件三 探矿、勘探和开发的基本条件

第一条 矿物的所有权

矿物按照本公约回收时,其所有权即转移。

第二条 探矿

1.(a)管理局应鼓励在"区域"内探矿。

(b) 探矿只有在管理局收到一项令人满意的书面承诺以后才可进行,申请探矿者应在其中承诺遵守本公约和管理局关于在第一百四十三和第一百四十四条所指的训练方案方面进行合作以及保护海洋环境的规则、规章和程序,并接受管理局对其是否加以遵守进行查核。申请探矿者在提出承诺的同时,应将准备进行探矿的一个或多个区域的大约面积通知管理局。

(c) 一个以上的探矿者可在同一个或几个区域内同时进行探矿。

2. 探矿不应使探矿者取得对资源的任何权利。但是,探矿者可回收合理数量的矿物供试验之用。

第三条 勘探和开发

1. 企业部、缔约国和第一百五十三条第 2 款(b)项所指的其他实体,可向管理局申请核准其关于"区域"内活动的工作计划。

2. 企业部可对"区域"的任何部分提出申请,但其他方面对保留区域的申请,应受本附件第九条各项附加条件的限制。

3. 勘探和开发应只在第一百五十三条第 3 款所指的,并经管理局按照本公约以及管理局的有关规则、规章和程序核准的工作计划中所列明的区域内进行。

4. 每一核准的工作计划应:

(a) 遵守本公约和管理局的规则、规章和程序;

(b) 规定管理局按照第一百五十三条第 4 款控制"区域"内活动。

(c) 按照管理局的规则、规章和程序,授予经营者在工作计划所包括的区域内勘探和开发指明类别的资源的专属权利。如果申请者申请核准只包括勘探阶段和开发阶段的工作计划,核准的工作计划应只就该阶段给予这种专属权利。

5. 经管理局核准后,每项工作计划,除企业部提出者外,应采取由管理局和一个或几个申请者订立合同的形式。

第四条 申请者的资格

1. 企业部以外的申请者如具备第一百五十三条第 2 款(b)项所指明的国籍或控制和担保,且如遵守管理局规则、规章和程序所载列的程序并符合其中规定的资格标准,即应取得资格。

2. 除第 6 款所规定者外,上述资格标准应包括申请者的财政和技术能力及其履行以前同管理局订立的任何合同的情形。

3. 每一申请者应由其国籍所属的缔约国担保,除非申请者具有一个以上的国籍,例如几个国家的实体组成的合伙团体或财团,在这种情形下,所有涉及的缔约国都应担保申请;或者除非申请者是由另一个缔约国或其国民有效控制,在这种情形下,两个缔约国都应担保申请。实施担保规定的标准和程序应载入管理局的规则、规章和程序。

4. 担保国应按照第一百三十九条，负责在其法律制度范围内，确保所担保的承包者应依据合同条款及其在本公约下的义务进行"区域"内活动。但如该担保国已制定法律和规章并采取行政措施，而这些法律和规章及行政措施在其法律制度范围内可以合理地认为足以使在其管辖下的人遵守时，则该国对其所担保的承包者因不履行义务而造成的损害，应无赔偿责任。

5. 缔约国为申请者时，审查其资格的程序，应顾及申请者是国家的特性。

6. 资格标准应规定，作为申请的一部分，每一申请者，一无例外，都应承诺：

(a) 履行因第十一部分的规定，管理局的规则、规章和程序，管理局各机关的决定和同管理局订立的合同而产生的对其适用的义务，并同意它是可以执行的；

(b) 接受管理局经本公约允许对"区域"内活动行使的控制；

(c) 向管理局提出书面保证，表示将诚意履行其依合同应予履行的义务；

(d) 遵守本附件第五条所载有关技术转让的规定。

第五条 技术转让

1. 每一申请者在提出工作计划时，应向管理局提交关于进行"区域"内活动所使用的装备和方法的一般性说明，以及关于这种技术的特征的其他非专有的有关情报和可以从何处取得这种技术的情报。

2. 经营者每当作出重大的技术改变或革新时，均应将对依据第1款提出的说明和情报所作的修改通知管理局。

3. 进行"区域"内活动的合同，均应载明承包者的下列承诺：

(a) 经管理局一旦提出要求，即以公平合理的商业条款和条件向企业部提供其根据合同进行"区域"内活动时所使用而且该承包者在法律上有权转让的技术。这应以承包者与企业部商定并在补充合同的特别协议中订明的特许方式或其他适当安排来履行。这一承诺只有当企业部认定无法在公开市场上以公平合理的商业条款和条件取得相同的或同样有效而有用的技术时才可援用；

(b) 对于根据合同进行"区域"内活动所使用，但通常不能在公开市场上获得，而且为(a)项所不包括的任何技术，从技术所有人取得书面保证，经管理局一旦提出要求，技术所有人将以特许方式或其他适当安排，并以公平合理的商业条款和条件，在向承包者提供这种技术的同样程度上向企业部提供这种技术。如未取得这项保证，承包者进行"区域"内活动即不应使用这种技术；

(c) 经企业部提出要求，而承包者又不致因此承担巨大费用时，对承包者根据合同进行"区域"内活动所使用而在法律上无权转让，并且通常不能在公开市场上获得的任何技术，通过一项可以执行的合同，从技术所有人取得转让给企业部的法律权利。在承包者与技术所有人之间具有实质性公司关系的情形下，应参酌这种关系的密切程度和控制或影响的程度来判断是否已采取一切可行的措施。在承包者对技术所有人实施有效控制的情形下,如未从技术所有人取得这种法律权利,即应视为同承包者以后申请核准任何工作计划的资格有关;

(d) 如企业部决定同技术所有人直接谈判取得技术,经企业部要求,便利企业部以特许方式或其他适当安排,并以公平合理的商业条款和条件,取得(b)项所包括的任何技术;

(e) 为了按照本附件第九条申请合同的发展中国家或发展中国家集团的利益,采取(a)、(b)、(c)和(d)项所规定的相同措施,但此项措施应以对承包者所提出的按照本附件第八条已予保留的一部分区域的开发为限,而且该发展中国家或发展中国家集团所申请的根据合同进行的活动须不涉及对第三国或第三国国民的技术转让。根据本项的义务应只在尚未经企业部要求提供技术或尚未由特定承包者向企业部转让的情形下,才对该承包者适用。

4. 关于第 3 款所要求的承诺的争端,像合同其他规定一样,均应按照第十一部分提交强制解决程序,遇有违反这种承诺的情形,则可按照本附件第十八条命令暂停或终止合同或课以罚款。关于承包者所作提议是否在公平合理的商业条款和条件的范围内的争端,可由任何一方按照联合国国际贸易法委员会的仲裁规则或管理局的规则、规章和程序可能有所规定的其他仲裁规则,提交有拘束力的商业仲裁。如果裁决认为承包者所作提议不在公平合理的商业条款和条件的范围以内,则在管理局按照本附件第十八条采取任何行动以前,应给予承包者四十五天的时间以修改其提议,使其合乎上述范围。

5. 如果企业部未能以公平合理的商业条款和条件取得适当的技术,使其能及时开始回收和加工"区域"的矿物,理事会或大会可召集由从事"区域"内活动的缔约国、担保实体从事"区域"内活动的缔约国以及可以取得这种技术的其他缔约国组成的一个集团。这个集团应共同协商,并应采取有效措施,以保证这种技术以公平合理的商业条款和条件向企业部提供。每一个这种缔约国都应在其自己的法律制度范围内,为此目的采取一切可行的措施。

6. 在同企业部进行联合企业的情形下,技术转让将按照联合企业协议的条款进行。

7. 第 3 款所要求的承诺应列入进行"区域"内活动的每一个合同,至企业部开始商业生产后十年为止,在这段期间内可援引这些承诺。

8. 为本条的目的"技术"是指专用设备和技术知识,包括为装配、维护和操作一个可行的系统所必要的手册、设计、操作指示、训练及技术咨询和支援,以及在非专属性的基础上为该目的使用以上各个项目的法律权利。

第六条 工作计划的核准

1. 管理局应于本公约生效后六个月,以及其后每逢第四个月,对提议的工作计划进行审查。

2. 管理局在审查请求核准合同形式的工作计划的申请时,应首先查明:

(a) 申请者是否遵守按照本附件第四条规定的申请程序,并已向管理局提供该条所规定的任何这种承诺和保证。在没有遵守这种程序或未作任何这种承诺和保证的情形下,应给予申请者四十五天的时间来补救这些缺陷;

(b) 申请者是否是具备本附件第四条所规定的必要资格。

3. 所有提议的工作计划,应按其收到的顺序予以处理。提议的工作计划应符合并遵守本公约的有关条款以及管理局各项规则、规章和程序,其中包括关于作业条件、财政贡献和有关技术转让承诺的那些规则、规章和程序。如果提议的工作计划符合这些条件,管理局应核准工作计划,但须这些计划符合管理局的规则、规章和程序所载的划一而无歧视的条件。除非:

(a) 提议的工作计划所包括的区域的一部或全部,包括在一个已获核准的工作计划之中,或者在前已提出,但管理局尚未对其采取最后行动的提议的工作计划之中;

(b) 提议的工作计划所包括的区域的一部或全部是管理局按照第一百六十二条第 2 款(x)项所未予核准的;或

(c) 提议的工作计划已经由一个缔约国提出或担保,而且该缔约国已持有:

(1) 在非保留区域进行勘探和开发多金属结核的工作计划,而这些区域连同工作计划申请书所包括的区域的两个部分之一,其总面积将超过围绕提议的工作计划所包括的区域任一部分之中心的 40 万平方公里圆形面积的百分之三十;或

(2) 在非保留区域进行勘探和开发多金属结核的工作计划,而这些区域合并计算构成海底区域中未予保留或未依据第一百六十二条第 2 款(x)项不准开发的部分的总面积的百分之二。

4. 为了第 3 款(c)项所指标准的目的,一个合伙团体或财团所提议的工作计划应在按照本附件第四条第 3 款规定提出担保的各缔约国间按比例计算,如果管理局确定第 3 款(c)项所述工作计划的核准不致使一个缔约国或由其担保的实体垄断"区域"内活动的进行,或者排除其他缔约国进行"区域"内活动,管理局可核准这种计划。

5. 虽有第 3 款(a)项,在第一百五十一条第 3 款所规定的过渡期间结束后,管理局可以通过规则、规章和程序制订其他符合本公约规定的程序和准则,以便在须对提议区域的申请者作出选择的情形下,决定哪些工作计划应予核准。这

些程序和准则应确保在公平和无歧视的基础上核准工作计划。

第七条 生产许可的申请者的选择

1. 管理局应于本公约生效后六个月以及其后每逢第四个月，对于在紧接的前一段期间内提出的生产许可申请进行审查，如果核准所有这些申请不会超过第一百五十一条规定的生产限制或违背管理局按照该条参与的商品协定或安排下的义务，则管理局应发给所申请的许可。

2. 如果由于第一百五十一条第 2 至第 7 款所规定的生产限制，或由于管理局按照第一百五十一条第 1 款的规定参与的商品协定或安排下的义务而必须在生产许可的申请者中作出选择时，管理局应以其规则、规章和程序中所订客观而无歧视的标准进行选择。

3. 在适用第 2 款时，管理局应对下列申请者给予优先：

（a）能够提供较好成绩保证者，考虑到申请者的财政和技术资格，及其执行任何以前核准的工作计划的已有成绩；

（b）预期能够向管理局较早提供财政利益者，考虑到预定何时开始商业生产；

（c）在探矿和勘探方面已投入最多资源和尽最大努力者。

4. 未在任何期间内被选定的申请者，在随后各段期间应有优先，直到其取得生产许可为止。

5. 申请者的选择应考虑到有必要使所有缔约国，不论其社会经济制度或地理位置如何，都有更多的机会参加"区域"内活动，以避免对任何国家或制度有所歧视，并防止垄断这种活动。

6. 当开发的保留区域少于非保留区域时，对保留区域生产许可的申请应有优先。

7. 本条所述的各项决定，应于每一段期间结束后尽快作出。

第八条 区域的保留

每项申请，除了企业部或任何其他实体就保留区域提出者外，应包括一个总区域，它不一定是一个单一连续的区域，但须足够大并有足够的估计商业价值，可供从事两起采矿作业。申请者应指明坐标，将区域分成估计商业价值相等的两个部分，并且提交其所取得的关于这两个部分的所有资料。在不妨害本附件第十七条所规定管理局的权力的情形下，提交的有关多金属结核的资料应涉及制图、取样、结核的丰度及其金属含量。在收到这些资料后的四十五天以内，管理局应指定哪一个部分专保留给管理局通过企业部或以与发展中国家协作的方式进行活动。如果管理局请一名独立专家来评断本条所要求的一切资料是否都已提交管理局，则作出这种指定的期间可以再延四十五天。一旦非保留区域的工作计划获得核准并经签订合同,指定的区域即应成为保留区域。

第九条 保留区域内的活动

1. 对每一个保留区域企业部应有机会决定是否有意在其内进行"区域"内活动。这项决定可在任何时间作出,除非管理局接到按照第 4 款发出的通知。在这种情形下,企业部应在合理时间内作出决定。企业部可决定同有兴趣的国家或实体成立联合企业来开发这种区域。

2. 企业部可按照附件四第十二条订立关于执行其部分活动的合同,并可同任何按照第一百五十三条第 2 款(b)项有资格进行"区域"内活动的实体为进行这种活动成立联合企业。企业部在考虑成立这种联合企业时,应提供发展中国家缔约国及其国国民有效参加的机会。

3. 管理局可在其规则、规章和程序内规定这种合同和联合企业的实质性和程序性要求和条件。

4. 任何发展中国家缔约国,或该国所担保并受该国或受具有申请资格的另一发展中国家缔约国有效控制的任何自然人或法人,或上述各类的任何组合,可通知管理局愿意按照本附件第六条就某一保留区域提出工作计划。如果企业部按照第 1 款决定无意在该区域内进行活动,则应对该工作计划给予考虑。

第十条 申请者中的优惠和优先

按本附件第三条第 4 款(c)项的规定取得核准只进行勘探的工作计划的经营者,就同一区域和资源在各申请者中应有取得开发工作计划的优惠和优先。但如经营者的工作成绩不令人满意时,这种优惠或优先可予撤销。

第十一条 联合安排

1. 合同可规定承包者同由企业部代表的管理局之间采用联合企业或分享产品的形式,或任何其他形式的联合安排,这些联合安排在修改、暂停或终止方面享有与管理局订立的合同相同的保障。

2. 与企业部成立这种联合安排的承包者,可取得本附件第十三条中规定的财政鼓励。

3. 同企业部组成的联合企业的合伙者,应按照其在联合企业中的份额负责缴付本附件第十三条所规定的款项,但须受该条规定的财政鼓励的限制。

第十二条 企业部进行的活动

1. 企业部依据第一百五十三条第 2 款(a)项进行的"区域"内活动,应遵守第十一部分,管理局的规则、规章和程序及其有关的决定。

2. 企业部提出的任何工作计划应随附证明其财政及技术能力的证据。

第十三条 合同的财政条款

1. 在就管理局同第一百五十三条第 2 款(b)项所指实体之间合同的财政条

款制定规则、规章和程序时,以及在按照第十一部分和上述规则、规章和程序谈判这种财政条款时,管理局应以下列目标为指针:

(a) 确保管理局从商业生产收益中获得最适度的收入;

(b) 为"区域"的勘探和开发吸引投资和技术;

(c) 确保承包者有平等的财政待遇和类似的财政义务;

(d) 在划一而无歧视的基础上规定鼓励办法,使承包者同企业部,和同发展中国家或其国民订立联合安排,鼓励向它们转让技术,并训练管理局和发展中国家的人员;

(e) 使企业部与第一百五十三条第2款(b)项所指的实体能够同时有效地进行海底采矿;和

(f) 保证不致因依据第14段、按照本附件第十九条予以审查的合同条款或有关联合企业的本附件第十一条的规定向承包者提供财政鼓励,造成津贴承包者比陆上采矿者处于人为的竞争优势的结果。

2. 为支付处理关于核准合同形式的勘探和开发工作计划的申请的行政开支,应征收规费,并应规定每份申请的规费为五十万美元。该规费应不时由理事会加以审查,以确保其足以支付处理这种申请的行政开支。如果管理局处理申请的行政开支少于规费数额,管理局应将余额退还给申请者。

3. 承包者应自合同生效之日起,缴纳固定年费一百万美元。如果因为按照第一百五十一条发出生产许可有所稽延而推迟经核准的商业生产的开始日期,则在这段推迟期间内应免缴固定年费。自商业生产开始之日起,承包者应缴付第4款所指的财政贡献或固定年费,以较大的数额为准。

4. 从商业生产开始之日起一年内,依第3款,承包者应选定下列两种方式之一,向管理局作出财政贡献:

(a) 只缴付生产费;或

(b) 同时缴付生产费和一份收益净额。

5. (a) 如果承包者选定只缴付生产费,作为对管理局的财政贡献,则生产费应为自合同包括的区域回收的多金属结核生产的加工金属的市价的一个百分数;该百分数如下:

(1) 商业生产的第一至第十年……百分之五;

(2) 商业生产的第十一年至商业生产结束……百分之十二。

(b) 上述市价应为按照第7和第8款的规定,在有关会计年度自合同包括的区域回收的多金属结核生产的加工金属数量和这些金属平均价格的乘积数。

6. 如果承包者选定同时缴付生产费和一份收益净额,作为对管理局的财政贡献,这些缴付款项应按以下规定决定:

(a) 生产费应为按照(b)项所规定的自合同包括的区域回收的多金属结核生产的加工金属的市价的一个百分数;该百分数如下:

(1) 商业生产的第一期……百分之二;

(2) 商业生产的第二期……百分之四。

如果在(d)项所规定的商业生产第二期的任何一个会计年度内,按百分之四缴付生产费的结果会使(m)项所规定的投资利得降低到百分之十五以下,则该会计年度的生产费应为百分之二而非百分之四。

(b) 上述市价应为按照第 7 和第 8 款的规定,在有关会计年度自合同包括的区域回收的多金属结核生产的加工金属数量和这些金属平均价格的乘积数。

(c)(1) 管理局在收益净额中的份额应自承包者因开采合同包括的区域资源所得到的那一部分收益净额中拨付,这笔款额以下称为开发合同区域收益净额。

(2) 管理局在开发合同区域收益净额中的份额应按照下表累进计算:

开发合同区域 收益净额的部分	管理局的份额	
	商业生产的 第一期	商业生产的 第二期
该部分等于或大于百分之零,但小于百分之十的投资利得	百分之三十五	百分之四十
该部分是等于或大于百分之十,但小于百分之二十的投资利得	百分之四十二点五	百分之五十
该部分是等于或大于百分之二十的投资利得	百分之五十	百分之七十

(d)(1)(a)和(c)项所指的商业生产第一期,应由商业生产的第一个会计年度开始,至承包者的发展费用加上发展费用未收回部分的利息,全部以现金赢余收回的会计年度为止,详细情形如下:

在承担发展费用的第一个会计年度,未收回的发展费用应等于发展费用减去该年的现金赢余。在以后的每一个会计年度,未收回的发展费用应等于前一会计年度未收回的发展费用加上发展费用以年利十分计算的利息,加上本会计年度所承担的发展费用,减去承包者本会计年度的现金赢余。未收回的发展费用第一次等于零的会计年度,应为承包者的发展费用,加上发展费用未收回部分的利息,全部以现金赢余收回的会计年度;承包者在任何会计年度的现金赢余,应为其收益毛额减去其业务费用,再减去其根据(c)项缴付管理局的费用;

(2) 商业生产的第二期,应从商业生产的第一期终了后下一个会计年度开始,并应继续至合同结束时为止。

(e)"开发合同区域收益净额"是指承包者收益净额乘以在承包者发展费用中其采矿部门发展费用所占比率的乘积数。如果承包者从事开采、运输多金属结核、主要生产三种加工金属,即钴、铜和镍,则开发合同区域收益净额不应少于承包者收益净额的百分之二十五。

在(n)项规定的限制下,在所有其他情形下,包括承包者从事开采、运输多金属结核、主要生产四种加工金属,即钴、铜、锰和镍的情形下,管理局可在其规则、规章和程序中规定适当的最低限额,这种限额与每一种情形的关系,应与百分之二十五的最低限额与三种金属的情形的关系相同。

(f)"承包者收益净额"是指承包者收益毛额减去其业务费用再减去按照(j)项收回的发展费用。

(g)(1)如果承包者从事开采、运输多金属结核、生产加工金属,则"承包者收益毛额"是指出售加工金属的收入毛额,以及按照管理局财务规划、规章和程序任何其他可以合理地归因于根据合同进行业务所得的款项。

(2)除(g)项(1)目和(n)项(3)目所列举者外,在所有其他情形下,"承包者收益毛额"是指出售自合同包括的区域回收的多金属结核生产的半加工金属所得收入毛额,以及按照管理局财务规则、规章和程序任何其他可以合理地归因于根据合同进行业务所得的款项。

(h)"承包者发展费用"是指:

(1)在(n)项列举者以外的所有其他情形下,在商业生产开始前,为合同所规定的业务而依照一般公认的会计原则所承担的与发展合同包括的区域的生产能力及有关活动直接相关的一切开支,其中除其他外包括:机器、设备、船舶、加工厂、建筑物、房屋、土地、道路、合同包括的区域的探矿和勘探、研究和发展、利息、所需的租约、特许和规费等费用;以及

(2)在商业生产开始后,为执行工作计划而需要承担的与以上(1)目所载相类似的开支,但可计入业务费用的开支除外。

(i)处理资本资产所得的收益,以及合同所规定的业务不再需要而又未予出售的那些资本资产的市场价值,应从有关的会计年度的承包者发展费用中扣除。这些扣除的数额超过承包者发展费用时,超过部分应计入承包者收益的毛额。

(j)(h)项(1)目和(n)项(4)目所指的在商业生产开始之前承担的承包者发展费用,应从商业生产开始之日起,平均分为十期收回,每年一期。(h)项(2)目和(n)项(4)目所指的在商业生产开始以后承担的承包者发展费用,应平均分为十期或不到十期收回,每年一期,以确保在合同结束前全部收回。

(k)"承包者业务费用"是指在商业生产开始后,为合同所规定的业务,而依

照一般公认的会计原则所承担的经营合同包括的区域的生产能力及其有关活动的一切开支,其中除其他外包括:固定年费或生产费(以较大的数额为准)、工资、薪给、员工福利、材料、服务、运输、加工和销售费用、利息、公用事业费、保全海洋环境、具体与合同业务有关的间接费用和行政费用等项开支,以及其中规定的从其前或其后的年度转账的任何业务亏损净额。业务亏损净额可以连续两年转入下一年度的账目,但在合同的最后两年除外,这两年可转入其前两年的账目。

(1) 如果承包者从事开采、运输多金属结核并生产加工金属和半加工金属,则"采矿部门发展费用"是指依照一般公认的会计原则和管理局的财务规则、规章和程序,承包者发展费用中与开采合同包括的区域的资源直接有关的部分,其中除其他外包括:申请费、固定年费以及在可适用的情形下在合同包括的区域进行探矿和勘探的费用和一部分研究与发展费用。

(m) 任何会计年度的"投资利得"是指该年度的开发合同区域收益净额与采矿部门发展费用的比率。为计算这一比率的目的,采矿部门发展费用应包括采矿部门购买新装备或替换装备的开支减去被替换的装备的原价。

(n) 如果承包者只从事开采:

(1) "开发合同区域收益净额"是指承包者的全部收益净额。

(2) "承包者收益净额"的定义与(f)项相同。

(3) "承包者收益毛额"是指出售多金属结核的收入毛额,以及按照管理局财务规则、规章和程序任何其他可以合理地归因于根据合同进行业务所得的款项。

(4) "承包者发展费用"是指如(h)项(1)目所述在商业生产开始前所承担的以及如(h)项(2)目所述的商业生产开始后所承担的按照一般公认的会计原则与开采合同包括的区域资源直接有关的一切开支。

(5) "承包者业务费用"是指如(k)项所述的按照一般公认的会计原则与开采合同包括的区域资源直接有关的承包者业务费用。

(6) 任何会计年度的"投资利得"是指该年度的承包者收益净额与承包者发展费用的比率。为计算这一比率的目的,承包者发展费用应包括购买新装备或替换装备的开支减去被替换的装备的原价。

(o) 关于(h)、(k)、(l)和(n)项所指的承包者所付的有关利息的费用,应在一切情形下,只有在管理局按照本附件第四条第1款,并顾及当时的商业惯例,认为债务—资产净值比率和利率是合理的限度内,才容许列为费用。

(p) 本款所指费用不应解释为包括缴付国家对承包者业务所征收的公司所得税或类似课税的款项。

7. (a) 第 5 和第 6 款所指的"加工金属"是指国际中心市场上通常买卖的最

基本形式的金属。为此目的,管理局应在财务规则、规章和程序中列明有关的国际中心市场。就不是在这类市场上买卖的金属而言,"加工金属"是指在有代表性的正当交易中通常买卖的最基本形式的金属;

(b) 如果管理局无法以其他方式确定第 5 款(b)项和第 6 款(b)项所指自合同包括的区域回收的多金属结核生产的加工金属的数量,此项数量应依照管理局的规则、规章和程序并按照一般公认的会计原则,根据结核的金属含量、加工回收效率和其他有关因素予以确定。

8. 如果一个国际中心市场为加工金属、多金属结核和产自这种结核的半加工金属提供一个有代表性的定价机构,即应使用这个市场的平均价格。在所有其他情形下,管理局应在同承包者协商后,按照第 9 款为上述产品定出一个公平的价格。

9. (a) 本条所指的一切费用、开支、收益和收入,以及对价格和价值的一切决定,均应为自由市场或正当交易的结果。在没有这种市场或交易的情形下,则应由管理局考虑到其他市场的有关交易,在同承包者协商后,加以确定,将其视同自由市场或正当交易的结果;

(b) 为了保证本款的规定得到遵守和执行,管理局应遵循联合国跨国公司委员会、发展中和发达国家间税务条约专家组以及其他国际组织对于正当交易所制定的原则和所作的解释,并应在其规则、规章和程序中,具体规定划一的和国际上接受的会计规则和程序,以及为了遵照这些规则、规章和程序查核账目的目的,由承包者选择管理局认可的领有执照的独立会计师的方法。

10. 承包者应按照管理局的财务规则、规章和程序,向会计师提供为决定本条是否得到遵守所必要的财务资料。

11. 本条所指的一切费用、开支、收益和收入以及所有价格和价值,应依照一般公认的会计原则和管理局财务规则、规章和程序决定。

12. 根据第 5 和第 6 款向管理局缴付的款项,应以可自由使用货币或可在主要外汇市场自由取得和有效使用的货币支付,或采用承包者的选择,以市场价值相等的加工金属支付。市场价值应按照第 5 款(b)项加以决定。可自由使用货币和可在主要外汇市场自由取得和有效使用的货币,应按照通行的国际金融惯例在管理局的规则、规章和程序中加以确定。

13. 承包者对管理局所负的一切财政义务,以及本条所指的一切规费、费用、开支、收益和收入,均应按基准年的定值来折算,加以调整。

14. 管理局经考虑到经济规划委员会及法律和技术委员会的任何建议后,可制定规则、规章和程序,在划一而无歧视的基础上,规定鼓励承包者的办法,以推进第 1 款所列的目标。

15. 如果管理局和承包者间发生有关合同财政条款的解释或适用的争端，按照第一百八十八条第 2 款任何一方可将争端提交有拘束力的商业仲裁，除非双方协议以其他方式解决争端。

第十四条　资料的转让

1. 经营者应按照管理局的规则、规章和程序以及工作计划的条款和条件，在管理局决定的间隔期间内，将管理局各主要机关对工作计划所包括的区域有效行使其权力和职务所必要的和有关的一切资料，转让给管理局。

2. 所转让的关于工作计划所包括的区域的资料，视为专有者，仅可用于本条所列的目的。管理局拟订有关保护海洋环境和安全的规则、规章和程序所必要的资料，除关于装备的设计资料外，不应视为专有。

3. 探矿者、合同申请者或承包者转让给管理局的资料，视为专有者，管理局不应向企业部或向管理局以外任何方面泄露，但关于保留区域的资料可向企业部泄露。这些人转让给企业部的资料，企业部不应向管理局或向管理局以外任何方面泄露。

第十五条　训练方案

承包者应按照第一百四十四条第 2 款制订训练管理局和发展中国家人员的实际方案，其中包括这种人员对合同所包括的一切"区域"内活动的参加。

第十六条　勘探和开发的专属权利

管理局应依据第十一部分和管理局的规则、规章和程序，给予经营者在工作计划包括的区域内就特定的一类资源进行勘探和开发的专属权利，并应确保没有任何其他实体在同一区域内，以对该经营者的业务可能有所干扰的方式，就另一类资源进行作业。经营者按照第一百五十三条第 6 款的规定，应有合同在期限内持续有效的保证。

第十七条　管理局的规则、规章和程序

1. 管理局除其他外，应就下列事项，按照第一百六十条第 2 款(f)项(2)目和第一百六十二条第 2 款(n)项(2)目，制定并划一地适用规则、规章和程序，以执行第十一部分所规定的职责：

(a) 关于"区域"内探矿、勘探和开发的行政程序；

(b) 业务：

(1) 区域的大小；

(2) 业务的期限；

(3) 工作成绩的要求包括依照本附件第四条第 6 款(c)项提出的保证；

(4) 资源的类别；

(5) 区域的放弃；

(6) 进度报告；

(7) 资料的提出；

(8) 业务的检查和监督；

(9) 防止干扰海洋环境内的其他活动；

(10) 承包者权利和义务的转让；

(11) 为按照第一百四十四条将技术转让给发展中国家和为这些国家直接参加而制定的程序；

(12) 采矿的标准和办法，包括有关操作安全、资源养护和海洋环境保护的标准和办法；

(13) 商业生产的定义；

(14) 申请者的资格标准；

(c) 财政事项：

(1) 制定划一和无歧视的成本计算和会计规则以及选择审计员的方法；

(2) 业务收益的分配；

(3) 本附件第十三条所指的鼓励；

(d) 为实施依据第一百五十一条第 10 款和第一百六十四条第 2 款(d)项所作的决定；

2. 为下列事项制定的规则、规章和程序应充分反映以下的客观标准：

(a) 区域的大小：

管理局应确定进行勘探的区域的适当面积。这种面积可大到两倍于开发区的面积，以便能够进行详探作业。区域的大小应该满足本附件第八条关于保留区域的规定以及按照合同条款所载并符合第一百五十一条的生产要求，同时考虑到当时的海洋采矿技术水平，以及区域内有关的自然特征。区域不应小于或大于满足这个目标所需的面积；

(b) 业务的期限：

(1) 探矿应该没有时间限制；

(2) 勘探应有足够的时间，以便可对特定区域进行彻底的探测，设计和建造区域内所用的采矿设备，以及设计和建造中、小型的加工工厂来试验采矿和加工系统；

(3) 开发的期间应视采矿工程的经济寿命而定，考虑到矿体采尽，采矿设备和加工设施的有用年限，以及商业上可以维持的能力等因素。开发应有足够的时间，以便可对区域的矿物进行商业开采，其中并包括一个合理的期间，来建造商业规模的采矿和加工系统，在这段期间，不应要求有商业生产。但是，整个开发期间也不应太长，以便管理局有机会在考虑续订工作计划时，按照其在核准工

作计划后所制定的规则、规章和程序,修改工作计划的条款和条件;

(c) 工作成绩的要求:

管理局应要求经营者在勘探阶段按期支出费用,其数额应与工作计划包括的区域大小,以及确有诚意要在管理局所定的时限内使该区域达到商业生产阶段的经营者应作的支出有合理的关系。所要求的支出数额不应定到一种程度,使所用技术的成本比一般使用者为低的可能经营者望而却步。从勘探阶段完成到开发阶段开始达到商业生产,管理局应定出一个最大间隔期间。为确定这个间隔期间,管理局应考虑到,必须在勘探阶段结束和开发阶段开始后,才能着手建造大规模采矿和加工系统。因此,使一个区域达到商业生产阶段所需的间隔期间,应该考虑到完成勘探阶段后的建造工程所必需的时间,并合理地照顾到建造日程上不可避免的迟延。一旦达到商业生产,管理局应在合理的限度内并考虑到一切有关因素,要求经营者在整个工作计划期间维持商业生产;

(d) 资源的类别:

管理局在确定可以核准工作计划加以开采的资源类别时,除其他外,应着重下列特点:

(1) 需要使用类似的采矿方法的某些资源;和

(2) 能够同时开发而不致使在同一区域内开发某些不同资源的各经营者彼此发生不当干扰的资源。

本项的任何规定,不应妨碍管理局核准同一申请者关于同一区域内一类以上资源的工作计划;

(e) 区域的放弃:

经营者应有权随时放弃其在工作计划包括的区域内的全部或一部权利,而不受处罚;

(f) 海洋环境的保护:

为保证切实保护海洋环境免受"区域"内活动或于矿址上方在船上对从该矿址取得的矿物加工所造成的直接损害,应制定规则、规章和程序,考虑到钻探、挖泥、取岩心和开凿,以及在海洋环境内处置、倾倒和排放沉积物、废物或其他流出物,可能直接造成这种损害的程度;

(g) 商业生产:

如果一个经营者从事持续的大规模回收作业,其所产原料的数量足够明白表示其主要目标为大规模生产,而不是旨在收集情报、分析或试验设备或试验工厂的生产,商业生产应即视为已经开始。

第十八条 罚则

1. 合同所规定的承包者的权利,只有在下列情形下,才可暂停或终止:

(a) 如果该承包者不顾管理局的警告而仍进行活动，以致造成一再故意严重违反合同的基本条款，第十一部分，和管理局的规则、规章和程序的结果；或

(b) 如果该承包者不遵守对其适用的解决争端机关有拘束力的确定性决定。

2. 在第1款(a)项未予规定的任何违反合同的情形下，或代替第1款(a)项所规定的暂停或终止合同，管理局可按照违反情形的严重程序，对承包者课以罚款。

3. 除第一百六十二条第2款(w)项规定的紧急命令的情形外，在给予承包者合理机会用尽依据第十一部分的第五节可以使用的司法补救前，管理局不得执行涉及罚款、暂停或终止的决定。

第十九条 合同的修改

1. 如果已经发生或可能发生的情况，使当事任何一方认为合同将有失公平、或不能实现或不可能达成合同或第十一部分所订的目标，当事各方应进行谈判，作出相应的修订。

2. 依照第一百五十三条第3款订立的任何合同，须经当事各方同意，才可修改。

第二十条 权利和义务的转让

合同所产生的权利和义务，须经管理局同意，并按照其规则、规章和程序，才可转让。如果提议的受让者是在所有方面都合格的申请者，并承担转让者的一切义务，而且转让也不授予受让者一项按本附件第六条第3款(c)项禁止核准的工作计划，则管理局对转让不应不合理地拒绝同意。

第二十一条 适用的法律

1. 合同应受制于合同的条款，管理局的规则、规章和程序，第十一部分，以及与本公约不相抵触的其他国际法规则。

2. 根据本公约有管辖权的法院或法庭对管理局和承包者的权利和义务所作的任何确定性决定，在每一缔约国领土内均应执行。

3. 任何缔约国不得以不符合第十一部分的条件强加于承包者。但缔约国对其担保的承包者，或对悬挂其旗帜的船舶适用比管理局依据本附件第十七条第2款(f)项在其规则、规章和程序中所规定者更为严格的有关环境或其他的法律和规章，不应视为与第十一部分不符。

第二十二条 责任

承包者进行其业务时由于其不法行为造成的损害，其责任应由承包者负担，但应顾及有辅助作用的管理局的行为或不行为。同样地，管理局行使权力和职务时由于其不法行为，其中包括第一百六十八条第2款所指违职行为造成的损

害,其责任应由管理局负担,但应顾及有辅助作用的承包者的行为或不行为。在任何情形下,赔偿应与实际损害相等。

附件四 企业部章程

第一条 宗旨

1. 企业部应为依据第一百五十三条第2款(a)项直接进行"区域"内活动以及从事运输、加工和销售从"区域"回收的矿物的管理局机关。

2. 企业部在实现其宗旨和执行其职务时,应按照本公约以及管理局的规则、规章和程序行事。

3. 企业部在依据第1款开发"区域"的资源时,应在本公约限制下,按照健全的商业原则经营业务。

第二条 同管理局的关系

1. 依据第一百七十条,企业部应按照大会的一般政策和理事会的指示行事。

2. 在第1款限制下,企业部在进行企业时应享有自主权。

3. 本公约的任何规定,均不使企业部对管理局的行为或义务担负任何责任,亦不使管理局对企业部的行为或义务担负任何责任。

第三条 责任的限制

在不妨害本附件第十一条第3款的情形下,管理局任何成员不应仅因其为成员,就须对企业部的行为或义务担负任何责任。

第四条 组成

企业部应设董事会、总干事一人和执行其任务所需的工作人员。

第五条 董事会

1. 董事会应由大会按照第一百六十条第2款(c)项选出的十五名董事组成。在选举董事时,应妥为顾及公平地区分配的原则。管理局成员在提名董事会候选人时,应注意所提名的候选人必须具备最高标准的能力,并在各有关领域具备胜任的条件,以保证企业部的存在能力和成功。

2. 董事会董事任期四年,连选可连任,并应妥为顾及董事席位轮流的原则。

3. 在其继任人选出以前,董事应继续执行职务。如果某一董事出缺,大会应根据第一百六十条第2款(c)项选出一名新的董事任满其前任的任期。

4. 董事会董事应以个人身份行事。董事在执行职责时,不应寻求或接受任何政府或任何其他方面的指示。管理局每一成员应尊重董事会各董事的独立性,并应避免采取任何行动影响任何董事执行其职责。

5. 每一董事应支领从企业部经费支付的酬金。酬金的数额应由大会根据理事会的建议确定。

6. 董事会通常应在企业部总办事处执行职务,并应按企业部业务需要经常举行会议。

7. 董事会三分之二董事构成法定人数。

8. 每一董事应有一票表决权。董事会处理的一切事项应由过半数董事决定,如果某一董事与董事会处理的事项有利益冲突,他不应参加关于该事项的表决。

9. 管理局的任何成员可要求董事会就特别对该成员有影响的业务提供情报。董事会应尽力提供此种情报。

第六条　董事会的权力和职务

董事会应指导企业部的业务。在本公约限制下,董事会应行使为实现企业部的宗旨所必要的权力,其中包括下列权力:

(a) 从其董事中选举董事长;

(b) 制定董事会的议事规则;

(c) 按照第一百五十三条第 3 款和第一百六十二条第 2 款(j)项,拟订并向理事会提出正式书面工作计划;

(d) 为进行第一百七十条所指明的各种活动制订工作计划和方案;

(e) 按照第一百五十一条第 2 至第 7 款拟具并向理事会提出生产许可的申请;

(f) 授权进行关于取得技术的谈判,其中包括附件三第五条第 3 款(a)、(c)和(d)项所规定的技术的谈判,并核准这种谈判的结果;

(g) 订立附件三第九和第十一条所指的联合企业或其他形式的联合安排的条款和条件,授权为此进行谈判,并核准这种谈判的结果;

(h) 按照第一百六十条第 2 款(f)项和本附件第十条建议大会将企业部净收入的多大部分留作企业部的储备金;

(i) 核准企业部的年度预算;

(j) 按照本附件第十二条第 3 款,授权采购货物和取得服务;

(k) 按照本附件第九条向理事会提出年度报告;

(l) 向理事会提出关于企业部工作人员的组织、管理、任用和解职的规则草案,以便由大会核准,并制定实施这些规则的规章;

(m) 按照本附件第十一条第 2 款借入资金并提供其所决定的附属担保品或其他担保;

(n) 按照本附件第十三条参加任何司法程序,签订任何协定,进行任何交易

和采取任何其他行动;

(o) 经理事会核准,将任何非斟酌决定的权力授予总干事和授予其委员会。

第七条 企业部总干事和工作人员

1. 大会应根据理事会的推荐和董事会的提名选举企业部总干事;总干事不应担任董事。总干事的任期不应超过五年,连选可连任。

2. 总干事应为企业部的法定代表和行政首长,就企业部业务的进行直接向董事会负责。他应按照本附件第六条(l)项所指规则和规章,负责工作人员的组织、管理、任命和解职。他应参加董事会会议,但无表决权。大会和董事会审议有关企业部的事项时,总干事可参加这些机关的会议,但无表决权。

3. 总干事在任命工作人员时,应以取得最高标准的效率和技术才能为首要考虑。在这一考虑限制下,应妥为顾及按公平地区分配原则征聘工作人员的重要性。

4. 总干事和工作人员在执行职责时不应寻求或接受任何政府或企业部以外任何其他来源的指示。他们应避免足以影响其作为只对企业部负责的企业部国际官员的地位的任何行动。每一缔约国保证尊重总干事和工作人员所负责任的纯粹国际性,不设法影响他们执行其职责。工作人员如有任何违反职责的行为,应提交管理局规则、规章和程序中所规定的适当行政法庭。

5. 第一百六十八条第 2 款所规定的责任,同样适用于企业部工作人员。

第八条 所在地

企业部应将其总办事处设于管理局的所在地。企业部经任何缔约国同意可在其领土内设立其他办事处和设施。

第九条 报告和财务报表

1. 企业部应于每一财政年度结束后三个月内,将载有其账目的审计报表的年度报告提交理事会,请其审核,并应于适当间隔期间,将其财务状况简要报表和显示其业务实绩的损益计算表递交理事会。

2. 企业部应发展其年度报告和它认为适当的其他报告。

3. 本条所指的一切报告和财务报表应分发给管理局成员。

第十条 净收入的分配

1. 在第 3 款限制下,企业部应根据附件三第十三条向管理局缴付款项或其等值物。

大会应根据董事会的建议,决定应将企业部净收入的多大部分留作企业部的储备金。其余部分应移交给管理局。

3. 在企业部做到自力维持所需的一段开办期间,这一期间从其开始商业生产起不应超过十年,大会应免除企业部缴付第 1 款所指的款项,并应将企业部的全部净收入留作企业部的储备金。

第十一条 财政

1. 企业部资金应包括：

(a) 按照第一百七十三条第2款(b)项从管理局收到的款项；

(b) 缔约国为企业部的活动筹资而提供的自愿捐款；

(c) 企业部按照第2和第3款借入的款项；

(d) 企业部的业务收入；

(e) 为使企业部能够尽快开办业务和执行职务而向企业部提供的其他资金。

2. (a) 企业部应有借入资金并提供其所决定的附属担保品或其他担保的权力。企业部在一个缔约国的金融市场上或以该国货币公开出售其证券以前，应征得该缔约国的同意。理事会应根据董事会的建议核准借款的总额；

(b) 缔约国应尽一切合理的努力支持企业部向资本市场和国际金融机构申请贷款。

3. (a) 应向企业部提供必要的资金，以勘探和开发一个矿址，运输、加工和销售自该矿址回收的矿物以及取得的镍、铜、钴和锰，并支付初期行政费用。筹备委员会应将上述资金的数额、调整这一数额的标准和因素载入管理局的规则、规章和程序草案；

(b) 所有缔约国应以长期无息贷款的方式，向企业部提供相当于以上(a)项所指资金的半数的款额，这项款额的提供应按照在缴款时有效的联合国经常预算会费分摊比额表并考虑到非联合国会员国而有所调整。企业部为筹措其余半数资金而承担的债务，应由所有缔约国按照同一比额表提供担保；

(c) 如果各缔约国的财政贡献总额少于根据(a)项应向企业部提供的资金，大会应于其第一届会议上审议短缺的程度，并考虑到各缔约国在(a)和(b)项下的义务以及筹备委员会的任何建议，以协商一致方式制定弥补这一短缺的措施；

(d) (1) 每一缔约国应在本公约生效后六十天内，或在其批准书或加入书交存之日起三十天内（以较后的日期为准），向企业部交存不得撤回、不可转让、不生利息的本票，其面额应为其依据(b)项的无息贷款份额；

(2) 董事会应于本公约生效后尽可能早的日期，并于其后每年或其他的适当间隔期间，将筹措企业部行政费用和根据第一百七十条以及本附件第十二条进行活动所需经费的数额和时间编列成表；

(3) 企业部应通过管理局通知各缔约国按照(b)项对这种费用各自承担的份额。企业部应将所需数额的本票兑现，以支付关于无息贷款的附表中所列的费用；

(4) 各缔约国应于收到通知后按照(b)项提供其对企业部债务担保的各自份额；

(e) (1) 如经企业部提出这种要求,缔约国除按照(b)项所指分摊比额表提供债务担保外,还可为其他债务提供担保；

(2) 代替债务担保,缔约国可向企业部自愿捐付一笔款项,其数额相等于它本应负责担保的那部分债务；

(f) 有息贷款的偿还应较无息贷款的偿还优先。无息贷款应按照大会根据理事会的建议和董事会的意见所通过的比额表来偿还。董事会在执行这一职务时,应以管理局的规则、规章和程序中的有关规定为指导。这种规则、规章和程序应考虑到保证企业部有效执行职务特别是其财政独立的至高重要性；

(g) 各缔约国向企业部提供的资金,应以可自由使用货币或可在主要外汇市场自由取得和有效使用的货币支付。这些货币应按照通行的国际金融惯例在管理局的规则、规章和程序中予以确定。除第 2 款的规定外,任何缔约国均不应对企业部持有、使用或交换这些资金保持或施加限制；

(h) "债务担保"是指缔约国向企业部的债权人承allow,于该债权人通知该缔约国企业部未能偿还其债款时,该缔约国将按照适当比额表的比例支付其所担保的企业部的债款。支付这些债款的程序应依照管理局的规则、规章和程序。

4. 企业部的资金、资产和费用应与管理局的资金、资产和费用分开。本条应不妨碍企业部同管理局就设施、人员和服务作出安排,以及就任一组织为另一组织垫付的行政费用的偿还作出安排。

5. 企业部的记录、账簿和账目,其中包括年度财务报表,应每年由理事会指派的一名独立审计员加以审核。

第十二条　业务

1. 企业部应向理事会建议按照第一百七十条进行活动的各种规划项目。这种建议应包括按照第一百五十三条第 3 款拟订的"区域"内活动的正式的书面工作计划,以及法律和技术委员会鉴定和理事会核准计划随时需要的其他情报和资料。

2. 理事会核准后,企业部应根据第 1 款所指的正式书面工作计划执行其规划项目。

3. (a) 企业部如不具备其业务所需的货物和服务,可取得这种货物和服务。企业部应为此进行招标,将合同给予在质量、价格和交货时间方面提供最优综合条件的投标者,以取得所需的货物和服务；

(b) 如果提供这种综合条件的投标不止一个,合同的给予应按照下列原则：

(1) 无歧视的原则,即不得以与勤奋地和有效地进行作业无关的政治或其

他考虑为决定根据的原则;和

(2)理事会所核准的指导原则,即对来自发展中国家,包括其中的内陆国和地理不利国的货物和服务,应给予优惠待遇的原则;

(c)董事会可制定规则,决定在何种特殊情形下,为了企业部的最优利益可免除招标的要求。

4. 企业部应对其生产的一切矿物和加工物质有所有权。

5. 企业部应在无歧视的基础上出售其产品。企业部不得给予非商业性的折扣。

6. 在不妨害根据本公约任何其他规定授与企业部的任何一般或特别权力的情形下,企业部应行使其在营业上所必需的附带权力。

7. 企业部不应干预任何缔约国的政治事务,它的决定也不应受有关的一个或几个缔约国的政治特性的影响,只有商业上的考虑才同其决定有关,这些考虑应不偏不倚地予以衡量,以便实现本附件第一条所列的宗旨。

第十三条 法律地位、特权和豁免

1. 为使企业部能够执行其职务,应在缔约国的领土内给予企业部本条所规定的地位、特权和豁免。企业部和缔约国为实行这项原则,必要时可缔订特别协定。

2. 企业部应具有为执行其职务和实现其宗旨所必要的法律行为能力,特别是下列行为能力:

(a)订立合同、联合安排或其他安排,包括同各国和各国际组织的协定;

(b)取得、租借、拥有和处置不动产和动产;

(c)为法律程序的一方。

3. (a)只有在下列情形下,才可在缔约国内有管辖权的法院中对企业部提起诉讼,即企业部在该国领土内:

(1)设有办事处或设施;

(2)为接受传票或诉讼通知派有代理人;

(3)订有关于货物或服务的合同;

(4)有证券发行;或

(5)从事任何其他商业活动。

(b)在企业部未受不利于它的确定性判决宣告以前,企业部的财产和资产,不论位于何处和被何人持有,应免受任何形式的扣押、查封或执行。

4. (a)企业部的财产和资产,不论位于何处和被何人持有,应免受征用、没收、公用征收或以行政或立法行动进行的任何其他形式的扣押;

(b)企业部的一切财产和资产,不论位于何处和被何人持有,应免受任何性质的歧视限制、管理、控制和暂时冻结；

（c）企业部及其雇员应尊重企业部或其雇员可能在其境内进行业务或从事其他活动的任何国家或领土的当地法律和规章；

（d）缔约国应确保企业部享有其给予在其领土内从事商业活动的实体的一切权利、特权和豁免。给予企业部这些权利、特权和豁免，不应低于对从事类似商业活动的实体所给予的权利、特权和豁免。缔约国如给予发展中国家或其商业实体特别特权，企业部应在同样优惠的基础上享有那些特权；

（e）缔约国可给予企业部特别的鼓励、权利、特权和豁免，但并无义务对其他商业实体给予这种鼓励、权利、特权和豁免。

5. 企业部应与其办事处和设施所在的东道国谈判关于直接税和间接税的免除。

6. 每一缔约国应采取必要行动，以其本国法律使本附件所列的各项原则生效，并应将其所采取的具体行动的详情通知企业部。

7. 企业部可在其能够决定的范围内和条件下放弃根据本条或第 1 款所指的特别协定所享有的任何特权和豁免。

附件五　调　　解

第一节　按照第十五部分第一节的调解程序

第一条　程序的提起

如果争端各方同意按照第二百八十四条将争端提交本节规定的调解程序，其任何一方可向争端他方发出书面通知提起程序。

第二条　调解员名单

联合国秘书长应编制并保持一份调解员名单。每一缔约国应有权提名四名调解员，每名调解员均应享有公平、才干和正直的最高声誉。这样提名的人员的姓名应构成该名单。无论何时，如果某一缔约国提名的调解员在这样组成的名单内少于四名，该缔约国有权按需要提名增补。调解员在被提名缔约国撤回前仍应列在名单内，但被撤回的调解员应继续在其被指派服务的调解委员会中工作，直至调解程序完毕时为止。

第三条　调解委员会的组成

调解委员会应依下列规定组成：

（a）在（g）项限制下，调解委员会应由调解员五人组成。

（b）提起程序的争端一方应指派两名调解员，最好从本附件第二条所指的名单中选派,其中一名可为其本国国民,除非争端各方另有协议。这种指派应列入本附件第一条所指的通知。

(c) 争端另一方在收到本附件第一条所指通知后二十一日以内应指派两名调解员。如在该期限内未予指派,提起程序的一方可在该期限届满后一星期内向对方发出通知终止调解程序,或请联合国秘书长按照(e)项作出指派。

(d) 四名调解员应在全部被指派完毕之日起三十天内,指派第五名调解员,从本附件第二条所指名单中选派,由其担任主席。如果在该期限内未予指派,争端任何一方可在该期限届满后一星期内请联合国秘书长按照(e)项作出指派。

(e) 联合国秘书长应于收到根据(c)或(d)项提出的请求后三十天内,同争端各方协商从本附件第二条所指名单中作出必要的指派。

(f) 任何出缺,应依照为最初指派所规定的方式补缺。

(g) 以协议确定利害关系相同的两个或两个以上的争端各方应共同指派两名调解员。两个或两个以上的争端各方利害关系不同,或对彼此是否利害关系相同意见不一致,则应分别指派调解员。

(h) 争端涉及利害关系不同的两个以上的争端各方,或对彼此是否利害关系相同意见不一致,争端各方应在最大可能范围内适用(a)至(f)项的规定。

第四条　程序

除非争端各方另有协议,调解委员会应确定其本身的程序。委员会经争端各方同意,可邀请任何缔约国向该委员会提出口头或书面意见。委员会关于程序问题、报告和建议的决定应以调解员的过半数票作出。

第五条　和睦解决

委员会可提请争端各方注意便于和睦解决争端的任何措施。

第六条　委员会的职务

委员会应听取争端各方的陈述,审查其权利主张和反对意见,并向争端各方提出建议,以便达成和睦解决。

第七条　报告

1. 委员会应于成立后十二个月内提出报告,报告应载明所达成的任何协议,如不能达成协议,则应载明委员会对有关争端事项的一切事实问题或法律问题的结论及其可能认为适当的和睦解决建议,报告应交存于联合国秘书长,并应由其立即分送争端各方。

2. 委员会的报告,包括其结论或建议,对争端各方应无约束力。

第八条　程序的终止

在争端已经得到解决,或争端各方已书面通知联合国秘书长接受报告的建议或一方已通知联合国秘书长拒绝接受报告的建议,或从报告送交争端各方之日起三个月期限已经届满时,调解程序即告终止。

第九条　费用和开支

委员会的费用和开支应由争端各方负担。

第十条　争端各方关于改变程序的权利

争端各方可以仅适用于该争端的协议修改本附件的任何规定。

第二节　按照第十五部分第三节提交的强制调解程序

第十一条　程序的提起

1. 按照第十五部分第三节须提交本节规定的调解程序的争端任何一方可向争端他方发出书面通知提起程序。

2. 收到第1款所指通知的争端任何一方应有义务接受调解程序。

第十二条　不答复或不接受调解

争端一方或数方对提起程序的通知不予答复或不接受此种程序,不应阻碍程序的进行。

第十三条　权限

对于按照本节行事的调解委员会是否有管辖权如有争议,应由调解委员会加以解决。

第十四条　第一节的适用

本附件第一节第二至第十条在本节限制下适用。

附件六　国际海洋法法庭规约

第一条　一般规定

1. 国际海洋法法庭应按照本公约和本规约的规定组成并执行职务。
2. 法庭的所在地应为德意志联邦共和国汉堡自由汉萨城。
3. 法庭于认为合宜时可在其他地方开庭并执行职务。
4. 将争端提交法庭应遵守第十一和第十五部分的规定。

第一节　法庭的组织

第二条　组成

1. 法庭应由独立法官二十一人组成,从享有公平和正直的最高声誉,在海洋法领域内具有公认资格的人士中选出。

2. 法庭作为一个整体,应确保其能代表世界各主要法系和公平地区分配。

第三条　法官

1. 法庭法官中不得有二人为同一国家的国民。为担任法庭法官的目的,一人而可视为一个以上国家的国民者,应视为其通常行使公民及政治权利的国家的国民。

2. 联合国大会所确定的每一地理区域集团应有法官至少三人。

第四条 提名和选举

1. 每一缔约国可提名不超过二名具有本附件第二条所规定的资格的候选人,法庭法官应从这样提名的人选名单中选出。

2. 第一次选举应由联合国秘书长,以后各次选举应由法庭书记官长,至少在选举之日前三个月,书面邀请各缔约国在两个月内提名法庭法官的候选人。秘书长或书记官长应依字母次序编制所提出的候选人名单,载明提名的缔约国,并应在每次选举之日前最后一个月的第七天以前将其提交各缔约国。

3. 第一次选举应于本公约生效之日起六个月内举行。

4. 法庭法官的选举应以无记名投票进行。第一次选举应由联合国秘书长召开缔约国会议举行,以后的选举应按各缔约国协议的程序举行。在该会议上,缔约国的三分之二应构成法定人数。得票最多并获得出席并参加表决的缔约国三分之二多数票的候选人应当选为法庭法官,但须这项多数包括缔约国的过半数。

第五条 任期

1. 法庭法官任期九年,连选可连任;但须第一次选举选出的法官中,七人任期应为三年,另七人为六年。

2. 第一次选举选出的法庭法官中,谁任期三年,谁任期六年,应于该次选举完毕后由联合国秘书长立即以抽签方法选定。

3. 法庭法官在其职位被接替前,应继续执行其职责。法庭法官虽经接替,仍应完成在接替前已开始的任何程序。

4. 法庭法官辞职时应将辞职书致送法庭庭长。收到辞职书后,该席位即行出缺。

第六条 出缺

1. 法官出缺,应按照第一次选举时所定的办法进行补缺,但须遵行下列规定:书记官长应于法官出缺后一个月内,发出本附件第四条规定的邀请书,选举日期应由法庭庭长在与各缔约国协商后指定。

2. 法庭法官当选接替任期未满的法官者,应任职至其前任法官任期届满时为止。

第七条 不适合的活动

1. 法庭法官不得执行任何政治或行政职务,或对任何与勘探和开发海洋或海底资源或与海洋或海底的其他商业用途有关的任何企业的任何业务有积极联系或有财务利益。

2. 法庭法官不得充任任何案件的代理人、律师或辩护人。

3. 关于上述各点的任何疑义,应由出席的法庭其他法官以过半数裁定解决。

第八条 关于法官参与特定案件的条件

1. 任何过去曾作为某一案件当事一方的代理人、律师或辩护人,或曾作为国内或国际法院或法庭的法官,或以任何其他资格参加该案件的法庭法官,不得参与该案件的裁判。

2. 如果法庭的某一法官因某种特殊理由认为不应参与某一特定案件的裁判,该法官应将此情形通知法庭庭长。

3. 如果法庭庭长认为法庭某一法官因某种特殊理由不应参与审理某一特定案件,庭长应将此情形通知该法官。

4. 关于上述各点的任何疑义,应由出席的法庭其他法官以过半数裁定解决。

第九条 不再适合必需的条件的后果

如果法庭的其他法官一致认为某一法官已不再适合必需的条件,法庭庭长应宣布该席位出缺。

第十条 特权和豁免

法庭法官于执行法庭职务时,应享有外交特权和豁免。

第十一条 法官的郑重宣告

法庭每一法官在就职前,应在公开法庭上郑重宣告其将秉公竭诚行使职权。

第十二条 庭长、副庭长和书记官长

1. 法庭应选举庭长和副庭长,任期三年,连选可连任。

2. 法庭应任命书记官长,并可为任命其他必要的工作人员作出规定。

3. 庭长和书记官长应驻在法庭所在地。

第十三条 法定人数

1. 所有可以出庭的法庭法官均应出庭,但须有选任法官十一人才构成法庭的法定人数。

2. 在本附件第十七条限制下,法庭应确定哪些法官可以出庭组成审理某一特定争端的法庭,同时顾及本附件第十四和第十五条所规定的分庭有效执行其职务。

3. 除非适用本附件第十四条,或当事各方请求应按照本附件第十五条处理,提交法庭的一切争端和申请,均应由法庭审讯和裁判。

第十四条　海底争端分庭

海底争端分庭应按照本附件第四节设立。分庭的管辖权、权力和职务,应如第十一部分第五节所规定。

第十五条　特别分庭

1. 法庭可设立其认为必要的分庭,由其选任法官三人或三人以上组成,以处理特定种类的争端。

2. 法庭如经当事各方请求,应设立分庭,以处理提交法庭的某一特定争端。这种分庭的组成,应由法庭在征得当事各方同意后决定。

3. 为了迅速处理事务,法庭每年应设立以其选任法官五人组成的分庭,该分庭应以简易程序审讯和裁判争端。法庭应选出两名候补法官,以接替不能参与某一特定案件的法官。

4. 如经当事各方请求,争端应由本条所规定的分庭审讯和裁判。

5. 本条和本附件第十四条所规定的任何分庭作出的判决,应视为法庭作出的判决。

第十六条　法庭的规则

法庭应制订执行其职务的规则。法庭应特别订立关于其程序的规则。

第十七条　法官的国籍

1. 属于争端任何一方国籍的法庭法官,应保有其作为法庭法官参与的权利。

2. 如果在受理一项争端时,法庭上有属于当事一方国籍的法官,争端任何他方可选派一人为法庭法官参与。

3. 如果在审理一项争端时,法庭上没有属于当事各方国籍的法官,当事每一方均可选派一人为法庭法官参与。

4. 本条适用于本附件第十四和第十五条所指的分庭。在这种情形下,庭长应与当事各方协商后,要求组成分庭的法官中必要数目的法官将席位让给属于有关当事各方国籍的法官,如果不能做到这一点,或这些法官不能出庭,则让给当事各方特别选派的法官。

5. 如果当事若干方利害关系相同,则为以上各项规定的目的,该若干方应视为当事一方。关于这一点的任何疑义,应由法庭以裁定解决。

6. 按照本条第2、第3和第4款选派的法官,应符合本附件第二、第八和第十一条规定的条件。他们应在与其同事完全平等的条件下参与裁判。

第十八条　法官的报酬

1. 法庭每一选任法官均应领取年度津贴,并于执行其职务时按日领取特别津贴,但任何一年付给任一法官的特别津贴总额不应超过年度津贴的数额。

2. 庭长应领取特别年度津贴。

3. 副庭长如代行庭长职务时,应按日领取特别津贴。

4. 根据本附件第十七条在法庭选任法官以外选派的法官,应于执行其职务时,按日领取酬金。

5. 薪给、津贴和酬金应由各缔约国随时开会决定,同时考虑到法庭的工作量。薪给、津贴和酬金在任期内不得减少。

6. 书记官长的薪给,应由各缔约国根据法庭的提议开会决定。

7. 法庭法官和书记官长支领退休金的条件,以及法庭法官和书记官长补领旅费的条件,均应由各缔约国开会制订规章加以确定。

8. 薪给、津贴和酬金,应免除一切税捐。

第十九条 法庭的开支

1. 法庭的开支应由各缔约国和管理局负担,其负担的条件和方式由各缔约国开会决定。

2. 当既非缔约国亦非管理局的一个实体为提交法庭的案件的当事一方时,法庭应确定该方对法庭的开支应缴的款额。

第二节 权 限

第二十条 向法庭申诉的机会

1. 法庭应对各缔约国开放。

2. 对于第十一部分明文规定的任何案件,或按照案件当事所有各方接受的将管辖权授予法庭的任何其他协定提交的任何案件,法庭应对缔约国以外的实体开放。

第二十一条 管辖权

法庭的管辖权包括按照本公约向其提交的一切争端和申请,和将管辖权授予法庭的任何其他国际协定中具体规定的一切申请。

第二十二条 其他协定范围内的争端的提交

如果本公约所包括的主题事项有关的现行有效条约或公约的所有缔约国同意,则有关这种条约或公约的解释或适用的任何争端,可按照这种协定提交法庭。

第二十三条 可适用的法律

法庭应按照第二百九十三条裁判的一切争端和申请。

第三节 程 序

第二十四条 程序的提起

1. 争端可根据情况以将特别协定通知书记官长或以将申请书送达书记官长的方式提交法庭。两种方式均应载明争端事由和争端各方。

2. 书记官长应立即将特别协定或申请书通知有关各方。

3. 书记官长也应通知所有缔约国。

第二十五条 临时措施

1. 按照第二百九十条,法庭及其海底争端分庭应有权规定临时措施。

2. 如果法庭不开庭,或没有足够数目的法官构成法定人数,临时措施应由根据本附件第十五条第 3 款设立的简易程序分庭加以规定。虽有本附件第十五条第 4 款的规定,在争端任何一方请求下,仍可采取这种临时措施。临时措施应由法庭加以审查和修订。

第二十六条 审讯

1. 审讯应由庭长主持,庭长不能主持时,应由副庭长主持。庭长副庭长如均不能主持,应由出庭法官中资深者主持。

2. 除非法庭另有决定或当事各方要求拒绝公众旁听,审讯应公开进行。

第二十七条 案件的审理

法庭为审理案件,应发布命令,决定当事每一方必须终结辩论的方式和时间,并作出有关收受证据的一切安排。

第二十八条 不到案

当事一方不出庭或对其案件不进行辩护时,他方可请求法庭继续进行程序并作出裁判。当事一方缺席或对其案件不进行辩护,应不妨碍程序的进行。法庭在作出裁判前,必须不但查明对该争端确有管辖权,而且查明所要求在事实上和法律上均确有根据。

第二十九条 过半数决定

1. 一切问题应由出庭的法官的过半数决定。

2. 如果票数相等,庭长或代理庭长职务的法庭法官应投决定票。

第三十条 判决书

1. 判决书应叙明其所根据的理由。

2. 判决书应载明参与判决的法庭法官姓名。

3. 如果判决书全部或一部不能代表法庭法官的一致意见,任何法官均有权发表个别意见。

4. 判决书应由庭长和书记官长签名。判决书在正式通知争端各方后,应在法庭上公开宣读。

第三十一条 参加的请求

1. 一个缔约国如认为任何争端的裁判可能影响该缔约国的法律性质的利

益,可向法庭请求准许参加。

2. 此项请求应由法庭裁定。

3. 如果请求参加获准,法庭对该争端的裁判,应在与该缔约国参加事项有关的范围内,对参加的缔约国有约束力。

第三十二条 对解释或适用案件的参加权利

1. 无论何时,如对本公约的解释或适用发生疑问,书记官长应立即通知所有缔约国。

2. 无论何时,如依照本附件第二十一或第二十二条对一项国际协定的解释或适用发生疑问,书记官长应通知该协定的所有缔约方。

3. 第 1 和第 2 款所指的每一方均有参加程序的权利;如该方行使此项权利,判决书中所作解释即对该方同样地有约束力。

第三十三条 裁判的确定性和拘束力

1. 法庭的裁判是有确定性的,争端所有各方均应遵行。

2. 裁判除在当事各方之间及对该特定争端外,应无约束力。

3. 对裁判的意义或范围发生争端时,经当事任何一方的请求,法庭应予解释。

第三十四条 费用

除法庭另有裁定外,费用应由当事各方自行负担。

第四节 海底争端分庭

第三十五条 组成

1. 本附件第十四条所指的海底争端分庭,应由海洋法法庭法官以过半数从法庭选任法官中选派法官十一人组成。

2. 在选出分庭法官时,应确保能代表世界各主要法系和公平地区分配。管理局大会可就这种代表性和分配提出一般性的建议。

3. 分庭法官应每三年改选一次,连选可连任一次。

4. 分庭应从其法官中选出庭长,庭长应在分庭当选的任期内执行职务。

5. 如果选出分庭的任何三年任期终了时仍有案件尚在进行,该分庭应按原来的组成完成该案件。

6. 如果分庭法官出缺,法庭应从其选任法官中选派继任法官,继任法官应任职至其前任法官任期届满时为止。

7. 法庭选任法官七人应为组成分庭所需的法定人数。

第三十六条 专案分庭

1. 海底争端分庭为处理按照第一百八十八条第 1 款(b)项向其提出的特定

争端,应成立专案分庭,由其法官三人组成。这种分庭的组成,应由海底争端分庭在得到当事各方同意后决定。

2. 如果争端各方不同意专案分庭的组成,争端每一方应指派法官一人,第三名法官则应由双方协议指派。如果双方不能达成协议,或如任何一方未能作出这种指派,海底争端分庭庭长应于同争端各方协商后,迅速从海底争端分庭法官中作出这种指派。

3. 专案分庭的法官必须不属争端任何一方的工作人员,或其国民。

第三十七条　申诉机会

分庭应对各缔约国、管理局和第十一部分第五节所指的实体开放。

第三十八条　可适用的法律

除第二百九十三条的规定以外,分庭应:

(a) 适用按照本公约制订的管理局的规则、规章和程序;和

(b) 对有关"区域"内活动的合同的事项,适用这种合同的条款。

第三十九条　分庭裁判的执行

分庭的裁判应以需要在其境内执行的缔约国最高级法院判决或命令的同样执行方式,在该缔约国领土内执行。

第四十条　本附件其他各节的适用

1. 本附件中与本节不相抵触的其他各节的规定,适用于分庭。

2. 分庭在执行其有关咨询意见的职务时,应在其认为可以适用的范围内,受本附件中关于法庭程序的规定的指导。

第五节　修　正　案

第四十一条　修正案

1. 对本附件的修正案,除对其第四节的修正案外,只可按照第三百一十三条或在按照本公约召开的一次会议上,以协商一致方式通过。

2. 对本附件第四节的修正案,只可按照第三百一十四条通过。

3. 法庭可向缔约国发出书面通知,对本规约提出其认为必要的修正案,以便依照第1和第2款加以审议。

附件七　仲　　裁

第一条　程序的提起

在第十五部分限制下,争端任何一方可向争端他方发出书面通知,将争端提交本附件所规定的仲裁程序。通知应附有一份关于其权利主张及该权利主张所

依据的理由的说明。

第二条 仲裁员名单

1. 联合国秘书长应编制并保持一份仲裁员名单。每一缔约国应有权提名四名仲裁员,每名仲裁员均应在海洋事务方面富有经验并享有公平、才干和正直的最高声誉。这样提名的人员的姓名应构成该名单。

2. 无论何时如果一个缔约国提名的仲裁员在这样构成的名单内少于四名,该缔约国应有权按需要提名增补。

3. 仲裁员经提名缔约国撤回前仍应列在名单内,但被撤回的仲裁员仍应继续在被指派服务的任何仲裁法庭中工作,直到该仲裁法庭处理中的任何程序完成时为止。

第三条 仲裁法庭的组成

为本附件所规定程序的目的,除非争端各方另有协议,仲裁法庭应依下列规定组成:

(a) 在(g)项限制下,仲裁法庭应由仲裁员五人组成。

(b) 提起程序的一方应指派一人,最好从本附件第二条所指名单中选派,并可为其本国国民。这种指派应列入本附件第一条所指的通知。

(c) 争端他方应在收到本附件第一条所指通知三十天内指派一名仲裁员,最好从名单中选派,并可为其国民。如在该期限内未作出指派,提起程序的一方,可在该期限届满后两星期内,请求按照(e)项作出指派。

(d) 另三名仲裁员应由当事各方间以协议指派。他们最好从名单中选派,并应为第三国国民,除非各方另有协议。争端各方应从这三名仲裁员中选派一人为仲裁法庭庭长。如果在收到本附件第一条所指通知后六十天内,各方未能就应以协议指派的仲裁法庭一名或一名以上仲裁员的指派达成协议,或未能就指派庭长达成协议,则经争端一方请求,所余指派应按照(e)项作出。这种请求应于上述六十天期间届满后两星期作出。

(e) 除非争端各方协议将本条(c)和(d)项规定的任何指派交由争端各方选定的某一人士或第三国作出,应由国际海洋法法庭庭长作出必要的指派。如果庭长不能依据本项办理,或为争端一方的国民,这种指派应由可以担任这项工作并且不是争端任何一方国民的国际海洋法法庭年资次深法官作出。本项所指的指派,应于收到请求后三十天期间内,在与当事双方协商后,从本附件第二条所指名单中作出。这样指派的仲裁员应属不同国籍,且不得为争端任何一方的工作人员,或其境内的通常居民或其国民。

(f) 任何出缺应按照原来的指派方法补缺。

(g) 利害关系相同的争端各方,应通过协议共同指派一名仲裁员。如果争端若干方利害关系不同,或对彼此是否利害关系相同,意见不一致,则争端每一方应指派一名仲裁员。由争端各方分别指派的仲裁员,其人数应始终比由争端各方共同指派的仲裁员少一人。

(h) 对于涉及两个以上争端各方的争端,应在最大可能范围内适用(a)至(f)项的规定。

第四条 仲裁法庭职务的执行

依据本附件第三条组成的仲裁法庭,应按照本附件及本公约的其他规定执行职务。

第五条 程序

除非争端各方另有协议,仲裁法庭应确定其自己的程序,保证争端每一方有陈述意见和提出其主张的充分机会。

第六条 争端各方的职责

争端各方应便利仲裁法庭的工作,特别应按照其本国法律并用一切可用的方法:

(a) 向法庭提供一切有关文件、便利和情报;并

(b) 使法庭在必要时能够传唤证人或专家和收受其证据,并视察同案件有关的地点。

第七条 开支

除非仲裁法庭因案情特殊而另有决定,法庭的开支,包括仲裁员的报酬,应由争端各方平均分担。

第八条 作出裁决所需要的多数

仲裁法庭的裁决应以仲裁员的过半数票作出。不到半数的仲裁员缺席或弃权,应不妨碍法庭作出裁决,如果票数相等,庭长应投决定票。

第九条 不到案

如争端一方不出庭或对案件不进行辩护,他方可请求仲裁法庭继续进行程序并作出裁决。争端一方缺席或不对案件进行辩护,应不妨碍程序的进行。仲裁法庭在作出裁决前,必须不但查明对该争端确有管辖权,而且查明所提要求在事实上和法律上均确有根据。

第十条 裁决书

仲裁法庭的裁决书应以争端的主题事项为限,并应叙明其所根据的理由。裁决书应载明参与作出裁决的仲裁员姓名以及作出裁决的日期。任何仲裁员均可在裁决书上附加个别意见或不同意见。

第十一条 裁决的确定性

除争端各方事前议定某种上诉程序外,裁决应有确定性,不得上诉,争端各

方均应遵守裁决。

第十二条　裁决的解释或执行

1. 争端各方之间对裁决的解释或执行方式的任何争议,可由任何一方提请作出该裁决的仲裁法庭决定。为此目的,法庭的任何出缺,应按原来指派仲裁员的方法补缺。

2. 任何这种争执,可由争端所有各方协议,提交第二百八十七条所规定的另一法院或法庭。

第十三条　对缔约国以外的实体的适用

本附件应比照适用于涉及缔约国以外的实体的任何争端。

附件八　特别仲裁

第一条　程序的提起

在第十五部分限制下,关于本公约中有关(1)渔业,(2)保护和保全海洋环境,(3)海洋科学研究和(4)航行,包括来自船只和倾倒造成的污染的条文在解释或适用上的争端,争端任何一方可向争端他方发出书面通知,将该争端提交本附件所规定的特别仲裁程序。通知应附有一份关于其权利主张及该权利主张所依据的理由的说明。

第二条　专家名单

1. 就(1)渔业,(2)保护和保全海洋环境,(3)海洋科学研究和(4)航行,包括来自船只和倾倒造成的污染四个方面,应分别编制和保持专家名单。

2. 专家名单在渔业方面,由联合国粮食及农业组织,在保护和保全海洋环境方面,由联合国环境规划署,在海洋科学研究方面,由政府间海洋学委员会,在航行方面,包括来自船只和倾倒造成的污染,由国际海事组织,或在每一情形下由各该组织、署或委员会授予此项职务的适当附属机构,分别予以编制并保持。

3. 每个缔约国应有权在每一方面提名二名公认在法律、科学或技术上确有专长并享有公平和正直的最高声誉的专家。在每一方面这样提名的人员的姓名构成有关名单。

4. 无论何时,如果一个缔约国提名的专家在这样组成的任何名单内少于两名,该缔约国有权按需要提名增补。

5. 专家经提名缔约国撤回前应仍列在名单内,被撤回的专家应继续在被指派服务的特别仲裁法庭中工作,直到该仲裁法庭处理中的程序完毕时为止。

第三条　特别仲裁法庭的组成

为本附件所规定的程序的目的,除非争端各方另有协议,特别仲裁法庭应依

下列规定组成:

(a) 在(g)项限制下,特别仲裁法庭应由仲裁员五人组成。

(b) 提起程序的一方应指派仲裁员二人,最好从本附件第二条所指与争端事项有关的适当名单中选派,其中一人可为其本国国民。这种指派应列入本附件第一条所指的通知。

(c) 争端他方应在收到本附件第一条所指的通知三十天内指派两名仲裁员,最好从名单中选派,其中一人可为其本国国民。如果在该期间内未作出指派,提起程序的一方可在该期间届满后两星期内,请求按照(e)项作出指派。

(d) 争端各方应以协议指派特别仲裁法庭庭长,最好从名单中选派,并应为第三国国民,除非争端各方另有协议。如果在收到本附件第一条所指通知之日起三十天内,争端各方未能就指派庭长达成协议,经争端一方请求,指派应按照(e)项作出。这种请求应于上述期间届满后两星期作出。

(e) 除非争端各方协议由各方选派的人士或第三国作出指派,应由联合国秘书长于收到根据(c)和(d)项提出的请求后三十天内作出必要的指派。本项所指的指派应从本附件第二条所指名单中与争端各方和有关国际组织协商作出。这样指派的仲裁员应属不同国籍,且不得为争端任何一方的工作人员,或为其领土内的通常居民或其国民。

(f) 任何出缺应按照原来的指派方法补缺。

(g) 利害关系相同的争端各方,应通过协议共同指派二名仲裁员。如果争端若干方利害关系不同,或对彼此是否利害关系相同意见不一致,则争端每一方应指派一名仲裁员。

(h) 对于涉及两个以上争端各方的争端,应在最大可能范围内适用(a)至(f)项的规定。

第四条 一般规定

附件七第四至第十三条比照适用于按照本附件的特别仲裁程序。

第五条 事实认定

1. 有关本公约中关于(1)渔业,(2)保护和保全海洋环境,(3)海洋科学研究或(4)航行,包括来自船只和倾倒造成的污染的各项规定的解释或适用上的争端各方,可随时协议请求按照本附件第三条组成的特别仲裁法庭进行调查,以确定引起这一争端的事实。

2. 除非争端各方另有协议,按照第1款行事的特别仲裁法庭对事实的认定,在争端各方之间,应视为有确定性。

3. 如经争端所有各方请求,特别仲裁法庭可拟具建议,这种建议并无裁决的效力,而只应构成有关各方对引起争端的问题进行审查的基础。

4. 在第 2 款限制下,除非争端各方另有协议,特别仲裁法庭应按照本附件规定行事。

附件九 国际组织的参加

第一条 用语

为第三百零五条和本附件的目的,"国际组织"是指由国家组成的政府间的组织,其成员国已将本公约所规定事项的权限,包括就该等事项缔结条约的权限转移给各该组织者。

第二条 签字

一个国际组织如果其过半数成员国为本公约签署国,即可签署本公约。一个国际组织在签署时应作出声明,指明为本公约签署国的各成员国已将本公约所规定的何种事项的权限转移给该组织,以及该项权限的性质和范围。

第三条 正式确认和加入

1. 一个国际组织如果其过半数成员国交存或已交存其批准书或加入书,即可交存其正式确认书或加入书。

2. 该国际组织交存的这种文书应载有本附件第四和第五条所规定的承诺和声明。

第四条 参加的限度和权利与义务

1. 一个国际组织所交存的正式确认书或加入书应载有接受本公约就该组织中为本公约缔约国的各成员国向其转移权限的事项所规定的各国权利和义务的承诺。

2. 一个国际组织应按照本附件第五条所指的声明、情报通报或通知所具有的权限范围,成为本公约缔约一方。

3. 这一国际组织应就其为本公约缔约国的成员国向其转移权限的事项,行使和履行按照本公约其为缔约国的成员国原有的权利和义务。该国际组织的成员国不应行使其已转移给该组织的权限。

4. 这一国际组织的参加在任何情形下均不应导致其为缔约国的成员国原应享有的代表权的增加,包括作出决定的权利在内。

5. 这一国际组织的参加在任何情形下均不得将本公约所规定的任何权利给予非本公约缔约国的该组织成员国。

6. 遇有某一国际组织根据本公约的义务同根据成立该组织的协定或与其有关的任何文件的义务发生冲突时,本公约所规定的义务应居优先。

第五条　声明、通知和通报

1. 一个国际组织的正式确认书或加入书应包括一项声明，指明关于本公约所规定的何种事项的权限已由其为本公约缔约国的成员国转移给该组织。

2. 一个国际组织的成员国，在其批准或加入本公约或在该组织交存其正式确认书或加入书时（以后发生的为准），应作出声明，指明关于本公约所规定的何种事项的权限已转移给该组织。

3. 缔约国如属为本公约缔约一方的一个国际组织的成员国，对于本公约所规定的尚未经有关国家根据本条特别以声明、通知或通报表示已向该组织转移权限的一切事项，应假定其仍具有权限。

4. 国际组织及其为本公约缔约国的成员国应将第1和第2款规定的声明所指权限分配的任何变更，包括权限的新转移，迅速通知公约保管者。

5. 任何缔约国可要求某一国际组织及其为缔约国的成员国提供情报，说明在该组织与其成员国间何者对已发生的任何特定问题具有权限。该组织及其有关成员国应于合理期间内提供这种情报。国际组织及其成员国也可主动提供这种情报。

6. 本条所规定的声明、通知和情报通报应指明所转移权限的性质和范围。

第六条　责任

1. 根据本附件第五条具有权限的缔约各方对不履行义务或任何其他违反本公约的行为，应负责任。

2. 任何缔约国可要求某一国际组织或其为缔约国的成员国提供情报，说明何者对特定事项负有责任。该组织及有关成员国应提供这种情报。未在合理期限内提供这种情报或提供互相矛盾的情报者，应负连带责任。

第七条　争端的解决

1. 一个国际组织在交存其正式确认书或加入书时，或在其后任何时间，应有自由用书面声明的方式选择第二百八十七条第1款(a)、(c)和(d)项所指的一个或一个以上方法，以解决有关本公约的解释或适用的争端。

2. 第十五部分比照适用于争端一方或多方是国际组织的本公约缔约各方间的任何争端。

3. 如果一个国际组织和其一个或一个以上成员国为争端同一方，或为利害关系相同的各方，该组织应视为与成员国一样接受关于解决争端的同样程序；但成员国如根据第二百八十七条仅选择国际法院，该组织和有关成员国应视为已按照附件七接受仲裁，除非争端各方另有协议。

第八条　第十七部分的适用性

第十七部分比照适用于一个国际组织，但对下列事项除外：

(a) 在适用第三百零八条第 1 款时,国际组织的正式确认书或加入书应不计算在内;

(b)(1)一个国际组织,只要根据本附件第五条对修正案整个主题事项具有权限,应对第三百一十二至第三百一十五条的适用具有专属行为能力;

(2) 国际组织对一项修正案的正式确认书或加入书,在该国际组织根据本附件第五条对修正案整个主题事项具有权限的情况下,为了适用第三百一十六条第 1、第 2 和第 3 款的目的,应将其视为作为缔约国的每一成员国的批准书或加入书;

(3) 对于其他一切修正案,该国际组织的正式确认书或加入书适用第三百一十六条第 1 和第 2 款不应予以考虑;

(c)(1)一个国际组织的任一成中国如为缔约国,同时该国际组织继续具备本附件第一条所指的资格时,不得按照第三百一十七条退出本公约;

(2) 一个国际组织当其成员国无一为缔约国,或当该国际组织不再具备本附件第一条所指的资格时,应退出本公约。这种退出应立即生效。

后　记

本书是集体合作的产物。在本书的写作过程中,各位作者分工协作,各自在自己熟悉和感兴趣的领域完成了相应的部分。其中,华东政法大学国际法学院张磊教授负责"海上航行自由制度的起源与发展""航行自由的国际法限制"两章;郑雷副教授负责"航行自由与海洋主权的关系"一章和涉及南海航行自由、北极航行自由问题的相关的部分。华东政法大学中国法治战略研究中心助理研究员王秋雯博士负责"航行自由与海洋资源开发的冲突与协调""有关航行自由争议的国外案例分析"两章。上海海事大学法学院高俊涛副教授负责"航行自由与海洋环境保护的冲突与协调"一章。本人负责"国际法上'航行'的内涵""航行自由与沿海国国家安全维护""中国海洋权利维护与航行自由"三章的撰写以及全书统稿工作。在书稿定稿过程中,各位作者又对相应部分进行了调整和完善。

同时,在本书统稿校对过程中,还得到了华东政法大学国际法学专业研究生马卓琳、魏玉婷、吴豪雰三位同学的帮助。他们不仅参与了校对,而且还就部分文字的修改、全文的内容统一、注释的查询和规范等做了大量工作。作为项目结项的成果,相关评审专家提出了十分中肯的修改意见和建议,这对于本书的最终成稿大有裨益。在此,一并感谢!

由于海洋问题是中国当前乃至今后相当长的一段时间内的重要问题,中国对待航行自由的法律立场和态度处于微妙转变过程中,本书的学术观点和看法可能在某些局部方面未必适应未来的变化。因此,本书的出发点是建立一个研究航行自由国际法律制度的架构和起点。对于书稿中存在的不足,欢迎读者提出宝贵意见和建议,以便我们今后加以完善和修改。

袁发强

2018年10月